Psychologia miłości

Bogdan Wojciszke

Psychologia miłości

Intymność Namiętność Zobowiązanie

Nowe poszerzone wydanie

Gdańsk 2010

Copyright © by Bogdan Wojciszke & Gdańskie Wydawnictwo Psychologiczne,
Sopot, 2009, 1994.

Wszystkie prawa zastrzeżone.

Książka ani jej część nie może być przedrukowywana ani w żaden sposób reprodukowana lub odczytywana w środkach masowego przekazu bez pisemnej zgody Gdańskiego Wydawnictwa Psychologicznego.

Redaktor prowadzący: Karolina Bączek
Redakcja naukowa: Krystyna Drat-Ruszczak
Redakcja polonistyczna: Katarzyna Budna, Małgorzata Jaworska
Korekta: Joanna Sadowska, Justyna Nosal-Bartniczuk
Projekt okładki: Monika Pollak
Opracowanie graficzne: Piotr Geisler
Zdjęcie na okładce © Images.com/Corbis

Wydanie piąte poszerzone

ISBN 978-83-7489-254-4

Druk i oprawa:
Grafix Centrum Poligrafii
ul. Bora Komorowskiego 24
80–377 Gdańsk
tel./faks 0-58 553 6220
tel. 0-58 557 5328

Gdańskie Wydawnictwo Psychologiczne sp. z o.o.
ul. J. Bema 4/1a, 81–753 Sopot
tel./faks 0-58 551 61 04
e-mail: gwp@gwp.pl
www.gwp.pl

Spis treści

Rozdział 1
PRZEMIANY MIŁOŚCI 9
Trzy składniki miłości 10
    Intymność 10
    Namiętność 14
    Zobowiązanie 17
Rozwój związku miłosnego 23
    Zakochanie 28
    Romantyczne początki 29
    Związek kompletny 32
    Związek przyjacielski 34
    Związek pusty i jego rozpad 35
Podsumowanie 36

Rozdział 2
ZAKOCHANIE 41
Psychologia namiętności 41
    Dlaczego namiętność? 44
    Idealizacja partnera 46
Pobudzenie emocjonalne 49
Atrakcyjność fizyczna 56
    Dopasowanie czy maksymalizacja atrakcyjności 58
    Od czego zależy piękno twarzy 61
    Od czego zależy piękno ciała 68
Namiętność a seks u kobiet i mężczyzn 74
    Niezależność seksu i namiętności 74
    Pragnienia seksualne kobiet i mężczyzn 76
    Ekonomia seksu 83
    Plastyczność seksu 87
    Seks, ciało i śmierć 91

Rozdział 3.
ROMANTYCZNE POCZĄTKI 95
Rozwój intymności 95
    Budowanie zaufania 97
    Wsparcie społeczne 102

Kogo wybieramy? ... 111
    Biologiczne podstawy wyboru ... 119
    Czego chcą mężczyźni ... 127
    Czego chcą kobiety ... 135
Rola kultury ... 142
Podsumowanie ... 146

Rozdział 4
ZWIĄZEK KOMPLETNY ... 149
Przywiązanie ... 150
    Zachowania wiążące ... 150
    Style przywiązania ... 153
Współzależność ... 164
    Współzależność skutków działań ... 165
    Współzależność uczuć ... 169
    Samospełniające się proroctwa ... 171
Empatia ... 174
    Wczuwanie się w partnera – składniki empatii ... 175
    Konsekwencje empatii ... 176
Chcieć a mieć ... 179
    Teoria sprawiedliwości ... 180
    Sprawiedliwość w związku dwojga ludzi ... 183
    Naturalna śmierć namiętności ... 188

Rozdział 5
ZWIĄZEK PRZYJACIELSKI ... 197
Dynamika satysfakcji ze związku ... 198
    Fazy miłości ... 198
    Fazy życia ... 203
Od czego zależy szczęście? ... 206
    Cechy indywidualne ... 208
    Warunki zewnętrzne ... 209
    Zło jest silniejsze od dobra ... 215
    Aktywności ... 219
Pułapki intymności ... 231
    Aniołem być, czyli pułapka dobroczynności ... 235
    Szczęścia się wyrzec, czyli pułapka obowiązku ... 237
    Święty spokój, czyli pułapka bezkonfliktowości ... 243
    Niezłomność zasad, czyli pułapka sprawiedliwości ... 248

Rozdział 6
ZWIĄZEK PUSTY 253
Zazdrość 254
Reakcje na niezadowolenie 267
    Dialog 270
    Lojalność 271
    Zaniedbanie 274
    Wyjście 275
Trwanie i wycofanie zobowiązania 280
    Wyznaczniki zobowiązania 284
    Interpretacje podtrzymujące zaangażowanie 287
    Zachowania podtrzymujące zaangażowanie 295

Rozdział 7
ROZPAD 301
Zdrada 301
Bariery 309
    Poczucie winy 309
    Dzieci 317
    Naciski społeczne 323
Koniec 328
Różnorodność 332
    Rodzaje miłości 332
    Psychozabawa – jaka jest Twoja miłość? 334

Bibliografia 343

Rozdział 1

Przemiany miłości

Trzy składniki miłości
    Intymność
    Namiętność
    Zobowiązanie
Rozwój związku miłosnego
    Zakochanie
    Romantyczne początki
    Związek kompletny
    Związek przyjacielski
    Związek pusty i jego rozpad
Podsumowanie

Zmiana jest nieodłączną towarzyszką życia – wszystko, co żyje, ulega zmianom. Brzmi to dość banalnie, dopóki nie uświadomimy sobie, że w odniesieniu do wielu zjawisk żywimy wewnętrznie sprzeczne pragnienia, aby żyły, a jednocześnie nie ulegały żadnym zmianom. Jednym z takich zjawisk jest niewątpliwie miłość – niezmienność tego uczucia jest przecież powszechnie uważana za znamię i rękojmię jego prawdziwości. Jednakże liczne, może nawet wszystkie związki miłosne ulegają w trakcie swego trwania daleko idącym przemianom. W dużym stopniu zmienia się treść uczucia łączącego partnerów, czyli sama istota miłości. Wystąpienie takich zmian jest zwykle traktowane albo jako pojawienie się, albo jako zanik „prawdziwej" miłości. „Dopiero teraz naprawdę ją kocham" – konstatują szczęściarze. Ci zaś, którzy mieli mniej szczęścia lub tylko dłużej czekali z wyciąganiem ostatecznych wniosków, stwierdzają: „To nie mogła być prawdziwa miłość, skoro tak niewiele z niej zostało". Przyczyn takich zmian upatrujemy zwykle w negatywnych cechach partnera lub własnych („On jest zbyt samolubny na to, by mógł się zdobyć na prawdziwą miłość"). W ostateczności można jeszcze westchnąć nad ułomnością ludzkiej natury w ogóle. Z drugiej strony jednak takie obserwacje raczej mogą skłaniać do refleksji raczej o naturze miłości niż o naturze zaangażowanych w dany związek osób. W tym właśnie kierunku podążają rozważania zawarte w niniejszej książce, w której staram się przedstawić koncepcję miłości nie jako pewnego stanu uczuć tego czy innego człowieka, lecz jako procesu zachodzącego w długotrwałym związku dwojga ludzi. W myśl tej koncepcji nieuchronność zmian związku miłosnego nie wynika ani ze słabości charakteru jednego bądź obojga partnerów, ani z oddziaływania jakichkolwiek innych, zewnętrznych wobec związku czynników. Wynika ona z wewnętrznej natury takiego związku i samego uczucia miłości.

Trzy składniki miłości

Kiedy badacz napotyka złożone zjawisko, a takim niewątpliwie jest miłość, stara się je rozłożyć na jakieś prostsze składniki, które łatwiej zrozumieć. W odniesieniu do miłości jest to może odstręczające, ale niezbędne. Robert J. Sternberg (1986) wyróżnia trzy zasadnicze składniki miłości: intymność, namiętność i zobowiązanie do utrzymania związku. Omówię pokrótce naturę każdego z tych składników, zwracając szczególną uwagę na ich dynamikę, to znaczy szybkość przyrostu i spadku każdego z nich w miarę trwania związku.

Intymność

Intymność oznacza tutaj te pozytywne uczucia i towarzyszące im działania, które wywołują przywiązanie, bliskość i wzajemną zależność partnerów od siebie. Badania wskazują, że na tak pojmowaną intymność składają się:

— pragnienie dbania o dobro partnera,
— przeżywanie szczęścia w obecności partnera i z jego powodu,
— szacunek do partnera,

— przekonanie, że można nań liczyć w potrzebie,
— wzajemne zrozumienie,
— wzajemne dzielenie się przeżyciami i dobrami, zarówno duchowymi, jak i materialnymi,
— dawanie i otrzymywanie uczuciowego wsparcia,
— wymiana intymnych informacji,
— uważanie partnera za ważny element własnego życia.

Jeżeli Czytelnik zaczął właśnie sprawdzać, czy wszystko to czuje wobec kochanej przez siebie osoby, to spieszę dodać, że Jego związek może być intymny, nawet jeśli któregoś z wymienionych uczuć czy zachowań brakuje w jego związku. Albowiem nie wszystkie te uczucia muszą być przeżywane, a działania podejmowane, aby można było mówić o zaistnieniu intymności. Do jej pojawienia się wystarczy dowolna konfiguracja wystarczająco dużej liczby tych składników. Badania Sternberga (1986) wykazują również, że struktura intymności (czyli skład mieszanki wymienionych punktów) nie zależy od tego, czy idzie o miłość do partnera życiowego, ojca, matki, rodzeństwa, czy też przyjaciela tej samej płci. Sugeruje to, że choć intymność pojawia się w tych związkach z różną siłą, jest ona zbiorem przeżyć charakterystycznych dla miłości w ogóle, nie zaś dla tylko jednej jej odmiany. Przeciwieństwem będzie tu namiętność, typowa dla miłości erotycznej lub romantycznej, raczej nieobecna w innych rodzajach miłości (może z wyjątkiem miłości małego dziecka do matki).

Dynamika (przemiany) intymności jest łagodna – siła uczuć i działań składających się na intymność rośnie powoli i jeszcze wolniej opada, jak to ilustruje rycina 1.1. Pozytywne emocje składające się na intymność wynikają w dużej mierze z umiejętności komunikowania się, wzajemnego zrozumienia i udzielania sobie wsparcia i pomocy, a takie umiejętności wykształcają się dopiero w trakcie wzajemnego poznawania się partnerów. W początkowym stadium związku partnerom często trudno się porozumieć, a wzajemne próby pomagania sobie mogą nawet przy najlepszych chęciach kończyć się niepowodzeniem wskutek nietrafnego rozpoznania i zrozumienia rzeczywistych potrzeb partnera, albo też nieumiejętności ich zaspokojenia. Jakże często gnani niecierpliwością serca chcielibyśmy zrobić dla niego czy dla niej „wszystko", choć nie bardzo jeszcze wiemy, co by to właściwie miało być i jak tego dokonać. Ta chropowatość kontaktów ustępuje jednak w miarę upływu czasu i wykształcania się scenariuszy wzajemnych kontaktów, czyli pewnych niezmiennych ciągów działań obojga partnerów w najczęściej powtarzających się sytuacjach. Wykształcenie takich scenariuszy jest początkowo silnie nagradzające i przyjemne dla partnerów. Na przykład znalezienie skutecznego sposobu pocieszenia partnera, kiedy jest on w depresji, stanowi bardzo przyjemne wydarzenie i dla pocieszanego, i dla pocieszyciela. Ona może odkryć, że jemu wcale nie robi się lepiej od szczegółowego roztrząsania problemów stale stwarzanych przez zawistnego szefa, natomiast doskonale działa wyjście do kina czy placek z pobliskiej cukierni. On może się zorientować, że sposobem na jej nieporozumienia z matką nie jest ponawianie propozycji, aby zaprzestać z nią kontaktów (skoro są tak irytujące), lecz rozmowa o tych dawnych, szczęśliwych czasach, gdy kłótni jeszcze nie było. I tak dalej. Wzrost liczby takich udanych wzorców kontaktowania się

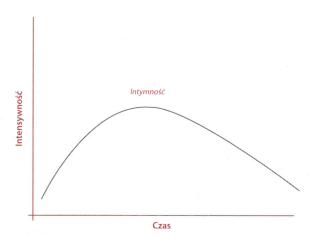

Rycina 1.1.
Wzrost i spadek intymności w miarę trwania związku
Źródło: Sternberg, 1986. Copyright © by American Psychological Association.

i umiejętności wzajemnego zaspokajania potrzeb przez partnerów wymaga oczywiście czasu i dobrych chęci obojga zainteresowanych. W rezultacie intymność rośnie dość powoli w miarę trwania związku, jak to ilustruje rycina 1.1.

Udane scenariusze, według których układają się wzajemne kontakty, mają oczywiście tendencję do utrwalania się właśnie dlatego, że są udane i przynoszą partnerom różne korzyści. Z tego samego powodu udane scenariusze automatyzują się – zaczynają być odgrywane bez namysłu i bez wysiłku, a przecież z pozytywnym skutkiem. Jest to przyjemne i kojące, choć tkwi w tym być może najbardziej zdradliwa pułapka wielu pomyślnie rozwijających się związków. Już oto wiemy, czego ukochanemu najbardziej potrzeba, a w dodatku nikt inny nie wie tego aż tak dobrze i przenigdy nie potrafiłby równie płynnie zrealizować recepty na szczęście i nagle... okazuje się, że ukochany odchodzi z inną, która wcale nie zna ani jego, ani sposobu na jego kłopoty z szefem.

Co się stało? Dlaczego to, co dotąd było najlepsze, stało się bezwartościowe? Nie stało się nic ponad ujawnienie się prawidłowości, którą wszyscy dobrze znamy – rutyna jest zabójcza dla uczuć, szczególnie pozytywnych. Teorie opisujące pojawianie się i przebieg uczuć zakładają, że warunkiem niezbędnym do powstania jakichkolwiek emocji jest przerwanie automatyzmów i wystąpienie zdarzeń nieoczekiwanych, odbiegających od tego, co jest zawsze. Dopóki wszystko jest tak jak zwykle, dopóty niewiele jest powodów do przejmowania się (chyba że „zwykle" oznacza stany silnie nieprzyjemne, do których trudniej się przyzwyczaić niż do stanów przyjemnych, z natury bardziej podatnych na zobojętnienie). Skoro tak, to również uczucia w bliskim związku przeżywane są tak długo, jak długo partnerzy doświadczają niepewności i jej usuwania, jak długo w trakcie ich stosunków pojawiają się zaburzenia czy różnego rodzaju chropowatości i niespodzianki. Ponieważ w miarę trwania udanego związku wszelkie zgrzyty stopniowo zanikają, zanikają tym samym warunki niezbędne do pojawiania się uczuć pozytywnych, a w konsekwencji – same uczucia.

Zamieranie uczuć związanych z intymnością na ogół jest jednak bardzo powolne, ponieważ zanik ten powstrzymują bezpośrednie zyski psychiczne wynikające z wykształcenia scenariuszy silnie nagradzających i unikatowych (jeżeli jesteśmy przekonani, że tylko dany partner jest w stanie nas zrozumieć czy skutecznie służyć pomocą). Krzywa ilustrująca natężenie intymności na rycinie 1.1 opada więc bardzo powoli. Jednakże zwykle opada, ponieważ zyski psychiczne maleją z upływem czasu. Jest to wyraz innej prawidłowości, polegającej na tym, że wartość każdej nagrody (zysku) spada na skutek wzrostu częstości jej otrzymywania.

Namiętność

Namiętność jest konstelacją silnych emocji zarówno pozytywnych (zachwyt, tkliwość, pożądanie, radość), jak i negatywnych (ból, niepokój, zazdrość, tęsknota), często z mocno uwydatnionym pobudzeniem fizjologicznym. Emocjom tym towarzyszy bardzo silna motywacja do maksymalnego połączenia się z partnerem. Wiele typowych przejawów miłości, wskazywanych przez ludzi jako takie, to przejawy właśnie namiętności: pragnienie i poszukiwanie bliskości fizycznej, przypływy energii, uczucie podniecenia, bicie serca, dotykanie, pieszczenie, całowanie, kontakty seksualne, obsesja na punkcie partnera, marzenia na jawie, psychiczna nieobecność pod nieobecność partnera i tak dalej (co można sprawdzić w każdej książce z serii „Harlequin", a także w bardziej naukowych źródłach – Shaver i in., 1987).

Dominującym elementem namiętności są zwykle w tej czy innej postaci pragnienia erotyczne, aczkolwiek nie sposób namiętności utożsamić z potrzebą seksualną ani założyć, że jest to jedyna potrzeba w nią uwikłana. Oprócz niej w grę może wchodzić potrzeba samourzeczywistnienia czy odnalezienia sensu życia, dowartościowania własnej osoby, dominacji, opiekuńczości i tym podobne.

Podczas gdy dynamika intymności jest łagodna, dynamika namiętności jest dramatyczna. Namiętność intensywnie rośnie, szybko osiągając swoje szczytowe natężenie, i niemal równie szybko gaśnie. Początkowy wzrost namiętności jest procesem przebiegającym lawinowo, na zasadzie dodatniego sprzężenia zwrotnego: im silniejsza namiętność, tym więcej pociąga ona za sobą zachowań jeszcze bardziej ją nasilających. Najłagodniejsze z tych zachowań to częste kontakty, bliskość fizyczna, długotrwałe patrzenie sobie w oczy – zgodnie z wynikami licznych badań każdy z tych czynników nasila wielkość przeżywanych przez człowieka emocji czy to pozytywnych, czy negatywnych. Jeżeli chcemy komuś wyznać, jak bardzo go kochamy, zrobimy to w bliskim kontakcie i patrząc mu w oczy. Jeżeli chcemy kogoś skutecznie zelżyć lub postraszyć, zrobimy to również z bliskiej odległości i w kontakcie wzrokowym. Podobnie, choć jeszcze silniej, oddziałuje izolowanie się partnerów od świata zewnętrznego, prowadzenie rozmów koncentrujących się na ich uczuciach (a rozpamiętywanie każdego uczucia prowadzi do jego nasilenia), kontakty erotyczne i tak dalej.

Wewnętrzna logika namiętności polega na tym, że może ona jedynie rosnąć, a samo tylko trwanie jest zapowiedzią jej śmierci. Choć prawda to oczywista, w równie oczywisty sposób odrzucamy ją wtedy, gdy akurat sami przeżywamy namiętność. Namiętność nie może wzrastać w nieskończoność, podobnie jak nawet największa lawina nie może spadać bez końca. Załamanie wzrostu namiętności stanowi zatem nieuchronną konsekwencję jej początkowo lawinowego wzrostu. Dobrze o tym wiedzą autorzy romansów z serii „Harlequin", gdzie kolejność kluczowych zdarzeń jest z reguły podobna, niezależnie od tego, czy on jeździ srebrzystym bentleyem, czy raczej ubiera się u Harrodsa. Po początkowym wybuchu namiętność z jakiegoś zewnętrznego powodu (kamerdyner źle przekazał wiadomość) ulega zawieszeniu. Nie wygasa jednak, choć przez następnych pięćdziesiąt stron istnieje raczej potencjalnie niż faktycznie. Akcja nabiera rumieńców z chwilą ponownego wybuchu namiętności (przeszkoda została usunięta) i czym prędzej się kończy w momencie zapowiadającym niechybny spadek miłosnych porywów. Bohaterkom harlequinów robi się co prawda rozkosznie słabo, ale w istocie za nic mają samą namiętność, wiedząc, że i tak przeminie. Domagają się całej miłości, a więc i intymności, i zobowiązania.

Dodajmy też, że namiętność jest ponadto uczuciem z natury swej nierealistycznym. Wymaga absolutnego uwielbienia partnera, a to jest możliwe jedynie za cenę braku realizmu, gdyż żaden śmiertelnik nie zasługuje na absolutny podziw i uwielbienie. Życie wymusza realistyczne spojrzenie na partnera i już sam ten realizm musi zabić namiętność,

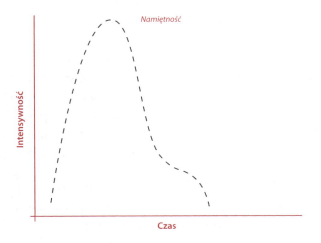

Rycina 1.2.
Wzrost i spadek namiętności w miarę trwania związku
Źródło: Sternberg, 1986. Copyright © by American Psychological Association.

a przynajmniej ją osłabić. Istotą namiętności jest wreszcie jej zaborczość i zachłanność – ponieważ na mocy definicji namiętność to sprawa najważniejsza dla przeżywających ją ludzi, odsuwa ona na plan dalszy lub wyłącza inne rodzaje ich aktywności życiowej. Dodatkowym czynnikiem kładącym kres namiętności może więc być niemożliwy już do zniesienia poziom dezorganizacji pozostałych dziedzin życia.

Namiętność bywa porównywana z uzależnieniem od narkotyków, środków nasennych czy alkoholu. Osiąganie stałego poziomu pożądanych przez człowieka rezultatów działania owych trucizn wymaga stałego zwiększania dawki w miarę przedłużania się okresu ich zażywania. Powstałe w ten sposób uzależnienie nieuchronnie prowadzi do konieczności zwiększenia dawki trującej substancji, ponieważ tylko w ten sposób można uniknąć niezwykle przykrych objawów jej odstawienia. Jeżeli do odstawienia w końcu dojdzie, pojawia się głęboka depresja, rozdrażnienie i obsesyjna tęsknota za trucizną. Dopiero bardzo długi okres abstynencji umożliwia powrót do stanu wyjściowego.

Porównanie namiętności do fizjologicznego uzależnienia nie jest zbyt liryczne i – jak każda analogia – tylko w pewnym stopniu trafne. Dostarcza jednak przekonywających intuicji co do przebiegu ostatniej, zejściowej fazy namiętności. Po początkowo szybkim spadku jej natężenia następuje trwające dość krótko ustabilizowanie namiętności na niższym poziomie (*plateau*), po czym dochodzi do całkowitego jej wygaszenia. Tej ostatniej fazie towarzyszy depresja, a jednocześnie i tęsknota za namiętnością, i niechęć do niej. Tak więc podczas gdy intymność spada powoli i często w ogóle nie osiąga punktu zerowego, namiętność nie tylko spada do zera, ale jej ostateczny koniec jest w dodatku połączony z negatywnymi emocjami (por. rycina 1.2, a także bardziej szczegółowe rozważania nad naturalną śmiercią namiętności w rozdziale 4.).

Zobowiązanie

Zobowiązanie jest tu rozumiane jako decyzje, myśli i działania ukierunkowane na przekształcenie relacji miłosnej w trwały związek oraz na utrzymanie tego związku pomimo występowania różnych przeszkód. Podczas gdy namiętność jest tym składnikiem miłości, który niemal w ogóle nie poddaje się rozumowi i woli samych zainteresowanych, a intymność poddaje im się tylko umiarkowanie, zobowiązanie jest wysoce podatne na świadomą kontrolę kochających się ludzi. Stanowi to zarówno o sile, jak i o słabości tego składnika. Z jednej strony bowiem silne zobowiązanie partnerów (bądź nawet jednego z nich) może być jedynym, choć skutecznym czynnikiem podtrzymującym związek. Z drugiej strony zaś, zobowiązanie jest zwykle rezultatem świadomej decyzji, a ta może zostać zmieniona czy odwołana, w związku z czym ten składnik miłości może przestać istnieć niemal z dnia na dzień. W sytuacji gdy jest to już jedyny czynnik podtrzymujący trwanie związku, zanik zobowiązania prowadzi do szybkiego rozpadu samego związku.

W udanym związku jednak zobowiązanie jest na ogół jego najbardziej stabilnym składnikiem. Wysiłek wkładany w utrzymanie związku automatycznie zapoczątkowuje proces jego samopodtrzymywania się. Wycofanie wysiłku byłoby równoznaczne z przyznaniem się przed sobą i innymi, że wysiłek ów został źle zainwestowany, co oczywiście niezbyt pochlebnie świadczy o samym inwestorze. Natomiast pochlebnie świadczy o nim (lub o niej) wysiłek wydatkowany sensownie i stosownie. Tak więc samo wkładanie wysiłku w dany związek zwiększa szansę, że inwestor będzie przekonywał zarówno siebie, jak i innych, iż jego postępowanie jest słuszne, i tym chętniej będzie czynił to nadal. Dalszymi czynnikami podtrzymującymi zobowiązanie są: dodatni bilans zysków i strat w danym związku oraz mała atrakcyjność innych (alternatywnych) związków dla nich dostępnych, a także liczne bariery przeszkadzające w zerwaniu związku. Bariery te mogą mieć charakter zarówno nieformalny (własny system wartości, naciski rodziny i przyjaciół), jak i formalny, jeżeli związek został zalegalizowany jako małżeństwo.

Dość złożona komputerowa symulacja rozwoju związku interpersonalnego (Huesmann i Levinger, 1976) sugeruje, że zanim krzywa zobowiązania osiągnie swój maksymalny i niezmienny poziom, jej wzrost ma charakter esowaty, jak to ilustruje rycina 1.3. Oznacza to, że początkowo zobowiązanie rośnie wolno, a w miarę narastania namiętności i intymności jego wzrost jest coraz szybszy. Następujące potem ustabilizo-

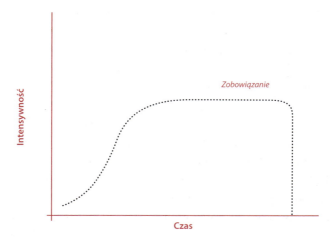

Rycina 1.3.
Zmiany wielkości zobowiązania w miarę czasu trwania związku

Źródło: Sternberg, 1986. Copyright © by American Psychological Association.

wanie zobowiązania trwa w zasadzie aż do końca związku. Przerwanie związku jest zwykle równoznaczne z zaprzestaniem działań związek ów podtrzymujących, a więc z wycofaniem zobowiązania (które spada do zera).

Rozróżnienie pomiędzy intymnością, namiętnością i zobowiązaniem jako trzema odrębnymi składnikami miłości wymaga oczywiście jakiegoś odrębnego pomiaru każdego z tych składników. Pewnym krokiem w tym kierunku jest zamieszczony w ramce 1.1 kwestionariusz, który skonstruowałem na podstawie trójskładnikowej koncepcji miłości (Wojciszke, 1995). Zawiera on trzy grupy twierdzeń (skale), z których każda mierzy jeden z tych składników. Treść twierdzeń składających się na każdą ze skal ilustruje, na czym polega różnica między trzema omówionymi składnikami miłości.

Wadą kwestionariuszy jest oczywiście opieranie się na słownych deklaracjach, które bywają zawodne. Po pierwsze dlatego, że ludzie nie zawsze zdają sobie sprawę z tego, o co są pytani. Na przykład, choć najczęściej ludzie dobrze sobie zdają sprawę z przeżywanych uczuć, bardzo często nie wiedzą, co tak naprawdę uczucia te wywołało. Mogą tu mieć różne opinie, które najczęściej są wyrazem nie faktów, lecz zdroworozsądkowych teorii o tym, co wywołuje uczucia. Po drugie dlatego, że niemal wszyscy ludzie (a nie tylko politycy) zwykle pragną dobrze wypaść we własnych i cudzych oczach, w związku z czym deklaracje są z reguły ładniejsze od rzeczywistości. Dlatego psychologowie poszukują bardziej wiarygodnych metod pomiaru niż same deklaracje, takich jak badanie aktywności mózgu czy też wydzielania hormonów.

Najkrócej mówiąc, badania sugerują silny związek namiętności z dopaminą, intymności zaś – z oksytocyną. Dopamina nazywana bywa hormonem szczęścia, a oksytocyna – hormonem macierzyństwa i więzi społecznej, choć nie są to oczywiście jedyne ich funkcje. Badania nad aktywnością mózgu za pomocą tak zwanego neuroobrazowania przy użyciu funkcjonalnego rezonansu magnetycznego wykazały, że kiedy zakochani przyglądają się twarzom swoich partnerów (ale nie zwyczajnych znajomych), rośnie aktywność tych układów mózgu, które są odpowiedzialne za wzrost wydzielania dopaminy (Fisher, 2007). Są to te same

Ramka 1.1

Pomiar miłości

Kwestionariusz ten składa się z opinii na temat Waszego związku i uczuć, jakie Was łączą oraz możliwych opinii na temat uczuć w ogóle. Prosimy o ustosunkowanie się do każdej z tych opinii. Im bardziej zgadza się Pan/i z daną opinią, a więc im lepiej wyraża ona Pana/i uczucia do NN, tym większą liczbę prosimy zakreślić przy danym twierdzeniu. (NN to oczywiście partner/ka bliskiego związku.)

1 2 3 4 5 6 7   1. Rezygnuję z realizowania niektórych własnych pragnień, jeżeli zagrażałoby to mojemu związkowi z NN.
1 2 3 4 5 6 7   2. Bywa, że sam widok NN wprawia mnie w podniecenie.
1 2 3 4 5 6 7   3. NN potrafi dodać mi otuchy.
1 2 3 4 5 6 7   4. Właściwie we wszystkim, co robię, mam na względzie dobro naszego związku.
1 2 3 4 5 6 7   5. Wspomnienia wspólnych chwil z NN często na nowo wzbudzają we mnie pożądanie.
1 2 3 4 5 6 7   6. Zawsze mogę liczyć na zrozumienie u NN.
1 2 3 4 5 6 7   7. Jestem gotowa/y na wiele wyrzeczeń, jeżeli to podniesie szansę, że będziemy razem szczęśliwi.
1 2 3 4 5 6 7   8. Często pragnę NN.
1 2 3 4 5 6 7   9. Mamy dla siebie z NN wiele wzajemnej życzliwości.
1 2 3 4 5 6 7   10. Nasze wspólne dobro jest dla mnie ważniejsze od własnego.
1 2 3 4 5 6 7   11. Czasami nie mogę się uwolnić od marzeń o NN.
1 2 3 4 5 6 7   12. W potrzebie zawsze mogę liczyć na NN.
1 2 3 4 5 6 7   13. W mój związek z NN wkładam wiele świadomie ukierunkowanych wysiłków.
1 2 3 4 5 6 7   14. Często myślę o różnych pieszczotach z NN.
1 2 3 4 5 6 7   15. Nawet nie prosząc o to, znajduję u NN wsparcie i pomoc.
1 2 3 4 5 6 7   16. Swoje działania zawsze dostosowuję do naszego wspólnego dobra.
1 2 3 4 5 6 7   17. NN jest dla mnie niezmiernie pociągający.
1 2 3 4 5 6 7   18. Sama obecność NN przynosi mi spokój.
1 2 3 4 5 6 7   19. Gdy trzeba, potrafię zacisnąć zęby i trwać przy naszym byciu razem.
1 2 3 4 5 6 7   20. Czuję, jak wszystko we mnie topnieje, gdy patrzę NN w oczy.
1 2 3 4 5 6 7   21. Nasze kontakty z NN pełne są ciepła i serdeczności.
1 2 3 4 5 6 7   22. Często myślę o tym, jak uniknąć różnych niebezpieczeństw czyhających na nasz związek.

1 2 3 4 5 6 7	23. Przyglądanie się, jak NN wygląda, mówi czy porusza się, wprowadza mnie czasem w zachwyt.
1 2 3 4 5 6 7	24. NN rzeczywiście potrafi mnie wysłuchać.
1 2 3 4 5 6 7	25. Staram się rozwiązywać problemy nękające nasz związek.
1 2 3 4 5 6 7	26. Tylko NN potrafi mi dać prawdziwą rozkosz.
1 2 3 4 5 6 7	27. Mogę NN całkowicie zaufać.
1 2 3 4 5 6 7	28. Staram się sprawiedliwie rozłożyć nasze obowiązki.
1 2 3 4 5 6 7	29. Kocham dotykać NN.
1 2 3 4 5 6 7	30. Myślę o NN ze spokojem i przyjemnością.
1 2 3 4 5 6 7	31. Podejmuję wiele starań, by nasz związek nigdy się nie rozpadł.
1 2 3 4 5 6 7	32. Nie znam nikogo bardziej godnego pożądania niż NN.
1 2 3 4 5 6 7	33. Po rozmowie z NN często okazuje się, że problemy, od których ona się zaczęła, znikły.
1 2 3 4 5 6 7	34. Zmienił/a/bym pracę, gdyby tego wymagało dobro naszego związku.
1 2 3 4 5 6 7	35. Przeżywam z NN chwile uniesienia.
1 2 3 4 5 6 7	36. Rozumiemy się z NN bez słów.

Jak obliczyć i interpretować wyniki?

Wynikiem skali namiętności jest suma pozycji 2, 5, 8, 11, 14, 17, 20, 23, 26, 29, 32 i 35.
Wynikiem skali intymności jest suma pozycji 3, 6, 9, 12, 15, 18, 21, 24, 27, 30, 33 i 36.
Wynikiem skali zobowiązania jest suma pozycji 1, 4, 7, 10, 13, 16, 19, 22, 25, 28, 31 i 34.

Większość ludzi wypełniających ten kwestionariusz uzyskuje dość wysokie wyniki – dalece przekraczające środek skali (czyli wartość 48). Aby poprawnie zinterpretować własną punktację, należy ją porównywać nie ze środkiem skali, lecz z wynikami innych ludzi. Do tego celu służy zamieszczona tu tabela, opierająca się na badaniach 1000 osób w różnym wieku.

	Namiętność	Intymność	Zobowiązanie
Niskie wyniki	12–44	12–49	12–45
Średnie wyniki	45–77	50–80	46–75
Wysokie wyniki	78–84	81–84	76–84

części mózgu, które wchodzą w skład „układu nagrody", aktywnego podczas odczuwania przyjemności i ekstazy, ogólnego pobudzenia i działania ukierunkowanego na osiąganie przyjemnych stanów. Neuronaukowcy przypuszczają, że namiętność może uzależniać, tak jak uzależnia jedzenie czy alkohol i narkotyki. Z kolei poziom oksytocyny u kobiet podczas ciąży i w okresie po urodzeniu dziecka dość silnie wiąże się z natężeniem zachowań macierzyńskich, takich jak dotykanie dziecka, patrzenie na nie, wokalizacje i reagowanie na dziecko pozytywnymi emocjami (Feldman i in., 2007). Prawdopodobnie oksytocyna jest uwikłana nie tylko w więzi macierzyńskie, ale więzi społeczne w ogóle. Na przykład donosowe podanie oksytocyny w sprayu powoduje u mężczyzn wzrost skłonności do uznawania twarzy innych ludzi za znane i już widziane, nawet gdy nie jest to prawdą (Rimmele i in., 2009). Poziom oksytocyny we krwi rośnie, gdy ludzie spotykają się z przejawami ufności innych i kiedy sami zachowują się w ufny sposób (Zak i in., 2005). Wygląda na to, że oksytocyna towarzyszy nasilonemu przeżywaniu intymności, tak jak wzrost dopaminy w ośrodkowym układzie nerwowym towarzyszy namiętności. Jednak badania na ten temat są jeszcze w powijakach.

Trójca intymność – namiętność – zobowiązanie przewija się w pracach różnych autorów. Na przykład w jednym z badań dostarczono uczestnikom listę 68 możliwych cech miłości z prośbą o ocenę, jak dalece każda z nich jest typowa dla tego uczucia (Aron i Westby, 1996). Analiza danych (za pomocą tak zwanej analizy czynnikowej) ujawniła trzy odrębne wiązki cech. Pierwsza (namiętność) obejmowała takie cechy, jak wpatrywanie się sobie w oczy, euforia, przyspieszone bicie serca, zachwyt, pociąg seksualny, podniecenie, przypływ energii, dostrzeganie samych zalet. Druga (intymność) obejmowała takie cechy, jak otwartość, poczucie, że można rozmawiać o wszystkim, wsparcie, zaufanie, zrozumienie, wzajemność, dzielenie się, wybaczanie, cierpliwość, troska. Wreszcie trzecia wiązka obejmowała takie cechy, jak oddanie, poświęcenie, wyrzeczenie, zaangażowanie, przedkładanie kochanej osoby nad wszystko inne, ochrona, lojalność, ofiarność, trwałość. Phillip Shaver i współpracownicy (1996, s. 93) powiadają zaś, że kochać oznacza jeden (lub wszystkie) z trzech stanów:

— „Moje szczęście i poczucie bezpieczeństwa zależą od ciebie. Kiedy cię nie ma, jestem samotny i zaniepokojony, kiedy jesteś blisko odczuwam ulgę i przypływ sił. Chcę, żebyś mnie koił, wspierał i troszczył się o mnie. Przywiązanie do ciebie to część mojego Ja" (intymność nazywana przez Shavera „miłość jako przywiązanie").

— „Czerpię ogromną przyjemność z troszczenia się o ciebie, wspierania ciebie, wspomagania twojego rozwoju, postępów, zdrowia i szczęścia. Część mojego Ja to troska o ciebie; gdybyś zniknął, czułabym pustkę, smutek, obniżenie własnej wartości i zapewne poczucie winy" (zobowiązanie nazywane przez Shavera „miłość jako opieka").

— „Pociągasz mnie seksualnie i nie mogę przestać o tobie myśleć. Podniecasz mnie i »nakręcasz«, czuję, że przy tobie żyję. Chcę ciebie widzieć, dotykać, chłonąć całą sobą, zlać się z tobą w jedność, zatracić się w tobie" („miłość jako pociąg seksualny" – w następnym rozdziale przekonamy się, że namiętność i seks silnie się wiążą, ale nie są tożsame).

Rozwój związku miłosnego

Miłość to słowo używane do nazwania podniecenia seksualnego u młodych, przyzwyczajenia u ludzi w sile wieku i wzajemnego uzależnienia u starych.

John Cardi

Jeśli przyjąć, że dynamika intymności, namiętności i zobowiązania rzeczywiście zbliżona jest do tego, co ilustrują ryciny 1.1–1.3, wynika z tego kilka istotnych wniosków. Oto w miarę trwania związku miłosnego nie tylko mogą pojawić się ważne zmiany w jego treści i intensywności, ale zmiany takie są wręcz nieuchronne jako następstwo zróżnicowanej dynamiki trzech podstawowych składników miłości. Zmiany postaci, w jakiej miłość tych samych partnerów istnieje i się przejawia, zasadniczo wynikają nie z nacisków i okoliczności zewnętrznych, lecz z samej istoty miłości. Okoliczności decydują raczej o tempie czy nasileniu zmian, natomiast sam fakt ich występowania jest po prostu nieuchronną konsekwencją rozwoju związku. Jak zobaczymy na dalszych stronach, stopień owej nieuchronności jest różny dla różnych zmian: niektórych uniknąć nie sposób, innych uniknąć można (choć nie zawsze się to zainteresowanym udaje, nawet jeśli tego pragną).

Spróbujmy sprecyzować te twierdzenia, rozważając już nie przemiany każdego ze składników miłości z osobna, lecz wszystkich trzech łącznie. Pomocne będzie tu nałożenie na siebie trzech poprzednich rycin. Aby tego dokonać, przyjmijmy jeszcze kilka dodatkowych, prostych założeń. Po pierwsze, życie każdego ze składników miłości rozpoczyna się w tym samym momencie, jak to bywa w wypadku nowo poznanej osoby.

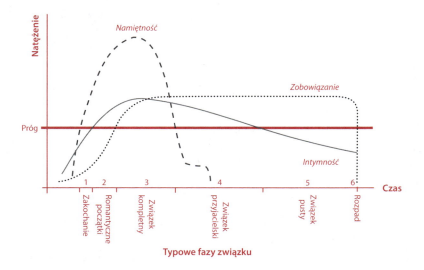

Rycina 1.4.
Zróżnicowanie dynamiki trzech podstawowych składników miłości i wynikająca z niego typowa sekwencja faz związku miłosnego, rozpoczynającego się miłością od pierwszego wejrzenia

Źródło: Wojciszke, 2002a. Copyright © by Komitet Psychologii PAN.

Po drugie, maksymalne natężenie namiętności jest znacznie większe od maksymalnych natężeń intymności i zobowiązania (które nie różnią się między sobą pod tym względem).

Po trzecie, przyjmijmy istnienie pewnego progowego, krytycznego natężenia każdego ze składników, które na rycinie 1.4 wyraża pozioma gruba kreska. Jeżeli zaś natężenie danego składnika znajduje się poniżej tej wartości, składnika tego jeszcze „nie ma", to znaczy nie liczy się on przy określaniu ogólnego charakteru związku. Jeżeli natężenie składnika przekracza tę wartość i pojawia się nad kreską, składnik ten „jest", to znaczy występuje w związku jako jego istotna właściwość.

Przyjęcie tych założeń pozwala wyróżnić kilka typowych faz związku miłosnego, układających się w pewną naturalną kolejność. O charakterze każdej fazy decyduje to, jakie składniki miłości są w danym momencie obecne w związku z ponadprogową intensywnością:

1 – zakochanie (tylko namiętność);
2 – romantyczne początki (namiętność i intymność);
3 – związek kompletny (namiętność, intymność i zobowiązanie);
4 – związek przyjacielski (intymność i zobowiązanie, ale już bez namiętności);
5 – związek pusty (zobowiązanie, ale już bez intymności);
6 – rozpad związku (wycofanie zobowiązania).

Krótkie charakterystyki kolejnych faz zawiera ramka 2.2. Ponad tysiąc badanych przez nas osób dostawało te charakterystyki (oczywiście zamieszczone w przypadkowej kolejności) z prośbą o wskazanie, która z nich najlepiej opisuje stan ich związku (Wojciszke, 2002a). Aż 94% badanych zgodziło się, że jeden z tych opisów dobrze oddaje stan ich związku, co sugeruje, że owych sześć faz wyczerpuje niemal wszystkie postaci miłości, jakich subiektywnie doświadczają nasi badani.

Fakt, że prawie wszyscy badani doświadczają miłości w postaci pokrywającej się z którąś fazą opisywanego tutaj modelu miłości, sam w sobie nie stanowi jeszcze dowodu na trafność tego modelu. Sugeruje jednak, że ten sześciofazowy model uwzględnia niemal wszystkie spotykane

Ramka 2.2

Fazy miłości

Różne małżeństwa/związki różnie wyglądają – na przykład tak, jak w przedstawionych niżej opisach. Prosimy te opisy przeczytać i wybrać ten, który najbardziej do Państwa pasuje.

Prosimy wpisać właściwą literę tutaj: ☐

A. Jestem zakochana/y. Ciągle myślę o NN, choć niewiele o nim/niej wiem i słabo się znamy. Chciał/a/bym, abyśmy się bliżej poznali, bo NN szalenie mi się podoba i mnie pociąga.

B. Kochamy się namiętnie. Rozmawiamy całymi godzinami, zawierzając sobie dosłownie wszystko. To, co mówi NN, jest fascynujące. Dobrze nam ze sobą i nie możemy bez siebie wytrzymać. Wygląda na to, że to coś poważnego.

C. Teraz jest w naszym związku wszystko: przywiązanie, przyjaźń, zaufanie, namiętność i pasja, troska i starania o to, aby nasz związek był szczęśliwy i trwał zawsze.

D. W tej chwili nie ma w naszym związku wielkich porywów namiętności, ale jest głęboka przyjaźń, wzajemna troska i starania, aby nasz związek był trwały i szczęśliwy.

E. Obecnie jest w naszym związku więcej przyzwyczajenia niż serdecznej przyjaźni czy porywów namiętności. Jesteśmy sobie właściwie obojętni i pozostajemy razem tylko siłą rozpędu, bądź też z przyczyn, które niewiele mają wspólnego z naszymi uczuciami.

F. Ten związek się rozpada i wygląda na to, że nie da się tego zatrzymać. Albo się kłócimy, albo traktujemy się z obojętnością i rezygnacją. Przynajmniej jedno z nas nie chce tego drugiego. To już koniec.

G. Żaden z tych opisów do nas nie pasuje.

Czy poprzednio Państwa związek wyglądał tak samo?   tak   nie
Jeżeli nie, to który z tych opisów najbardziej pasuje do Państwa w przeszłości?

Prosimy wpisać właściwą literę tutaj: ☐

u ludzi postaci miłości. Nieco silniejszym argumentem jest następstwo przeszłych i obecnych postaci związku, tak jak to spostrzegają sami badani. W tym celu spytaliśmy, czy ich związek wyglądał w przeszłości inaczej, a jeśli tak – to jak wyglądał.

Jak wskazują dane z tabeli 1.1, duża część badanych deklarowała brak zmian, uważając, że ich związek wyglądał w przeszłości tak samo, jak w momencie badania. Jednakże było to charakterystyczne głównie dla początkowych faz miłości. Zmian nie widziało aż 79% badanych w fazie zakochania, a zaledwie 10–11% w fazie związku pustego i rozpadu. Wydaje się to zgodne z modelem sześciofazowym, szczególnie jeśli uwzględni się pewną ogólniejszą prawidłowość. Mianowicie ludzie są mocno konserwatywni w wykrywaniu zmian swoich opinii – wykrywają takie zmiany z opóźnieniem bądź wcale, a kiedy przypominają sobie swoje wcześniejsze poglądy, zwykle za punkt wyjścia biorą poglądy obecne i w rezultacie widzą przeszłość jako bardziej podobną do teraźniejszości, niż to faktycznie jest (Ross, 1989). Drugim argumentem na rzecz sześciofazowego modelu miłości jest znacznie większa liczba zmian zgodnych niż niezgodnych z modelem, jak to ilustrują dwie ostatnie linijki tabeli 1.1. Na przykład w fazie miłości przyjacielskiej już większość badanych (52%) twierdzi, że w przeszłości ich związek wyglądał inaczej niż obecnie, przy czym deklarując, jak wyglądał, aż 46% wskazuje

Tabela 1.1.
Odsetki osób deklarujących różne odpowiedzi na pytanie, czy ich związek wyglądał w przeszłości inaczej niż obecnie – w zależności od aktualnej fazy związku

	Zakochanie	Romantyczne początki	Miłość kompletna	Miłość przyjacielska	Związek pusty	Rozpad
Brak zmian	79	63	53	48	11	10
Zmiana zgodna	–	29	38	46	82	90
Zmiana niezgodna	21	8	9	6	7	–

Źródło: na podstawie danych w: Wojciszke, 2002a.

na jedną z poprzednich faz (to jest zakochanie, romantyczne początki lub miłość kompletną), a tylko 6% wskazuje niezgodną z modelem fazę następną (to jest związek pusty albo rozpad).

Zakochanie

Jeżeli wszystkie trzy składniki miłości zaczynają się rozwijać równocześnie w momencie poznania nowej osoby (tak jak to ilustruje rycina 1.4), to namiętność – jako składnik najintensywniej przybierający na sile – pojawi się najszybciej jako dominująca cecha całego uczucia. W języku potocznym mówi się tu o zakochaniu – intensywnym stanie uczuć, opiewanym przez poetów, ale także określanym jako szybko przemijająca choroba (przez miłośników prozy). Intuicja potoczna wyraźnie odróżnia zakochanie od miłości. Zakochanie jest ślepe, krótkotrwałe, daje silne uczucie szczęścia nieskalanego myślą i jest cokolwiek egoistyczne, a przynajmniej bardziej skoncentrowane na tym, kto kocha, niż na tym, kto jest kochany. „Kocham cię – cóż to cię obchodzi" – pisał Goethe. Miłość jest powolniejsza, trwalsza, mądrzejsza i bardziej się koncentruje na osobie kochanej niż kochającej, a oprócz szczęścia zawiera również ból. Literatura piękna przynosi liczne opisy takiej namiętności od pierwszego wejrzenia, uderzającej gwałtownie i nieoczekiwanie niczym grom z jasnego nieba.

Zakochanie nie musi być pierwszą fazą miłości – przypływ namiętności może zdarzyć się nawet po długiej znajomości i być nieoczekiwanym rezultatem powoli narastającej intymności. Tak więc początkowa kolejność faz przedstawionych na rycinie 1.4 może wyglądać nieco inaczej – cały związek może rozpocząć się od przyjaźni. Co ciekawe, starsi przyjaciele bywają nie mniej zaskoczeni pojawiającą się w ich relacji zmianą niż kochankowie od pierwszego wejrzenia. Ich nagła namiętność wcale nie musi być mniej ekscytująca. Jednakże najbardziej typowy obraz miłości w naszej kulturze to miłość od pierwszego wejrzenia, rozpoczynająca się zakochaniem. W miłość od pierwszego wejrzenia wierzy ponad połowa ludzi w naszym kręgu kulturowym (55% Polaków, 77% Niemców, 52% Amerykanów) i mniej więcej tyle samo deklaruje osobiste doświadczenie tego uczucia (TNS OBOP, 2001).

Romantyczne początki

Istotnym elementem zakochania jest pragnienie możliwie najczęstszych i najbliższych kontaktów z ukochaną osobą. Jeżeli więc zakochanie spotyka się z wzajemnością, a przynajmniej nie zostanie odrzucone przez obiekt namiętności, to naturalną konsekwencją narastających kontaktów jest rozwój intymności. Oznacza to wejście w fazę romantycznych początków. Ta faza również jest raczej krótkotrwała, ponieważ silnie nagradzające połączenie gwałtownych rozkoszy namiętności z łagodnymi urokami intymności samo w sobie wzbudza skłonność do utrzymania i rozbudowy tak przyjemnego związku. W rezultacie pojawia się decyzja partnerów o zaangażowaniu się w utrwalenie związku, który jednak przestaje wtedy być romantyczny, a staje się w pełni dojrzałą miłością, czyli związkiem kompletnym.

Kolejność zdarzeń doprowadzających do zapoczątkowania stałego związku jest dość zgodnie opisywana przez różnych badaczy, którzy opierają swe opisy na subiektywnych sprawozdaniach osób badanych z przebiegu ich związków, bądź też (rzadziej) na obserwowaniu rzeczywistych związków w trakcie ich powstawania. Wygląda to zwykle tak:

1. Partnerzy spotykają się częściej, na dłużej, w coraz bardziej różnorodnych sytuacjach.
2. W przypadku rozdzielenia usiłują znowu być razem, co dostarcza im satysfakcji, jeśli się powiedzie.
3. Otwierają się przed sobą nawzajem – wyjawiają tajemnice i łączą ich intymne kontakty fizyczne.
4. Stają się mniej zahamowani i bardziej skłonni do dzielenia się uczuciami pozytywnymi i negatywnymi, do wzajemnego chwalenia się i ganienia.
5. Rozwijają własny system porozumiewania się i doskonalą jego używanie.
6. Narasta ich zdolność do zauważania i przewidywania punktu widzenia partnera.

7. Zaczynają wzajemnie synchronizować swoje cele i postępowanie oraz wykształcają trwałe scenariusze wzajemnych kontaktów.
8. Zwiększają wysiłek wkładany w związek, podkreślając w ten sposób jego ważność we własnej przestrzeni życiowej.
9. Coraz silniej odczuwają, że ich indywidualny interes jest nieodłączny od istnienia i jakości łączącego ich związku.
10. Narasta ich wzajemne lubienie się, zaufanie i miłość.
11. Zaczynają uważać swój związek za niemożliwy do zastąpienia, a przynajmniej za niepowtarzalny.
12. Coraz częściej i silniej występują jako para (a nie dwie jednostki) w relacjach z innymi ludźmi (Burgess i Huston, 1979, s. 8).

Jeśli wierzyć literaturze pięknej, to miłość tak długo jest zjawiskiem interesującym, wartym opisu i artystycznej analizy, jak długo zachowuje swój romantyczny charakter. Z chwilą utraty tego charakteru (a więc wyjścia poza fazę zakochania i romantycznych początków) związek przestaje być dla kogokolwiek interesujący, nie wyłączając samych partnerów. Tak było w XIX wieku – na przykład Sienkiewicz zakończył swoje *Ogniem i mieczem,* gdy Helena Kurcewiczówna i Jan Skrzetuski stanęli na ślubnym kobiercu, by rozpocząć *Potop,* który również zakończył ślubem głównych bohaterów, by rozpocząć *Pana Wołodyjowskiego...* i tak dalej. W XXI wieku ogromną popularnością cieszą się powieści Małgorzaty Musierowicz, która sama powiada, że w zasadzie każda z nich jest opisem narodzin uczucia, choć już nie dalszego ciągu.

Najbardziej romantyczne są opowieści, które kończą się źle (przeważnie śmiercią jednego z partnerów, a jeszcze lepiej obojga) i nigdy się nie stabilizują. Opowieści o romansach udanych, które dobrze się kończą, zwykle dobiegają kresu przed ołtarzem, a więc w momencie, kiedy miłość romantyczna ostatecznie przekształca się w miłość kompletną. Nie bez znaczenia jest tu zapewne fakt, że przeszkody, jakie mają do pokonania początkujący kochankowie romantyczni, są bardziej dramatyczne i widowiskowe niż uciążliwe trudności, z którymi mozolą się partnerzy w późniejszych fazach związku. Tak czy owak, dla sztuki miłość najwyraźniej przestaje być interesująca z chwilą ustabilizowania się związku.

Kult miłości romantycznej jako jedynej wartej przedstawiania przez sztukę i przeżywania przez ludzi jest w naszej kulturze równie rozpowszechniony, co niedorzeczny, przez większość życia bowiem kochamy swoich partnerów w inny, nieromantyczny sposób. W rezultacie ani z powieści, ani z filmów prawie w ogóle nie dowiadujemy się, co interesującego można zrobić ze swą miłością, gdy przeminie jej romantyczna faza, jako jedyna opisywana w niezliczonych baśniach, powieściach, wierszach, filmach, wideoklipach i piosenkach. Co gorsza, stereotyp miłości romantycznej jako uczucia, które dzieje się „samo", właściwie bez wysiłku, a często nawet wbrew wysiłkom zaangażowanych w uczucie partnerów, rodzi katastrofalne w skutkach przekonanie, że również na inne formy miłości oddziaływać nie należy (bo wtedy miłość przestaje być „autentyczna") albo że po prostu nie da się tego zrobić (jeżeli tylko miłość jest wystarczająco autentyczna). Dalsze partie tej książki mają na celu między innymi przekonanie Czytelnika do poglądu, że kiedy miłość wyjdzie poza fazę romantycznych początków, większość tego, co dzieje się w niej „samo", zmierza prostą drogą do zagłady związku. Natomiast droga do jego utrzymania w postaci cieszącej obie strony wiedzie jedynie poprzez zamierzone i świadome ingerencje samych partnerów w kształt ich związku. Jeżeli ona poprzestaje na „bezprzytomnym osuwaniu się w jego ramiona", a on – na odczuwaniu „oszalałego bicia swego serca", to prostą (choć ekscytującą) drogą prowadzą swój związek do nieuchronnego końca. Z pewnością jest wzruszające, że on ma oczy „koloru tropikalnej zatoki". Jednak czytając książki z serii „Harlequin" (z nich pochodzą wszystkie te cytaty), szybko orientujemy się, że tym, co pozwala naprawdę dostrzec kolor tak wyszukany, jest towarzyszący owym oczom kolosalny spadek po bogatej ciotce, świetnie prosperująca firma, a przynajmniej posiadanie „srebrzystego bentleya". Powstaje pytanie, nad którym czytelniczki serii „Ogrodów Miłości" wolą się nie zastanawiać: co zrobić, kiedy on dysponuje dziesięcioletnim używanym samochodem, w którym siada jak nie resor, to skrzynia biegów, kiedy jego fortuna ogranicza się do wynajętego mieszkania, kiedy jego oczy, cóż... jak oczy – patrzą z udręczeniem na cieknący w łazience kran. Tęsknota za srebrzystym bentleyem jest tyleż zrozumiała, co pozbawiona realizmu. Realizm zaś, wedle skwapliwie podsycanej tradycji romantycznej, jest w miłości traktowany jako coś brzydkiego, wyrachowanego i sprzecznego z samą istotą miłości. W rzeczywistości jednak ani realizm, ani rozsądek nie tylko miłości nie zabijają, ale są niezbędne do trwania związku dwojga ludzi i uchronienia go przed katastrofą.

Związek kompletny

Prawdopodobnie większość związków, jakie ludzie nawiązują, szczególnie w młodości, nigdy nie wykracza poza fazę romantycznych początków. Albo miłość romantyczna przemija, albo brakuje wystarczającego zaangażowania, by przetworzyć związek w stałą relację (z powodu braku równie silnych uczuć partnera), albo jedno i drugie. Przejście od fazy romantycznych początków do kompletnego związku jest więc wydarzeniem dość rzadkim w życiu człowieka i ma konsekwencje, których ważności nie sposób przecenić.

Zgodnie z przedstawioną na rycinie 1.4 koncepcją rozwoju miłości czynnikami niezbędnymi do pojawienia się „ponadprogowego", a więc już liczącego się zobowiązania, przekształcającego miłość w związek kompletny (co zwykle oznacza zawarcie małżeństwa, lub przynajmniej zamieszkanie razem), są namiętność i intymność, czyli przeżywanie miłości romantycznej. Przytaczane w rozdziale 3. badania nad kryteriami wyboru partnera życiowego przekonują, że miłość romantyczna (oraz takie cechy partnera, które umożliwiają jej doświadczanie, to znaczy promują namiętność i intymność) wyłania się współcześnie jako główne kryterium tego wyboru. Jest to jednak zjawisko dość świeżej daty – do niedawna miłość romantyczna była uważana nie tylko za kiepską podstawę małżeństwa, ale wręcz za uczucie niemożliwe do pogodzenia z wymogami, jakie stawia przed partnerami stały związek.

Jak wyraził się Johann von Goethe: „Miłość to sprawa idealna, małżeństwo – realna. Połączenie rzeczy realnej z idealną nigdy nie uchodzi bezkarnie".

Miłość kompletna jest niewątpliwie najbardziej zadowalającą fazą związku, najsilniej nasyconą emocjami, zarówno pozytywnymi, jak i negatywnymi. Końcem tej fazy jest zanik namiętności, niekoniecznie całkowity, ale poniżej poziomu oznaczającego jej dominację w miłosnej relacji.

Jeśli uwierzyć poprzednim rozważaniom nad dynamiką namiętności, zanik ten wydaje się nieuchronny. Badania nad długotrwałymi związkami wskazują, że przez pierwsze dwa lata ich trwania namiętność pozostaje niezmiennie wysoka, potem zaś wyraźnie spada jako funkcja czasu trwania związku. Po przekroczeniu dwóch lat ujemna korelacja czasu trwania związku z namiętnością jest wyraźna (–0,32), podczas gdy ujemna korelacja czasu z intymnością jest bardzo słaba (–0,10; Wojciszke, 2002a). Co ciekawe, w badaniach tych w ogóle nie stwierdziliśmy fazy wzrostu namiętności. Albo więc namiętność pojawia się od razu w skrajnym natężeniu, albo jej przyrosty następują w skali dni lub tygodni, ale już nie miesięcy (w przytoczonych badaniach czas związku mierzono w miesiącach). Tak czy owak, namiętność rośnie bardzo szybko, a po dwóch latach spada, jej spadek zaś jest znacznie szybszy od spadku intymności.

Z faktu, że namiętność zanika po prostu dlatego, iż taka jest jej natura, wynika jeden wniosek praktyczny. Jeżeli wygasa czy słabnie namiętność jednego czy obojga partnerów, to nie ma większego sensu twierdzenie, jakoby przyczyną były negatywne cechy któregokolwiek z nich („On nie potrafi kochać") czy ich związku („To nie była prawdziwa miłość"). Równie bezsensowne byłoby obwinianie drzew, że opadły z nich liście, albo twierdzenie, że lata tak naprawdę nie było, skoro po nim nadeszła jesień. Akceptacja tej prawdy mogłaby uchronić wiele par przed goryczą rozczarowań czy rozstań. Optymistyczna metafora cyklicznych pór roku została tu przywołana nie bez przyczyny. Zanikająca w związku namiętność niekoniecznie musi bowiem wybuchnąć na nowo w odniesieniu do innego partnera. Prawdopodobnie jest to możliwe w stosunku do tego samego partnera – na przykład wtedy, gdyby partnerom udało się utrzymać zadowalający poziom intymności, dzięki czemu cały ich związek nie stałby się dla nich odstręczający. Nie znam rzetelnych danych, które potwierdzałyby tę tezę, choć można tu przytoczyć anegdoty w rodzaju dwukrotnego małżeństwa Elizabeth Taylor i Richarda Burtona, którzy – jak przystało na ikony Hollywoodu – zawierali liczne małżeństwa, opierające się jedynie na namiętności. Jeżeli pobierali się dwa razy na tej zasadzie, to ich wzajemna namiętność musiała wybuchnąć co najmniej dwukrotnie (podobno planowali pobrać się po raz trzeci, czego jednak Burton nie dożył z powodu swoich innych namiętności). Nieco trudniej uwierzyć, że to, co zdarzyło się Taylor i Burtonowi, zdarza się wszystkim, ale można przynajmniej założyć, iż to się zdarzyć może.

Związek przyjacielski

Gdyby ludzie budowali swoje związki tylko na bazie namiętności, miałyby one niewielkie szanse na trwałość. Dlatego też liczne systemy etyczne nakazują ludziom nie kierować się namiętnością przy wyborze partnera, a niektóre starają się ich nakłonić, by namiętności nie przeżywali wcale, bądź przynajmniej przeżywali ją w sposób możliwie beznamiętny.

Pomijając rozważania nad tym, czy jest to w ogóle możliwe i naprawdę najlepsze, stwierdzić można, że oparta na intymności i zobowiązaniu miłość przyjacielska jest najdłuższą spośród jeszcze satysfakcjonujących faz udanego związku dwojga ludzi (por. ryc. 1.5). Co więcej, jest to ta faza, której przedłużenie pozostaje w mocy obojga zainteresowanych, jeśli tylko wykażą po temu odpowiednie chęci i umiejętności. Potoczna obserwacja sugeruje, że chęci wykazują prawie wszyscy, gorzej przedstawia się sprawa umiejętności. Podstawowym problemem, który partnerzy mają do pokonania w fazie związku przyjacielskiego, jest powstrzymanie spadku intymności, a więc utrzymanie wzajemnego przywiązania, lubienia się, zaufania, chęci pomagania i otrzymywania pomocy.

Intymność oczywiście zamiera pod wpływem egoizmu, nietolerancji, agresji, braku wsparcia czy zdrady. Każdego z tych niebezpieczeństw mogą partnerzy uniknąć, a przynajmniej wiedzą, że unikać ich powinni, jeżeli łączący ich związek ma być nadal zadowalający. Niezbyt logiczna logika ludzkich uczuć w połączeniu z beznadziejnością usiłowań prowadzących do realizacji mitu miłości romantycznej (który dla wielu stanowi jedyną definicję miłości) sprawia jednak, że na partnerów nawet w udanym związku czyha wiele pułapek. Paradoksalnie pułapki te wynikają z tego właśnie, że związek jest udany, a partnerzy pełni są najlepszych chęci. W rozdziale 5. opisuję szczegółowo kilka takich pułapek, jak:

— **pułapka dobroczynności**, polegająca na tym, że stałe i wzajemne ofiarowywanie dobra (oraz unikanie wyrządzania partnerowi krzywd) w miarę trwania związku prowadzi do tego, iż zdolność do sprawiania partnerowi przyjemności maleje, wzrasta zaś zdolność do sprawiania mu bólu;

- **pułapka bezkonfliktowości**, polegająca na tym, że stałe unikanie konfliktów w imię utrzymania wspólnoty działań, interesów i uczuć (oraz świętego spokoju) prowadzi do zaniku tej wspólnoty (a święty spokój zamienia się w spokój wręcz śmiertelny);

- **pułapka obowiązku**, polegająca na tym, że systematyczne podpieranie własnych uczuć do partnera poczuciem obowiązku może prowadzić do ich zaniku – własne działania mogą być widziane jako rezultat jedynie własnej obowiązkowości, nie zaś uczuć żywionych do partnera;

- **pułapka sprawiedliwości**, polegająca na tym, że domaganie się przede wszystkim sprawiedliwości we wzajemnej wymianie świadczeń przez partnerów sprowadza się w praktyce głównie do odwzajemniania zachowań negatywnych, a więc sprawiedliwości typu „oko za oko, ząb za ząb".

Pułapki te oczywiście nie każdej parze muszą się zdarzyć, choćby dlatego, że niektóre wzajemnie się wykluczają. Są one różnymi drogami pogarszania się jakości związku, a dróg takich jest oczywiście wiele i niestety więcej niż dróg prowadzących do związku szczęśliwego. Niewiele jest bowiem sposobów przeżywania szczęścia, bardzo wiele zaś sposobów bycia nieszczęśliwym. Pułapki są drogami zdradliwymi, bo paradoksalnymi – ludzie wpadają w nie w imię wysiłków, których deklarowanym i świadomym (choć nie zawsze rzeczywistym) celem jest polepszenie bądź utrzymanie związku.

Związek pusty i jego rozpad

Niekonieczny, choć prawdopodobny i częsty zanik intymności doprowadza miłość (a raczej byłą miłość) do fazy związku pustego, którego jedynym elementem jest występowanie motywacji i działań nadal podtrzymujących ów związek.

Ten typ relacji w naszej kulturze jest zwykle pozostałością po poprzednich, szczęśliwszych fazach związku (inaczej jest w kulturach praktykujących małżeństwa aranżowane, gdzie związek rozpoczyna się od samego zobowiązania). Ponieważ związek pusty opiera się tylko na zobowiązaniu, czynniki podtrzymujące ten związek są w zasadzie tożsame z czynnikami podtrzymującymi samo zobowiązanie. Sprawia to, że warunki podtrzymujące zobowiązanie stają się bardziej istotne dla trwania związku, niż były w fazach poprzednich. W szczególności związek pusty bardziej niż inne fazy miłości narażony jest na zniweczenie, gdy w życiu przynajmniej jednego z partnerów pojawi się szansa na zbudowanie innego, nowego związku, bardziej pociągającego niż dotychczasowy. Jest to o tyle prawdopodobne, że atrakcyjność związku pustego staje się bardzo niewielka.

Współcześnie coraz silniejsza staje się norma kulturowa nakazująca, aby zaangażowaniu w związek towarzyszyła intymność. Związki zdrowe to takie, w których motywacji i działaniom ukierunkowanym na ich utrzymanie towarzyszy przeżywanie intymności; zanik intymności pociąga za sobą (i w odczuciu partnerów usprawiedliwia) zanik zobowiązania. Tego rodzaju norma jest dość powszechna w krajach Zachodu, choć z niejednakową siłą obowiązuje w różnych grupach społecznych i krajach. Jej pojawienie się może wpływać na wzrost częstości rozwodów i spadek ważności przyczyn, jakie uznawane są za wystarczające do rozwodu. Zanik intymności w związku zapewne nie jest najważniejszą ani jedyną przyczyną rozwodu, ale coraz częściej sami zainteresowani uznają go za przyczynę wystarczającą.

Podsumowanie

Oczywiście etapy związku przedstawione na rycinie 1.4 w żadnym wypadku nie składają się na kolejność obowiązującą, a więc na to, co być powinno, lecz jedynie na to, co bywa najczęściej. (Nauka w ogóle nie mówi o tym, co być powinno, lecz tylko o tym, co jest, a przynajmniej – co jest prawdopodobne.)

Im wcześniejsza faza, tym krócej trwa. Jak ilustruje rycina 1.5, osoby deklarujące fazę zakochania pozostawały w związku zaledwie rok, podczas gdy osoby deklarujące miłość przyjacielską były w związku prawie 11 lat. Wzrost średniego czasu trwania kolejnych faz nie ma jednak charakteru prostoliniowego – wyraźnie załamuje się po fazie miłości przyjacielskiej, a średni czas trwania związku dotkniętego rozpadem wynosi tylko pięć lat. Z jednej strony może to być skutek niejednakowego tempa spadku intymności dla różnych par. Niektóre pary lepiej sobie radzą z pułapkami intymności i potrafią utrzymać ją na zadowalającym poziomie (i pozostać w fazie miłości przyjacielskiej), podczas gdy inne radzą sobie gorzej i szybciej popadają w związek pusty. Z drugiej strony związki w fazie rozpadu są zapewne bardzo niejednorodne, ponieważ rozpad może nastąpić nie tylko na zakończenie całej sekwencji, ale także po każdej zmianie fazowej, czyli po każdym z poprzednich etapów, kiedy z tych czy innych względów nie pojawia się faza następna. Jeżeli zakochanie nie zostanie odwzajemnione, to jakaś postać rozpadu pojawia się już

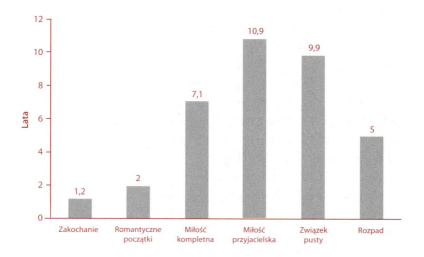

Rycina 1.5.
Średni czas trwania związku w zależności od fazy, w jakiej się obecnie znajduje
Źródło: na podstawie danych w: Wojciszke, 2002a.

po pierwszej fazie. Prawdopodobnie tak kończy się większość przypadków zakochania – ponad 90% badanych studentów relacjonuje, że zdarzyło im się odrzucić czyjąś miłość, a podobny odsetek donosi, że sami doznali odrzucenia przez obiekt namiętności (Baumeister, Wotman i Stillwell, 1993). Kiedy nasz wybranek okazuje się już zajęty (ma żonę i dwójkę dzieci), rozpad może nastąpić już po romantycznych początkach, gdyż niemożliwe jest obustronne zobowiązanie. Jeżeli hołdujemy hollywoodzkiemu ideałowi miłości romantycznej, to do rozpadu może dojść tuż po zaniku namiętności, czyli po fazie miłości kompletnej. Wreszcie, jeżeli wierzymy, że zdrowy związek to taki, w którym ludzie obdarzają się przynajmniej przyjaznymi uczuciami, to rozpad pojawi się po zaniku intymności, czyli po fazie miłości przyjacielskiej.

Jako że trzy pierwsze fazy związku napędzane są namiętnością i jej zmianami (a namiętność słabo poddaje się świadomej i dowolnej kontroli tych, którzy ją przeżywają), zakochanie, romantyczne początki i związek kompletny prawie nieuchronnie skazane są na przemijanie. Inaczej mają się sprawy z trzema pozostałymi fazami, napędzanymi głównie dynamiką zobowiązania (która niemal całkowicie pozostaje pod kontrolą zainteresowanych) i intymności (która w pewnym stopniu poddaje się kontroli, choć wymaga to i chęci, i umiejętności). Jak będę starał się pokazać w dalszych partiach tej książki, niektóre próby oddziaływania partnerów na własną miłość wydają się z góry skazane na niepowodzenie, podczas gdy inne mogą zostać uwieńczone sukcesem i uchronić związek przed rozpadem. Wszystko zależy od tego, na jakie składniki miłości zainteresowani wywierają wpływ i kiedy (w jakiej fazie związku) to czynią.

Krzywe szybciej lub wolniej opadające na rycinie 1.4 napawają melancholią i zdają się wyrazem nazbyt pesymistycznego spojrzenia na szanse trwania związku dwojga kochających się ludzi. Cóż, pesymizm i realizm mają ze sobą wiele wspólnego, jak dawno temu zauważył znakomity filozof Władysław Tatarkiewicz. Faktem jest, że w przeciętnym małżeństwie satysfakcja obojga partnerów ze związku maleje z wolna w miarę jego trwania, a możliwych tego przyczyn jest aż nazbyt wiele, o czym mowa dalej. Jednak ogólne przesłanie tej książki jest raczej optymistyczne niż pesymistyczne – jakkolwiek wiele związków istotnie kończy się fazą pustą i zerwaniem, wcale tak być nie musi. Partnerzy mogą wiele zrobić, by utrzymać swój związek w satysfakcjonującej postaci, głównie poprzez podtrzymywanie intymności i unikanie zagrażających jej pułapek. Dalszy ciąg tej pracy nie zawiera szczegółowego wykazu takich działań – sformułowanie podobnego zbioru przepisów na udany związek, niczym recepty na placek, wydaje się niemożliwe i obrażałoby rozum Czytelnika. Opisuję jednak logikę wielu procesów doprowadzających do powstania i zaniku miłości, a taki opis może stanowić pewną podstawę do podjęcia konkretnych działań przez samego Czytelnika, który zdecyduje, w jakiej fazie jest jego związek i czego mu najbardziej potrzeba.

Jedno nie ulega wątpliwości – działania pozwalające utrzymać miłość na dłużej wymagają nie tylko poświęcenia i wysiłku, ale przede wszystkim myślenia i mądrości obojga partnerów. Wysiłek, myślenie i mądrość słabo kojarzą się nam z miłością, o której skłonni jesteśmy raczej sądzić, że powinna dziać się sama, jeżeli tylko jest prawdziwa. Jest to ubolewania godna konsekwencja wspomnianego już, charakterystycznego dla naszej kultury traktowania miłości romantycznej jako jedynej postaci miłości wartej zainteresowania i przeżycia. Jest to także skutek złudzenia, że myślenie zabija uczucia, choć w istocie je wzbogaca, pokazując ogromne możliwości, jakie w uczuciach się kryją. Kiedy historia związku wyjdzie poza fazę miłości romantycznej, to, co się w nim dzieje „samo" (spontanicznie, bez świadomych wysiłków mających na celu zmianę biegu wydarzeń), działa raczej na szkodę niż na korzyść uczuć. Wszystko zdaje się wskazywać na to, że zdanie się na samo odczuwanie, nieskażone myślą, doprowadza miłość prostą drogą do fazy związku pustego. Natomiast sterowany myśleniem wysiłek stwarza szansę uniknięcia tej fazy i utrzymania związku w fazie przyjacielskiej.

Rozdział 2

Zakochanie

Psychologia namiętności
    Dlaczego namiętność?
    Idealizacja partnera
Pobudzenie emocjonalne
Atrakcyjność fizyczna
    Dopasowanie czy maksymalizacja atrakcyjności
    Od czego zależy piękno twarzy
    Od czego zależy piękno ciała
Namiętność a seks u kobiet i mężczyzn
    Niezależność seksu i namiętności
    Pragnienia seksualne kobiet i mężczyzn
    Ekonomia seksu
    Plastyczność seksu
    Seks, ciało i śmierć

Zakochanie jest stanem nie tylko opiewanym przez sztukę – zarówno pisaną przez duże S, jak i w wersji pop – ale też doświadczanym przez większość ludzi, choć zwykle tylko raz w życiu. Na pytanie Centrum Badania Opinii Społecznej (CBOS, 2005) „Czy zdarzyło się Panu (Pani) w swoim życiu być mocno, szaleńczo zakochanym(ą)?", aż 59% Polaków odpowiedziało twierdząco, przy czym trzy czwarte z nich deklarowało, że przydarzyło im się to tylko raz w życiu (zaledwie co piąta osoba stwierdziła, że dwa razy).

Psychologia namiętności

Miłość namiętna jest potężnym stanem emocjonalnym, który Elaine Hatfield i Richard Rapson (1993, s. 5) definiują następująco:

Stan silnego dążenia do jedności z drugą osobą. Miłość namiętna jest złożonym kompleksem obejmującym oceny, subiektywne odczucia, wyrażanie uczuć, wzorce reakcji fizjologicznych i tendencje do pewnych zachowań. Miłość odwzajemniona wiąże się z ekstazą i poczuciem spełnienia. Miłość odrzucona wiąże się z poczuciem pustki, lękiem i rozpaczą.

Tabela 2.1.
Pozycje Skali Miłości Namiętnej

Badani są proszeni o pomyślenie o swoich uczuciach w stosunku do osoby (oznaczonej jako __), którą obecnie kochają bądź kiedyś kochali, i zaznaczenie swoich odpowiedzi na skali od 1 (zupełna nieprawda) do 9 (zdecydowanie prawda). Im wyższa suma punktów, tym silniejsza miłość namiętna.

> Gdyby __ mnie opuścił, wpadłabym w wielką rozpacz.
>
> Czasami czuję, że nie jestem w stanie kontrolować własnych myśli, które obsesyjnie krążą wokół __.
>
> Uszczęśliwianie __ czyni mnie szczęśliwą.
>
> Wolę przebywać z __ niż z kimkolwiek innym.
>
> Gdyby __ zakochał się w kimś innym, byłabym bardzo zazdrosna.
>
> Chciałabym wiedzieć o __ wszystko.
>
> Nigdy mi nie dosyć uczuć okazywanych mi przez __.
>
> __ to dla mnie idealny partner romantyczny.
>
> Czuję, jak moje ciało odpowiada na dotyk __.
>
> W głowie mi tylko __.
>
> Chcę, aby __ znał moje myśli, moje obawy i pragnienia.
>
> Z utęsknieniem wyczekuję oznak, że __ mnie pragnie.
>
> __ ogromnie mnie pociąga.
>
> Kiedy nasze sprawy z __ układają się źle, wpadam w totalną depresję.

Źródło: Hatfield i Sprecher, 1986. Copyright © by Elsevier.

Elaine Hatfield i Susan Sprecher (1986) zbudowały Skalę Miłości Namiętnej – zamieszczony w tabeli 2.1 kwestionariusz zawierający zestaw „objawów" zakochania. Skalą tą przebadano setki osób pochodzących z różnych krajów i kultur, które bardzo niewiele różniły się pod względem intensywności doświadczania miłości namiętnej, zresztą ku zdumieniu autorów (Hatfield i Rapson, 2006) początkowo przekonanych o decydującym wpływie kultury na to doświadczenie. W rzeczywistości doniesienia o miłości namiętnej pojawiają się w każdym miejscu i w każdym czasie – od sumeryjskiej opowieści o miłości między Inanną a Dumuzim (sprzed czterech tysięcy lat), do ostatniego przeboju Madonny, nie mówiąc już o ponadczasowym przeboju, *Romeo i Julii* (szesnastowieczna Anglia). Antropologowie (Jankowiak i Fischer, 1992) analizowali standardowe dane dotyczące 166 opisanych kultur i znaleźli dowody na obecność miłości namiętnej w 90% z nich, a w wypadku pozostałych kultur brakowało wystarczająco szczegółowych informacji w postaci wzmianek o opowieściach miłosnych, ucieczkach zakochanych i tym podobnych. Krótko mówiąc, miłość namiętna jest ponadkulturowym powszechnikiem, czy też uniwersalną cechą gatunkową *Homo sapiens*, niczym posługiwanie się językiem czy wytwarzanie narzędzi. Ktokolwiek zobaczy parę młodych ludzi, pochłoniętych sobą nawzajem i zapominających o reszcie świata, przyjemnie pobudzonych i śmiejących się radośnie bez zauważalnego powodu, nie będzie miał wątpliwości, że widzi zakochanych, czy to będzie zapadła wioska w Tybecie, miasteczko na Podlasiu, czy zatłoczona ulica Londynu.

Choć namiętność pojawia się we wszystkich kulturach, poszczególne kultury różnie ją traktują i cenią. Kultury tradycyjne i kolektywistyczne przeważnie traktują namiętność z rezerwą, by nie rzec: podejrzliwością, i na pewno nie uważają jej za prawomocną podstawę małżeństwa – na przykład Chińczycy skłonni są rezerwować tę nazwę dla związków pozamałżeńskich (Hatfield i Rapson, 2006). Natomiast współczesne kultury indywidualistyczne stawiają namiętność na piedestale i skłonne są uważać ją za główną podstawę małżeństwa. Jednak samo doświadczenie miłości namiętnej znane jest w każdym z tych typów kultur.

Dlaczego namiętność?

*Miłość w jednej chwili daje nam coś,
czego nie można osiągnąć przez długie lata pracy.*

Johann Wolfgang Goethe

Miłość namiętna (a także intymność) oznacza niezwykle silną więź i trudno sobie nawet wyobrazić istnienie naszego gatunku bez zdolności do wytwarzania takich więzi. Osobliwością ludzi jest bowiem wydawanie na świat bardzo niedojrzałego potomstwa, które przez wiele początkowych lat życia pozostaje całkowicie zdane na opiekunów dosłownie we wszystkim. Bezpośrednim powodem, z jakiego ludzie rodzą się tak bardzo niedojrzali w porównaniu z innymi naczelnymi czy ssakami w ogóle, jest ogromny mózg. Nas mózg jest tak duży, że większość jego rozwoju musi nastąpić już po urodzeniu – po prostu nie sposób byłoby urodzić głowy na tyle dużej, by mogła go pomieścić. W konsekwencji większość rozwoju ludzkiego mózgu przebiega w obfitującym w bodźce środowisku zewnętrznym (w odróżnieniu od ubogiego w bodźce środowiska płodowego), co odgrywa kluczową rolę w rozwoju złożoności funkcjonalnej, która cechuje ludzki mózg w stopniu nieporównanie większym niż u zwierząt. W momencie urodzenia ludzki mózg ma objętość 350 cm^3, po czterech latach życia jest już trzykrotnie większy, by w końcu osiągnąć około 1400 cm^3. Dla porównania mózg szympansa, naszego najbliższego krewnego, ma w momencie urodzenia również 350 cm^3, a po osiągnięciu dorosłości – zaledwie o jedną trzecią więcej (Wills, 1993). Nie do końca wiadomo, po co ludziom aż tak duży mózg, zapewne ma to związek ze złożonością stosunków społecznych i wykształcaniem kultury (choć jednak mieliśmy tak ogromne mózgi na długo przed pojawieniem się złożonej kultury). Wiele jednak przemawia za tym, że presja selekcyjna na wzrost wielkości mózgu jest u naszego gatunku niezwykle silna i ważne aspekty ludzkiej biologii i psychologii zostały w trakcie ewolucji dostosowane do tego priorytetu.

Jednym z takich dostosowań jest względna monogamiczność naszego gatunku – jeden rodzic nie byłby w stanie wychować tak niedojrzałego noworodka. Monogamia to wyjątkowa strategia reprodukcyjna w świecie zwierząt – występuje tylko u 3% ssaków, i to jedynie w szczególnych warunkach (Fisher, 1994). U ludzi jest ona rozwiązaniem dominującym, choć nie jedynym. Co prawda aż 86% znanych społeczeństw dopuszcza wielożeństwo, czyli poliginię (a tylko mniej niż 1% dopuszcza wielomęstwo, czyli poliandrię), ale najwyżej co dziesiąty mężczyzna w tych kulturach miewa faktycznie więcej niż jedną żonę. Wielożeństwo jest po prostu przedsięwzięciem tak kosztownym, że tylko nieliczni mężczyźni o największych zasobach i najwyższej pozycji społecznej mogą sobie na nie pozwolić, zarówno współcześnie, jak i w przeszłości (Betzig, 1986). Prawdopodobnie w ewolucyjnej przeszłości naszego gatunku łowców-zbieraczy, kiedy nie sposób było zgromadzić i przechować znaczniejszych zasobów materialnych, wielożeństwo zdarzało się jeszcze rzadziej. Tak więc monogamia wykształciła się jako główna strategia reprodukcyjna ludzi, choć ma ona pewne domieszki poligamiczne (o których będzie mowa w następnym rozdziale) i warto pamiętać, że często jest to monogamia nie tyle na całe życie z tym samym partnerem, ile monogamia seryjna, ze zmieniającymi się partnerami. Helen Fisher (2004) analizowała rozwody w 62 krajach rolniczych i przemysłowych i stwierdziła, że ludzie rozwodzą się niemal wszędzie, a jeśli to robią, to przeważnie wtedy, gdy są u szczytu zdolności reprodukcyjnych, i najczęściej w czwartym roku małżeństwa. Czas trwania miłości namiętnej wynosi zwykle 18–36 miesięcy (Tennov, 1979), tak więc rozwód następuje najczęściej po jej wygaśnięciu.

Drugim z dostosowań jest właśnie miłość namiętna, która ze swą obsesyjną koncentracją na kochanej osobie stanowi świetny mechanizm psychologiczny inicjujący i podtrzymujący monogamiczny związek. Ważną konsekwencją takiej koncentracji jest ignorowanie innych potencjalnych partnerów. Jak powiadał aforysta Jan Sztaudynger: „Zakochany jest jak człowiek w lesie – zapatrzony w jedno drzewo".

Młodzi ludzie chętnie się przyglądają osobom płci przeciwnej, a gdy napotkają osobę atrakcyjną, czasami wręcz nie mogą od niej oderwać oczu. Tak jak studenci biorący udział w pewnym szkoleniu prowadzonym przez moją koleżankę, doktor B. Piękną. Gdy ich zapytałem, czego się dowiedzieli, kilku nie potrafiło nic powiedzieć poza tym, że „wie pan, ona była taka piękna, że trudno było zwrócić uwagę na to, co mówiła". Okazuje się, że kłopoty z oderwaniem oczu to nie tylko metafora. Kiedy wyświetla na monitorze komputera kółko lub kwadrat z prośbą o rozstrzygnięcie, która to figura, ludzie podejmują decyzję błyskawicznie, w ciągu pół sekundy. Jednak ten czas wyraźnie się wydłuża, gdy bezpośrednio przedtem w innym miejscu monitora wyświetla się przez pół sekundy twarz pięknej (ale nie przeciętnej) kobiety (Maner i in., 2007). Co ciekawe, takie wydłużenie występuje i u patrzących mężczyzn, i u kobiet, a nie występuje u nikogo, kiedy wyświetla się twarz przystojnego mężczyzny – jak się dalej przekonamy, u mężczyzn co innego przyciąga wzrok (a mianowicie wysoki status). Co jeszcze ciekawsze, takie wydłużenie zanikało u badanych, jeśli bezpośrednio przedtem proszono ich, by przypomnieli sobie i opisali sytuację, w której poczuli, jak bardzo kochają swoją aktualną partnerkę czy partnera (Maner i in., 2008). Oczywiście, jeżeli ktoś jest naprawdę zakochany, to nie trzeba mu o tym przypominać – i tak myśli o tym niemal bez przerwy. Ponieważ ludzie nie kontrolują świadomie procesów przebiegających w zaledwie ułamku sekundy, tego rodzaju wyniki świadczą o procesach automatycznych, które dzieją się same, bez naszego zamiaru i woli. Mężczyźni automatycznie zwracają uwagę na piękne kobiety i automatycznie przestają to robić w stanie namiętności.

Idealizacja partnera

Gdzie serce każe, tam rozum iść musi.
                    Wacław Potocki

Obsesyjnej koncentracji na partnerze towarzyszy jego idealizacja. Samo patrzenie na zdjęcie osoby, w której jesteśmy na zabój zakochani, prowadzi do obniżenia aktywności tych obszarów mózgu, które są odpowiedzialne za myślenie krytyczne (Bartels i Zeki, 2004). Nic więc dziwnego, że nasze sądy o ukochanej osobie są bardziej pozytywne niż sądy znających ją innych ludzi, a nawet niż to, co ona sama o sobie myśli, a to już osiągnięcie nie lada. Aż 95% ludzi myśli o swoich partnerach, że są lepsi od „przeciętnego partnera", jeśli idzie o inteligencję, atrakcyjność, serdeczność i poczucie humoru (Gagne i Lydon, 2004). Niepodobieństwem jest, aby nasi wszyscy ukochani byli powyżej przeciętnej, tak więc idealizacja partnera jest wybitnie nierealistyczna i przypomina pod tym względem to, co myślimy o sobie samych – siebie również uważamy za lepszych od innych w zasadzie pod każdym względem, który sobie cenimy. Jeszcze nie spotkałem mężczyzny, który nie myślałby o sobie inaczej niż jako o ponadprzeciętnie dobrym kierowcy, a jeden ze znajomych myślał tak już po dwóch miesiącach od otrzymania prawa jazdy, choć egzamin z jazdy zdawał dziewięć razy. Dopóki pałamy namiętnością, myślimy to samo o naszym partnerze. To właśnie idealizacja jest odpowiedzialna za miłosne zaślepienie, które chyba najładniej podsumowała Eliza Orzeszkowa zdaniem „pierwsze westchnienie miłości to ostatnie westchnienie rozumu".

Podobnie idealizowany jest obraz całego związku. Przeważająca większość ludzi myśli, że ich związek jest lepszy i bardziej udany od związku typowego czy też od związków, jakie udało się zbudować znajomym i przyjaciołom (Gagne i Lydon, 2004). Ta spostrzegana wyższość własnego związku ulega nasileniu, gdy na horyzoncie pojawia się jakieś niebezpieczeństwo, na przykład – o zgrozo! – para, którą inni uważają za lepiej dobraną i szczęśliwszą niż nasz związek. Bardziej optymistycznie widzimy także perspektywy swojego niż cudzego związku. Na przykład w Stanach Zjednoczonych rozpada się około połowy małżeństw, jednak trzy czwarte osób uważa, że rozpad nie dotknie ich małżeństwa. Pewne dwudziestoletnie badanie podłużne wykazało, że żony spostrzegają swoją satysfakcję z małżeństwa jako większą niż przed dziesięciu laty, choć w rzeczywistości satysfakcja ta spadała (Karney i Coombs, 2000). W sumie spostrzegamy partnera i cały bliski związek w sposób równie nierealistyczny i wyidealizowany jak samych siebie. I nie jest to tylko analogia, lecz dokładnie ten sam proces, ponieważ miłość prowadzi do włączenia ukochanej osoby do naszego Ja, o czym będzie mowa szerzej w rozdziale 4.

Idealizacja partnera jest niewątpliwie korzystna dla bliskiego związku, pozwala bowiem utrzymać pozytywny obraz partnera jako wartego miłości, całego związku zaś – jako wartego wszelkich wysiłków, by go podtrzymać i ochronić przed przeciwnościami losu. Ludzie są wyraźnie motywowani do obrony pozytywnego obrazu partnera, przypisując jego niepożądane zachowania powodom zmiennym i zewnętrznym (był dla mnie niemiły, ale to dlatego, że się martwi o swoją pracę) albo wiążąc jego wady z większymi i ważniejszym cnotami (jest trochę uparty, ale to dlatego, że jest taki konsekwentny), a nawet przekształcając wady w zalety. W jednym z badań zasugerowano uczestnikom, że ich partner rzadko inicjuje konflikty w obrębie bliskiego związku. Jednak ta zaleta okazywała się mocno wątpliwa w świetle przeczytanego następnie artykułu (rzekomo naukowego) przekonującego, że skłonność do inicjowania i jasnego wyrażania konfliktu podnosi jakość bliskiego związku, ponieważ wzmacnia jego autentyczność i witalność. Motywowani do wiary, że pozostają w dobrym związku, uczestnicy badania zmieniali swoje wcześniejsze zdanie o partnerze i zaczynali go widzieć jako bardziej skłonnego do wszczynania konfliktów (Murray i Holmes, 1993). Wiele badań przekonuje, że osoby idealizujące partnera – czy to chłopaka, czy męża – są bardziej ze swojego związku zadowolone, bardziej weń zaangażowane, ujawniają więcej miłości i zaufania, a mniej wahań i konfliktów. Badania podłużne wykazały, że partnerzy, którzy się wzajemnie idealizują, mają większą szansę przetrwania jako para, a idealizacja na wczesnym etapie związku pozwala przewidywać większe natężenie satysfakcji, miłości i zaufania na późniejszych jego etapach (Rusbult i in., 2000). Idealizacja zapewne może być szkodliwa w momencie wyboru partnera (sądząc po innych, spora część ludzi wybiera źle), ale gdy już klamka zapadła, idealizacja jest na wagę złota, utwierdza nas bowiem w słuszności wyboru i polepsza jakość związku.

Podobnie jak idealizacja, działa także ogólny optymizm młodych partnerów, mierzony kwestionariuszem zawierającym takie pozycje, jak „W czasach niepewności spodziewam się zwykle, że wszystko dobrze pójdzie" albo „Jeżeli coś może źle u mnie pójść, to na pewno tak się stanie". Trzykrotne badania obejmujące tę samą grupę chodzących z sobą par pokazały, że optymiści byli ze swoich związków zadowoleni i mieli większą szansę pozostawać w tym samym związku po upływie roku. Kluczowym powodem, z jakiego tak się działo, był fakt, że optymiści obojga płci spostrzegali więcej wsparcia dawanego im przez partnera (Srivastava i in., 2006), to zaś inicjuje w związku wiele dobroczynnych procesów, o czym będzie mowa dalej.

Pobudzenie emocjonalne

Psychicznym paliwem namiętności jest pobudzenie emocjonalne. W myśl jednej z klasycznych teorii emocji (Schachter, 1964) każda emocja składa się z dwóch elementów: pobudzenia fizjologicznego, nadającego emocji jej natężenie, oraz z subiektywnej, osobistej interpretacji jego źródeł i charakteru. Interpretacja ta decyduje o znaku i treści przeżywanej emocji. Wyczekując na swoją kolejkę u dentysty, czujemy, jak wali nam serce, potnieją dłonie i robi się nam gorąco – wszystko to są wskaźniki wzmożonego pobudzenia fizjologicznego. Wiemy doskonale, co to pobudzenie oznacza. Słysząc dobiegający zza drzwi warkot wiertarki, wdychając charakterystyczny zapach chemikaliów i przypominając sobie poprzednie wizyty u dentysty, wiemy, że przeżywane przez nas pobudzenie ma swoje źródło w tym wszystkim, co już za chwilę nas spotka z rąk dobrotliwie wyglądającej osoby w białym fartuchu. Nie sposób się pomylić – naszemu pobudzeniu na imię Strach. Zarówno pobudzenie, jak i jego interpretacja są niezbędne do przeżycia każdej emocji – czy będzie to radość, czy strach, zachwyt, czy nienawiść. Kiedy nasze serce bije spokojnie, dłonie są suche, a gardło wilgotne, nie dojdziemy do wniosku, że przeżywamy strach, nawet siedząc na fotelu dentystycznym. Oczywiście, im łatwiej zauważalne i jednoznaczne jest zdarzenie, które faktycznie wywołuje przeżywane pobudzenie, tym bardziej ono właśnie wyznacza subiektywną interpretację tego, co się stało, a więc i treść emocji. Problem jednak w tym, że przyspieszone bicie serca, potnienie dłoni czy uczucie gorąca pojawiają się w wielu różnych sytuacjach i nie zawsze jest jasne, co dokładnie je wywołało. Co ciekawe, możliwa jest nawet taka sytuacja, kiedy człowiek upatruje przyczyny przeżywanego pobudzenia w innym czynniku niż ten, który był faktycznym jego źródłem. Dzieje się tak szczególnie wtedy, kiedy ta pozorna przyczyna sama się narzuca jako typowa i oczywista, natomiast rzeczywista przyczyna przeżywanego przez nas pobudzenia umyka naszej uwadze, skupionej na czymś innym.

Pomysłowego sprawdzenia tej hipotezy dokonali dwaj Kanadyjczycy (Dutton i Aron, 1974) w badaniach polegających na tym, że do samotnych mężczyzn schodzących z mostu zbliżała się pewna dziewczyna z prośbą o udział w krótkim badaniu psychologicznym. Do badań wybrano jedną piękną dziewczynę i dwa mosty nad tą samą rzeką: betonowy, biegnący na wysokości trzech metrów nad lustrem spokojnej wody, i drugi, wiszący na wysokości siedmiu metrów nad górskim strumieniem i skałami, wąski, długi i kołyszący się przy każdym kroku. Autorzy założyli, że przechodzenie przez pierwszy most nie będzie miało żadnych szczególnych następstw, natomiast przechodzenie przez drugi wywoła strach u badanych mężczyzn. Mężczyzna bać się jednak nie powinien, a przynajmniej jest mu nieprzyjemnie przyznać się do tego nawet przed samym sobą. Mężczyźni schodzący z takiego bujającego nad przepaścią mostu najchętniej przypisaliby więc przyspieszone bicie serca i spotniałe dłonie jakiemuś czynnikowi bardziej godnemu prawdziwego mężczyzny niż strach. Na przykład zapierającemu dech w piersiach widokowi pięknych gór albo – jeszcze lepiej – pięknej kobiety, jeżeli taka pojawiłaby się przed ich oczyma zaraz po zejściu z mostu. Rozumiejąc te męskie pragnienia, autorzy ustawili za mostem piękną eksperymentatorkę. Żeby sprawdzić, czy przyspieszone strachem bicie serca jest przez badanych interpretowane jako nieoczekiwany przypływ uczuć do pięknej badaczki, prosiła ich ona o wymyślenie historyjki opisującej scenę przedstawioną na dość niejasnym obrazku, który im wręczała. Okazało się, że skojarzenia mężczyzn schodzących z niebezpiecznego mostu były bardziej nasycone treściami erotycznymi, niż działo się to w wypadku mężczyzn schodzących z mostu bezpiecznego. Dziewczyna zostawiała też swój numer telefonu, „na wypadek, gdyby chcieli dowiedzieć się czegoś bliższego o wynikach badania". Spośród mężczyzn schodzących z niebezpiecznego mostu niemal co drugi zadzwonił potem do dziewczyny. Tymczasem wśród mężczyzn schodzących z mostu bezpiecznego tylko co dziesiąty wykazał równie silne zainteresowanie wynikami badania. Dodać należy, że żadnej z tych różnic nie stwierdzono, kiedy „krótkie badanie psychologiczne" przeprowadzał mężczyzna, a większość badanych nie chciała nawet wziąć jego numeru telefonu.

Wyniki każdego pojedynczego badania poddają się różnym interpretacjom. Na przykład całkiem możliwe, że mężczyźni samotnie chodzący po niebezpiecznych mostach są bardziej spragnieni wrażeń niż ci, którzy statecznie kroczą po asfalcie, w związku z czym ci pierwsi mają większą skłonność do ekscytowania się pięknymi eksperymentatorkami. Aby takie alternatywne wyjaśnienie wyeliminować, Dutton i Aron powtórzyli swoje badanie tylko na mężczyznach schodzących z niebezpiecznego mostu. Do połowy z nich dziewczyna podchodziła natychmiast, do pozostałych zaś – dopiero po 10 minutach od zejścia z mostu. Wzrost skojarzeń o erotycznej treści i późniejszych telefonów do dziewczyny wystąpił jedynie u pierwszych badanych, ale nie u tych drugich, do których dziewczyna podeszła dopiero po 10 minutach, kiedy „już im przeszło", czyli nastąpił u nich samoistny spadek pobudzenia fizjologicznego wywołanego przejściem po niebezpiecznym moście.

Jeszcze inne możliwe wyjaśnienie to ulga – dziewczyna pojawiała się w momencie, gdy niebezpieczeństwo już minęło, co wyzwoliło pozytywne emocje, które przeniosły się na napotkaną dziewczynę. Autorzy przeprowadzili więc jeszcze jedno badanie, tym razem laboratoryjne, dotyczące – jak powiedziano jego uczestnikom – prawidłowości rządzących uczeniem się. Badani mężczyźni przekonywali się, że ich partnerką w tym przedsięwzięciu okazywała się „przypadkowo" bardzo ładna dziewczyna. Przekonywali się też, że nie wszystko w czekającym ich badaniu będzie takie przyjemne – karą za błędy popełniane w trakcie uczenia się miały być wstrząsy elektryczne. Na część badanych czekała tu jednak natychmiastowa ulga, ponieważ zapewniono ich, że wstrząsy będą zaledwie słabym swędzeniem. Pozostałym natomiast zapowiedziano, że wstrząsy będą dość bolesne, lepiej więc, by starali się popełniać jak najmniej błędów. Tuż przed rozpoczęciem „właściwego" eksperymentu badacz (zapewniając o swej dyskrecji) prosił badanych mężczyzn o ocenę erotycznej atrakcyjności ich partnerki. Badani oczekujący silnych wstrząsów uważali ją za znacznie bardziej pociągającą, niż sądzili badani oczekujący wstrząsów słabych.

Tak więc to nie ulga ani zapotrzebowanie na stymulację są odpowiedzialne za wzrost atrakcyjności osoby płci przeciwnej, lecz przyrost pobudzenia fizjologicznego, nietrafnie zinterpretowanego jako wywołane przez tę właśnie osobę. Zjawisko takie stwierdzono w ponad dwudziestu niezależnych badaniach (Foster i in., 1998) wykazując przy tym, że faktycznym źródłem pobudzenia fałszywie odczytywanego jako wywołane przez obiekt namiętności może być właściwie cokolwiek – może to być strach, gniew, seks, silne rozbawienie, a nawet pozbawiona emocji aktywność fizyczna.

Aby zrozumieć, jak to jest możliwe, wyobraźmy sobie następującą scenę. Jeszcze kilkaset metrów przed przystankiem autobusowym, do którego zmierzamy, zauważamy nadjeżdżający autobus. Ponieważ jeździ on tylko raz na pół godziny, a nam się spieszy, puszczamy się pędem do przystanku i w ostatniej chwili dopadamy drzwi, które już, już mają się zamknąć. Na szczęście drzwi zatrzaskują się z właściwej strony (za plecami, a nie przed nosem), a my trzęsącymi się jeszcze z wysiłku rękoma przeszukujemy kieszenie marynarki w poszukiwaniu biletu. Zajmuje to trochę czasu, w końcu jednak odnajdujemy jakiś ważny bilet, kasujemy go z ulgą i zapominając o całym zdarzeniu, przechodzimy do przodu, szukając miejsca. Znajdujemy je, siadamy i... napotykamy utkwione w nas jasnozielone oczy nigdy dotąd niewidzianej blondynki (w rzeczywistości jeździ ona już od wielu dni tym samym autobusem i przygląda się nam, myśląc sobie: „A ten co dzisiaj taki czerwony?"). Czujemy, jak wali nam serce, a dłonie się pocą – te jasnozielone oczy po prostu zapierają dech w piersi! Po tym wniosku przebiega nam po plecach dodatkowy dreszcz, dołączający się do wielu innych objawów fizjologicznego pobudzenia, o których – gdyby nie to spojrzenie – zapewne pamiętalibyśmy, że wzięły się z pogoni za autobusem. Teraz jednak mamy przed sobą nie autobus, lecz przyglądającą się nam blondynkę – jaki więc sens nadal myśleć o komunikacji miejskiej zamiast o oczach blondynki? Zważywszy, jakie kolosalne (wręcz fizjologiczne) wrażenie zrobiły na nas te oczy, staramy się oczywiście doprowadzić do rozmowy i spotkania z ich właścicielką.

Próbujemy to zrobić albo od razu, albo – jeżeli nęka nas nieśmiałość – przy następnym spotkaniu, kiedy blondynka znowu się nam przygląda, najwyraźniej z zainteresowaniem (w rzeczywistości myśli sobie: „O, dziś już nie jest czerwony").

Nie twierdzę oczywiście, że aby pokochać zielone oczy, trzeba koniecznie biegać za autobusami. Jednak faktem jest, że pobudzenie fizjologiczne utrzymuje się w organizmie przynajmniej przez kilka minut po zaprzestaniu wysiłku fizycznego (lub ustąpieniu innego czynnika, który je wywołał) i że zmiany w poziomie pobudzenia są zwykle dużo wolniejsze od zmian sytuacji, w której się znajdujemy, a także od zmian w treści zaprzątających nas myśli. Właśnie to, że uspokajamy się dopiero po jakimś czasie, stwarza warunki do pojawienia się tak zwanego transferu pobudzenia, czyli przeniesienia przyczyn pobudzenia z tego, co rzeczywiście je wywołało, na coś (lub kogoś) nowego, co w tym czasie pojawiło się w naszym otoczeniu i skupiło na sobie naszą uwagę (Zillmann, 2003). Taki transfer następuje tylko w pewnym oknie czasowym – mniej więcej 3 do 10 minut po zaniknięciu pierwotnego źródła pobudzenia, gdyż przez pierwsze 2 minuty dobrze jeszcze pamiętamy, co faktycznie wywołało pobudzenie, a po 10 minutach samo pobudzenie zanika.

Nie sposób twierdzić, że w eksperymentach tego rodzaju badano rzeczywiste zakochiwanie się mężczyzn, ponieważ brakowało w nich, by tak rzec, dalszego ciągu wydarzeń (co nie tylko wymagałoby zbyt wielu pięknych dziewcząt, ale też byłoby nieetyczne). Wiarygodne jest jednak przypuszczenie, że nagły przypływ najwyraźniej erotycznego zainteresowania osobą płci przeciwnej stanowi coś na tyle podobnego do zakochania się, by uważać te eksperymenty za potwierdzenie hipotezy, iż pobudzenie wywołane w istocie czymkolwiek może zostać zinterpretowane przez przeżywającą je osobę jako wywołane erotyczną atrakcyjnością innego człowieka. Ponadto tego rodzaju procesy obserwuje się też u partnerów rzeczywistych związków – satysfakcja partnerów z własnego małżeństwa rośnie, jeżeli tuż przed jej pomiarem wykonują oni pobudzające ćwiczenia fizyczne (pozbawione jednak erotycznych podtekstów; Aron i in., 2000).

Przeszkody są tym dla namiętności, czym wiatr dla ognia – nasilają namiętność wielką, a małą gaszą. Jest to często wykorzystywany wątek literacki, a pokonywanie przeszkód stanowi nieodłączny element romantycznego wzorca miłości, o czym będzie mowa nieco dalej. Literackim prototypem roli, jaką odgrywają przeszkody stawiane przez rodziców, jest oczywiście Szekspirowski dramat *Romeo i Julia*. Młodzi kochankowie zapałali do siebie namiętnym uczuciem, mimo że pochodzili z dwóch rodów zwaśnionych ze sobą od wieków, co zresztą przywiodło kochanków do zguby. Psychologowie twierdzą przewrotnie, że waśń Montecchich z Capuletimi mogła w istocie być jednym z powodów rozpalających namiętność Romea i Julii. Ingerencja rodziców w związek dwojga młodych może mieć bowiem skutek odwrotny do zamierzonego i miast usunąć, może nasilać wzajemną skłonność ku sobie tych ostatnich.

Pewnego poparcia tej tezy dostarczyły badania, w których mierzono stopień wzajemnej namiętności i intymności przeżywanej przez kilkadziesiąt par małżeńskich i kilkadziesiąt par chodzących ze sobą (Driscoll i in., 1972). Mierzono także natężenie, z jakim rodzice zainteresowanych usiłowali przeszkodzić ich związkowi. W parach małżeńskich wzajemna namiętność partnerów słabo wiązała się z wielkością sprzeciwu rodziców wobec związku, a w ogóle nie stwierdzono związku między wtrącaniem się rodziców a intymnością łączącą młodych małżonków. Inaczej w parach przedmałżeńskich, w których sama namiętność odgrywała zapewne większą rolę. Tutaj nasilonemu wtrącaniu się rodziców towarzyszyło nasilenie wzajemnej namiętności (a w mniejszym stopniu także intymności) młodych. Co więcej, badacze dokonali ponownego pomiaru tych wielkości w 6–10 miesięcy później i stwierdzili, że im bardziej wzrósł w tym czasie sprzeciw rodziców, tym większa była namiętność i intymność relacjonowana przez partnerów związku. Jeśli natomiast rodzice dali spokój i ich ingerencja w związek zmalała, zmniejszyła się również wzajemna miłość partnerów.

Oczywiście jest to typowe badanie korelacyjne, w którym stwierdza się co prawda współzmienność (korelację) dwóch lub więcej zjawisk, ale nie sposób dowieść, które z nich jest przyczyną, a które skutkiem.

Niekoniecznie musiało być przecież tak, że to ingerencje rodziców nasilały przeżywany przez kochanków poziom pobudzenia, a ten był przez nich interpretowany jako kolejny dowód wzajemnej namiętności, co prowadziło do jej wzrostu. Mogło być na odwrót: im bardziej młodzi pałali do siebie namiętnością, tym silniej rodzice przeciwstawiali się ich związkowi. Korelacyjny charakter badań uniemożliwia jednoznaczne rozstrzygnięcie, która z tych interpretacji jest prawdziwa, choć badacze przytaczają dodatkowe argumenty na rzecz interpretacji pierwszej, że to ingerencje rodziców były przyczyną, a wzrost namiętności – rykoszetowym efektem ich działań.

Podobną rolę odgrywać mogą również inne przeszkody, na przykład odmienność wyznania dwojga partnerów – partnerzy odmiennych przekonań religijnych stwierdzają przeżywanie silniejszej namiętności niż partnerzy tego samego wyznania. Jednakże już dla par pozostających ze sobą w związku przez okres dłuższy niż 18 miesięcy wzorzec ten ulega odwróceniu, to znaczy wyznawanie różnych religii utrudnia miłość (Rubin, 1976). Jest to zgodne z ogólną logiką ludzkich reakcji na przeszkody. Początkowo bowiem pojawienie się przeszkody działa na człowieka mobilizująco, powoduje wzrost pobudzenia (ten właśnie, który w pewnych warunkach może być odczytywany jako przejaw wzrostu namiętności), gniew i zwiększenie wysiłków mających na celu przezwyciężenie przeszkody. Natomiast długotrwałe nękające działanie niedających się przezwyciężyć przeszkód prowadzi do apatii, depresji, bezradności i zaniechania wysiłków (Wortman i Brehm, 1975), co w opisywanym tu przypadku może stanowić dodatkowy czynnik wygaszający miłość partnerów.

Tak więc dramatycznie pojawiające się przeszkody mogą nasilać namiętność, podczas gdy przedłużające się ich oddziaływanie może w końcu zabić i namiętność, i intymność. Zamieszkiwanie z teściami stale ingerującymi w związek z pewnością nie jest powodem do optymizmu i przewidywania wybuchów namiętności. Jednakże zamykanie córki w domu, gdy ta wybiera się na randkę, z pewnością nie zmniejszy jej zainteresowania wybrankiem.

Atrakcyjność fizyczna

Radość oczu jest początkiem miłości.
Arystoteles

Dlaczego pokochujemy właśnie tę, a nie inną osobę? Jeśli spytać samych zainteresowanych, odpowiedź zwykle brzmi: bo ona była taka piękna, on był zabójczo przystojny. Kluczowej roli atrakcyjności fizycznej dowodzą też badania nad faktycznymi wyborami partnerów. W epoce spotów reklamowych i MTV wszystko, co trwa dłużej niż kilkadziesiąt sekund, jest nieznośną dłużyzną. Dlatego też zamiast organizować randki w ciemno, z których każda zajmuje przynajmniej pół wieczoru, organizuje się superszybkie randki (*speed dating*), podczas których, powiedzmy, 25 kobiet i 25 mężczyzn siada naprzeciw siebie w pubie czy klubie i rozmawia na dowolne tematy przez trzy minuty, po czym na gwizdek czy inny sygnał mężczyźni wstają i przesuwają się o jedno oczko. Nowi partnerzy znów rozmawiają przez trzy minuty, po czym historia się powtarza, dopóki każdy mężczyzna nie porozmawia z każdą kobietą. Każde z partnerów zaznacza przy tym, czy ma ochotę w przyszłości spotkać się z daną osobą, czy też nie. Firma organizująca całą tę imprezę za kilkadziesiąt dolarów (od głowy) przekazuje osobom, które się nawzajem wybrały, adresy elektroniczne wybranków, na czym usługa firmy się kończy. Choć taka technologia poznawania się ludzi wydaje się dość dziwaczna i przypomina pracę przy taśmie fabrycznej, ma ona całkiem sporo sensu.

Po pierwsze, wiele danych przekonuje, że podczas kilku pierwszych minut dostrzegamy w twarzy i ruchach człowieka to samo, co dostrzeglibyśmy w trakcie wielogodzinnej obserwacji. Trafność takich migawkowych wniosków bywa oczywiście różna dla różnych cech – jest bardzo duża dla atrakcyjności fizycznej czy orientacji seksualnej, dość duża dla sprawności zawodowej, a mała dla cech osobowości. Jednakże trafność nie zależy od długości obserwacji (por. Wojciszke i Doliński, 2008).

Po drugie, skoro trafność nie zależy od długości obserwacji potencjalnego partnera, dwie godziny jednej superszybkiej randki dają nam tyle samo, co dwa miesiące zwyczajnych randek i w dodatku kosztują ze 25 razy mniej! Analiza ponad 10 tysięcy superszybkich randek pokazała, że kluczowym wyznacznikiem wyboru partnera jest atrakcyjność fizyczna. Kobiety były wybierane tym częściej, im były młodsze, im ładniejszą miały twarz i szczuplejszą figurę, a ta ostatnia była najsilniejszym wyznacznikiem wyboru. Mężczyźni wybierani byli tym częściej, im byli wyżsi, szczuplejsi, przystojniejsi z twarzy i młodsi, przy czym wszystkie te czynniki działały ze zbliżoną siłą (Kurzban i Weeden, 2005).

Niezwykłą rolę atrakcyjności fizycznej poświadczyły już pierwsze szeroko zakrojone badania na ten temat, przeprowadzone czterdzieści lat wcześniej, kiedy życie toczyło się wolniej, nikt nie słyszał o superszybkich randkach, a bywało się na wieczorkach zapoznawczych. W jednym z nich uczestniczyło kilkuset studentów i tyleż studentek rozpoczynających właśnie studia (Walster i in., 1966). Warunkiem udziału w zabawie było wypełnienie kilku kwestionariuszy mierzących liczne cechy osobowości, samoocenę, zdolności intelektualne i tym podobne. Wyniki każdej osoby badanej zostały wpisane do komputera, który na tej podstawie, jak powiedziano badanym, miał nieznających się przedtem ludzi kojarzyć w pary. W rzeczywistości jednak pary były kojarzone losowo, a dodatkowym czynnikiem uwzględnianym przez badaczy była fizyczna atrakcyjność każdego z uczestników (niepostrzeżenie oceniana przez kilkoro studentów obsługujących całe to przedsięwzięcie). Badaczy interesowała kwestia, co decyduje o akceptacji „komputerowo" przydzielonej partnerki czy partnera. Pytali więc uczestników zabawy, jak dalece partnerka czy partner im się spodobali, jak dalece chcieliby się ponownie spotkać i jak często faktycznie się spotykali (o to ostatnie pytano w 4–6 miesięcy po zabawie). Żadna z licznych cech osobowościowych czy intelektualnych, pracowicie zmierzonych u wszystkich badanych, nie wpływała na to, jak spodobali się oni swoim partnerom. Wpływ wywierała natomiast jedna jedyna cecha – atrakcyjność fizyczna. Im bardziej atrakcyjna była partnerka, tym bardziej zadowolony był jej partner, tym bardziej chciał się z nią nadal spotykać i tym częściej faktycznie to robił. Identycznie zachowywały się badane dziewczęta.

Podobne wyniki przyniosło wiele innych badań nad kryteriami wyboru partnera romantycznego – zarówno kobiety, jak i mężczyźni starali się wybierać partnerów maksymalnie atrakcyjnych fizycznie. Także wtedy, gdy mieli pełną jasność, że ich wybór spotkać się może z odrzuceniem, jak w przytaczanych poprzednio badaniach nad superszybkimi randkami.

Dopasowanie czy maksymalizacja atrakcyjności

Wszystkie te wyniki okazały się sprzeczne z oczekiwaniami samych badaczy, którzy przewidywali, że ludzie będą się kierowali bezpieczną i sprawiedliwą zasadą dopasowywania atrakcyjności pożądanego partnera do poziomu atrakcyjności własnej. W końcu skoro ja nie jestem Bradem Pittem, nie będę wymagał od ciebie, abyś była Angeliną Jolie. Badani płci obojga nie wykazywali jednak takich oznak rozsądku i niezmiennie pożądali partnerów o maksymalnej atrakcyjności. Inna grupa badań sugeruje jednak, że ludzie faktycznie stosują się do zasady dopasowywania atrakcyjności. Mianowicie liczne badania nad rzeczywiście istniejącymi już związkami zgodnie wykazują korelację między atrakcyjnością obojga partnerów: im ona jest piękniejsza, tym on jest bardziej przystojny (Feingold, 1988). Brzydale zaś kończą z brzydulami.

Sytuacja intrygująca: mamy oto dwa rzetelne, powtarzalne zbiory wyników, z których jeden zdaje się pokazywać, że ludzie kierują się w swoich wyborach zasadą maksymalizacji atrakcyjności partnera, drugi zaś równie mocno sugeruje, że ludzie kierują się zasadą dopasowywania atrakcyjności partnera do poziomu atrakcyjności własnej. Skąd tak rażąca sprzeczność?

Pierwszy zbiór danych pochodzi z badań eksperymentalnych nad parami w oczywisty sposób sztucznymi, podczas gdy zbiór drugi pochodzi z badań korelacyjnych nad związkami faktycznie istniejącymi. Ta różnica między nimi podsuwa dość łatwe rozwiązanie sprzeczności: eksperymenty są sztuczne i w swym ograniczeniu nie są w stanie wykazać rozsądku i poczucia sprawiedliwości, którymi ludzie kierują się w swoich rzeczywistych wyborach partnerów życiowych. Idea dość przekonywająca, aczkolwiek zmienia całą kontrowersję w niezbyt interesujący problem metodologiczny. Sprawa jest jednak nadal godna uwagi, jeśli uwzględni się jeszcze jedną różnicę między tymi dwoma zbiorami danych. Oto dane eksperymentalne (dotyczące dokonywanych wyborów) mówią o tym, czego ludzie u swoich partnerów pożądają, podczas gdy dane korelacyjne (nad istniejącymi związkami) mówią jedynie o tym, co ludzie dostają. Nie sposób tej różnicy przecenić – to, czego człowiek pragnie, nie musi bowiem mieć wiele wspólnego z tym, co udaje mu się uzyskać (chyba że nauczy się pragnąć tego, co uzyskał, ale nie wszyscy chcą być aż tak rozsądni). Innymi słowy, choć naturalnie powstające pary są rzeczywiście wyrównane pod względem poziomu atrakcyjności, nie świadczy to jeszcze, że partnerzy kierowali się zasadą dopasowywania atrakcyjności w swoich wyborach. Wręcz przeciwnie, wydaje się, że gdyby wszyscy kierowali się zasadą maksymalizacji (i wybierali partnerów najatrakcyjniejszych), to rezultatem ich wyborów byłoby właśnie wyrównanie poziomów atrakcyjności partnerów w obrębie par.

Przekonuje o tym taki oto eksperyment myślowy. Wyobraźmy sobie wyspę, na której znajduje się 1000 kobiet i 1000 mężczyzn. Wyspa ta, Arkadia, ma subtropikalny klimat, ziemia tu rodzi sama, nie trzeba się troszczyć o pożywienie ani ubranie, dzięki czemu skąpo odziani mieszkańcy mogą kierować się łatwo zauważalną urodą jako jedynym kryterium wyboru partnera czy partnerki. Arkadyjczycy są wprost opętani tym kryterium, wszyscy kierują się tylko nim w swoich wyborach i starają się maksymalizować atrakcyjność partnera. Dodać jeszcze trzeba, że każdy z nich jest sklasyfikowany na jednym z poziomów urody od 10 do 1. Wszyscy wyspiarze zbierają się raz do roku na wielodniowym festynie, gdzie codziennie każdy Arkadyjczyk może złożyć propozycję dowolnej Arkadyjce, a ta może ją zaakceptować bądź odrzucić. Ponieważ każda kobieta będzie pożądała najprzystojniejszego mężczyzny, a każdy mężczyzna – najpiękniejszej kobiety, oczywiste jest, że urodziwi Arkadyjczycy płci obojga najszybciej znikną z rynku matrymonialnego. I to znikną najpiękniejszymi parami, wyrównanymi pod względem atrakcyjności. Następnego dnia, kiedy dziesiątki już znikły, sytuacja się powtarza, z tym że teraz najbardziej w cenie są dziewiątki. Trzeciego dnia, kiedy już nie ma ani dziesiątek, ani dziewiątek, największym wzięciem wśród wybierających i wybieranych cieszą się ósemki, następnego dnia – siódemki, kolejnego i tak dalej – szóstki, aż do jedynek, które są akceptowane na samym końcu i w dodatku przez inne jedynki płci przeciwnej. Widać wyraźnie, że choć każda Arkadyjka i każdy Arkadyjczyk starał się zmaksymalizować atrakcyjność partnera, to właśnie dlatego, że robili tak wszyscy, powstałe w rezultacie pary są dopasowane pod względem atrakcyjności!

Żyjemy w szczęśliwych czasach, kiedy tego rodzaju eksperymenty myślowe można w pewnym sensie naprawdę zrealizować, choć nie na żywych ludziach (na szczęście). Umożliwia to komputerowa symulacja zachowania. Symulację taką przeprowadzono, konstruując program spełniający wszystkie warunki obowiązujące na naszej wymyślonej Arkadii (Kalick i Hamilton, 1986). Symulacja ta wykazała, że dobieranie się par wyrównanych pod względem atrakcyjności następuje nie tylko wtedy, gdy kryterium wyboru jest dopasowanie atrakcyjności własnej do atrakcyjności partnera, ale także wtedy, gdy jedynym takim kryterium jest wybieranie (i akceptowanie) partnera o atrakcyjności możliwie najwyższej. Nawet kiedy wszyscy wybierający kierują się jedynie kryterium maksymalizacji urody partnera, rezultaty ich wyborów wyglądają tak, jakby kierowali się kryterium dopasowywania urody. Ponieważ jednak ludzie niekoniecznie dostają to, czego najbardziej pragną, o regule dokonywania wyborów nie można wnioskować na podstawie ostatecznego rezultatu tych wyborów. Przeciwko domniemanej regule sprawiedliwości świadczy też fakt, że pary małżonków o wyrównanej atrakcyjności wcale nie są szczęśliwsze po 6 miesiącach małżeństwa i nie obdarzają się wzajemnie większym wsparciem (McNulty i in., 2008). Większej satysfakcji małżeńskiej sprzyja zaś sytuacja, w której żony są bardziej atrakcyjne od mężów, ponieważ w związkach długoterminowych mężczyźni bardziej niż kobiety cenią sobie atrakcyjność, o czym szerzej będzie mowa dalej. Satysfakcję z małżeństwa zmniejsza natomiast sytuacja, gdy mąż jest atrakcyjniejszy od żony, być może dlatego, że czyni go to bardziej skłonnym i zdolnym do pozamałżeńskich podbojów.

Od czego zależy piękno twarzy

*Czy dlatego coś jest piękne, że się podoba,
czy się podoba, bo jest piękne?*

św. Augustyn

Kto jest piękny? Wczesne badania zarówno psychologiczne, jak i antropologiczne podkreślały, że to zależy od tego, kto patrzy („piękno jest w oku patrzącego"). Wobec tego kryteria urody są silnie zróżnicowane zarówno indywidualnie, jak i kulturowo. Na przykład wśród amerykańskich mężczyzn znaleźć można takich, których podniecają głównie piersi bądź też pośladki czy głównie nogi, a ci ostatni dzielą się na tych, którzy reagują albo na nogi szczupłe, albo przeciwnie – na, by tak rzec, nogi mięsiste (Wiggins i in., 1968). Podobnie miało być na poziomie kultur (Ford i Beach, 1951). W niektórych kulturach (i tych jest więcej) cenione są ciała pulchne i obfite, podczas gdy w innych (mniej licznych) – ciała szczupłe i smukłe. W niektórych za piękne uważane są piersi długie i zwisające, w innych – przeciwnie – piersi małe i sterczące. W niektórych kulturach zwraca się szczególną uwagę na oczy, w innych – na uszy, w jeszcze innych – na genitalia. Sam Karol Darwin (1971, s. 289) w swoim podstawowym dziele *O pochodzeniu gatunków* cytował (za pewnym „bystrym podróżnikiem") taki oto wzorzec piękności obowiązujący wśród północnoamerykańskich Indian:

Spytaj Indianina z północy, kim jest piękność, a odpowie ci, że ma ona szeroką, płaską twarz, małe oczy, wystające kości policzkowe, trzy albo cztery czarne linie w poprzek każdego policzka, niskie czoło, duży szeroki podbródek, niezgrabny, haczykowaty nos, brązowo-czerwoną skórę i piersi zwisające do pasa.

Kiedy jednak antropologowie przystąpili do porządnych badań terenowych, owego plemienia wyznającego tak dziwaczny kanon piękna nie udało się nigdy odnaleźć (niestety Darwin nie podał jego nazwy). Kiedy zaś psychologowie przystąpili do metodologicznie porządnych badań (z wystandaryzowanymi bodźcami w postaci zdjęć, dużymi próbami, poprawnymi analizami statystycznymi), stwierdzili dwie proste prawidłowości, których wcale się nie spodziewali (Langlois i in., 2000). Po pierwsze, ludzie wewnątrz tej samej kultury silnie zgadzają się co do tego, kto jest bardziej, a kto mniej piękny. Oceny te nie zależą ani od płci (zarówno osób ocenianych, jak i oceniających), ani od wieku, ani od żadnych innych cech demograficznych. Kilkadziesiąt badań obejmujących w sumie kilka tysięcy osób pokazało, że efektywna zbieżność ocen wynosi $r = 0{,}90$ (przy wartości maksymalnej 1,00). Jeżeli ktoś się podoba mieszkańcom warszawskiego Mokotowa, to w tym samym stopniu podoba się mieszkańcom Pcimia. Obie te grupy posługują się podobnymi kryteriami piękna.

Po drugie, jeżeli ten sam zestaw twarzy oceniają ludzie pochodzący z różnych kultur, a nawet ludzie różnych ras, to oceny różnych grup są równie silnie zbieżne (0,88 dla ras, 0,94 dla kultur). Europejczycy, biali Amerykanie, czarni Amerykanie, Koreańczycy i Japończycy wyraźnie zgadzają się między sobą, którzy biali, czarni czy żółci ludzie są piękni, a którzy mniej piękni. Ten wynik wydaje się mało prawdopodobny, ponieważ jest niezgodny z powszechnym przekonaniem o kulturowej specyficzności kryteriów piękna. Zawiera on wyraźną sugestię, że wzorzec piękna nie jest efektem socjalizacji w jakiejś konkretnej kulturze, lecz obejmuje jakieś elementy ponadkulturowe. Faktem jest jednak, że w większości badań, na których opierają się te wnioski, uczestniczyli studenci. Ci zaś niezależnie od kraju, w którym żyją, są globalnymi nastolatkami uczestniczącymi w tej samej kulturze masowej i poddanymi tym samym wzorcom piękna rodem z Hollywood (i Bollywood). Krótko mówiąc, wszyscy oglądają *Titanica* i wiedzą, że piękna kobieta wygląda jak Kate Winslet, a przystojny mężczyzna – jak Leonardo di Caprio.

Bardziej przekonującym argumentem na rzecz pozakulturowego charakteru wzorca urody są fascynujące badania nad niemowlętami, jakie od lat prowadzi Judith Langlois ze współpracownikami (Hoss i Langlois, 2003). Dwumiesięczne niemowlę robi niewiele – śpi, czuwa, krzyczy, je i patrzy. Właśnie ta ostatnia umiejętność niemowlaków jest często wykorzystywana przez psychologów. Langlois pokazywała niemowlętom pary zdjęć, z których jedno przedstawiało twarz atrakcyjną, drugie zaś – twarz przeciętnej urody. Okazało się, że już dwumiesięczne niemowlęta dłużej patrzą na twarz atrakcyjną, a kiedy nieco urosną, chętniej bawią się z osobą o takiej twarzy. Równie zdumiewające jest to, że nie miała tu znaczenia ani płeć, ani wiek, ani nawet rasa osób przedstawionych na zdjęciach – niemowlaki zawsze miały skłonność do dłuższego przyglądania się twarzom ładnym. Ponieważ trudno niemowlęta podejrzewać o zapatrzenie w hollywoodzkie wzorce urody, wyniki te sugerują, że nie tylko kultura decyduje o kryteriach piękna.

Czy to oznacza, że kryteria urody (a przynajmniej jakieś ich zaczątki) są wrodzone? Część badaczy uważa, że niekoniecznie, i argumentuje, że mechanizmem odpowiedzialnym za upodobanie do twarzy ładnych jest zdolność ludzi (także niemowląt) do uśredniania dotychczasowych doświadczeń w postaci tak zwanych prototypów. Różne widzieliśmy w życiu stoły, ale najbardziej „stołowaty" jest taki stół, który ma blat i cztery nogi. Jest to prototyp stołu. Stanowi on średnią arytmetyczną dotąd napotkanych stołów i najbardziej nam się podoba. Ludzie generalnie preferują obiekty zbliżone do swoich prototypów – wolą najbardziej „ptasie" ptaki, „kwiatowate" kwiaty i „psie" psy (a nie „kocie"; Halberstadt, 2006). Podobnie z twarzami – ludzie wolą najbardziej „twarzowate" twarze, a jak przekonamy się nieco dalej, twarze ładne są bardziej niż brzydkie zbliżone do prototypu ludzkiej twarzy. Niemowlęta szybko uczą się prototypu twarzy (wyglądu przeciętnej twarzy napotykanej w swoim otoczeniu), a ponieważ twarze ładne są bardziej zbliżone do prototypu, wolą je od brzydkich. Jednak czy na pewno się uczą, skoro upodobanie do ładnych twarzy obserwuje się już u... dwudniowych noworodków (Slater i in., 2000)? Równie dobrze można powiedzieć, że niemowlęta rodzą się z upodobaniem do atrakcyjnych twarzy i ze zdolnością do ich rozpoznawania.

Co decyduje o urodzie ludzkiej twarzy? Wiele badań przekonuje, że liczą się głównie trzy własności: średniość, symetria i męskość – kobiecość (Gangestad i Scheyd, 2005; Rhodes, 2006). Wspomniana już Langlois (Langlois i Roggman, 1990) przeprowadziła przełomowe badanie, w którym konstruowała twarze kompozytowe z twarzy rzeczywistych.

To znaczy poddawała zdjęcia twarzy rzeczywistych osób obróbce cyfrowej – zamieniała je na piksele, po czym na poziomie pikseli je uśredniała, tworząc sztuczne twarze złożone z 2, 4, 8, 16 lub 32 twarzy rzeczywistych. Okazało się, że im większa liczba twarzy składała się na dany kompozyt, tym był on ładniejszy. Średnie jest piękne! Oczywiście nie w tym sensie, że średniacy są najbardziej urodziwi, ale w sensie atrakcyjności twarzy zbliżonych do średniej tego, co spotyka się w populacji, czyli zbliżonych do prototypu ludzkiej twarzy. To dlatego ładne twarze bardziej nam się mieszają z innymi ładnymi, natomiast brzydotę zapamiętujemy znacznie lepiej. Po prostu ładne twarze są do siebie podobne (oraz do prototypu), brzydkim zaś można być na wiele różnych sposobów – można mieć oczy zbyt małe albo zbyt duże, rozstawione zbyt szeroko albo zbyt wąsko i tak dalej. Wyniki Langlois były tak sprzeczne z intuicją, że kwestionowano je na różne sposoby, jednak obroniły się przed krytyką i dziś dobrze wiadomo, że prawidłowość „średnie jest piękne" dotyczy twarzy osób obu płci i wywodzących się z różnych kultur, w tym Indian Ache, prowadzących plemienny tryb życia w dżunglach Amazonii i nieoglądających telewizji.

Drugim czynnikiem decydującym o urodzie twarzy jest symetria, choć jej efekty są znacznie słabsze od średniości. Symetria w dużym stopniu pokrywa się ze średniością, ale można rozdzielić ich wpływy za pomocą pewnych technik analizy statystycznej. Symetria jest częstym kryterium wyboru partnera wśród zwierząt – na przykład samice wielu ptaków chętniej akceptują zalotników o symetrycznych ogonach. Julian Tuwim powiadał, że symetria jest kanonem piękna idiotów. Gdyby odnieść to do ciał, okazałoby się, że poeta się mylił. Wybieranie samców o symetrycznych ogonach dobrze bowiem służy własnym interesom reprodukcyjnym samic, ponieważ samce o symetrycznych ogonach są w lepszej kondycji i mają lepsze geny do zaofiarowania samicom (jeżeli któryś ma poszarpany ogon, to znaczy na przykład, że już dał się dopaść drapieżnikowi albo jakiejś chorobie). Oczywiście podobny sposób myślenia pojawia się też w rozważaniach nad atrakcyjnością twarzy – wolimy twarze średnie i symetryczne, dlatego że znamionują one lepsze zdrowie lub wyposażenie genetyczne. Hipotezy tej nie można wykluczyć, choć na razie jest niewiele dowodów na lepszy stan zdrowia osób o twarzach symetrycznych i średnich (Gangestad i Scheyd, 2005; Rhodes, 2006).

Trzeci wyznacznik urody wiąże się z dymorfizmem płciowym, czyli z odmiennością twarzy kobiet i mężczyzn. Kobiety mają większe oczy, pełniejsze wargi i drobniejsze kości policzkowe. Mężczyźni mają wydatniejsze łuki brwiowe, szersze żuchwy, dłuższe i szersze podbródki, w dodatku często porośnięte włosem. Te różnice, zresztą silnie powiązane z poziomem testosteronu (hormonu męskiego) i estrogenu (hormonu żeńskiego), pozwalają mówić o niejednakowym stopniu męskości czy kobiecości poszczególnych twarzy. Nie ulega wątpliwości, że im bardziej kobieca jest twarz kobiety, tym bardziej jest urodziwa, a zależność ta jest silna, stwierdzana w różnych kulturach i przez obserwatorów obojga płci. Natomiast nasilona męskość twarzy męskiej czasami podnosi jej atrakcyjność, czasami zmniejsza, a czasami wcale nie ma wpływu.

Z jednej strony trudno się temu dziwić – mężczyzna z bardzo wydatnymi łukami brwiowymi, małymi oczami i wielką żuchwą wygląda niezbyt subtelnie, szczerze mówiąc, jak troglodyta. Dlatego też stwierdza się związek raczej krzywo- niż prostoliniowy, czyli atrakcyjność męskiej twarzy jest największa przy umiarkowanym, a nie maksymalnym natężeniu cech męskich. Z drugiej strony mężczyźni o wybitnie męskich twarzach są spostrzegani co prawda jako bardziej męscy i dominujący, ale też jako mniej skłonni do inwestowania w długotrwały związek, a przy tym zimni i mniej godni zaufania. Preferencja cech męskich może być zatem uzależniona od sytuacji dokonującej ocen kobiety. Kobiety, które same są atrakcyjne, oceniają silnie męskie twarze jako bardziej dla nich pociągające niż kobiety mniej atrakcyjne – być może dlatego, że te pierwsze nieświadomie żywią mniej obaw, iż taki mężczyzna je opuści.

Jeżeli ktoś czuje się niezbyt atrakcyjny, to nie powinien wpadać w panikę, ponieważ oceny atrakcyjności fizycznej dość łatwo ulegają zmianom. Na przykład spadają pod wpływem kontrastu – mężczyźni, którzy naoglądają się specjalistycznych pisemek dla panów w rodzaju „Playboya", bezpośrednio potem gorzej oceniają swoje rzeczywiste partnerki, którym trudno konkurować z takimi zupełnie nierealistycznymi (o czym mowa dalej) ideałami (Kenrick i Gutierres, 1980). Kobiety intuicyjnie czują obrzydzenie do takich pisemek i tutaj przytoczyłem empiryczne uzasadnienie dla tego uczucia. Poza wyrzucaniem „Playboya" warto ubrać się na czerwono. Kobiety widziane na czerwonym tle (w przeciwieństwie do białego, szarego czy zielonego) albo ubrane w czerwoną bluzkę są oceniane przez mężczyzn jako piękniejsze i bardziej pociągające seksualnie (Elliot i Niesta, 2008). Takie oddziaływanie czerwieni może być skutkiem zarówno biologicznego, jak i kulturowego powiązania seksu z tym kolorem. Z jednej strony czerwień jest wabikiem seksualnym dość często pojawiającym się w świecie zwierząt, a pobudzenie seksualne kobiety (silnie pociągające dla mężczyzn) jest dosłownie czerwone, poczynając od rumieńca na policzkach, a kończąc na zaczerwienieniu... (nie, nie będę kontynuował, gdyż to jest książka o psychologii). Z drugiej strony miłość i seks są w naszej kulturze silnie skojarzone z czerwienią – od symboliki czerwonych róż i serduszek do dzielnic czerwonych latarni. Nie wiadomo, co dokładnie tu działa, ale wpływ czerwieni na atrakcyjność seksualną jest stosunkowo silny. Zatem amerykańscy uczeni wyjaśnili, dlaczego Czerwony Kapturek nosił kapturek czerwony i dlaczego wilkowi Kapturek zdał się tak smakowity, że go zjadł (w wersji dla dzieci).

Ponadto atrakcyjność kobiety faktycznie zmienia się wraz z fazami jej cyklu miesięcznego. W jednym z badań kilkudziesięciu młodym kobietom robiono dwukrotnie zdjęcia: raz w fazie jajeczkowania i raz po jajeczkowaniu, w końcowej fazie cyklu. Potem te pary zdjęć dawano innym kobietom i mężczyznom z prośbą o wskazanie ładniejszego. Zarówno mężczyźni, jak i kobiety znacząco częściej wybierali zdjęcia z okresu nasilonej płodności, choć różnice te nie były duże (Roberts i in., 2004). W innych badaniach mierzono faktyczny poziom estrogenu u kobiet w fazie owulacji, co pozwoliło stwierdzić, że twarze kobiet o wyższym poziomie estrogenu były oceniane jako bardziej atrakcyjne i kobiece, a także jako zdrowsze (Law Smith i in., 2006). Efekty te są jednak na tyle słabe, że znikają pod wpływem makijażu, który, rzecz jasna, czyni twarze atrakcyjniejszymi niezależnie od fazy cyklu.

Dość niecodzienny, ale bardzo przekonujący, bo pieniężny dowód na wzrost atrakcyjności fizycznej (i seksualnej – ponieważ te dwa rodzaje ocen niemal całkowicie się pokrywają) w fazie nasilonej płodności pochodzi z badań nad „tańcem na łonie" (*lap dancing*). Na Południu Stanów Zjednoczonych, w ciemnych i zadymionych barach dla mężczyzn tańczą striptizerki, a w mieście Albuquerque (Nowy Meksyk) jest jeszcze dodatkowa atrakcja – po części oficjalnej striptizerki, już ubrane w stringi, siadają na kolanach wybranego mężczyzny i w tym miejscu wykonują dla niego przez trzy minuty indywidualny taniec. Mężczyzna jest przy tym całkowicie ubrany i nie może dotykać tancerki, aczkolwiek może, a nawet powinien uhonorować ją napiwkiem wetkniętym za stringi. Trzej uczeni mężowie po analizie ponad pięciu tysięcy takich tańców wykryli, że przeciętna wysokość napiwku wynosi 14 dolarów (Miller i in., 2007). Wykryli też coś znacznie ciekawszego – wielkość zarobku kobiety podczas jednej zmiany w pracy bardzo silnie zależała od dnia jej cyklu, w którym owa zmiana miała miejsce. Jak ilustruje rycina 2.1, zarobek był

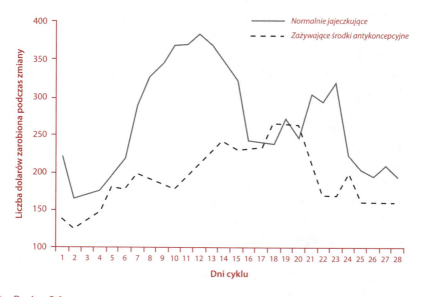

Rycina 2.1.
Wielkość zarobku tancerek na jednej zmianie w zależności od dnia ich cyklu owulacyjnego (oddzielnie dla kobiet zażywających lub nie doustne środki antykoncepcyjne)

Źródło: Miller i in., 2007. Copyright © by Elsevier.

tym wyższy, im bliżej było owulacji, a podczas owulacji suma napiwków była znacznie wyższa (335 dolarów) niż przed nią (260) czy po niej (185). Dotyczyło to jednak tylko kobiet normalnie miesiączkujących, nie tych zażywających tabletki antykoncepcyjne, które w rezultacie zarabiały mniej. Najwyraźniej mężczyźni traktują owulujące (a więc najbardziej w danym momencie płodne) kobiety jako bardziej pociągające niż w innych fazach cyklu. Estrus kobiet jest zatem mniej ukryty, niż się powszechnie uważa. Fascynujące, że zarówno kobiety, jak i mężczyźni zdają się lepiej wykrywać estrus swoimi zachowaniami niż za pomocą świadomych ocen. W sprawach seksu nasze ciała bywają bystrzejsze od naszych umysłów.

Od czego zależy piękno ciała

W ten sposób doszliśmy do ciała, które podobnie jak twarz, decyduje o atrakcyjności człowieka. Istotne okazały się dwie własności ciała: jego wielkość i kształt. Wielkość ciała mierzy się zazwyczaj wskaźnikiem masy ciała (*Body Mass Index* – BMI), który oblicza się, dzieląc wagę (w kilogramach) przez wzrost (w metrach) podniesiony do kwadratu. Powszechnie przyjmuje się, że u osób dorosłych BMI poniżej 17,5 oznacza wychudzenie, od 17,6 do 18,5 to niedowaga, od 18,6 do 24,9 to wartość prawidłowa, od 25,0 do 29,9 to nadwaga, od 30,0 zaś rozpoczyna się otyłość. Na rycinie 2.2 zróżnicowanie BMI to zróżnicowanie między wierszami: sylwetki na górze przedstawiają niedowagę, środkowe – wagę prawidłową, dolne zaś – nadwagę. Natomiast zróżnicowanie w kolumnach dotyczy proporcji obwodu w talii do obwodu w biodrach – czyli wcięcia w talii, jak dotąd najlepiej zbadanego aspektu kształtu ciała. Po osiągnięciu dojrzałości płciowej kobiety i mężczyźni bardzo się różnią wielkością wcięcia. U większości zdrowych kobiet przed menopauzą wcięcie mieści się w przedziale od 0,67 do 0,80, u większości zdrowych mężczyzn zaś pozostaje ono w przedziale od 0,85 do 0,95.

W naszej kulturze ideał kobiecego ciała nieustannie chudnie przez okres ostatnich pięćdziesięciu lat. Wystarczy porównać Marylin Monroe (lata pięćdziesiąte) z Kate Moss (lata dziewięćdziesiąte). Z dekady na dekadę chudną Miss America i króliczki Playboya, które od późnych lat

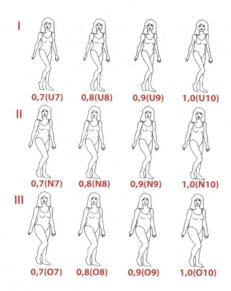

Rycina 2.2.
Sylwetki kobiet wykorzystywane w badaniach Singha

W górnym wierszu znajdują się sylwetki z niedowagą, w środkowym – z wagą normalną, w dolnym – z nadwagą. Kolumny różnią się wielkością wcięcia w talii (proporcją obwodu w talii do obwodu w biodrach od 0,7 do 1,0).

Źródło: Singh, 1993a. Copyright © by American Psychological Association.

siedemdziesiątych popadły w niedowagę i do dziś w niej pozostają. Równie mocno schudły modelki z okładek pism przedstawiających modę, takich jak „Vogue" czy „Cosmopolitan", i coraz bardziej kuse są ich stroje (Sypeck i in., 2004). Nie bardzo wiadomo, dlaczego ideał urody chudnie. Niektórzy twierdzą, że to z powodu opanowania rynku mody przez projektantów-homoseksualistów, którzy starają się upodobnić kobiety do swoich ideałów wiotkiej urody. Wyjaśnienie to odwołuje się do teorii spiskowych, które cieszą się dużym wzięciem w społeczeństwie i wśród najznamienitszych głów w państwie. Ale jak to z wyjaśnieniami spiskowymi bywa, opierają się one raczej na pewnych cechach osobowości wyznawców niż na faktach (wiadomo, że skoro faktów nie ma, to albo ktoś je ukrył, albo zniszczył dowody, więc brak dowodów jest właściwie najlepszym dowodem).

Bardziej przekonujące jest wyjaśnienie w kategoriach walki o status – żeby być lepszą od innych, żeby mieć coś, czego inne nie mają. W społecznościach plemiennych, często nękanych niedostatkiem żywności, ceniło się ciała obfite, a im wyższy był status kobiety, tym więcej miała ciała (Buss, 2001). W naszej współczesnej cywilizacji dostęp do żywności nie jest problemem – problemem jest utrzymanie szczupłej sylwetki, która wyróżniałaby kobietę spośród innych. Dlatego też im wyższa pozycja społeczna kobiety, tym mniej ma ona ciała. Na przykład we współczesnej Polsce korelacja między wykształceniem (mierzonym w latach nauki) a BMI wynosi –0,24 dla kobiet, a dla mężczyzn takiej korelacji się nie obserwuje (Baryła, 2004). Liczne badania wskazują, że szczupłość jest wyznacznikiem ocen atrakcyjności rzeczywistych kobiet, a kiedy uwzględni się szczupłość i kształt ciała (wcięcie w talii) w tym samym badaniu, to szczupłość okazuje się kilkakrotnie silniejszym wyznacznikiem ocen niż kształt ciała (Swami i in., 2007; Wilson i in., 2005). Często jednak stwierdza się, że mężczyźni preferują umiarkowane poziomy szczupłości, podczas gdy kobiety sądzą, że mężczyźni preferują niedożywienie.

Niezależnie od powodów, z jakich ideał kobiecego ciała chudnie, ten proces jest źródłem poważnych problemów, ponieważ oznacza rosnący rozziew między nierealistycznymi ideałami a rzeczywistością. Ideał piękna może sobie chudnąć bez końca, ponieważ jest bytem wirtualnym – występuje głównie w reklamach, filmach i kolorowych pismach. Przedstawione tam kobiety tak naprawdę nie istnieją, istnieją tylko ich ulotne obrazy albo komputerowo podrasowane, albo bardzo silnie wyselekcjonowane, co na jedno wychodzi (zdjęcia do jednego numeru „Playboya" wybiera się spośród kilku tysięcy ujęć). Natomiast kobiety rzeczywiste mają problem, gdyż ekspozycja na tego rodzaju przekazy prowadzi do uwewnętrznienia „chudego ideału", czyli nabrania osobistego przekonania, że kobieta piękna to kobieta chuda (Grabe i in., 2008). Z drugiej strony obrazy takie są elementem zewnętrznego nacisku na to, aby być szczupłą, wywieranego nie tylko przez media, ale i przez innych ludzi, w tym najbliższych, którzy pozostają pod wpływem mediów. Oba te czynniki (własny ideał i nacisk otoczenia) prowadzą do spadku satysfakcji z własnego ciała, ponieważ ciała rzeczywistych kobiet nie przystają do ideału – choćby dlatego, że kobiety pracują (z reguły na siedząco), rodzą dzieci i mają coraz więcej lat, a wszystkie te czynniki owocują wzrostem ilości tłuszczu i BMI.

Odsetek kobiet (ale nie mężczyzn) niezadowolonych z własnego ciała rośnie nieprzerwanie od czterdziestu lat, w obecnej Polsce aż 45% kobiet chciałoby schudnąć, a tylko 5% – przytyć (TNS OBOP, 2004). To oczywiście prowadzi do prób odchudzania się (co piąta kobieta czyni to intensywnie), które często kończą się niepowodzeniem – aby wyrównać niedobór kalorii trzeba się od czasu do czasu najeść i łatwo tu stracić kontrolę. To z kolei prowadzi do różnych emocji negatywnych, które skutkują epizodami objadania się, jako że jedzenie koi nas w stresie. Podłużne badania amerykańskich nastolatek pokazały, że niezadowolenie z ciała, intensywne odchudzanie się i negatywne emocje mierzone w pierwszej fali badań są czynnikami ryzyka objawów bulimii w 20 miesięcy później (Stice, 2001). Oczywiście zaburzenia jedzenia i obniżenie samooceny (inny skutek chudego ideału) nie dotykają wszystkich kobiet, jednak są na tyle powszechne, że ma się ochotę westchnąć: „Gorzej już być nie może!". Współczesny ideał już nie może być chudszy, a więc być może wahadło niedługo ruszy w przeciwną stronę i będziemy na powrót zachwycać się modelkami Rubensa.

Drugim wyznacznikiem atrakcyjności ciała jest jego kształt, a szczególnie wspomniane już wcięcie w talii. Devendra Singh (1993a) pokazywał swoim badanym sylwetki kobiet przedstawione na rycinie 2.2 i stwierdził, że niezależnie od płci najbardziej podobała się pierwsza od lewej w środkowym wierszu, czyli sylwetka o umiarkowanej masie ciała i wcięciu w talii 0,70 (obwód w talii do obwodu w biodrach). Również wspomniane króliczki Playboya co prawda chudną, ale wcięcie w talii utrzymują na poziomie 0,70 plus minus 0,02, a tę proporcję miała zarówno Marylin Monroe (a nawet Wenus z Milo!), jak i ma Kate Moss. Choć zatem ideał kobiecego piękna chudnie, wciąż utrzymuje jedną cechę – wcięcie w talii równe 0,70. Singh sformułował interesujące hipotezy, że wcięcie w talii jest dobrym wskaźnikiem zdrowia i wartości reprodukcyjnej kobiety oraz że wcięcie wielkości 0,70 stanowi ponadkulturowy niezmiennik kobiecej urody, przynajmniej u kobiet o średniej i małej masie ciała.

Pierwsza z tych hipotez znajduje znaczne poparcie w wynikach badań medycznych, wskazujących, że wydatne wcięcie w talii sygnalizuje prawidłowy poziom estrogenu i brak poważnych chorób, zaś zanikowi wcięcia wskutek odkładania się tłuszczu w okolicy talii towarzyszy podwyższone ryzyko zapadalności na cukrzycę, nadciśnienie, wylew, choroby sercowo-naczyniowe i niektóre rodzaje raka (Singh, 1993b). Różne badania wskazują ponadto, że zdrowy poziom wcięcia w talii świadczy o wysokiej wartości reprodukcyjnej. Dziewczęta z większym wcięciem szybciej przejawiają aktywność hormonalną związaną z osiąganiem dojrzałości płciowej, w młodszym wieku rodzą pierwsze dziecko. Dojrzałe mężatki relacjonują mniej kłopotów z zajściem w ciążę, kobiety leczone z powodu bezpłodności częściej odnoszą sukces drogą sztucznego zapłodnienia. Badania nad młodymi wrocławiankami rodzącymi pierwsze dziecko pokazały, że kobiety o większym wcięciu w talii rodzą większe dzieci, zaś waga noworodka jest najlepszym predyktorem jego przeżycia (Pawłowski i Dunbar, 2005). Dotyczy to jednak kobiet o masie ciała powyżej 54 kilogramów, u kobiet drobnych zaś takim predyktorem jest BMI.

Druga hipoteza Singha, dotycząca powszechnego upodobania mężczyzn do kobiecego wcięcia w talii, okazała się bardziej kontrowersyjna. Większość dotychczasowych badań przekonuje, że w kręgu cywilizacji zachodniej hipoteza ta jest prawdziwa w odniesieniu do kobiet o umiarkowanej i małej masie ciała (Singh, 2004). Nie ma jednak pewności, czy tak jest również w innych kulturach, przede wszystkim tych, które nie zetknęły się z wzorcami piękna cywilizacji zachodniej. Takie kultury są współcześnie dość nieliczne i badacze tropią je w różnych zakątkach globu, czasami znajdując upodobanie do wcięcia w talii (mieszkańcy Bakossiland w Kamerunie, Gwinei-Bissau i Azorów, gdzie prawie nie ma telewizji), czasami znajdując je z pewnymi poprawkami (Shiwiar z Ekwadoru), a czasami nie znajdując go wcale (Matsigenka z Peru, Hadza z Tanzanii – oba te ludy cenią sobie obszerniejsze sylwetki). Jak dotąd mamy za mało danych, by rozstrzygnąć, czy preferencja wcięcia w talii występuje także poza kulturą zachodnią. Jednak w obrębie tej kultury zdaje się ona dość stała – nawet pierwsze operacje plastyczne przeprowadzone w XIX wieku polegały na usuwaniu najniższego żebra, a więc na zwiększaniu wcięcia w talii.

Hipotezy Singha zakładają, że preferencje mają sens biologiczny – mężczyźni znajdują upodobanie w takich cechach wyglądu kobiet, które im samym (mężczyznom) pozwolą odnieść sukces reprodukcyjny – rozprzestrzenić w następnych pokoleniach swoje geny, a wraz z nimi również owe upodobania. Oczywiście nie chodzi tu o świadome kalkulacje – widząc kobietę w kształcie gitary, mężczyźni nie myślą sobie: „O z tą to można odnieść duży sukces i mieć liczne wnuki", tylko po prostu im się ona podoba. Podobnie jak widząc jabłko, nie myślimy: „Ale masa węglowodanów – mogę teraz uzupełnić nękający mnie brak kalorii" – po prostu widzimy, że wygląda smakowicie, i mamy ochotę je zjeść.

Wedle wyjaśnień kulturowych upodobania związane z płcią przeciwną miałyby być arbitralnymi (czyli przypadkowymi) konstrukcjami kultury. Nikt nie mówi, jak by to miało dokładnie wyglądać, ale istotę rzeczy zapewne streszcza taka oto historyjka. Za górami, za lasami żył sobie lud, nad którym panowała królowa Antonówka. Królowa była tak dobra dla swego ludu i pełna cnót wszelakich, tak przezeń kochana, że do dziś we wdzięcznej pamięci ludu kształt jabłka (tak się złożyło, że Antonówka była tego kształtu) jest uważany za wzorzec piękna kobiecego ciała. Inny lud miał królową Wiolę, której postać miała kształt gitary, a że była ona bardzo dobra i cnotliwa, lud do dziś wielkim sentymentem darzy kształt gitary i uznaje go za wzorzec piękna. Z punktu widzenia biologii przypadkowe upodobania do kształtu partnerki miałyby równie mało sensu, jak przypadkowe upodobania do zjadanych obiektów. Rzecz oczywiście w tym, że w przypadku ludzi punkt widzenia biologii nie jest jedynym możliwym.

Na zakończenie przyjrzyjmy się jeszcze parametrom ciała urodziwego mężczyzny, które zresztą wzbudzają znacznie mniej kontrowersji i zainteresowania. Co do ilości ciała, kobiety preferują ciała umiarkowane (z umiarkowaną muskulaturą), w drugiej kolejności szczupłe, a najmniej lubią ciała obfite. Co do kształtu, najbardziej preferują sylwetki o niewielkim wcięciu w pasie (w porównaniu z biodrami), ale o dużej przewadze pasa barkowego nad biodrowym – czyli sylwetki w kształcie litery V

(Gangestad i Scheyd, 2005). Andrzej Szmajke (2004) wykazał, że proporcja obwodu ramion do obwodu bioder jest kluczowym wyznacznikiem atrakcyjności męskiej sylwetki, niezależnie od wagi ciała i wcięcia w pasie. Jednak tylko znikoma część badań ma tu charakter międzykulturowy i nie wiadomo, czy ten wzorzec piękna męskiego ciała obowiązuje także poza kulturą Zachodu.

Namiętność a seks u kobiet i mężczyzn

Miłość to pożądanie czyjejś duszy.
Stanisław Dygat

Czy namiętność (miłość namiętna) i seks (pożądanie seksualne) to dwa odrębne zjawiska, czy raczej dwie strony tego samego medalu? Ludzie bardzo tu się różnią poglądami – ci bardziej cyniczni twierdzą, że to dwie nazwy (ładniejsza i brzydsza) tego samego, ci bardziej liryczni zaś, że to zjawiska różne niczym woda i ogień. Natomiast fakty przekonują, że jakkolwiek namiętność i seks są wzajemnie powiązane, to jednak pozostają zjawiskami odrębnymi (Diamond, 2003; Fisher, 2004).

Niezależność seksu i namiętności

Jakie to fakty? Po pierwsze, namiętność może pojawiać się bez pożądania, a pożądanie – bez namiętności. Zapewne większość Czytelników zgodzi się, że jest w pełni możliwe uprawianie nawet przyjemnego seksu z jedną osobą (powiedzmy, mężem), przy jednoczesnym obdarzaniu namiętnością zupełnie innej osoby (powiedzmy, nowo zatrudnionego dyrektora działu finansowego). Możemy też doznawać namiętnych uniesień na widok Brada Pitta, wcale nie myśląc o uprawianiu z nim seksu. Tylko dreszcz przebiega nam po plecach od samego patrzenia. Gdyby namiętność i seks były tożsame, takie rozdzielenie subiektywnych doświadczeń byłoby niemożliwe. W rzeczywistości takie „rozkojarzenie" jest dosyć częstym zjawiskiem – rozległe badania ujawniły, że 35% mężczyzn i aż 61% kobiet doświadczyło namiętności bez zamiarów i działań seksualnych (Tennov,

1979). Zapewne dla nikogo nie jest zaskoczeniem, że w przypadku seksu bez namiętności różnica płci przedstawia się odwrotnie – to mężczyźni częściej doświadczają pożądania bez namiętności i koncentrują się na seksie, by tak rzec, dla niego samego. Natomiast kobiety bardziej chcą seksu, który wynika z namiętności i uczuć łączących partnerów (Buss, 2003; Baumeister i in., 2001).

Badania z udziałem kilkuset dzieci w wieku od 4 do 18 lat wykazały, że namiętność do osoby płci przeciwnej pojawiała się u dzieci w każdym wieku i nie miała żadnego związku z dojrzałością płciową dziecka (Hatfield i in., 1988). Gdyby namiętność i seks były tożsame, dzieci przed osiągnięciem dojrzałości nie powinny doświadczać namiętności, ponieważ nie mają jeszcze rozwiniętego popędu seksualnego. Wreszcie, historycy i antropologowie donoszą o intensywnych, namiętnych przyjaźniach osób tej samej płci, skądinąd całkowicie heteroseksualnych. Partnerzy takich namiętnych przyjaźni bywają nierozłączni i sypiają w jednym łóżku, obsesyjnie często o sobie myślą, pisują listy pełne wynurzeń uczuciowych, przegadują ze sobą całe noce, obejmują się, całują, tańczą. Słowem, zachowują się tak, jak kochankowie – z wyjątkiem uprawiania seksu, na który nie mają ochoty (Diamond, 2003). W naszej współczesnej kulturze takie namiętne przyjaźnie częściej występują wśród kobiet niż wśród mężczyzn, ponieważ ci ostatni bardziej obawiają się podejrzeń o homoseksualizm. Jeszcze w XIX wieku jednak tego rodzaju przyjaźń często pojawiała się wśród Europejczyków i Amerykanów płci męskiej (Diamond, 2003).

Choć zarówno namiętność, jak i seks są popędami, czy też motywami, co innego jest spełnieniem każdego z tych motywów. Przy namiętności jest to maksymalne połączenie z tą jedną jedyną osobą, której nie można zastąpić kimkolwiek innym. Przy seksie jest to stosunek z niemal dowolną osobą spełniającą pewne minimalne wymagania, szczególnie u mężczyzn, jak się dalej przekonamy. Także następstwa zaspokojenia motywu są zgoła odmienne. Dobrze wiadomo, że akt seksualny wygasza pożądanie – przynajmniej na pewien czas i w stosunku do tej samej osoby (jest to tak zwana faza refrakcji bezwzględnej w cyklu seksualnym). Natomiast bliski kontakt z obiektem namiętności nie tylko jej nie gasi, ale podtrzymuje bądź nasila. Jak trafnie zauważył Woody Allen: „Różnica między seksem a miłością jest taka, że seks rozładowuje napięcie, a miłość je wywołuje".

Odmienne są również konsekwencje braku zaspokojenia motywu. Brak zaspokojenia pożądania seksualnego ma nikłe następstwa – nie słychać, by ktoś popadł w trwałą depresję z powodu odrzucenia seksualnego. Zwykle szukamy po prostu innej okazji i bez trudu ją znajdujemy. Natomiast odrzucenie namiętności miewa następstwa bardzo poważne i łamie serca. Po początkowej fazie protestu, której towarzyszy przyrost namiętności (i wzrost aktywności dopaminergicznych układów w mózgu), następuje długotrwała faza rezygnacji, nacechowana spadkiem namiętności (i obniżeniem aktywności układów dopaminergicznych), ospałością i przygnębieniem, które u poważnej części odrzuconych przeradza się w depresję kliniczną, czyli o natężeniu kwalifikującym człowieka do leczenia (Fisher, 2007).

Pragnienia seksualne kobiet i mężczyzn

Mężczyźni traktują seks jak gimnastykę. Kobiety jak mszę.
Jonathan Carroll

Jeszcze innym argumentem na rzecz odrębności seksu i namiętności jest fakt, że odmiennie przedstawiają się tu różnice płci. Co do namiętności, kobiety i mężczyźni przeżywają ją równie często w różnych krajach i kulturach – na przykład badania z udziałem ponad 1600 osób pokazały, że w chwili badania zakochanych było około 60% studentów amerykańskich, rosyjskich i japońskich, a odsetek ten nie zależał od płci (Sprecher i in., 1994). Kobiety i mężczyźni deklarują też podobne natężenie namiętności zarówno w Polsce (Wojciszke, 2002a), jak i w Stanach Zjednoczonych (Lieberman i Hatfield, 2007). Dopiero kiedy spytać o różne emocjonalne objawy namiętności, kobiety przyznają się do silniejszego przeżywania takich odczuć, jak:

— chciało mi się podskakiwać, biegać i krzyczeć;
— czułam się, jakbym płynęła w chmurach;

— miałam trudności ze skupieniem uwagi;
— czułam beztroskę i upojenie;
— miałam ogólne poczucie szczęścia;
— przeżywałam różne sensacje fizyczne: zimne ręce, mdłości, dreszcze na plecach;
— cierpiałam na bezsenność (Kanin i in., 1970).

Warto jednak pamiętać, że kobiety mają ogólną tendencję do relacjonowania wszelkich swoich uczuć jako silniejszych, niż czynią to mężczyźni (Fujita i in., 1991), prawdopodobnie z powodu utożsamiania się ze stereotypem kobiecości, który we wszystkich badanych kulturach zawiera silny element przeżywania i wyrażania uczuć. Tak więc kobiety są raczej bardziej uczuciowe niż bardziej namiętne od mężczyzn. Natomiast mężczyźni są niewątpliwie obdarzeni silniejszym popędem seksualnym niż kobiety. W internecie krążą prześmiewcze schematy obrazujące mózgi obu płci, wedle których około dwóch trzecich męskiego mózgu zajmuje się seksem, mikroskopijna plamka zaś jest odpowiedzialna za rozumienie problemów partnerki. Równie mikroskopijna plamka w mózgu kobiet miałaby być odpowiedzialna za seks, a dwie trzecie mózgu za zwierzenia bądź stroje (w zależności od wersji). Ten stereotyp ma w sobie więcej niż ziarno prawdy, przynajmniej w odniesieniu do seksu, ponieważ wiele różnych danych przekonuje o silniejszym popędzie seksualnym mężczyzn (Baumeister i in., 2001).

Przekonującym wskaźnikiem siły dowolnego pragnienia jest częstość jego odczuwania i pojawiania się w świadomości. Mężczyźni wyraźnie częściej myślą o seksie niż kobiety. Duże badania na reprezentatywnej próbie Amerykanów pokazały, że ponad połowa mężczyzn, a tylko co piąta kobieta przyznaje się do codziennego myślenia o seksie (Baumeister i in., 2001). Próbkę młodych dorosłych Amerykanów proszono o prowadzenie przez tydzień „dzienniczka seksualnego", co pozwoliło stwierdzić, że mężczyźni mieli ochotę na seks dwa razy częściej w ciągu dnia (średnio 4,75) niż kobiety (średnio 2,00; Jones i Barlow, 1990).

Marzenia bywają ulotne i nierealne, jak szansa trafienia kumulacji w totolotka. A jednak są dobrym wskaźnikiem faktycznych pragnień, nie ogranicza ich bowiem rzeczywistość w postaci zdrowego rozsądku, norm społecznych i tego, na co ochotę ma partner czy partnerka. Liczne badania pokazują, że mężczyźni częściej niż kobiety oddają się fantazjom seksualnym, a ich marzenia dotyczą większej liczby osób i większej liczby zróżnicowanych praktyk seksualnych (por. metaanaliza w: Leitenberg i Henning, 1995). Co trzeci młody mężczyzna przyznaje, że jego dotychczasowe fantazje obejmowały przynajmniej tysiąc partnerek (co prawda sekwencyjnie, a nie równocześnie), kobiety przyznają się do takich marzeń cztery razy rzadziej (Ellis i Symons, 1990). Jednak największa różnica dotyczy treści marzeń – fantazja typowa dla mężczyzn to być uzbrojonym szeryfem miasteczka pełnego nagich kobiet, posłusznie, choć z zapałem wykonujących wiele zróżnicowanych czynności o charakterze, by tak rzec, fizycznym. Fantazja typowa (choć nie jedyna!) dla kobiet to robić to z jednym mężczyzną, często własnym partnerem, wykonującym stosunkowo niewiele, ale za to odpowiednich czynności, często niefizycznych (najważniejsze są zachwyt, oddanie i czułość).

Wręcz przysłowiowe są różnice płci w zapotrzebowaniu na seks. W jednym z dialogów Woody Allena lekarze pytają osobno żonę i męża, jak często uprawiają seks. „Bez przerwy – ze trzy razy w tygodniu" – odpowiada żona. „Prawie nigdy – ze trzy razy w tygodniu" – odpowiada mąż. Liczne badania prowadzone w różnych krajach z udziałem par w różnym wieku pokazują, że choć obie płcie relacjonują podobnie wysoki stopień zadowolenia z seksu, bardzo niejednakowy jest stopień zadowolenia z jego częstości. Mężowie z reguły chcą seksu częściej, niż do niego dochodzi, podczas gdy żony albo chcą go rzadziej, albo z dotychczasową częstością (Baumeister, Catanese i Vohs, 2001). Fakt, że tylko wśród kobiet znaczny odsetek pragnie utrzymania dotychczasowej częstości seksu, sugeruje, że pomimo całej intensywności męskich pragnień, faktyczna częstość seksu, w stałych związkach jest bardziej kontrolowana przez kobiety niż przez mężczyzn. Podobnie sprawy się mają z podejmowaniem aktywności seksualnej na początku relacji. Kiedy policzy się związek między przekonaniami kobiet i mężczyzn co do tego, kiedy seks powinien się zacząć, a tym, kiedy się faktycznie zaczyna, korelacja taka jest bardzo silna dla kobiet (i wynosi 0,88), a bardzo słaba dla mężczyzn

(0,19; Cohen i Shotland, 1996). Oczywiście w tym badaniu stwierdzono również, że mężczyźni chcieli seksu wcześniej niż kobiety. Różnica w zapotrzebowaniu na seks ujawnia się także w porównaniach kobiet i mężczyzn o orientacji homoseksualnej. Jest to interesujące o tyle, że w takich związkach faktyczna częstość seksu powinna być bliższa upragnionej, jako że będąc tej samej płci, obaj partnerzy czy obie partnerki chcą tego samego (w tej jednej sprawie). Ponadto znika wpływ większego strachu kobiet przed niepożądaną ciążą. Rzeczywiście – na każdym etapie związku gejowie relacjonują częstsze uprawianie seksu niż lesbijki. W przypadku związków trwających do dwóch lat aż dwie trzecie gejów (ale tylko jedna trzecia lesbijek) trafia do najwyższej kategorii, uprawiając seks trzy lub więcej razy tygodniowo. Natomiast w związkach trwających ponad dziesięć lat jeszcze 11% gejów, a już tylko 1% lesbijek zalicza się do tej najwyższej kategorii (Blumstein i Schwarz, 1983). Co więcej, pozostający w stałych związkach gejowie znacznie częściej (82%) angażowali się w seks poza związkiem niż lesbijki (28%). Przy tym u większości lesbijek była tylko jedna taka ekstrapartnerka, u większości gejów zaś takich ekstrapartnerów było bardzo, bardzo wielu. Podobne wyniki przyniosło wiele innych badań.

Zważywszy różnice w zapotrzebowaniu na seks, nie dziwi, że mężczyźni znacznie częściej się masturbują niż kobiety, a różnica pod tym względem jest największą różnicą płci, jaką wykazują metaanalizy badań nad zachowaniami seksualnymi (Oliver i Hyde, 1993). Na przykład we współczesnej Polsce przyznaje się do tego 63% mężczyzn i o połowę mniej kobiet (Izdebski, 2006), a różnice te stają się jeszcze większe, kiedy pytanie dotyczy częstości masturbacji. Raz jeszcze widzimy więc, że różnice między płciami okazują się bardzo duże wtedy, kiedy to, co robią mężczyźni, nie jest ograniczane pragnieniami kobiet i odwrotnie.

Największy z dotychczasowych przeglądów badań (Oliver i Hyde, 1993) wskazuje ponadto, że większa liczba mężczyzn niż kobiet jest aktywna seksualnie, że mężczyźni odbywają więcej stosunków seksualnych (małżeńskich, przedmałżeńskich i pozamałżeńskich), i to z większą liczbą partnerek. Ponieważ dane te dotyczą osób zorientowanych heteroseksualnie, nasuwa się pytanie: z kim owi mężczyźni to robią? Być może istnieje jakaś niewielka mniejszość kobiet, które robią to z mężczyznami niezwykle często, podczas gdy większość kobiet robi to tak rzadko, jak twierdzą ich chłopcy czy mężowie. Jednak na poziomie wartości średnich ta odpowiedź nie wytrzymuje krytyki – jeżeli do każdego aktu heteroseksualnego trzeba jednej kobiety i jednego mężczyzny, to średnie liczby aktów damskich i męskich powinny być zbliżone niezależnie od tego, jak rozsiane są mniejszości i większości, od których średnie owe pochodzą. Pozostaje druga odpowiedź: relacjonując częstość kontaktów i liczbę partnerów seksualnych, zarówno kobiety, jak i mężczyźni kłamią, tyle że w przeciwnych kierunkach. Stereotyp kobiecości zawiera na ogół oczekiwanie powściągliwości seksualnej, a reputacja osoby powściągliwej w tym względzie jest dla kobiety korzystna z różnych powodów, o których mowa dalej. Z kolei stereotyp męskości, jeśli nie zachęca jawnie do podbojów seksualnych, to przynajmniej je dopuszcza i toleruje. W większości społeczeństw liczne podboje seksualne przeważnie poprawiają reputację mężczyzny, kobiety – zaś obniżają (Buss, 2003). Stąd owe łgarstwa w przeciwnych kierunkach.

Badania deklaracji dotyczących życia seksualnego zwykle zapewniają pełną anonimowość, tak więc rozmijanie się z prawdą jest przejawem raczej samooszukiwania niż oszukiwania zbierających dane badaczy. Mówiąc bardziej uczenie, mamy tu do czynienia z motywowanymi i nieświadomymi deformacjami ocen. Deformacje polegają na tym, że szacując liczbę dotychczasowych partnerów, kobiety częściej niż mężczyźni starają się przypomnieć sobie wszystkie poszczególne przypadki, co nieuchronnie prowadzi do pomijania niektórych i niedoszacowania. Przypominają więc sobie, że pierwszy był Janek, potem Marek, a zapominają o Jurku (najbliższym przyjacielu męża, zresztą to było tylko raz...). Natomiast mężczyźni częściej stosują strategię ogólnego szacowania liczby partnerek, zaokrąglając ją w górę (Brown i Sinclair, 1999). Szacują, że to było „gdzieś z piętnaście albo dwadzieścia, powiedzmy, że dwadzieścia". Inaczej są też kwalifikowane przypadki wątpliwe i niejasne. W jednym z badań pytano uczestników „Czy nazwał(a)byś to seksem, gdyby..."
– i tu następowała lista przeróżnych działań. Mężczyźni i kobiety zgadzali się, że takie akty, jak stosunek waginalny czy analny, to przypadki

seksu, a także zgadzali się, że pocałunek seksem jeszcze nie jest. Jednak przy wielu aktach granicznych (takich jak pieszczoty oralne) mężczyźni mieli większą skłonność do uznawania ich za seks. Stąd już bardzo niedaleko do męskiego złudzenia, że zaliczają większą liczbę partnerek, i – oczywiście – złudzenia kobiet, że one zaliczają mniej partnerów. To, co ludzie myślą, że robią, wyraża nie tylko ich faktyczne działania, ale też pragnienia. Dlatego psychologowie bardziej wierzą obserwacjom zachowań niż relacjom na ich temat. W sprawach seksu jednak bezpośrednia obserwacja nie jest możliwa. Musimy ograniczyć się do słownych sprawozdań, aczkolwiek powinniśmy je traktować z dużą dozą sceptycyzmu.

Innym przejawem siły pragnienia jest pożądana i faktyczna szybkość jego realizacji – im bardziej jesteśmy głodni, tym szybciej chcemy coś zjeść, nawet jeżeli jest to pizza na telefon. Nie ulega wątpliwości, że z reguły mężczyźni pragną seksu szybciej niż kobiety i dostają go później, niż chcieli. Na przykład studenci amerykańscy oczekują seksu po mniej więcej ośmiu randkach, studentki zaś – po około dwunastu (Cohen i Shotland, 1996). W innym badaniu proszono uczestników o ocenę szans własnej zgody na seks z osobą płci przeciwnej zależnie od czasu trwania znajomości. Jak ilustruje rycina 2.3, dopóki chodziło o długie okresy znajomości, nie było różnic płci pod względem wyrażania zgody na seks. Po dwóch lub pięciu latach mężczyźni i kobiety jednakowo oceniają szanse zgody na seks jako bardzo duże, po godzinie znajomości zaś – jako bardzo małe. Jednakże między tymi krańcami pojawiają się znamienne różnice pomiędzy przedstawicielami obojga płci. Zgoda na seks w miarę skracania się okresu znajomości spada znacznie szybciej u kobiet niż u mężczyzn. Szczególnie pouczające są dane dla widniejącej na rycinie wartości zero, oznaczającej ocenę szans „pół na pół" – taka sama szansa, że się zgodzę, jak i nie zgodzę. Jak widać, u kobiet taka ocena pojawiała się po sześciu miesiącach (wyobrażonej) znajomości, podczas gdy mężczyznom zajmowało to około trzech (!) dni (Buss i Schmitt, 1993).

Dane te można krytykować na tej podstawie, że dotyczą amerykańskich studentów, pochodzących z kraju dość nietypowego, skłonnego do rozwiązłości seksualnej (przynajmniej na obrzeżach kontynentu) i popędliwych działań podejmowanych zbyt wcześnie (takich jak te związane

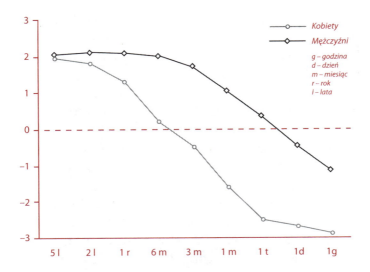

Rycina 2.3.
Deklarowana zgoda kobiet i mężczyzn na seks z inną osobą w zależności od czasu trwania znajomości z tą osobą

Źródło: Buss i Schmitt, 1993. Copyright © by American Psychological Association.

z wykryciem broni masowego rażenia w Iraku na dziesiątki lat przed jej powstaniem). Dlatego cennym ich uzupełnieniem są wyniki uzyskane przez Davida Schmitta (2003) w badaniach z udziałem ponad 16 tysięcy osób wywodzących się z 52 narodów (z sześciu kontynentów i trzynastu wysp; Schmitt, 2003). Byli to co prawda również studenci, ale pochodzący z niemal wszystkich możliwych regionów świata, religii, tradycji kulturowych i tak dalej. Schmitt pytał swoich badanych o szansę zgody na seks z osobą znaną im od miesiąca. Okazało się, że przeciętny mężczyzna widział tu spore szanse (ocena powyżej 0), przeciętna kobieta zaś widziała te szanse jako niewielkie (ocena poniżej 0). Przy tak ogromnym zróżnicowaniu pochodzenia badanych były też pewne odstępstwa od tego wzorca – na przykład w Europie Zachodniej nawet kobiety widziały pewną, choć niewielką szansę zgody na seks po miesiącu (co jest przejawem liberalizmu obyczajowego w tym regionie), w Afryce zaś nawet mężczyźni nie widzieli szans na seks po miesiącu (co zapewne wynika z obaw przed wirusem HIV, bardzo rozpowszechnionym w tej części świata). Najważniejsze jednak, że w obrębie każdego kraju mężczyźni znacznie chętniej niż kobiety zgadzali się na seks po miesiącu. Jak powiedział Billy Crystal (amerykański aktor i pisarz), kobietom potrzeba uzasadnienia dla seksu, mężczyznom wystarczy miejsce.

Jak dotąd zajmowaliśmy się tylko deklaracjami, co nasuwa pytanie, czy przekładają się one na działania. Interesujące badania, jakie przeprowadzili Russell Clark i Elaine Hatfield (1989; znów Amerykanie, którzy jednak w sprawach seksu są dość typowi), wskazują, że tak. Badacze ci posyłali swoje dzielne studentki na ulice kampusu uniwersyteckiego z prośbą, aby podchodziły do studentów płci przeciwnej z pewną propozycją, a to samo czynili również współpracownicy płci męskiej. Rozmowa rozpoczynała się od słów: „Wiesz, często cię tu widuję i bardzo mi się podobasz. Czy nie miał(a)byś ochoty dziś wieczorem…", a potem następowała jedna z trzech propozycji. Pierwsza brzmiała: „…umówić się ze mną na randkę?". Na takie *dictum* dokładnie połowa i kobiet, i mężczyzn odpowiedziała „tak". Wynik mało interesujący (ponieważ nie było różnic płci), ale pożyteczny praktycznie – jeżeli ktoś ci się podoba, to zaproponuj mu randkę, bo szansa, że się zgodzi, wynosi pół na pół. Kiedy propozycja brzmiała: „…przyjść do mnie do domu?", różnice płci już się ujawniły: tylko 6% kobiet mówiło „tak", a mężczyźni byli bardziej ustępliwi – w 69%. Wreszcie, kiedy propozycja brzmiała: „…pójść ze mną do łóżka", te odsetki wyniosły 0% i 75% (zgadnij, kto i jak odpowiadał). Nawiasem mówiąc, to badanie tak wyprzedziło swoje czasy, że autorzy walczyli o jego opublikowanie przez dziesięć (!) lat.

Ekonomia seksu

Jeszcze innym przejawem siły dowolnego pragnienia jest skłonność ponoszenia kosztów jego zaspokojenia. Jeżeli bardzo, ale to bardzo chce nam się pić, to zapłacimy za butelkę wody nawet 20 złotych. Jeżeli chce nam się pić tylko trochę, to odczekamy i znajdziemy miejsce, gdzie taką samą butelkę kupimy za 2 złote. Nie ulega wątpliwości, że mężczyźni są skłonni ponosić nieporównanie większe koszty dla zaspokojenia swoich pragnień seksualnych niż kobiety i trudno o bardziej przekonujący dowód na zróżnicowanie siły tych pragnień. Porównanie seksu do handlu jest stare jak świat. Jak to w handlu, ludzie próbują zmaksymalizować własne zyski, są sprzedawcy i nabywcy, ci pierwsi silniej między sobą konkurują niż ci drudzy, a cena jakiegoś dobra jest rezultatem gry popytu i podaży, które zależą od tego, co się dzieje na całym rynku, a nie tylko między pojedynczym sprzedawcą i nabywcą. Jednak dopiero Roy Baumeister i Kathleen Vohs (2004) zauważyli, że wyjaśnianie ludzkich zachowań seksualnych w kategoriach wymiany dóbr ma sens pod warunkiem przyjęcia prostej prawdy, iż tylko seks kobiet jest wartościowy, podczas gdy seks oferowany przez mężczyzn jest pozbawiony jakiejkolwiek wartości rynkowej.

W kontaktach heteroseksualnych sprzedawcami są zawsze kobiety, nabywcami zaś – mężczyźni. Kobiety niemal nigdy nie kupują seksu, ponieważ nie chcą, a ponadto mogą go mieć za darmo, mężczyźni zaś robią to bardzo często, płacąc nie tylko zasobami materialnymi, ale też szacunkiem, zaangażowaniem uczuciowym, miłością. Heteroseksualnymi prostytutkami są zawsze kobiety. Baumeister i Vohs odnaleźli tylko jedno doniesienie o kobietach kupujących seks – były to kanadyjskie turystki udające się na Dominikanę w celu nawiązania bliższych kontaktów ze zwykle młodszymi od siebie mężczyznami. Jednakże nawet w tym przypadku zapłata była zwykle kamuflowana jako pomoc dla młodego człowieka, który jakoby wpadł w nieoczekiwane tarapaty finansowe. Również zaloty w większości kultur można zrozumieć jako wydatkowanie różnego rodzaju zasobów przez mężczyznę w celu pozyskania dostępu do kobiety – nigdy odwrotnie. Kiedy spytać młodych ludzi o zyski i koszty, jakie mają z bliskich związków, mężczyźni oceniają seks jako swoją korzyść, natomiast kobiety nie uważają seksu ani za zysk, ani za stratę (Sedikides i in., 1994). Jednak młode kobiety dwa razy częściej niż mężczyźni uważają własne dziewictwo za dar, który można ofiarować zasługującemu na to partnerowi, podczas gdy mężczyźni trzy razy częściej uważają swoje dziewictwo za piętno, którego należy się jak najszybciej pozbyć (Carpenter, 2001). Współcześnie dziewictwo straciło na uroku, ale w wielu kulturach było stawiane na piedestale – pod warunkiem że dotyczyło kobiet. W pewnych kulturach do dziś pozostaje niezbędnym klejnotem nowo poślubionej żony, a niemal nigdy – męża. Do tego stopnia, że obserwujemy rozkwit rynku usług chirurgicznych polegających na przywracaniu błony dziewiczej.

Większość kultur wykształca różne zwyczaje i instytucje, których istotą jest strzeżenie dostępu seksualnego do kobiet niczym największego skarbu – haremy, części domostw niedostępne dla obcych, zakazy wychodzenia z domu bez opieki, czadory, burki zakrywające ciało i tak dalej (Buss, 2003). Nie udało mi się jednak znaleźć opisu choćby jednej kultury praktykującej strzeżenie mężczyzn przed czyhającymi na nich kobietami. Już sam pomysł czyhających kobiet wydaje się równie niedorzeczny, jak przypuszczenie, że na samotną młodą kobietę nikt nie będzie czyhał nocą na ulicach wielkiego czy mniejszego miasta.

Feministki powiadają, że narzucanie kobietom powściągliwości seksualnej i traktowanie ich seksu jako wymienialnego dobra jest skutkiem patriarchalnej zmowy mężczyzn. Jednak mężczyźni jako jednostki silnie konkurują głównie z innymi mężczyznami, jak się przekonamy w następnym rozdziale, a represjonowanie seksualności kobiet jest przede wszystkim dziełem innych kobiet, a nie mężczyzn. Egzekwowanie powściągliwości seksualnej od młodych kobiet to domena raczej matek niż ojców, raczej koleżanek niż kolegów. Rówieśniczki bardziej niż rówieśnicy budują i rozpowszechniają złą opinię o dziewczętach seksualnie niepowściągliwych (Baumeister i Twenge, 2002). W naszej współczesnej kulturze jedynym mężczyzną mającym coś do powiedzenia w sprawie życia seksualnego nastolatki jest jej chłopak, a ten na pewno nie stara się jej ograniczać. W świecie dorosłych kobiety silniej niż mężczyźni wyznają podwójny standard, czyli silniej potępiają seks pozamałżeński kobiet niż mężczyzn (Oliver i Hyde, 1993). Trudno oprzeć się wrażeniu, że kobiety po prostu przeciwdziałają wzrostowi podaży kobiecego seksu, ponieważ taki wzrost nieuchronnie prowadzi do spadku ceny seksu, jak to na wolnym rynku. Kobiety mają więcej do stracenia na rozwiązłości seksualnej innych kobiet, a mężczyźni mogą tu jedynie zyskać. W tych samych kategoriach można rozumieć silniejszy opór kobiet niż mężczyzn przed prostytucją i pornografią, które można uważać za łączące się z mniejszym kosztem alternatywy kobiecego seksu (Baumeister i Vohs, 2004).

Kluczowa dla rynku jest gra sił popytu i podaży – dobra rzadkie nabierają wartości, podczas gdy dobra dostępne bez ograniczeń na wartości tracą. Dlatego o wartości seksu decyduje względna proporcja kobiet i mężczyzn (Guttentag i Secord, 1983). Kiedy proporcja kobiet spada, jak na Dzikim Zachodzie albo we współczesnych Chinach (gdzie nagminnie stosuje się selektywną aborcję żeńskich płodów), cena seksu rośnie, a społeczeństwa stają się pruderyjne. Kiedy proporcja kobiet rośnie (jak po wojnach, w których z reguły ginie więcej mężczyzn), cena seksu spada, a społeczeństwa stają się permisywne (przyzwalające). Również posagi dla panny młodej są bardziej rozpowszechnione w społeczeństwach cierpiących na niedobór mężczyzn, natomiast kupowanie żon jest popularniejsze w społeczeństwach dotkniętych niedoborem kobiet. Analizy historyczne obejmujące lata 1885–1976 pokazały, że wraz ze wzrostem proporcji kobiet w społeczeństwie noszone przez nie spódnice stają się krótsze (Barber, 1999). Natomiast porównania obejmujące 185 krajów pokazały, że wraz ze wzrostem proporcji kobiet rośnie odsetek ciąż wśród nastolatek (Barber, 2000). Ten wynik jest nieco paradoksalny, ponieważ oznacza wzrost liczby ciąż, któremu towarzyszy spadek liczby ich sprawców, czyli mężczyzn. Można go jednak zrozumieć przy założeniu, że ciąże nastolatek są przejawem permisywności seksualnej społeczeństwa, a ta rośnie, gdy spada liczba mężczyzn i kobiety konkurują między sobą o ich przyciągnięcie, obniżając cenę seksu.

W większości społeczeństw obserwuje się tak zwaną homogamię, czyli małżeństwa między partnerami podobnymi do siebie pod względem statusu, wykształcenia, zamożności. Niemal równie powszechny jest dodatkowy trend, polegający na nieco wyższym statusie mężów niż żon. Wychodząc za mąż, kobiety zwykle nieco podnoszą swoją pozycję społeczną, co rzadko zdarza się mężczyznom (chyba że wniosą inne zasoby, jak Wokulski). Nieprzypadkowo Kopciuszek był kobietą! Skądinąd wiadomo, że w większości społeczeństw status mężczyzn z reguły jest wyższy, a zasoby – większe niż zasoby kobiet (Buss, 2003), więc przewaga mężów nad żonami może się wydawać prostą konsekwencją tej różnicy. Jednak dobór w pary nie dla wszystkich kończy się happy endem, gdyż kłopoty ze znalezieniem partnerek mają mężczyźni o najniższym statusie i kobiety... o najwyższym statusie (Bernard, 1983). Ponieważ we współczesnej Polsce coraz wyraźniej rośnie przewaga kobiet nad mężczyznami pod względem wykształcenia (które silnie przekłada się na zarobki), oczekiwać można, że panie z wyższej półki będą miały coraz większe kłopoty ze znalezieniem stałego partnera. Cały ten wzorzec można zrozumieć przy założeniu, że mężczyźni muszą więcej wnieść do małżeństwa w kategoriach statusu i zamożności, aby skompensować to, co wnoszą kobiety w postaci seksu. Kiedy mężczyzna i kobieta angażują się w seks czy zawierają małżeństwo, tylko pozornie robią to samo. W rzeczywistości to kobiety dają coś, za co mężczyźni powinni być wdzięczni. Jak bowiem zauważył znakomity biolog Donald Symons (1979): „Seks jest wszędzie rozumiany jako coś, co kobiety mają, a czego mężczyźni chcą".

Wreszcie, im cenniejsze jest dobro, tym więcej kosztuje, a w każdym razie więcej się za nie żąda. Bogusław Pawłowski i Grażyna Jasieńska (2008) pokazali, że młode Polki o większym wcięciu w talii, obiektywnie mierzonym w czasie badania (a więc bardziej atrakcyjne, przynajmniej w naszej kulturze), mają większe wymagania co do zasobów materialnych potencjalnego partnera. Niezbyt jasne jest, dlaczego w tym badaniu nie stwierdzono, by atrakcyjne kobiety domagały się większego zaangażowania uczuciowego, które jest w ogóle najsilniej pożądaną zaletą partnera długoterminowego. Być może zaangażowanie takie jest warunkiem koniecznym, który jako taki nie podlega negocjacjom. Jednak młode Amerykanki okazują się mniej powściągliwe – im są ładniejsze, tym więcej domagają się dosłownie wszystkiego: i zasobów, i zaangażowania, i atrakcyjności potencjalnego partnera (Buss i Schackelford, 2008).

Plastyczność seksu

Wróćmy jednak do silniejszego popędu seksualnego u mężczyzn, bo jego przejawem jest większa skłonność mężczyzn do płacenia za seks. Z silniejszego popędu mężczyzn niż kobiet wynika jeszcze jedna interesująca różnica płci. Popęd seksualny kobiet (jako słabszy) jest bardziej plastyczny i podatny na zmiany, niż dzieje się to u mężczyzn (Baumeister, 2000). Zjawisko to ma co najmniej trzy przejawy.

Po pierwsze, aktywność seksualna tego samego mężczyzny pozostaje na tym samym poziomie przez dłuższy czas. Jedni robią to częściej, inni rzadziej, a z czasem wszyscy rzadziej, ale dany mężczyzna utrzymuje wyrównany poziom aktywności seksualnej. Jeżeli utraci stałą partnerkę bądź jej zgodę na seks, to szuka innej, angażuje się w związki przelotne, masturbuje się lub podejmuje jeszcze inne działania. Natomiast aktywność seksualna tej samej kobiety często ulega dużej zmienności – okresy nasilonej aktywności przeplatają się z okresami zupełnej posuchy, czego prawie nigdy nie obserwuje się u mężczyzn. Wzorzec ten dostrzeżono już w pierwszych zakrojonych na szeroką skalę badaniach nad ludzką seksualnością, przeprowadzonych przez Alfreda Kinseya (Kinsey i in., 1953), i był on potem potwierdzany na różne sposoby w badaniach następnych. Na przykład wiele badań ujawnia, że większość (około 80%) lesbijek miewa przynajmniej raz stosunek z mężczyzną, natomiast tylko około połowy gejów miewa choćby pojedynczy stosunek z kobietą (Baumeister, 2000). Wśród par uprawiających tak zwany *swinging* (pozamałżeńskie kontakty seksualne, podejmowane wspólnie przez oboje partnerów i za obopólną zgodą) heteroseksualne kobiety bardzo często angażują się w seks oralny z innymi kobietami, podczas gdy heteroseksualni mężczyźni niemal nigdy nie robią tego z innymi mężczyznami (Bartell, 1970). Dojrzałym kobietom, z upodobaniem i od lat angażującym się w seks z mężczyznami, zdarza się angażować w seks z kobietą (również z upodobaniem), a potem wracać do kontaktów heteroseksualnych, co u mężczyzn należy do rzadkości (Baumeister, 2000). Krótko mówiąc, aktywność płciowa kobiet, czy to hetero- czy homoseksualnych, wydaje się bardziej płynna i zmienna niż aktywność płciowa mężczyzn.

Innym przejawem większej plastyczności seksu kobiet jest silniejsza podatność ich pragnień i działań seksualnych na działanie czynników kulturowych i społecznych. Analiza etnograficznych danych dotyczących praktyk seksualnych w okresie dorastania w 186 kulturach prowadzi do wniosku, że chłopcy z różnych kultur są bardziej do siebie podobni niż dziewczęta (Barry i Schlegel, 1984). Aktywność seksualna kobiet silniej zależy od tego, co jest aprobowane przez ich otoczenie społeczne. Na przykład tylko 17% dziewiczych dziewcząt zadaje się z rówieśniczkami akceptującymi seks przedmałżeński, podczas gdy wśród dziewcząt doświadczonych seksualnie odsetek ten wynosi 67%. U chłopców różnica ta jest mniejsza (odsetki wynoszą odpowiednio 64% i 100%; Mirande, 1968). Podobnie jest z normami społecznymi – na przykład u dojrzałych kobiet chodzenie do kościoła silnie wiąże się z brakiem masturbacji (masturbuje się tylko 19% chodzących i aż 83% niechodzących do kościoła), u mężczyzn zaś uczestnictwo w praktykach religijnych nie ma żadnego znaczenia – tak czy owak się masturbują (Adams i Turner, 1985). Wreszcie, dochowanie ślubów czystości okazuje się wyraźnie łatwiejsze, a w każdym razie częstsze wśród amerykańskich zakonnic niż zakonników (Murphy, 1992). W wielu przypadkach trudno oczywiście dociec, co jest przyczyną, a co skutkiem – czy to dziewczęta bez doświadczeń seksualnych garną się do podobnych do siebie, czy raczej przebywanie z doświadczonymi koleżankami zachęca je do inicjowania własnych przedsięwzięć. Mimo to różnice płci są ogromne i nie sposób oprzeć się wrażeniu, że męska seksualność przypomina niezmienny kołek wbity w ziemię, podczas gdy seksualność kobieca jest niczym trzcina kołysana wiatrem wpływów otoczenia społecznego.

Trzecim przejawem większej plastyczności seksu kobiet jest słabszy związek własnego zachowania seksualnego z osobistymi poglądami i preferencjami dotyczącymi seksu. Skoro kobiety są bardziej podatne na wpływy otoczenia, częściej będą robić to, na co nie mają ochoty bądź uważają za niewłaściwe. Większości ludzi zdarza się angażować w seks bez nadzwyczajnej ochoty, jednak przydarza się to wyraźnie częściej kobietom (82%) niż mężczyznom (60%; Beck i in., 1991). W pewnym badaniu uczestnicy relacjonowali przez dwa tygodnie swoją aktywność seksualną w stałym związku. Okazało się, że aż połowa kobiet, a tylko jedna czwarta mężczyzn odbyła w tym czasie przynajmniej jeden stosunek seksualny, na który nie mieli ochoty (O'Sullivan i Allgeier, 1998). Przy okazji – te dane dowodzą, że mężczyźni nie zawsze mają ochotę na seks. Po prostu chcą tego częściej niż kobiety.

Jeszcze jedna, dość zdumiewająca i sprzeczna z intuicją różnica między kobietami a mężczyznami polega na tym, że mężczyzn podnieca stosunkowo wąski zakres bodźców zgodnych z ich orientacją seksualną, kobiety zaś podnieca szeroki zakres bodźców niezależnych od ich orientacji. Pokazano to w badaniach, w których i mężczyznom, i kobietom obu orientacji wyświetlano filmy przestawiające akty seksualne w wykonaniu par mężczyzna – kobieta, mężczyzna – mężczyzna oraz kobieta – kobieta (Chivers i in., 2004). Mierzono stopień doświadczanego pobudzenia seksualnego zarówno za pomocą samoopisu, jak i obiektywnych wskaźników pobudzenia, umieszczając odpowiednie urządzenia na członku lub wewnątrz pochwy osób uczestniczących w badaniu. Mężczyzn heteroseksualnych silnie podniecały akty kobieta – kobieta, a wcale nie podniecały akty mężczyzna – mężczyzna, zaś u mężczyzn homoseksualnych było dokładnie na odwrót. Kobiety równie silnie podniecały oba te rodzaje aktów, niezależnie od ich orientacji seksualnej (wszystkich zaś umiarkowanie podniecały akty mężczyzna – kobieta). Różnice te były szczególnie duże w przypadku wskaźników fizjologicznych (a powtórzono je także w innych badaniach). Nie oznacza to ukrytych tendencji homoseksualnych u kobiet – znaczna większość jest zorientowana heteroseksualnie i uprawia seks wyłącznie z mężczyznami, którzy zdecydowanie bardziej je pociągają niż kobiety. Jednakże pobudzenie seksualne kobiety jest wywoływane przez szerszy zakres bodźców niż u mężczyzny, choć na razie nie wiemy, dlaczego tak się dzieje.

Tak więc wiele różnorodnych danych wskazuje, że seks i namiętność to nie to samo. Można namiętnie kochać bez pożądania, a jeszcze łatwiej pożądać bez namiętności. Namiętność i pożądanie seksualne są stanami o wyraźnie odrębnej charakterystyce psychologicznej. Mężczyźni i kobiety niewiele się różnią sposobem i częstością doświadczania namiętności, natomiast bardzo się różnią siłą pragnień seksualnych. Silniejsze pożądanie u mężczyzn niż u kobiet wydaje się oczywiste, choć odpowiedź na pytanie, dlaczego tak się dzieje, wcale nie jest oczywista. Na to pytanie postaram się odpowiedzieć w rozdziale następnym. Wszystko to nie zmienia faktu, że namiętność i seks są jednak silnie powiązane i wzajemnie na siebie wpływają. W większości przypadków namiętność u osób dorosłych prowadzi do pożądania i seksu. Zapewne bywa też odwrotnie – pożądanie i seks mogą prowadzić do namiętności, za czym przemawiają dane omówione na początku tego rozdziału, że każde pobudzenie (w tym seksualne) zwiększa szanse doświadczenia namiętności.

Seks, ciało i śmierć

Miłość to tylko poetyckie określenie pożądania.
Ale pożądanie niemające w sobie nic z poezji nie jest godne zwać się miłością.

Ryūnosuke Akutagawa

Na zakończenie warto sobie uświadomić pewną perspektywę, z której seks i namiętność okazują się wręcz przeciwstawne. Seks to przyziemna cielesność, którą podzielamy ze zwierzętami, podobnie jak jedzenie, trawienie, wydalanie. Romantyczna namiętność to pasja i uniesienie duchowe, które podzielamy ze świętymi i aniołami. Specyficznie ludzki problem polega na tym, że jako jedyni jesteśmy sobie w stanie uświadomić niedoskonałość swojej natury, a także nieuchronność własnej śmierci, co jest źródłem egzystencjalnego lęku. Teoria opanowywania trwogi (Greenberg i in., 1997) pokazuje, w jaki sposób ludzie bronią się przed tym lękiem. Wszystkie kultury tworzą światopoglądy i hierarchie wartości, dyktujące pewne wizje życia godziwego. Postępowanie w zgodzie z tymi wizjami zapewnia człowiekowi albo życie wieczne (jak przekonuje wiele religii), albo przynajmniej symboliczną nieśmiertelność jako uczestnikowi i twórcy kultury, która jest trwalsza i ważniejsza od życia jakiejkolwiek jednostki. W wielu badaniach inspirowanych tą teorią aktywizowano myśli o śmierci (na przykład prosząc ludzi o szczegółowe opisanie własnego ciała w dwa miesiące po pochówku albo podprogowo wyświetlając słowo „śmierć") i stwierdzano, że po takim zabiegu ludzie silniej wyznawali i realizowali swoje wartości czy poglądy, byli bardziej skłonni odrzucać i karać wyznawców innego światopoglądu oraz odczuwali większy dyskomfort, postępując niezgodnie z własnymi wartościami.

Ciało jest dla ludzi problemem, ponieważ przypomina nam o zwierzęcej części naszej natury i aktywizuje lęk przed śmiercią, który motywuje różne działania nawet wtedy, gdy pozostaje nieświadomy. Być może z tego powodu seks – ucieleśnienie cielesności – jest takim problemem dla ludzi. Niemal wszędzie na świecie ta sfera została poddana największej liczbie regulacji i zakazów, począwszy od samego pokazywania seksu. Bardzo wiele badań dowodzi, że pokazywanie przemocy nasila agresję w zachowaniu widzów (Bushman i Huesman, 2006), a choć zależność ta jest słaba, to niebezpieczeństwo duże, gdyż sprawa dotyczy setek milionów widzów. Nawet niewielki wzrost szans agresji przekłada się zatem na ogromną liczbę aktów przemocy. Tymczasem nie ma wyników (choć badań było wiele) wskazujących na szkodliwe konsekwencje oglądania seksu, jeżeli nie towarzyszy mu przemoc. A jednak przemoc pokazuje się nieporównanie częściej i tylko pokazywanie seksu jest uznawane za niemoralne. Jaki widzimy, nie ma to nic wspólnego z faktami, ale pojawia się w niemal wszystkich kulturach i czasach. Na przykład w dwudziestoleciu międzywojennym (kiedy żadnych faktów na temat szkodliwości oglądania agresji i seksu nie znano) Tadeusz Boy-Żeleński pisywał felietony wytykające recenzentom filmowym, że uznają za „moralnie obojętne" filmy pokazujące agresję, moralnie naganne zaś były oczywiście te, które pokazywały treści erotyczne.

Jamie Goldenberg (2005) wykonała serię badań sugerujących, iż seks jest problemem właśnie dlatego, że – w przeciwieństwie do romantycznej namiętności – wiąże się z cielesnością i lękiem przed śmiercią. W jednym z jej badań uczestnicy czytali esej przekonujący o dużym podobieństwie ludzi do zwierząt, a następnie aktywizowano u nich myśli na temat śmierci albo równie nieprzyjemne myśli o bólu na fotelu dentystycznym. Na koniec proszono o ocenę, jak dalece przyjemne są dla nich doświadczenia związane z miłością romantyczną (jak „poczucie bliskości z kochaną osobą", „wyrażanie mojej miłości do partnera") bądź z seksem (jak „smakowanie potu partnera", „pocieranie skórą o skórę"). Badani ze zaktywizowanymi myślami o śmierci oceniali doświadczenia seksualne jako mniej przyjemne niż badani ze zaktywizowanym bólem dentystycznym. Natomiast przyjemność z aktów romantycznych nie ulegała zmianie. W innym badaniu mierzono dostępność myśli o śmierci, prosząc badanych o uzupełnienie luk w liście wyrazów dobranych w taki sposób, że mogły dotyczyć śmierci lub nie (na przykład GR_B można uzupełnić jako GRÓB albo GRAB). Bezpośrednio przedtem uczestnicy również czytali esej przekonujący o podobieństwie ludzi do zwierząt, a potem myśleli albo o seksie, albo o namiętności romantycznej. Ci, którzy myśleli o seksie, ujawnili większą dostępność myśli o śmierci niż ci, którzy myśleli o namiętności.

Tak więc seks jest częścią naszej cielesnej, śmiertelnej i zwierzęcej natury, dlatego też tyle wokół niego ambiwalencji – oprócz przyjemności często budzi wstyd, wstręt i poczucie winy. Romantyczna namiętność zaś jest częścią naszej natury duchowej, nieprzemijającej i ponadzwierzęcej. Nic dziwnego, że lubimy myśleć o seksie jako romantycznej namiętności, a nasza kultura tak ją idealizuje. Czyni nas to bardziej ludźmi, a mniej zwierzętami.

Rozdział 3

Romantyczne początki

Rozwój intymności
    Budowanie zaufania
    Wsparcie społeczne
Kogo wybieramy?
    Biologiczne podstawy wyboru
    Czego chcą mężczyźni
    Czego chcą kobiety
Rola kultury
Podsumowanie

Podstawowym skutkiem i przejawem namiętności jest stałe dążenie do nasilenia i pogłębienia kontaktów z ukochaną osobą. Jeżeli więc namiętność spotyka się z wzajemnością, a przynajmniej nie zostaje odrzucona, to prowadzi do wzrostu intymności dzięki wzajemnemu odkrywaniu się partnerów przed sobą, narastaniu ich wzajemnego zaufania i lubienia się, a wreszcie – dzięki pojawieniu się wzajemnego przywiązania.

Rozwój intymności

Miłość to czuwanie nad cudzą samotnością.
                    Rainer Maria Rilke

Wszyscy potrzebujemy intymności – bliskiego związku z innym człowiekiem. Powody są oczywiste: człowiek taki naprawdę dobrze nas zna i rozumie, zapewnia nam więc możliwość bycia sobą, ponieważ nie musimy przed nim udawać kogoś, kim nie jesteśmy. Lojalnie przy nas trwając, zapewnia nam poczucie bezpieczeństwa, stałości i zakotwiczenia wobec zmiennych kolei losu. Możemy mu się zwierzyć, podzielić się radością lub kłopotem, dzięki czemu radość stanie się większa, a kłopot mniejszy. Możemy liczyć na jego wsparcie w ciężkich chwilach, radę przy trudnych decyzjach, obronę, kiedy inni nas odtrącą lub zaatakują. Pomimo tych oczywistych i niezbędnych każdemu człowiekowi dóbr wynikających z intymności nie jest ona różą bez kolców. Równie wiele jest bowiem powodów, z jakich można się intymności obawiać. Całkowite odkrycie się przed innym człowiekiem oznacza ujawnienie własnych słabości, wad i postępków, o których sami wolelibyśmy nie wiedzieć, nie mówiąc już o tym, że wolelibyśmy ich nigdy nie popełnić. Intymność wystawia nas na ciosy, ponieważ partner, który nas dobrze zna, tym dotkliwiej potrafi nas zranić, jeżeli przyjdzie mu na to ochota. Budzi lęk przed śmiesznością i porzuceniem („Teraz, kiedy już wie, jaka jestem, na pewno nie będzie chciał ze mną być"). Bliski związek oznacza też daleko idące uzależnienie własnych działań, uczuć i losów od innego człowieka, co może prowadzić do utraty poczucia kontroli nad biegiem własnego życia, do lęku przed utratą własnej indywidualności i przed zlaniem się w jedno z partnerem. Utrzymanie intymności oznacza bowiem nieuchronnie konieczność dostosowania Ja do partnera, a więc porzucenia pewnych pragnień i działań, które dotąd nieodłącznie nam towarzyszyły, i przyjęcie innych, o których nigdy byśmy nie pomyśleli, że mogłyby być nasze. Intymność niesie koszty w postaci przeżywania cierpień i lęków już nie tylko własnych, ale też partnera. Wystawia nas wreszcie na ryzyko emocjonalnej katastrofy, jeżeli nasz związek się nie uda.

Dobroczynne i negatywne skutki intymności są jednakowo realne i prawdopodobne, choć ludzie mocno się różnią co do tego, do której konsekwencji intymności przywiązują większą wagę (Hatfield, 1984). Niektórzy (w tradycyjnym układzie ról są to zwykle kobiety) widzą jedynie dobre strony intymności, dążą do jej nasilenia, nie rozumiejąc, czego można się w niej lękać. Jeżeli czegoś się obawiają, to raczej porzucenia niż utraty autonomii. Inni (w tradycyjnym układzie ról są to zwykle mężczyźni) nie potrafią lekko potraktować zagrożeń, jakie niesie intymność. Unikając uduszenia własnej odrębności w uścisku ciepłych emocji („dwie dusze w jednym ciele, flaki w niedzielę" – jak pisał ze zrozumieniem Boy), usiłują wyodrębnić swoje niepodzielnie prywatne terytorium w sensie fizycznym („mój samochód", „moje biurko") lub psychicznym (odmawiając zeznań na temat tego, co zdarzyło im się w pracy).

Dobranie się w parę osób, z których jedna głównie intymności pożąda, druga zaś się jej obawia, jest dosyć częstym zjawiskiem. Utrzymanie intymności na takim poziomie, który oboje by zadowalał, stanowi problem nie lada. Kiedy bowiem ona najnaturalniej w świecie stara się do niego możliwie mocno zbliżyć, on najnaturalniej w świecie stara się zachować pewną dozę indywidualizmu i wykonuje krok w tył. Oczywiście to, co dla niej naturalne, wcale nie jest takie dla niego – i na odwrót. Oboje interpretują zachowanie partnera jako skierowane przeciwko „właściwej" postaci ich związku, choć byliby szczęśliwi, gdyby potrafili wzajemnie rozpoznać rzeczywisty stan swoich potrzeb związanych z intymnością i – co jeszcze trudniejsze – stan ten zaakceptować.

Budowanie zaufania

Jedyny sposób, aby uczynić człowieka godnym zaufania, to mu zaufać.

Henry Stimson

Zaufanie to pewność, że ze strony innego człowieka spotka nas raczej dobro niż zło. Zaufanie jest więc uogólnionym pozytywnym oczekiwaniem, że partner będzie starał się troszczyć o nasze dobro i zaspokajać nasze potrzeby zarówno teraz, jak i w przyszłości. Warunkiem koniecznym zaufania jest nabranie przekonania o przewidywalności zachowań partnera. Partner, po którym nie wiadomo, czego się spodziewać, którego kapryśne działania nie poddają się żadnym zrozumiałym przez nas regułom, budzi niepewność, lęk i nieufność. (Paradoksalnie jednak nieprzewidywalność – przynajmniej początkowo – może nasilać namiętność, ponieważ przy dużym stopniu uczuciowego zaangażowania wywołuje ona silne pobudzenie emocjonalne).

Przewidywalność zachowań jest tylko pierwszym krokiem w budowaniu zaufania. Krok następny to wyjście poza samo zachowanie w kierunku ustalenia pewnych cech partnera, które ukrywają się za jego zachowaniem i sprawiają, że jest on godzien zaufania. Oznacza to stwierdzenie, że partner jest człowiekiem uczciwym, odpowiedzialnym, nieegoistycznym i ogólnie rzecz biorąc – „dobrym". Jednakże nawet partner obdarzony tymi wszystkimi cnotami nie musi budzić ufności co do perspektyw naszego z nim związku, dopóki nie nabierzemy przekonania, że on sam skłonny jest troszczyć się o ów związek i wykorzystać w tym celu wszystkie swoje cnoty. Dopiero pojawienie się owej wiary w przywiązanie partnera jest uwieńczeniem procesu budowy zaufania. Pojęcie „wiary" pojawia się tu nieprzypadkowo – w istocie żadne dotąd okazywane dowody przywiązania i troski nie mogą dać zupełnej pewności, że będą kontynuowane również w przyszłości, a zaufanie dotyczy przecież głównie przyszłości.

Takie rozumienie zaufania posłużyło do skonstruowania mierzącej je skali, zamieszczonej w tabeli 3.1. Jak widać w tabeli, Skala Zaufania obejmuje trzy podskale. Mierzą one trzy wymienione składniki zaufania (przy czym podskala przewidywalności mierzy głównie przekonanie o nieprzewidywalności zachowań partnera).

Tak mierzone zaufanie jest dosyć wyrównane w parach (czyli zaufanie partnera i partnerki są ze sobą skorelowane) i współwystępuje z zamiłowaniem do umiarkowanego stopnia niezależności partnerów w związku, choć nie z obronną (krańcową) samowystarczalnością tych osób, które ujawniają lęk przed intymnością (Holmes i Rempel, 1989). Koreluje też negatywnie z krańcowym pragnieniem intymności, pragnieniem zlania się w jedno z partnerem. Tak więc zaufanie nie łączy się ani z krańcowym zapotrzebowaniem na intymność, ani z jej unikaniem. Obie te postawy są zresztą przejawem i sposobem radzenia sobie przez ludzi z nierozwiązanym problemem niepewności w kontakcie z partnerem. Dowodem niepewności jest bowiem nie tylko unikanie zwierzeń. Ich nadmiar również może świadczyć o niepewności, nawet gdy pozory zdają się świadczyć jedynie o otwartości i pewności siebie osoby zwierzającej się w nieco podejrzanym nadmiarze.

W początkowym stadium związku, kiedy partnerzy dopiero się poznają (a tym, co ich łączy, jest namiętność, jedno- lub obustronna), zaufanie jest niczym więcej, jak tylko naiwnym wyrazem nadziei. Przypisywanie partnerowi własnych uczuć, różowe okulary (czy wręcz klapki na oczach), jakie nakłada namiętność, dreszcz nowości przebiegający

Tabela 3.1.
Skala Zaufania

Odpowiedzi udzielane są w skali siedmiostopniowej: od –3 (zdecydowanie się nie zgadzam), przez 0 (ani tak, ani nie), do 3 (zdecydowanie się zgadzam).

Przewidywalność
1. Nigdy nie jestem pewna, czy mój partner nie wyskoczy z czymś, czego nie lubię albo co mnie przyprawi o zakłopotanie.
2. Mój partner jest bardzo nieprzewidywalny, nigdy nie wiem, co będzie chciał robić następnego dnia.
3. Czuję się mocno niespokojna, kiedy mój partner ma podjąć decyzje mające bezpośredni wpływ na moje życie.
4. Mój partner zachowuje się w bardzo konsekwentny sposób.
5. Czasami unikam mojego partnera, ponieważ jest tak nieprzewidywalny, że boję się mimowolnie wywołać konflikt, mówiąc coś czy robiąc.

Zaufanie
6. Mój partner dowiódł już, że można mu ufać, i pozwalam mu robić takie rzeczy, które mogłyby stanowić zagrożenie, gdyby robił je ktoś inny.
7. Wiem, że mogę całkowicie polegać na moim partnerze, szczególnie w sprawach, które są dla mnie ważne.
8. Jestem pewna, że mój partner nie oszukałby mnie, nawet gdyby miał okazję i pewność, że to się nie wyda.
9. Mogę spokojnie polegać na moim partnerze, że dotrzyma danej mi obietnicy.
10. Pozwalam mojemu partnerowi podejmować za mnie decyzje.

Wiara
11. Nawet jeżeli nie wiem, jak mój partner zareaguje, mogę mu swobodnie powiedzieć o sobie nawet takie rzeczy, których sama się wstydzę.
12. Choć czasy mogą się zmienić, a przyszłość nie jest pewna, wiem, że mój partner zawsze będzie gotów mnie wesprzeć i dodać mi sił.
13. Kiedykolwiek mamy podjąć ważną decyzję w sytuacji, której jeszcze dotąd nie przeżyliśmy, wiem, że mój partner będzie się kierował moim dobrem.
14. Nawet kiedy nie ma jeszcze dowodów na to, iż mój partner czymś się ze mną podzieli, i tak jestem pewna, że to zrobi.
15. Kiedy pokażę mojemu partnerowi jakąś swoją słabość, mogę być pewna jego pozytywnej reakcji.
16. Jeszcze zanim zacznę dzielić się jakimś kłopotem z moim partnerem wiem, że on zareaguje na to w sposób pełen miłości.
17. Kiedy jestem z moim partnerem, czuję się bezpieczna w obliczu nieznanych, nowych sytuacji.

Źródło: Holmes i Rempel, 1989. Copyright © by Sage.

po plecach podczas pierwszych zwierzeń – wszystko to prowadzi do narastania optymizmu tyleż bezzasadnego, co niezbędnego do dalszego rozwoju związku.

Wśród par, które właśnie zaczęły się ze sobą spotykać, poziom zaufania jest wysoki i silnie związany z poziomem miłości (Larzelere i Huston, 1980) – prawdopodobnie dlatego, że zaufanie jest pochodną miłości, nie zaś faktów, które wciąż jeszcze należą do przyszłości. Natomiast wśród par, które są już poważnie zaangażowane (ale jeszcze nie są małżeństwami), obserwuje się spadek powiązania poziomu miłości z poziomem zaufania – zapewne dlatego, że zaufanie w ich przypadku ma już inne źródła niż sama intensywność (własnych) uczuć. Owe źródła to fakty, które do tej pory zdążyły się już pojawić, w szczególności zachowania partnera, które z większym lub mniejszym stopniem pewności pozwalają wnioskować, czy jest on godzien zaufania i czy jest zaangażowany w rozwijający się związek. Liczą się tu takie zachowania, w których działanie na rzecz związku i ukochanej osoby wymaga poświęcenia własnego indywidualnego interesu i/lub zaakceptowania pewnego ryzyka związanego z rozwojem intymności (odkrycie się, zezwolenie drugiej osobie, aby wpływała na nasz los). Najważniejszym czynnikiem ułatwiającym rozwój zaufania jest wzajemność, a także ujawnianie przez partnerów jednakowego poziomu zachowań tego rodzaju, co stanowi zabezpieczenie przed wykorzystaniem i jednostronnym wystawieniem się na ewentualne ciosy. Brak takiej wzajemności to najczęstsza przyczyna rozpadu rozwijającego się związku w jego wczesnej fazie (Hill i in., 1976).

Ważne są nie tylko same zachowania partnera, ale też spostrzegane przez nas przyczyny tych zachowań. Troska partnera o nasze dobro może być interpretowana na co najmniej trzy sposoby. Po pierwsze, możemy uważać, że partner zaspokaja nasze potrzeby i troszczy się o nas dlatego, iż polepszenie naszego stanu samo przez się sprawia mu przyjemność. Po drugie, możemy sądzić, że partner robi to głównie po to, aby w zamian uzyskać takie dobra, które my potrafimy zapewnić (wsparcie, poczucie bezpieczeństwa, towarzystwo). Po trzecie wreszcie, że pomaga nam po to, by w zamian uzyskać pewne dobra, które zapewniamy nie tyle my, ile sam fakt pozostawania z nami w związku (na przykład pieniądze, prestiż, znajomości). Badania wskazują, że troskliwość partnera budzi duże do niego zaufanie tylko wtedy, kiedy uważamy, iż chodzi mu głównie o nasze dobro, nie zaś o dobra, które on uzyskuje dzięki związkowi z nami (Rempel i in., 1985). Zaufanie zależy więc od tego, czy troska przejawiana przez partnera jest bezwarunkowa i motywowana przede wszystkim jego uczuciem, niezależnie od wszelkich zysków, jakie jesteśmy w stanie mu zapewnić.

Najbardziej dobroczynną konsekwencją dużego zaufania do partnera jest nasza skłonność do stałego stosowania zasady domniemania dobrych intencji w stosunku do tego, co on mówi i robi. Oznacza to interpretowanie zachowań partnera w sposób niepodważający podstawowego założenia, że mu na nas zależy. Dotyczy to zachowań partnera, które można rozumieć na różne sposoby, w tym takich, które skądinąd mogłyby świadczyć o jego egoizmie, zaniedbywaniu nas i braku troski.

Uchylający się od domowych obowiązków mąż widziany jest przez ufną żonę jako fatalnie rozpuszczony przez matkę („Nawet skarpetki mu prała!"), przytłoczony obowiązkami zawodowymi czy z natury leniwy – ale nie jako ktoś, kto się po prostu nie troszczy o jej dobro. Zaniedbywanie obowiązków domowych może być spowodowane którąkolwiek z tych przyczyn, a nawet wszystkimi równocześnie, i trudno dociec, co jest tutaj najważniejszą czy „obiektywnie prawdziwą" przyczyną. Ważne jest to, jakie interpretacje sami partnerzy przyjmują – najczęściej to oni są głosicielami obowiązującej prawdy. Dopóki duże zaufanie trwa, zasada domniemania dobrych intencji jest stosowana automatycznie i bez namysłu. Dopóki mocno wierzymy w to, że partner nas kocha, nie musimy tego przecież ciągle sprawdzać. Wystarczy, że to z góry zakładamy. Założenie owo ma ten dobry skutek, że zachowania wieloznaczne, które nie są ani wyraźnie dobre, ani wyraźnie złe (a takich jest przecież najwięcej na co dzień), również widziane są jako kolejne dowody przywiązania i troski partnera i umacniają nasze wyjściowe założenie o jego miłości.

Kiedy pary, które wzajemnie darzą się zaufaniem, dyskutują o swoich problemach, wypowiadają się o przyczynach postępowania partnera w sposób pozytywny i zgodny z tym, co sobie po cichu myślą. Osoby pozostające w parach o średnim poziomie zaufania wypowiadają się o partnerze w sposób negatywny, a w dodatku mówią o nim bardziej negatywnie, niż faktycznie myślą (Rempel i in., 2001). Zachowują się zatem tak, jakby chciały rozwiać swoje wątpliwości czy partnerowi można ufać, czy nie. Kiedy o problemach dyskutują pary obdarzające się małym zaufaniem, ich wypowiedzi dotyczące partnera znów stają się pozytywne – bardziej pozytywne niż to, co o nim faktycznie myślą. Tak więc podczas bezpośredniej konfrontacji pary te starają się zminimalizować poziom konfliktu, jednak za cenę autentyczności.

Osoby o małym zaufaniu nie zakładają, że partner o nie dba, przeciwnie – aktywnie i świadomie sprawdzają, czy tak faktycznie jest (Holmes i Rempel, 1989). A raczej, że tak nie jest, ponieważ ta właśnie hipoteza je prześladuje. Zrozumiałe, że podczas takich zabiegów są wyczulone na wszelkie sygnały negatywne, co ma ten smutny skutek, iż znajdują ich więcej, niż znalazłyby bez takiego nastawienia. Codzienny pocałunek na dzień dobry przestaje być przejawem uczuć, lecz wydaje się mechanicznym nawykiem. Przesiadywanie do późna w pracy przestaje być sposobem na polepszenie bytu, a staje się (w oku patrzącego) wyrazem unikania domowych obowiązków i tak dalej. Dalszy ciąg tych rozważań nie należy jednak do tego rozdziału, w którym przecież wciąż jeszcze mowa o początkach związku.

Wsparcie społeczne

Liczą się tacy przyjaciele, do których możesz zadzwonić o czwartej nad ranem.
Marlene Dietrich

Wsparcie społeczne to zasoby psychiczne lub materialne, jakich inni ludzie nam udzielają, aby podwyższyć naszą zdolność do radzenia sobie ze stresem (Cohen, 2004). Zwykle mówi się tu o trzech rodzajach zasobów: emocjonalnych, informacyjnych i praktycznych (instrumentalnych). W ciężkich chwilach partner i inni ludzie mogą nas:

— wspierać emocjonalnie, a więc okazywać troskę i zrozumienie dla naszych emocji, a przede wszystkim podtrzymywać wiarę w wartość naszej osoby;

— wspierać informacyjnie, to znaczy doradzać, pomagać w określeniu i zrozumieniu problemu oraz jego przyczyn, a także w odnajdywaniu środków zaradczych; bądź też
— wspierać praktycznie, a więc pomagać w wykonaniu konkretnych działań, służyć pomocą fizyczną i materialną.

Nie ulega wątpliwości, że tak rozumiane wsparcie społeczne jest dobroczynne dla tych, którzy je otrzymują, głównie dzięki wpływowi wsparcia na samopoczucie psychiczne i stan zdrowia. Dowodzi tego wiele badań prospektywnych, to znaczy takich, w których mierzy się poziom wsparcia społecznego w pewnym momencie, a następnie śledzi się losy uczestników badania przez dłuższy okres. Jedno z takich badań przeprowadzono na dużej grupie zdrowych pięćdziesięcioletnich Szwedów, mierząc ilość otrzymywanego przez nich wsparcia oraz liczbę silnie stresujących zdarzeń życiowych w roku poprzedzającym badanie. Następnie śledzono ich przeżywalność przez siedem lat (Rosengren i in., 1993). Jak ilustruje rycina 3.1, liczba stresujących zdarzeń bardzo nasilała śmiertelność (z wszystkich przyczyn łącznie), jednakże zależność ta występowała jedynie u mężczyzn o małym wsparciu. Natomiast ci, którzy cieszyli się silnym wsparciem społecznym umierali rzadziej, czyli wsparcie uodparniało ich na stres.

Badania nad kilkuset starszymi małżeństwami z metropolitalnego obszaru Detroit również wykazały, że przeżywalność owych małżeństw (odnotowywana przez okres pięciu lat) silnie zależała od wsparcia emocjonalnego, jakim obdarzali się małżonkowie, nawet wtedy, gdy kontrolowano wpływ wieku, stanu zdrowia i cech osobowości (Brown i in., 2003). Co ciekawe, w tym badaniu mierzono nie tylko wsparcie otrzymywane od partnera i innych osób, ale także dawane partnerowi i tym osobom. Zgodnie z regułą wzajemności oba rodzaje wsparcia okazały się silnie skorelowane – im więcej wsparcia ktoś otrzymywał, tym więcej go dawał i odwrotnie. Tak więc nie wiadomo, co tak naprawdę przyczynia się do długowieczności – czy wsparcie otrzymywane, czy też dawane innym. Jednak za pomocą pewnych technik statystycznych wpływy obu rodzajów wsparcia na przeżywalność udało się oddzielić, co pozwoliło stwierdzić, że tak naprawdę liczyło się wsparcie dawane innym, nie zaś otrzymywane. Innymi słowy, wpływ wsparcia otrzymywanego okazał się pozorny i wynikał jedynie z tego, że nakładał się na wsparcie dawane.

Dlaczego tak bardzo liczy się wsparcie dawane? Autorzy opisanego badania nie mieli dostępu do danych pozwalających tę kwestię rozstrzygnąć, ale możliwości są tu przynajmniej dwie. Po pierwsze, dawanie wsparcia jest przyjemne – pomaganie innym ludziom nasila pozytywne uczucia pomagającego, a pozytywność uczuć dosłownie poprawia stan zdrowia, między innymi dlatego, że doświadczanie uczuć pozytywnych wymazuje niepożądane konsekwencje fizjologiczne emocji negatywnych. To wyjaśnienie jest jednak mało przekonujące, ponieważ wsparcie otrzymywane również może być przyjemne, więc nie wiadomo, dlaczego miałaby się liczyć głównie przyjemność z dawania, a nie z otrzymywania

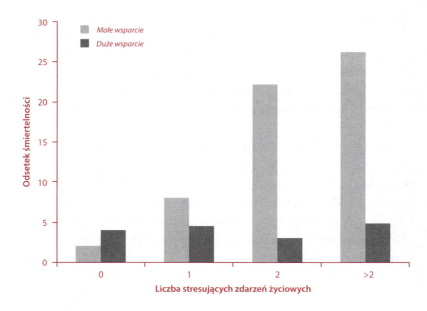

Rycina 3.1.
Wpływ stresujących zdarzeń życiowych na przeżywalność w zależności od spostrzeganego wsparcia społecznego

Źródło: na podstawie danych w: Rosengren i in., 1993.

wsparcia. Bardziej przekonujące jest wyjaśnienie drugie, że dawanie wsparcia partnerowi i innym ludziom jest silnie sensotwórcze, w przeciwieństwie do samego otrzymywania. Otrzymywanie wsparcia przynosi ulgę i jest przyjemne (choć nie zawsze, o czym mowa dalej), ale tylko dawanie wsparcia nadaje życiu sens. Otrzymując wsparcie, jesteśmy na biernej pozycji pacjenta, dając wsparcie, znajdujemy się na aktywnej pozycji lekarza, ten zaś nigdy nie musi wątpić w sens tego, co robi.

Dobroczynnego wpływu wsparcia społecznego, a w szczególności małżeństwa, na samopoczucie oraz stan zdrowia psychicznego i fizycznego dowodzą setki badań posługujących się bardzo różnymi wskaźnikami zdrowia czy dobrostanu, prowadzone na bardzo zróżnicowanych grupach z wielu krajów. Na przykład według danych brytyjskich zapadalność na choroby psychiczne (mierzona liczbą przyjęć do szpitali psychiatrycznych na 100 tysięcy mieszkańców) wynosi jedynie 260 dla osób pozostających w małżeństwie, a 770 dla osób samotnych, 980 dla owdowiałych i aż 1437 dla osób rozwiedzionych (Cochrane, 1988). Analiza obejmująca ponad ćwierć miliona osób w podeszłym wieku (Europa i Ameryka Północna) wykazała, że pozostawanie w małżeństwie obniża ryzyko śmierci z dowolnej przyczyny o 12% (Manzoli i in., 2007). Wreszcie, potężna metaanaliza badań obejmujących ponad 10 tysięcy osób, którym groził stres pourazowy z powodu wypadku, napadu, klęski żywiołowej lub wojny, wykazała, że wsparcie społeczne jest najsilniejszym czynnikiem hamującym pojawianie się zespołu stresu pourazowego (Brewin i in., 2000). Dobroczynne działanie wsparcia jest tu silniejsze niż negatywne działanie takich czynników, jak sama intensywność traumatycznego doświadczenia, historia chorób psychiatrycznych w rodzinie czy ogólny poziom stresu życiowego.

Wiele spośród tych korelacyjnych wyników (to znaczy takich, które pokazują jedynie współzmienność zjawisk) nie umożliwia precyzyjnego wnioskowania, co jest przyczyną, a co skutkiem. Na tej podstawie nie można na przykład stwierdzić czy to małżeństwo blokuje pojawianie się choroby psychicznej, czy raczej choroba psychiczna uniemożliwia jego zawarcie oraz utrzymanie. O kierunku zależności przekonują jednak wspomniane już badania prospektywne (w których wsparcie mierzy się w pewnym momencie, jego skutki zaś mierzy się po latach), a także laboratoryjne badania nad skutkami wsparcia społecznego. W jednym z nich mierzono intensywność więzi społecznych osób dorosłych za pomocą liczby aktywnie pełnionych ról społecznych (bycie małżonkiem, rodzicem, dzieckiem, teściem, przyjacielem i tak dalej, przynajmniej raz w ciągu ostatnich dwóch tygodni). Następnie – za zgodą i wiedzą badanych – zarażano ich wirusem pospolitego przeziębienia. Ogólnie rzecz biorąc, takie zarażenie w 30% przypadków prowadzi do rozwinięcia się choroby. Tymczasem dane z ryciny 3.2 przekonują, że podatność na wirusa bardzo silnie zależała od liczby więzi – choroba rozwijała się niemal dwukrotnie częściej u osób o najmniejszej liczbie więzi.

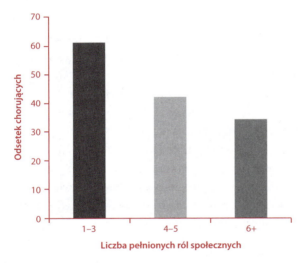

Rycina 3.2.
Związek większej liczby podejmowanych ról społecznych z mniejszą podatnością na przeziębienie

Źródło: na podstawie danych w: Cohen i in., 1997.

Wsparcie jest więc ważną przyczyną dobrostanu psychicznego i fizycznego. Dlaczego? Jedna odpowiedź jest taka, że wsparcie społeczne, szczególnie od partnera bliskiego związku, spełnia funkcję bufora chroniącego przed stresem (Cohen i Wills, 1985). Stres powstaje wtedy, gdy oceniamy sytuację jako zagrażającą, szkodliwą lub wymagającą od nas podjęcia działań, których jednak podjąć nie możemy lub nie potrafimy. Niemożność poradzenia sobie z taką sytuacją, zwłaszcza gdy nagromadzi się w niej wiele szkodliwych czynników, prowadzi do poczucia beznadziejności i własnej bezwartościowości. Prowadzi też do niekorzystnych zmian fizjologicznych (na przykład zaburzeń systemu odpornościowego czy hormonalnego) oraz do szkodliwych zmian w zachowaniu, takich jak nieregularne odżywianie się, nadużywanie alkoholu czy środków uspokajających, zanik zdrowych nawyków (na przykład sypiania przez wystarczającą liczbę godzin) i tak dalej.

Dzięki wsparciu partnera możemy zatem albo widzieć szkodliwe sytuacje jako mniej zagrażające, co prowadzi do mniej intensywnego przeżywania stresu, albo łatwiej znosić i skuteczniej zwalczać stres, który już się pojawił. Dobrą ilustracją oddziaływania wsparcia jako bufora chroniącego przed stresem są dane z ryciny 3.1, a także zamieszczone w tabeli 3.2 wyniki brytyjskich badań nad zapadalnością kobiet na depresję (Brown i Harris, 1978). Kobiety częściej zapadają na depresję niż mężczyźni, ponieważ częściej występuje u nich nagromadzenie licznych czynników ryzyka depresji, takich jak niepodejmowanie pracy zawodowej, pozostawanie w domu w celu wychowania dzieci, zależność finansowa od partnera, przypadki przemocy w dzieciństwie, a przede wszystkim skłonność do ruminacji, czyli wielokrotnego przeżywania własnych klęsk (w tym samym czasie mężczyźni idą wypić piwo; Nolen-Hoeksema, 2006). Kobiety poddane oddziaływaniu licznych stresów życiowych częściej cierpią na depresję niż kobiety wolne od takich stresów. Jednakże ryzyko wystąpienia objawów depresji spada znacznie nawet u tych pierwszych, jeżeli uzyskują one silne wsparcie od swych mężów (mogą im się zwierzyć, znaleźć pociechę i zrozumienie). Dane te pokazują więc, że liczy się nie tyle sam fakt posiadania stałego partnera, ile wielkość i jakość wsparcia, którego on udziela.

Co ciekawe, niektóre badania sugerują, że wsparcie mężów jest ważniejsze dla żon niż wsparcie żon dla mężów (Cohen i Wills, 1985), zgodnie z zasadą, że żona jest głównym, a często jedynym przyjacielem mężczyzny. Różnice te nie są jednak wielkie i zapewne wiążą się z tym,

Tabela 3.2.
Wsparcie społeczne jako bufor chroniący przed stresem – procent kobiet cierpiących na depresję w zależności od liczby stresów życiowych i wsparcia uzyskiwanego od męża

	wsparcie męża		
	słabe	średnie	silne
mało stresów	4	3	1
dużo stresów	41	26	10

Źródło: na podstawie danych w: Brown i Harris, 1978.

że kobiety czerpią większą satysfakcję ze zwierzania się na temat swoich uczuć, problemów i stosunku do innych ludzi, podczas gdy mężczyźni czerpią więcej satysfakcji ze wspólnego działania i wykonywania zadań. Mężczyźni i kobiety różnią się też zakresem zachowań uważanych za wspierające. Mężczyźni czują się wspierani przez samo wspólne wykonywanie razem różnych praktycznych działań i wykonując je z partnerką, błędnie zakładają, że ona również czuje się wskutek tego wspierana. Kobietom zaś potrzebne jest zwierzanie się i koncentrowanie na treści przeżyć, nawet jeżeli takie rozmowy niczego bezpośrednio nie zmieniają w świecie faktów (i mężczyźni skłonni są ich unikać jako bezużytecznych). Tylko kobiety śmieszy dowcip: „twierdzi, że umył mi samochód, aby pokazać, jak bardzo mnie kocha". Dla mężczyzn jest to rzeczywisty objaw uczuć, choć lepiej by zrobili, gdyby przez ten czas potrzymali właścicielkę samochodu za rękę (a samochód może zostać brudny).

Podobnie jak wsparcie działa też integracja społeczna rozumiana jako faktyczne uczestnictwo w szerszej sieci kontaktów społecznych, poczucie wspólnoty i identyfikowanie się z podejmowanymi rolami społecznymi. Dość dramatyczną ilustracją pozytywnego wpływu wsparcia są klasyczne badania nad ludnością okręgu Alameda w Kalifornii, w których przeprowadzono wywiady z około siedmioma tysiącami osób (Berkman i Syme, 1979). Na ich podstawie określono natężenie uczestnictwa każdej z tych osób w sieci wspierających powiązań z innymi ludźmi.

W dziewięć lat później powrócono do tych samych badanych, między innymi w celu sprawdzenia, którzy z nich jeszcze żyją. Jak pokazuje rycina 3.3, śmiertelność (z wszystkich przyczyn łącznie) nie tylko rosła wraz z wiekiem i była większa wśród mężczyzn niż wśród kobiet; była również silnie związana z uczestnictwem w sieci społecznej. W ciągu dziewięciu lat objętych badaniami zmarło aż 30% mężczyzn – pięćdziesięciolatków o najsłabszych kontaktach społecznych, a tylko niespełna 10% spośród tych, którzy mieli kontakty najsilniejsze. Zależność ta utrzymywała się po wyeliminowaniu wpływu takich czynników, jak początkowy stan zdrowia, nawyki zdrowotne, otyłość, palenie, picie alkoholu czy przynależność do klasy społecznej. Najbardziej dobroczynny wpływ wywierało pozostawanie w małżeństwie, mniejszy wpływ – kontakty z przyjaciółmi i krewnymi, a najmniejszy wpływ – przynależność do kościołów i innych organizacji społecznych.

Ryciny 3.2 i 3.3 oraz dane z wielu innych badań wskazują, że integracja społeczna poprawia stan zdrowia i kondycję psychiczną niezależnie od poziomu doznawanego stresu (Cohen, 2004). Uczestnictwo w gęstej sieci kontaktów sprzyja poddaniu się kontroli społecznej i uleganiu normom nakazującym na przykład zachowania prozdrowotne (ćwicz, biegaj), a zakazującym zachowań szkodliwych (nie pij, nie pal). Sugeruje to, że jaka sieć, taki z niej pożytek. Jednakże nawet picie i tycie przed telewizorem może być gorsze w samotności niż wspólnie z innymi, ponieważ więzi społeczne podnoszą poczucie wartości i sensu życia.

Wzajemne udzielanie wsparcia jest dobrą drogą do poprawy stanu bliskiego związku, czy też utrzymania go w zadowalającej postaci. Z jednej strony, widząc wsparcie partnera, dochodzimy do wniosku, że ten o nas dba i reaguje na nasze potrzeby, co oczywiście walnie przyczynia się do utrzymania poczucia bliskości i intymności. Wsparcie jest bowiem kluczowym przejawem responsywności partnera, czyli tego, że jego postępowanie jest responsem (odpowiedzią) na nas i nasze istnienie. To zaś samo w sobie jest satysfakcjonujące, jak dobrze wie każdy, kto pamięta, gdy jego dziecko jako niemowlę zaczęło odpowiadać na jego obecność. Z drugiej strony dawanie wsparcia partnerowi nasila

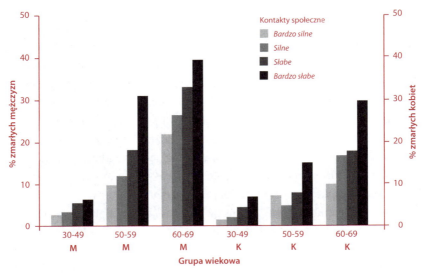

Rycina 3.3.
Dobroczynne skutki wsparcia społecznego – wpływ intensywności kontaktów społecznych na śmiertelność kobiet i mężczyzn w różnych grupach wiekowych
Źródło: na podstawie danych w: Berkman i Syme, 1979.

nasze poczucie sensu życia, nadaje mu cel i znaczenie wykraczające poza samo gromadzenie przedmiotów i realizację tylko własnych interesów.

Niezależnie od swoich dobroczynnych efektów wsparcie nie jest jednak różą bez kolców. Najbardziej wartościowe bywa wtedy, gdy obowiązuje w nim zasada wzajemności, a ponadto – jak już wspominałem – wsparcie otrzymywane od partnera jest silnie związane ze wsparciem mu oddawanym. Badania nad parami, w których jedno z małżonków jest obłożnie chore, ujawniły podwyższony poziom frustracji, gniewu, niechęci i depresji zarówno u chorego, jak i u opiekuna, jeżeli oceniali oni swoje relacje jako łamiące regułę wzajemności (Thompson i in., 1995). Co więcej, badania nad dużą próbą par w stresującej sytuacji (zbliżający się egzamin zawodowy), prowadzone metodą dzienniczków przez kilkadziesiąt dni z rzędu wykazały, że otrzymywaniu wsparcia towarzyszy nie tylko wzrost poczucia bliskości, ale także spadek nastroju i samopoczucia (w porównaniu z dniem poprzednim; Gleason i in., 2008). Niektórzy uczestnicy badania odczuwali tylko wzrost bliskości, niektórzy – tylko spadek samopoczucia, jednak u większości badanych otrzymywanie wsparcia prowadziło do obu tych skutków równocześnie. Nie do końca wiadomo, dlaczego otrzymywanie wsparcia obniża samopoczucie, choć może to wynikać z chwilowego spadku samooceny („Jestem do niczego, nie potrafię sobie sama poradzić"), z obawy przed wyczerpaniem cierpliwości partnera („Jeszcze raz, a się wścieknie"), poczucia winy („Znowu go dręczę") lub przewidywanej uciążliwości związanej z odwzajemnieniem wsparcia („No nie, teraz będę musiała wysłuchać, co tam znów narozrabiała jego mama").

Kogo wybieramy?

Końcem fazy romantycznych początków jest pojawienie się zaangażowania i przekształcanie się związku w związek kompletny. Wybranie partnera na stałe w naszej kulturze oznacza zwykle małżeństwo, a przynajmniej wspólne zamieszkanie. Przemiany, jakim wówczas ulega miłość partnerów, będą więc oczywiście rozważane w dyskusji nad związkiem kompletnym (w następnym rozdziale). Jednak sam wybór partnera jest – przynajmniej współcześnie – podyktowany z reguły tym, co dzieje się w fazie romantycznych początków, nie zaś tym, co będzie się działo w fazie związku kompletnego i przyjacielskiego. Wynika to z niemal całkowitej swobody wyboru partnera stałego związku – tylko od samych zainteresowanych zależy, kogo wybiorą. W ich wyborach zaś coraz większą rolę odgrywa miłość.

Taka swoboda wyboru jest zjawiskiem historycznie nowym. Jeszcze przed stu laty własne upodobania przyszłych małżonków odgrywały rolę niewielką lub żadną. W większości znanych kultur – a do niedawna również w naszej – miłość romantyczna i małżeństwo nie były ze sobą wiązane. Wręcz przeciwnie. Częstokroć małżeństwo uznawano za grób miłości romantycznej, tę ostatnią zaś – za zgoła niewłaściwą podstawę do zawierania małżeństwa (Starczewska, 1975). W swoim barwnym i fascynującym opisie obyczajów w Polsce przedrozbiorowej Zbigniew Kuchowicz (1975) podaje, że najczęstszym kryterium doboru partnera wśród chłopstwa i mieszczaństwa (ponad 90% ówczesnej populacji) była jego wydajność w pracy, wśród szlachty kryteria miały charakter ekonomiczno-koligacyjny, wśród magnaterii zaś – polityczno-dynastyczny. Podobnie miały się sprawy gdzie indziej. Z zachowanej do dziś piętnastowiecznej kolekcji listów rodziny Pastonów (Anglia) dowiadujemy się, że gdy jedna z córek rodziny odmówiła zamążpójścia za oblubieńca wybranego przez jej matkę, to „od Wielkiej Nocy przeważnie bita bywała raz lub dwa razy w tygodniu, czasem dwukrotnie w ciągu dnia, i głowę miała w dwóch czy trzech miejscach rozbitą" (Coulton, 1976, s. 616). Zabiegi te własnoręcznie wykonywała szacowna seniorka rodu w trosce o należyte (służące interesom całej rodziny) wyswatanie córki. Wszystko to nie znaczy, że nasi sarmaccy przodkowie czy ich angielscy współcześni się nie kochali. Oznacza jednak, że miłość (przynajmniej romantyczna) nie była uważana ani za konieczny, ani za wystarczający warunek małżeństwa. W świecie współczesnym jest ona za taki warunek uważana tym bardziej, im bardziej dane społeczeństwo jest rozwinięte ekonomicznie i przystaje do indywidualistycznego wzorca kultury Zachodu. Kiedy w latach sześćdziesiątych XX wieku zapytano młodych Amerykanów: „Gdyby dziewczyna miała wszystkie zalety, jakich pragniesz, ale nie kochałbyś jej, czy ożeniłbyś się z nią?", twierdząco odpowiedziało trzy czwarte kobiet i 35% mężczyzn. Jednak pod koniec XX stulecia już tylko 10% młodych Amerykanów płci obojga deklarowało zgodę na małżeństwo bez miłości, a podobnie sprawy się miały w innych zamożnych społeczeństwach, zarówno europejskich (Wielka Brytania), jak i azjatyckich (Japonia; Hatfield i Rapson, 2006). Tylko w tradycyjnych i biednych społeczeństwach Trzeciego Świata (Indie czy Pakistan) poważniejsze odsetki młodych ludzi zgodziłyby się na małżeństwo bez miłości.

Traktowanie miłości jako koniecznego warunku małżeństwa jest dość paradoksalne. Decyzja o wyborze partnera opiera się bowiem na doświadczeniach przeszłych, choć jej konsekwencje wpływają przede wszystkim na kształt przyszłości. Nie ulega przy tym wątpliwości, że to, co spotykało partnerów w przeszłości (w krótkotrwałej fazie zakochania i romantycznych początków), jest zupełnie inne niż to, co czeka ich w przyszłości (czyli w stosunkowo długich fazach związku kompletnego i przyjacielskiego). Nic więc dziwnego, że trudno tu o dobrą decyzję, ponieważ musimy ją podejmować na podstawie przesłanek, które niewiele mają wspólnego z przyszłymi warunkami, w jakich nasza decyzja będzie obowiązywać i wyznaczać bieg naszego życia. Przypomina to nieco wybory polityczne, w którym o głosowaniu na kandydatów decyduje coś innego (czy ich lubimy i czy im dobrze z oczu patrzy) niż to, co decyduje o ich faktycznej zdolności do rządzenia (kompetencje, dalekowzroczność i uczciwość). Na szczęście jednak wybory matrymonialne różnią się od politycznych. W wyborach matrymonialnych maksymalizujemy szczęście, wybierając najlepszego kandydata, w wyborach politycznych zaś minimalizujemy nieszczęście, wybierając kandydata najmniej awersyjnego.

Jakimi kryteriami kierują się ludzie dowolnie wybierając sobie partnera? Jeżeli trafna jest dynamiczna wizja miłości przedstawiona w rozdziale 1 (rycina 1.4), to należałoby oczekiwać, że kryteria te powinny dotyczyć intymności i namiętności, ponieważ to właśnie ich istnienie decyduje o pojawieniu się trwałego zaangażowania partnerów w związek. Potwierdzeniem tego oczekiwania są wyniki badań nad deklarowanymi kryteriami wyboru stałego partnera życiowego.

Największe z takich badań przeprowadził David Buss wraz z kilkudziesięcioma współpracownikami (Buss, 1989; Buss i in., 1989). Zbadali oni w sumie około dziesięć tysięcy osób z trzydziestu siedmiu krajów leżących na wszystkich zamieszkałych kontynentach (i pięciu wyspach). Wśród metod używanych w tych badaniach była lista osiemnastu cech wymienionych w tabeli 3.3. Badani wskazywali, jak dalece ważna była każda z tych cech jako kryterium wyboru stałego partnera, w skali od 0 (nieistotna lub nieważna) do 3 (konieczna). Pomimo wielkiego zróżnicowania kulturowego (od Ameryki, przez Polskę, do Zambii) badani wykazali bardzo duże podobieństwo pod względem preferencji różnych kryteriów wyboru (średnia korelacja między ocenami ważności osiemnastu badanych kryteriów wyniosła aż 0,78 dla dwóch dowolnych krajów). Jednorodność deklarowanych kryteriów wyboru jest zdumiewająco duża, nawet jeśli

Tabela 3.3.
Średnia ocen (w skali od 0 do 3) ważności różnych kryteriów w wyborze stałego partnera życiowego

Cecha/kryterium	Ważność dla	
	mężczyzn	kobiet
1. Wzajemna miłość i zafascynowanie	2,81	2,87
2. Niezawodność	2,50	2,69
3. Dojrzałość i zrównoważenie emocjonalne	2,47	2,68
4. Miłe usposobienie	2,44	2,52
5. Dobre zdrowie	2,31	2,28
6. Wykształcenie i inteligencja	2,27	2,45
7. Towarzyskość	2,15	2,30
8. Pragnienie posiadania domu i dzieci	2,09	2,21
9. Kultura osobista, schludność	2,03	1,98
10. Dobra prezencja	1,91	1,46
11. Ambicja i przedsiębiorczość	1,85	2,15
12. Gospodarność, umiejętność gotowania	1,80	1,28
13. Dobre perspektywy finansowe	1,51	1,76
14. Podobny poziom wykształcenia	1,50	1,84
15. Wysoka pozycja społeczna	1,16	1,46
16. Dziewictwo	1,06	0,75
17. To samo wyznanie	0,98	1,21
18. Podobne poglądy polityczne	0,92	1,03
Preferowana różnica wieku między sobą a partnerem (w latach)	−2,66	3,42

Źródło: na podstawie danych w: Buss, 1989.

uwzględni się fakt, że badani byli w większości ludźmi młodymi, studentami i mieszkańcami miast, którzy w większym stopniu niż ludzie starsi, mniej wykształceni i mieszkający na wsi wydają się uczestniczyć w wyłaniającej się kulturze globalnej.

Jak widać w tabeli 3.3, zdecydowanie najważniejszym kryterium wyboru partnera jest wzajemna miłość i zafascynowanie, a trzy następne kryteria to niezawodność (można na partnerze polegać), dojrzałość i zrównoważenie emocjonalne. Niewątpliwie ta pierwsza czwórka kryteriów wiąże się przede wszystkim z namiętnością i intymnością – trudno sobie wyobrazić ich przeżywanie w odniesieniu do partnera, który nie spełniałby owych czterech kryteriów. Pierwsze cztery kryteria wiążą się też z intymnością i namiętnością w stopniu większym niż którekolwiek z pozostałych kryteriów wymienionych w tabeli.

Tego rodzaju dane można kwestionować z powodu ich czysto deklaratywnego charakteru, a jak już wspominałem, ludzie z reguły składają takie deklaracje, w świetle których będą ładnie wyglądać. Deklaracje na temat miłości i zalet charakteru jako przesłanek wyboru partnera na pewno wyglądają ładnie. Przyjrzyjmy się więc danym innego rodzaju, które nie są wyłącznie deklaracjami składanymi na prośbę badacza (i ograniczanymi przez niego do z góry narzuconej listy cech), lecz stanowią przejaw naturalnych ludzkich upodobań w trakcie rzeczywistego poszukiwania partnera czy partnerki. Mam tu na myśli ogłoszenia matrymonialne. W jednym z badań (Wojciszke, Baryła i Downar, 2002) przeanalizowaliśmy ponad 700 takich ogłoszeń zamieszczonych w trójmiejskim tygodniku ogłoszeniowym „Anonse", podzielonych na ogłoszenia o celu towarzyskim i matrymonialnym. Jak widać w tabeli 3.4, kobiety ceniły sobie wysoką pozycję społeczną, brak zobowiązań i wykształcenie mężczyzn. Mężczyźni zaś cenili sobie urodę, bycie miłą i – co zrozumiałe – bezpruderyjność w kontakcie towarzyskim. Jednak ogólnie rzecz biorąc, różnice między kobietami a mężczyznami wydają się raczej niewielkie, a jedyną wyraźną różnicą między dwoma typami ogłoszeń jest silne poszukiwanie przez kobiety wysokiej pozycji społecznej przy związkach przelotnych.

Obraz ten nabiera znacznie większej wyrazistości, jeżeli przyjrzeć się tylko dwóm cechom, za to zdefiniowanym nieco szerzej, niż to robili sami autorzy ogłoszeń. Po pierwsze, uroda, która była zaliczana, jeżeli w ogłoszeniu pojawiła się przynajmniej jedna z takich cech, jak atrakcyjność fizyczna, młodość, budowa ciała („szczupła" dla kobiet, „dobrze zbudowany" w odniesieniu do mężczyzn), seksowność i zadbanie/elegancja.

Po drugie, zasoby materialne, które były zaliczane, jeżeli w ogłoszeniu pojawiła się przynajmniej jedna z następujących cech: wysoka pozycja społeczna lub zawodowa, niezależność finansowa, posiadanie domu/mieszkania lub samochodu. Po tym uproszczeniu pojawiają się radykalne różnice płci w zakresie cech poszukiwanych u płci przeciwnej. Jak ilustruje lewa strona ryciny 3.4 (gdzie ogłoszenia towarzyskie i matrymonialne potraktowano łącznie), kobiety trzykrotnie częściej niż mężczyźni poszukują zasobów, a rzadko poszukują męskiej urody. Natomiast mężczyźni trzykrotnie częściej niż kobiety poszukują urody i rzadko poszukują zasobów.

Z kolei prawa strona ryciny przedstawia cechy oferowane przez kobiety i mężczyzn. Skoro zasoby są bardziej poszukiwane przez kobiety

Tabela 3.4.
Cechy najczęściej poszukiwane u płci przeciwnej przez kobiety i mężczyzn w ogłoszeniach deklarujących cel matrymonialny i cel towarzyski (w nawiasach – odsetki ogłoszeń zawierających daną cechę)

Przez kobiety	Przez mężczyzn
Przy celu matrymonialnym	
bez zobowiązań (34%)	atrakcyjna (30%)
z wysoką pozycją społeczną (27%)	miła (23%)
wykształcony (26%)	czuła (21%)
kulturalny (25%)	szczupła (20%)
bez nałogów (25%)	bez zobowiązań (17%)
Przy celu towarzyskim	
z wysoką pozycją społeczną (76%)	atrakcyjna (23%)
niezależny finansowo (8%)	miła (23%)
atrakcyjny (8%)	bezpruderyjna (15%)
zaradny (6%)	z własnym mieszkaniem (13%)
wysoki (5%)	młoda (13%)

Źródło: na podstawie danych w: Wojciszke, Baryła i Downar, 2002.

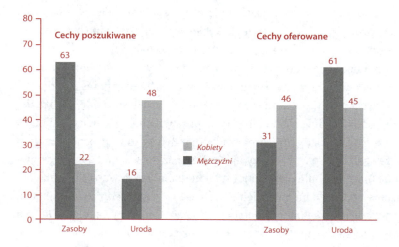

Rycina 3.4.
Odsetki kobiet i mężczyzn poszukujących lub oferujących zasoby materialne i urodę w ogłoszeniach matrymonialnych
Źródło: na podstawie danych w: Wojciszke, Baryła i Downar, 2002.

niż przez mężczyzn, to powinny być częściej oferowane przez mężczyzn – i tak faktycznie jest. Skoro zaś uroda jest bardziej poszukiwana przez mężczyzn, to kobiety powinny ją częściej oferować niż zasoby – i tak też faktycznie jest. Oferty są zatem komplementarne w stosunku do poszukiwań, czyli dobrze do nich pasują. Kiedy jednak dokładniej się przyjrzeć odsetkom ofert z prawej strony ryciny, widać wyraźnie, że to dopasowanie jest zasługą wyłącznie kobiet – to one oferują urodę dwukrotnie częściej niż zasoby. Natomiast mężczyźni obie swoje zalety oferują równie często, a więc – w porównaniu z pragnieniami kobiet – zasoby oferują zbyt rzadko, urodę zaś zbyt często. Może zasobów nie mają, a co do własnej urody popadają w narcystyczne złudzenia. Wiele badań wskazuje, że mężczyźni są bardziej niż kobiety zadowoleni ze swojego wyglądu, co jest trochę absurdalne, ponieważ ogólnie kobiety bardziej się podobają od mężczyzn (Gentile i in., 2009). Jednak poważnie mówiąc, dane te sugerują, że kobiety lepiej się orientują, czego chcą mężczyźni, niż odwrotnie. Zapewne jest to skutek większego kunsztu kobiet w kontaktach z płcią przeciwną, jako że strategie kobiet są w tej dziedzinie bardziej złożone od strategii mężczyzn, jak się dalej przekonamy.

Urok ogłoszeń matrymonialnych polega na tym, że są tworzone spontanicznie i w rzeczywistym celu pozyskania partnera, nie zaś na oderwaną od życia prośbę badacza. Mają one jednak oczywistą wadę – tylko niewiele osób decyduje się na ten sposób poszukiwania partnera i zapewne dopiero wtedy, kiedy inne drogi zawiodły. Byłyby to więc osoby nietypowe. Faktycznie – nasze analizy ujawniły, że aż 40% kobiet dających ogłoszenia matrymonialne jest samotnymi matkami i zapewne to właśnie obciążenie utrudniło im znalezienie partnera w bezpośrednich kontaktach. Niestety ogłoszenia matrymonialne nie są dobrym rozwiązaniem dla tych kobiet, czego dowiodło nasze kolejne badanie (Wojciszke, Baryła i Downar, 2002), w którym na podstawie wyników poprzedniego zamieściliśmy w „Anonsach" idealnie męską i idealnie kobiecą ofertę, czyli złożoną z cech najbardziej poszukiwanych u mężczyzn lub u kobiet. Nadawcą tej idealnej oferty była osoba z dwojgiem dzieci lub bezdzietna, kobieta lub mężczyzna. Zliczaliśmy liczbę odpowiedzi na tę ofertę. Okazało się, że mężczyźni w ogóle nie zwracali uwagi na to, czy autorka oferty była idealnie kobieca, czy idealnie męska – skupiali się wyłącznie na unikaniu kobiet z dziećmi (tylko 20% odpowiedzi) i odpowiadali na oferty kobiet bezdzietnych (aż 80% odpowiedzi). Kobiety reagowały w bardziej subtelny sposób. Przede wszystkim ignorowały mężczyzn „kobiecych" niezależnie od tego, czy mieli oni dzieci, czy nie, jeżeli zaś mężczyzna oferował cechy idealnie męskie, to dopiero wtedy unikały jego dzieci.

Choć ogłoszenia matrymonialne faktycznie dają osoby raczej nietypowe, ich upodobania związane z płcią przeciwną są typowe. Również cytowane badania Bussa z udziałem ponad dziesięciu tysięcy młodych ludzi ujawniły, że kobiety bardziej sobie cenią zasoby, mężczyźni zaś bardziej cenią u kobiet urodę (por. tabela 3.4). Różnica ta wydaje się intuicyjnie zrozumiała, a na pewno jest bardziej oczywista, niż byłby odwrotny układ upodobań. Ale właściwie dlaczego tak jest? Tego rodzaju damsko-męskie różnice co do idealnych cech partnera wydają się łączyć z odmiennością roli społecznej kobiety i mężczyzny, z odmiennością ich pozycji ekonomicznej, a przede wszystkim z kulturowo ukształtowanymi stereotypami tych ról. Co jednak zastanawiające, niektóre różnice występują w próbkach pochodzących z prawie wszystkich krajów reprezentowanych w badaniach Bussa, a także innych autorów. Przede wszystkim mężczyźni bardziej niż kobiety cenią atrakcyjność fizyczną oraz młodszy wiek partnerek we wszystkich 37 krajach. Natomiast kobiety w 36 krajach bardziej niż mężczyźni cenią sobie dobre perspektywy finansowe partnera, a w 29 krajach istotnie wyżej cenią ambicję i przedsiębiorczość – cechy, które owe dobre perspektywy zapewniają. Ponieważ różnice te mają najwyraźniej ponadkulturowy charakter, trudno je wyjaśnić zróżnicowaniem kulturowych stereotypów płci, które zresztą też są podobne w bardzo różnych kulturach (por. Wojciszke, 2002b). Potrzebne jest wyjaśnienie ponadkulturowe i coraz więcej badaczy żywi przekonanie, że najbardziej trafne byłoby wyjaśnienie w kategoriach ewolucyjnych.

Biologiczne podstawy wyboru

Motorem ewolucji są mutacje i dobór naturalny, decydujący o uprzywilejowaniu pewnych wersji genów (alleli) kosztem innych. Organizmy przekazują swoje geny potomstwu, przy czym przekaz ten jest często zaburzony losowymi mutacjami, czyli przypadkowymi modyfikacjami genów, których większość jest drobna i bez znaczenia. Niewielka część mutacji jest duża i te są zwykle śmiertelne w skutkach. Bardzo nikła część mutacji zaś polepsza funkcjonowanie dotkniętych nimi osobników i te osobniki okazują się lepiej przystosowane niż konkurencja, w związku z czym mają większą szansę na przekazanie swoich genów następnym pokoleniom, a wraz z genami – owej nowej cechy. Nasi prapraprzodkowie nie mieli przeciwstawnych kciuków, ale kiedy wskutek mutacji przed milionami lat pojawił się taki osobnik, miał on przewagę nad innymi w zakresie poruszania się po gałęziach i manipulowania przedmiotami. Zapewne początkowo owa różnica była niewielka, ale nawet pięcioprocentowa przeciwstawność kciuka jest lepsza niż żadna, a kolejna mutacja – po dziesiątkach albo setkach pokoleń – mogła tę przeciwstawność powiększyć.

W potocznym dyskursie o ewolucji często pada sformułowanie, że jest to proces „przetrwania najlepiej przystosowanych", którą to frazę Darwin zaczerpnął od Herberta Spencera, swojego dość niefortunnego (bo skłonnego do uproszczeń) popularyzatora. Jednak już Darwin zdawał sobie sprawę, że kluczową stawką w ewolucyjnej grze może być nie przetrwanie, lecz przekazanie genów następnym pokoleniom, czyli sukces reprodukcyjny, choć sam nie używał tego terminu – w jego czasach nie wiedziano nawet o istnieniu genów. U zwierząt nierzadko pojawiają się takie cechy czy zachowania, które są szkodliwe z punktu widzenia przetrwania, na przykład wielkie rogi u jeleni albo barwne, duże ogony u samców wielu ptaków. Takie cechy są metabolicznie kosztowne, kłopotliwe na co dzień i grożą śmiercią w razie spotkania z drapieżnikiem. Na zasadzie doboru naturalnego powinny więc zostać wyeliminowane. Dlaczego więc w ogóle występują? Odpowiadając na to pytanie Darwin stworzył teorię doboru seksualnego, która zakłada, że pewne cechy rozprzestrzeniają się i narastają dlatego, że pozwalają odnieść sukces reprodukcyjny, nawet gdy przeszkadzają w przetrwaniu.

Działają tu dwa procesy. Po pierwsze, rozpowszechniają się cechy pozwalające wygrać rywalizację wewnątrzpłciową, czyli z osobnikami własnej płci. Dotyczy to na przykład jelenich rogów, które służą samcom wyłącznie do walki z innymi samcami o dostęp do samic. Choć rogi są kosztowne i niebezpieczne dla ich nosiciela, mają one tę jedyną, ale kluczową zaletę, że pozwalają zwyciężyć konkurentów na rykowisku.

Po drugie, rozprzestrzeniają się cechy wybierane przez płeć przeciwną. To z kolei dotyczy pawiego ogona – samice pawi preferują samców o dużych ogonach, w związku z czym samce o małych ogonkach umierają bezpotomnie. W konsekwencji względna proporcja genów odpowiedzialnych za duży ogon rośnie w następnych pokoleniach i cecha ta rozprzestrzenia się pomimo jej szkodliwości z punktu widzenia przetrwania. Podobnie w populacji samic rośnie proporcja genów odpowiedzialnych za wybieranie dużych ogonów, czyli możemy tu mieć do czynienia z koewolucją cechy u jednej płci i upodobania do tej cechy u płci przeciwnej. Logicznie rzecz biorąc, taka pętla dodatniego sprzężenia zwrotnego może doprowadzić do rozprzestrzeniania się dowolnej cechy, jeżeli tylko zacznie ona być w pewnym momencie preferowana przez płeć przeciwną. Biologia jednak nie lubi dowolności i zwykle utrwalają się takie cechy (oraz upodobania płci przeciwnej), które mają biologiczny sens. Na przykład wielkość i jaskrawość barw ogona u pawi jest rzetelnym wskaźnikiem ich stanu zdrowia i jakości genów, jakie mają do przekazania (por. Buss, 2003). Wybieranie takich samców przez samice ma więc wyraźny sens biologiczny, ponieważ dobrze służy ich interesom reprodukcyjnym.

W myśleniu Darwina kryło się przekonanie o kluczowej roli wyboru seksualnego dokonywanego przez samice. Być może ta właśnie myśl sprawiła, że o koncepcji doboru seksualnego niemal zapomniano na sto lat. Współcześni Darwinowi biologowie, dżentelmeni w cylindrach, w ostateczności byliby skłonni uwierzyć we wspólnego z małpami przodka, co wynikało z koncepcji doboru naturalnego, ale przecież nie w to, że osobniki żeńskie (a nie osobniki w cylindrach) dokonują owego kluczowego wyboru. A jednak wybory żeńskie są w sprawach seksu decydujące, o czym świadczy wiele danych przytoczonych w poprzednim rozdziale. Dlaczego tak jest, przekonująco wyjaśnia teoria nakładów rodzicielskich, stworzona przez biologa Roberta Triversa (1972). W zasadzie u wszystkich gatunków ssaków obserwuje się silną asymetrię nakładów rodzicielskich: osobniki żeńskie wkładają w reprodukcję nieporównanie więcej energii, czasu i zaniechanych możliwości alternatywnych niż osobniki męskie. To samice zachodzą w ciążę, karmią piersią i opiekują się potomstwem, podczas gdy udział samców w reprodukcji ogranicza się zazwyczaj do kopulacji. U ludzi jest nieco inaczej, gdyż u naszego gatunku potomstwo jest tak długo nieporadne, że na dłuższą metę sama matka nie dałaby rady go wychować (por. poprzedni rozdział). Dlatego także mężczyźni ponoszą duże nakłady rodzicielskie, choć są one mniejsze od nakładów ponoszonych przez kobiety.

Trivers zauważył, że żeńsko-męskiej asymetrii w nakładach rodzicielskich towarzyszą dwie prawidłowości poparte licznymi obserwacjami. Po pierwsze, płeć ponosząca większe nakłady jest bardziej wybiórcza w wyborze partnera – skoro wybór niesie kosztowne konsekwencje, nie wybiera się byle kogo! Po drugie, płeć ponosząca mniejsze nakłady silniej rywalizuje z innymi osobnikami własnej płci o dostęp do płci przeciwnej

– skoro jest do wzięcia cenne dobro, pojawia się wielu chętnych i trzeba być od nich lepszym. Te dwie proste reguły mają dalekosiężne konsekwencje w relacjach kobiet i mężczyzn.

Nie ulega wątpliwości, że konkurencja na rynku matrymonialnym mężczyzn jest nieporównanie silniejsza niż konkurencja między kobietami. Społeczeństwa bardzo się różnią dzietnością, czyli liczbą dzieci rodzonych przez kobietę – we współczesnej Polsce liczba ta wynosi zaledwie 1,20, podczas gdy w krajach czarnej Afryki przekracza 6,00. Jednak wewnątrz danego społeczeństwa kobiety mają mniej więcej tyle samo dzieci, podczas gdy mężczyźni są pod tym względem bardziej zróżnicowani – niektórzy mają dużo dzieci, inni zaś nie mają ich wcale. Analizy historyczne wskazują, że sukces reprodukcyjny mężczyzn był silnie powiązany z ich pozycją społeczną (Betzig, 1986), a największym wygranym był prawdopodobnie Dżyngis-chan – zdobywca większości współczesnego sobie świata. Specjaliści szacują, że mógł spłodzić ponad tysiąc dzieci, a poważna część populacji Azji dziedziczy jego geny. Analizy genetyczne materiału, który kobiety dziedziczą tylko po swoich matkach (DNA mitochondrialne) albo mężczyźni dziedziczą tylko po swoich ojcach (chromosom Y) pozwalają szacować, że spośród wszystkich żyjących w przeszłości kobiet sukces reprodukcyjny odniosło około 80%, a tylko 40% mężczyzn może pochwalić się tym samym. Większości kobiet do sukcesu reprodukcyjnego wystarczyło po prostu urodzić się kobietą. Większości mężczyzn potrzeba było znacznie więcej – musieli zwyciężyć we współzawodnictwie z innymi mężczyznami.

Ta ogromna presja selekcyjna wywierana przez setki pokoleń na mężczyzn wyjaśnia ich znacznie większą skłonność do ryzyka, rywalizacji i agresji, szczególnie drastycznej, jak przemoc i zabójstwa. We wszystkich regionach świata i analizowanych okresach historycznych sprawcami około 90% zabójstw są mężczyźni, a dotyczy to także współczesnych Stanów Zjednoczonych, gdzie większość zabójstw jest dokonywana za pomocą broni palnej, a więc nie wymaga siły fizycznej (Daly i Wilson, 2001). Co więcej, tylko wśród mężczyzn obserwuje się bardzo znaczny wzrost agresji w młodym wieku (15–29 lat), czyli w okresie najsilniejszego konkurowania na rynku matrymonialnym, a podobny wzorzec dotyczy również ofiar agresji – mężczyźni zabijają głównie innych mężczyzn. Agresywność młodych mężczyzn narasta, gdy są oni bezrobotni (a więc agresja staje się głównym sposobem pozyskania dóbr), opada zaś, gdy mają stałą partnerkę, a więc nie konkurują z innymi mężczyznami. Wskazuje to, że agresywność jako adaptacja nie jest ślepym instynktem, lecz mechanizmem, czy też zbiorem mechanizmów psychologicznych wrażliwych na czynniki sytuacyjne.

Wojny też są dziełem mężczyzn. Wojownicze Amazonki to wytwór fantazji starożytnych Greków, a we wszystkich znanych społeczeństwach – czy to cywilizowanych, czy plemiennych – wojny były i są toczone przez mężczyzn. Co ciekawe, również tutaj ujawnia się syndrom młodego mężczyzny – wojen jest tym więcej, im więcej młodych mężczyzn w danej populacji. Korelacja między odsetkiem młodych mężczyzn a intensywnością wojen domowych (mierzoną liczbą zabitych), obliczona dla niemal wszystkich krajów świata w końcówce XX wieku, wyniosła aż $r = 0{,}84$ (Mesquida i Wiener, 1999). Zdumiewające, że korelacja ta tylko nieznacznie spada, jeśli uwzględni się takie dodatkowe czynniki, jak poziom i nierówność dochodów, gęstość populacji czy jakość demokracji panującej w danym kraju. O wojnach czynniki te decydują w stopniu nieznacznym, czynnikiem kluczowym zaś jest proporcja młodych mężczyzn w populacji.

Rozciągnięcie teorii Triversa na ludzi jest nieprzyjemne, ponieważ przykro myśleć o nas samych jak o zwierzakach, choć nie tylko zwierzakami jesteśmy. Teoria ta dostarcza jednak solidnej podstawy rozumienia różnic w seksualności kobiet i mężczyzn. Ogólnie rzecz biorąc, „gospodarka seksualna" kobiet ma charakter intensywny niczym uprawa holenderskich polderów – uprawia się poletko niewielkie, ale za to starannie wybrane i z dużym nakładem środków. Sam wzrost liczby partnerów nie poprawia szans kobiety na sukces reprodukcyjny ani odrobinę, jako że limitem jest nie ilość, lecz jakość partnerów, czyli ich zdolność i skłonność do udziału w wysiłku reprodukcyjnym. Natomiast gospodarka seksualna mężczyzn ma charakter ekstensywny niczym uprawa kołchoźniczego pola rozciągającego się po horyzont – obsiewa się duży obszar, bez szczególnej staranności, ale w nadziei, że coś tam jednak wzejdzie. Z czysto biologicznego punktu widzenia mężczyzna może mieć nawet tysiąc dzieci, jeżeli tylko znalazłby chętne do tego kobiety, a także mężczyzn gotowych inwestować własny wysiłek w wychowanie cudzego potomstwa. Oczywiście takie partnerki trudno znaleźć, ponieważ musiałyby działać wbrew swoim interesom. To, co mężczyźni faktycznie robią w kontaktach z kobietami, jest zatem silnie ograniczane dążeniami kobiet i odwrotnie. W konsekwencji mężczyźni i kobiety we wzajemnych kontaktach zachowują się dość podobnie, choć często pragną czegoś innego. Dlatego więcej możemy się o nich dowiedzieć, analizując pragnienia niż faktyczne postępowanie.

Pragnienia i upodobania związane z płcią przeciwną są odmienne, ponieważ stanowią odpowiedź na częściowo inne problemy adaptacyjne, jakie kobiety i mężczyźni mają, a raczej mieli do rozwiązania w ewolucyjnej przeszłości. Kluczowe dla myślenia ewolucyjnego jest założenie, że swoje upodobania odziedziczyliśmy po naszych przodkach, u których upodobania te wyewoluowały jako odpowiedź na problemy, przed jakimi stawali. Obecnie stwierdzane upodobania są więc swoistym oknem umożliwiającym wejrzenie w ewolucyjną przeszłość naszego gatunku, tym bardziej że niektóre z tych upodobań straciły swój pierwotny sens. Na przykład wskutek emancypacji edukacyjnej i ekonomicznej współczesne kobiety nie są już tak zależne od mężczyzn jak w przeszłości, kiedy zasoby mężczyzny były koniecznym warunkiem przetrwania i reprodukcyjnego sukcesu kobiety. Pewnie dlatego w wielu bogatych społeczeństwach Zachodu, na przykład w Wielkiej Brytanii czy Skandynawii, większość dzieci rodzi się dziś poza małżeństwem (w Polsce – co piąte). Zachowanie kobiet uległo więc radykalnej zmianie, także z tego powodu, że w wielu zamożnych krajach państwo przejęło męski obowiązek łożenia na dzieci – prorodzinna polityka państwa skutkuje więc paradoksalnie osłabieniem rodziny. Ale upodobania zostały – jak już widzieliśmy, współczesne kobiety nadal częściej chcą zasobów mężczyzny niż odwrotnie, a ten sam mężczyzna jest nieporównanie bardziej pociągający, gdy ma na sobie trzyczęściowy garnitur i rolexa, niż wówczas, gdy odziany jest w uniform pracownika Burger Kinga i nosi tani zegarek (dla mężczyzn zasoby kobiety nie mają takiego znaczenia; Townsend i Levy,

1990). Przy czym pragnienia te nie są rezultatem świadomych kalkulacji. Kobiety nie kierują się chłodnym rachunkiem potencjalnych zysków i strat, inaczej wiele z nich doszłoby do wniosku, że mężczyzna im się w ogóle nie opłaca. Czują jednak, że mężczyzna z zasobami, a przynajmniej obdarzony szansą na ich zdobycie, jest bardziej pociągający niż biedak, zwłaszcza pozbawiony ambicji, ponieważ brak ambicji oznacza, że biedakiem pozostanie. Podobnie mężczyźni nie kalkulują szans na sukces reprodukcyjny, lecz po prostu czują, że kobieta w kształcie gitary jest bardziej pociągająca od tej w kształcie jabłka.

Jak już wspominałem w poprzednim rozdziale, u ludzi monogamia jest niewątpliwie strategią dominującą, choć równie niewątpliwe są tu poligamiczne domieszki. Przed długotrwałym związkiem i podczas jego trwania ludziom zdarzają się związki mniej lub bardziej przelotne. Na przykład Zbigniew Izdebski stwierdził, że 8% Polaków płci obojga deklaruje posiadanie równocześnie dwóch partnerów seksualnych, a jedna trzecia mężczyzn i o połowę mniej kobiet deklaruje dopuszczenie się zdrady małżeńskiej (Izdebski i Ostrowska, 2003). Są to odsetki typowe dla współczesnych kultur Zachodu (Buss, 2003). Deklaracje na temat seksu są zwykle niezbyt wiarygodne, ponieważ ludzie deklarują się jako ładniejsi, niż są w rzeczywistości, a w tym przypadku oznacza to, że faktyczna częstość zdrady jest zapewne większa od deklarowanej. Analizy istniejących i wymarłych kultur wskazują, że zdrada kobiety była i jest powszechnie uważana za główny warunek dopuszczalności rozwodu (Buss, 2003), co sugeruje dość znaczne jej rozpowszechnienie.

Od niedawna dysponujemy prawie niezawodnymi testami pozwalającymi wykluczyć lub potwierdzić ojcostwo. Choć trudno tu o badania reprezentatywnych prób narodowych, takich testów wykonano już dziesiątki tysięcy, i to w bardzo zróżnicowanych próbach wywodzących się z krajów europejskich, afrykańskich, a nawet spośród plemion zamieszkujących tropikalne lasy Ameryki Południowej. Testy wykonuje się z reguły w wypadku wątpliwości co do ojcostwa i w 30% takich sytuacji stwierdza się, że to nie oficjalny mąż kobiety jest biologicznym ojcem dziecka. Część testów wykonywana jest jako element procedur medycznych zupełnie niezwiązanych z rozrodczością i w takich wypadkach ów procent spada do 2

(Anderson, 2006). Odsetek dzieci będących owocami niewierności waha się w tych właśnie granicach, a zważywszy, jak bardzo kultury różnią się pod względem seksualnego strzeżenia kobiet, odsetek ten przypuszczalnie przedstawia się bardzo różnie w różnych kulturach.

Związki przelotne są stałym i ponadkulturowym elementem ewolucyjnej gry o sukces reprodukcyjny, o czym świadczą chociażby pewne szczegóły budowy naszego ciała. Najbardziej wyrazisty jest dymorfizm płciowy, czyli zróżnicowana wielkość ciała osobników żeńskich i męskich. Mężczyźni są od 10 do 20% więksi od kobiet w zależności od tego, co się mierzy. Obserwacje biologów przekonują, że dymorfizm jest wprost proporcjonalny do poliginii (wielożeństwa) gatunku. Samce stają się większe od samic, gdy rywalizują z innym samcami, gdyż taka przewaga oznacza także przewagę nad rywalami (Diamond, 1996). Dorosłe gibony spędzają życie w samotniczych, monogamicznych parach, a samce i samice tego gatunku są jednakowej wielkości. Natomiast goryle spędzają życie w grupach złożonych z jednego dorosłego samca i kilku samic, a samce są dwukrotnie większe od samicy. Im większe haremy są typowe dla danego gatunku, tym większy jest dymorfizm płci u tego gatunku. Umiarkowany dymorfizm ludzi sugeruje więc umiarkowane wielożeństwo.

Dość krańcowym przejawem gry o sukces reprodukcyjny jest rywalizacja spermatyczna – rywalizacja plemników różnych osobników męskich, która toczy się w pochwie i macicy. Najprostszym sposobem na zwycięstwo w tej rywalizacji jest produkowanie liczniejszych plemników, co z kolei wymaga dużych jąder. Obserwacje naczelnych dowodzą, że wielkość jąder (w stosunku do masy ciała) jest dobrym wskaźnikiem promiskuityzmu, czyli rozwiązłości seksualnej danego gatunku. Najbardziej rozwiązłymi naczelnymi są szympansy, nasi najbliżsi kuzyni, prowadzący intensywne życie grupowe, a w okresie rui samica kopuluje wielokrotnie niemal z każdym samcem w stadzie. Na przeciwległym krańcu są goryle, żyjące w poligenicznych haremach z jednym samcem, gdzie skoki w bok niemalże nie występują. Szympansy mają ogromne jądra, goryle zaś mają jądra małe. Męskie jądra są umiarkowanej wielkości (Dixson, 1998). Nie jesteśmy aż tak rozwiąźli jak szympansy, ale równie daleko nam do bezprzykładnie wiernych goryli (a właściwie gorylic).

Tabela 3.5.
Problemy adaptacyjne mężczyzn i kobiet związane z wyborem partnera związku krótko- i długoterminowego

Mężczyźni	Kobiety
Związek krótkoterminowy	
1. Liczba partnerek 2. Dostępność partnerek 3. Minimalizacja kosztów, ryzyka i zaangażowania 4. Płodność partnerki	1. Pozyskanie genów dobrej jakości 2. Wymiana partnera 3. Ocena perspektyw związku jako długotrwałego 4. Wydobycie zasobów partnera
Związek długoterminowy	
1. Pewność ojcostwa 2. Wartość reprodukcyjna partnerki 3. Utrzymanie zaangażowania 4. Pozyskanie genów dobrej jakości	1. Zdolność partnera do inwestycji 2. Skłonność partnera do inwestycji 3. Utrzymanie zaangażowania 4. Pozyskanie genów dobrej jakości

Źródło: Buss i Schmitt, 1993. Copyright © by American Psychological Association.

Tak więc stałym elementem gry ewolucyjnej u ludzi są związki zarówno długotrwałe, jak i krótkotrwałe, choć związki długotrwałe są ważniejsze. Problemy adaptacyjne mężczyzn i – szczególnie – kobiet nieco inaczej wyglądają w związkach obu typów, ponieważ płcie różnią się wskazywaną już wielkością nakładów rodzicielskich. Problemy te wymienione są w tabeli 3.5.

Czego chcą mężczyźni

Mężczyźni wolą kobiety ładne niż mądre,
ponieważ łatwiej im przychodzi patrzenie niż myślenie.

Stanisław Jerzy Lec

Największe różnice upodobań związanych z płcią przeciwną pojawiają się w związkach krótkoterminowych, ponieważ w tym kontekście inwestycje rodzicielskie mężczyzn są minimalne, kobiet zaś – równie duże jak w związku długoterminowym. Pamiętajmy, że preferencje te ukształtowały się w ewolucyjnej przeszłości, kiedy nie było pigułki antykoncepcyjnej ani nawet kalendarzyków małżeńskich, które zresztą notorycznie zawodzą. Seks bez zobowiązań to pomysł dla mężczyzn, dla kobiet sprzed lat sześćdziesiątych poprzedniego wieku (kiedy pojawiła się pigułka) coś takiego nie istniało, ponieważ nawet jednorazowy kontakt seksualny mógł się skończyć ciążą. Właśnie dlatego mężczyźni chcą nieporównanie więcej seksu niż kobiety, jak to widzieliśmy w poprzednim rozdziale. Buss i Schmitt pytali studentów płci obojga, jak intensywnie poszukują partnera czy partnerki do związku krótko- i długoterminowego. Okazało się, że mężczyźni i kobiety jednakowo umiarkowanie poszukiwali partnera na długo, natomiast mocno różnili się w zakresie poszukiwań partnera krótkoterminowego – kobiety niezbyt się interesowały tą kwestią, mężczyźni zaś interesowali się bardzo (Buss i Schmitt, 1993). Ci sami autorzy pytali też młodych ludzi, ilu partnerów seksualnych chcieliby mieć w ciągu miesiąca, półrocza, roku i tak dalej, aż po okres na całe życie.

Jak pokazuje rycina 3.5, w perspektywie najbliższego miesiąca różnice były niewielkie – mężczyźni chcieli mieć jedną partnerkę, kobiety zaś, jak to kobiety, zaledwie 0,3 partnera. Jednak różnica płci dramatycznie rosła wraz z wydłużaniem się okresu, o który pytano, i największa była w odniesieniu perspektywy całego życia – mężczyźni chcieli mieć niemal dwadzieścia partnerek, zaś kobiety – niespełna pięciu. Dane te krytykowano, twierdząc, że za tak wysoką średnią może ukrywać się nieliczna grupka dewiantów, którzy chcieliby setek kobiet, i zdrowa większość mężczyzn pragnących tylko jednej. Jednakże dane Davida Schmitta, zebrane na kilkunastu tysiącach osób pochodzących z 52 krajów, pokazały, że to nieprawda. Pytał on kobiety i mężczyzn, ilu chcieliby mieć partnerów w ciągu najbliższego miesiąca, i stwierdził, że niemal wszędzie na świecie odsetek mężczyzn pragnących więcej niż jednej partnerki jest znaczny i kilkakrotnie wyższy niż odsetek kobiet o takich pragnieniach. Na przykład w Europie Wschodniej takie pragnienia deklarowała aż jedna trzecia mężczyzn, a tylko 7% kobiet (Schmitt, 2003). Oczywiście nie

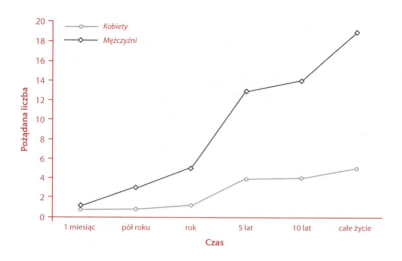

Rycina 3.5.
Liczba partnerów seksualnych pożądanych przez mężczyzn i kobiety w różnych okresach życia

Źródło: Buss i Schmitt, 1993. Copyright © by American Psychological Association.

wszystkie pragnienia się spełniają, ale to nie pozbawia ich ani siły, ani mocy sprawczej. Wiele danych przytoczonych w poprzednim rozdziale przekonuje, że pragnienia seksualne są silniejsze u mężczyzn niż u kobiet.

Innym sposobem na zwiększenie ilości seksu jest dążenie do tego, by uzyskać go szybciej, i poprzednio przytoczyłem wiele danych potwierdzających, że mężczyźni faktycznie chcą seksu po krótszym okresie znajomości, a nawet zgoła bez znajomości. Jeszcze inny sposób to zwiększenie puli potencjalnych partnerek poprzez obniżenie wymagań – i taką strategię mężczyźni często stosują w związkach przelotnych. Na przykład wspominana w poprzednim rozdziale analiza ponad dziesięciu tysięcy superszybkich randek pokazała, że aż 49% kobiet zostało wybranych przez mężczyzn, choć tylko 34% mężczyzn zostało wybranych przez kobiety (Kurzban i Weeden, 2005). Mężczyźni okazali się więc mniej selektywni od kobiet. W jednym z badań pokazywano uczestnikom listę 67 cech potencjalnie pożądanych u partnera – od urody do umiejętności rozumienia innych. Okazało się, że w kontekście związku przelotnego mężczyźni stawiają mniejsze wymagania w zakresie aż 41 cech. Mniej im zależało na tym, aby partnerka była, na przykład, wykształcona, wysportowana, obdarzona urokiem, spontaniczna, towarzyska, inteligentna, uprzejma, lojalna, uczciwa i odpowiedzialna (Buss i Barnes, 1986). Takie obniżenie wymagań jest jednak charakterystyczne tylko dla związków przelotnych i nie występuje w związkach trwałych, w których również mężczyźni ponoszą duże nakłady. Wykazał to Douglas Kenrick ze współpracownikami (1990) w badaniu, którego uczestników proszono o wyrażenie minimalnych wymagań adresowanych do partnera jednorazowego kontaktu, randki, chodzenia na stałe albo wreszcie małżeństwa. Rycina 3.6 obrazuje to w odniesieniu do inteligencji. W przypadku małżeństwa zarówno kobiety, jak i mężczyźni mieli jednakowo wygórowane wymagania – chcieli, aby ich partner czy partnerka znajdowali się co najmniej w 65 percentylu, to znaczy aby byli inteligentniejsi niż 65% populacji. W miarę spadku trwałości tego wyobrażonego związku wymagania kobiet spadały tylko nieznacznie – o 10% przy jednorazowym kontakcie. Mężczyźni natomiast stawali się wyraźnie bardziej tolerancyjni – przy kontakcie jednorazowym ich wymagania spadały aż o jedną trzecią. Kobiety pozostawały selektywne nawet w kontekście związku przelotnego, niczym owe księżniczki z bajek, co to wybrzydzają na kolejnych kandydatów przedstawianych przez tatę-króla, że jeden ma za duże uszy, inny – za mały nos, a jeszcze inny – za głośno chrapie. Mężczyźni nie wybrzydzają, przynajmniej w związkach na krótko.

Nawet największa liczba partnerek na nic się nie zda, jeżeli nie będą miały ochoty na seks. Dlatego też mężczyźni wyraźnie preferują kobiety o większej, by tak rzec, dostępności seksualnej. Na przykład skąpo ubrane kobiety są dla mężczyzn bardziej pociągające w kontaktach przelotnych, choć przeciwnie sprawy się mają w kontaktach długotrwałych. Natomiast skąpo ubrani mężczyźni nigdy nie stają się bardziej atrakcyjni dla kobiet (Hill, Nocks i Gardner, 1987), co pewnie dla nikogo nie jest zaskoczeniem. Również seksualizacja zachowania, czyli zapraszanie do seksu gestem, słowem, wzrokiem, jest bardzo skutecznym sposobem pozyskiwania przez kobietę partnera do kontaktu przelotnego.

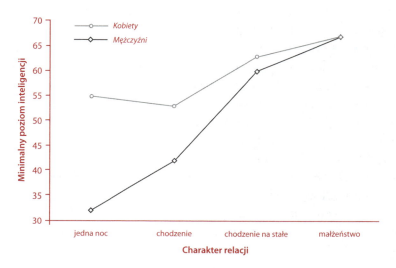

Rycina 3.6.
Minimalnie dopuszczalny poziom inteligencji wymagany przez kobiety i mężczyzn dla związków o różnym stopniu trwałości
Źródło: na podstawie danych w: Kenrick, Sadalla, Groth i Trost, 1990.

Jednakże te same zachowania w wykonaniu mężczyzn są dla kobiet odrażające i obraźliwe w kontekście związku zarówno przelotnego, jak i trwałego (Buss, 2003). Posiadanie w przeszłości dużej liczby partnerów seksualnych jest w oczach mężczyzn zaletą kandydatki na partnerkę przelotną, ale wadą kandydatki do związku długoterminowego. Odwrotnie sprawy się mają z brakiem doświadczeń seksualnych – jest to wada w kontekście krótkoterminowym, a zaleta w kontekście związku długoterminowego (Buss i Schmitt, 1993). Oczywiście w tym ostatnim kontekście mężczyznom chodzi bardziej o pewność ojcostwa niż o dostęp seksualny.

Pewność ojcostwa to problem specyficzny dla mężczyzn. Kiedy rodzi się dziecko, nie ma żadnych wątpliwości, kto jest jego matką, natomiast ojcostwo jest tylko bardziej lub mniej pewnym domniemaniem. Wspomniane badania nad ustalaniem ojcostwa sugerują, że domniemanie to bywa mocno niepewne. Co więcej, dziecko pozostaje potomkiem swej matki niezależnie od tego, kto jest jego ojcem. Jeżeli jednak ojcem jest inny mężczyzna niż ojciec oficjalny, ten ostatni naraża się na reprodukcyjną katastrofę nieznaną kobietom – nie dość, że wkłada wysiłki rodzicielskie w nie swoje potomstwo, to jeszcze wspiera geny konkurentów.

Ta różnica między kobietami a mężczyznami w dużym stopniu decyduje o charakterze ich kontaktów w stałym związku (przede wszystkim o zazdrości o seks i o uczucia, o czym mowa w następnym rozdziale), a po części też o odmienności upodobań związanych z płcią przeciwną. Na przykład wierność seksualna jest niezbyt ceniona przez mężczyzn w związku przelotnym, a staje się najważniejszą i niezbędną zaletą partnerki na stałe, jej niewierność zaś byłaby najgorszą wadą (Buss i Schmitt, 1993). Podobny wydźwięk ma wspominany już fakt, że w większości kultur mężczyźni bardziej niż kobiety cenią sobie dziewictwo stałej partnerki, a w żadnej kulturze nie spotykamy się z odwrotnym wzorcem upodobań.

Obsesja mężczyzn na punkcie seksu jest tak silna, że widzą doń zachętę nawet tam, gdzie jej nie ma, przynajmniej zdaniem kobiet. Dobrze to ilustruje badanie, w którym uczestnikom odtwarzano nagranie scenki przedstawiającej studentkę przychodzącą do profesora z prośbą o wydłużenie terminu oddania pracy semestralnej (Saal, Johnson i Weber, 1989). Scenka została nagrana z udziałem zawodowych aktorów, poinstruowanych, by zachowywali się w przyjazny i adekwatny do sytuacji sposób. Badani mężczyźni i kobiety nie różnili się spostrzeganiem takich cech, jak inteligencja czy przyjazność studentki, natomiast mężczyźni oceniali dziewczynę jako zachowującą się w uwodzicielski sposób, czego zupełnie nie widziały badane kobiety. Mężczyźni popełniają więc błędy, spostrzegając intencje kobiet, ale błędy te nie mają przypadkowego charakteru – pasują one do ich ekstensywnej gospodarki seksualnej i wpisują się w ich skłonności do angażowania się w seks, gdy tylko można, a nawet gdy nie można. Kobiety, rzecz jasna, takiego błędu nie popełniają, ale nie doceniają emocjonalnego zaangażowania mężczyzny – tam gdzie mężczyźni widzą poważne zaangażowanie innego mężczyzny, kobiety widzą zaangażowanie niewielkie, a więc niewystarczające do tego, by zgodzić się na seks (Haselton i Buss, 2000). Również ten błąd jest nieprzypadkowy i wpisuje się w intensywną gospodarkę seksualną kobiet – lepiej dmuchać na zimne niż się sparzyć.

Zauważmy, że takie deformacje we wzajemnym spostrzeganiu mężczyzn i kobiet mają charakter zupełnie nieświadomy. Nie jest tak, że mężczyźni celowo i podstępnie naciągają swoje interpretacje kobiecych zachowań – oni po prostu widzą zachętę do seksu, tam gdzie kobiety jej nie dostrzegają. Zwykle nie zdajemy sobie sprawy z tego, że działamy na podstawie własnych interpretacji świata, i na ogół sądzimy, że reagujemy na świat taki, jaki on w istocie jest. Jednak świat społeczny jest zawsze światem interpretowanym, a mężczyźni i kobiety mogą widzieć zupełnie co innego w tym samym zachowaniu. Oczywiście prowadzi to do poważnych kłopotów, takich jak oskarżenia o molestowanie seksualne.

W ekstensywną gospodarkę mężczyzn dobrze się wpisuje jeszcze jedno ich charakterystyczne pragnienie – dążenie do oglądania kobiecych ciał, a wzrokiem można ogarnąć całe setki kobiet. Z kolei kobiety są bardziej wrażliwe na bodźce dotykowe, które z natury rzeczy mogą dotyczyć niewielu osób. Jakkolwiek kultury ogromnie się różnią pod wieloma względami, znaczna ich większość bardziej nakazuje ukrywanie ciała kobiecego niż męskiego, a ciało kobiety jest zwykle bardziej upragnionym przedmiotem pożądania dla mężczyzn niż na odwrót (Ford i Beach, 1951). Ogromny rynek wydawnictw pornograficznych adresowany jest niemal wyłącznie do mężczyzn, a pornografia koncentruje się głównie na eksponowaniu kobiecego ciała. Amerykański magazyn „Playgirl", wzorowany na znanym „Playboyu", a publikujący zdjęcia nagich mężczyzn, okazał się klapą z powodu braku zainteresowania klienteli. Jeżeli już ktoś go kupował, to raczej homoseksualnie zorientowani mężczyźni, dopóki nie stworzyli własnego rynku pornografii (Symons, 1979). Współcześnie głównym medium rozprzestrzeniania pornografii jest internet; znaczna część wejść na strony internetowe to wejścia na strony pornograficzne, a znaczna ich większość to dzieło mężczyzn, gdyż kobiety po prostu mało się interesują oglądaniem nagich ciał mężczyzn.

Zarówno mężczyźni, jak i kobiety mają obsesję na punkcie wyglądu fizycznego, a zawsze chodzi o wygląd kobiet. Jak już widzieliśmy przy okazji ogłoszeń matrymonialnych, mężczyźni znacznie częściej niż kobiety pożądają urody, a badania Davida Bussa przekonują, że ta różnica występuje w większości kultur i nie znamy ani jednej, w której to kobiety pożądałyby urody bardziej niż mężczyźni. Kobiety pożądają urody własnej i w celu jej poprawienia gotowe są ponieść nieporównanie większe koszty niż mężczyźni. Rynek kosmetyków w Polsce jest szacowany na pięć miliardów złotych rocznie (dla porównania – wydatki budżetu na ochronę zdrowia to cztery miliardy) i są to pieniądze w przeważającej większości wydawane przez kobiety. Kobiety dwa razy częściej niż mężczyźni próbują stosowania diety i chodzą do fryzjera, dwadzieścia razy częściej używają kosmetyków i dziesięć razy częściej uczą się nowych sposobów ich stosowania (Buss, 2003). Wiele autorek pisze o micie i terrorze piękności, jakiemu ulegają kobiety zniewalane przez bezwzględne mass media i patriarchalną kulturę w ogólności. Zarzut ten opiera się na dość obraźliwym założeniu, że większość kobiet jest beznadziejnie podatna na szkodliwe dla siebie mity i daje sobie robić wodę z mózgu przez reklamy. A jeżeli jest to terror, to dość niezwykły, ponieważ ofiary go uwielbiają. Liczne przekazy historyczne świadczą o tym, że na długo przed powstaniem mass mediów kobiety niemal zawsze i wszędzie oddawały się zabiegom poprawiającym ich wygląd znacznie częściej niż mężczyźni, a czynią to do dziś z dużym oddaniem i rozkoszą. Po prostu kobiety chcą być atrakcyjne – w oczach własnych, w oczach innych kobiet oraz w oczach mężczyzn. Doskonale zdają sobie sprawę, że mężczyźni pożądają urody.

Dlaczego mężczyźni tak bardzo jej pożądają? Jak wspomniałem w rozdziale poprzednim, znamiona urody (takie jak wcięcie w talii, symetria, kobiece cechy twarzy, zdrowie, pełne wargi, błyszczące włosy) są zapewne dobrymi wskaźnikami zdolności reprodukcyjnych kobiety. Ponadto przywoływany już fakt, że te same kobiety stają się bardziej urodziwe w okresie nasilonej płodności w porównaniu z okresem następującym po owulacji, wskazuje bezpośrednio na rolę płodności. Mężczyźni jej pożądają, ponieważ obowiązkowe wydatkowanie przez nich zasobów tylko wtedy ma sens biologiczny, kiedy doprowadzi do sukcesu reprodukcyjnego, czyli kiedy trafią na płodną partnerkę. Podobny sens ma męska obsesja na punkcie młodości. Międzykulturowe badania Bussa ujawniły, że wszędzie na świecie mężczyznom bardziej zależy na urodzie kobiet niż odwrotnie. Douglas Kenrick i współpracownicy (Kenrick i Keefe, 1992) pytali (nowoczesnych) Amerykanów i (tradycyjnych) Hindusów o ich upodobania co do wieku partnerów w zależności od wieku własnego. W obu kulturach kobiety ujawniły jednakowe upodobania – zwykle chciały partnera zbliżonego do siebie wiekiem, nie mniej niż pięć lat młodszego i nie więcej niż dziesięć lat starszego. Dwudziestolatki pragnęły więc dwudziestolatka, a co najwyżej trzydziestolatka; czterdziestolatki – rówieśnika, a co najwyżej pięćdziesięciolatka lub trzydziestopięciolatka i tak dalej. Zupełnie inaczej przedstawiało się to u mężczyzn z obu tych kultur, którzy, krótko mówiąc, byli zafiksowani na dwudziestolatkach. Partnerek w tym najbardziej płodnym wieku najbardziej pragnęli piętnastolatkowie (a więc pożądali partnerek starszych od siebie), dwudziestolatkowie (pożądali rówieśniczek), a także czterdziestolatkowie (pożądali partnerek młodszych od siebie).

Czego chcą kobiety

Czego chcą mężczyźni w związkach przelotnych, jest więcej niż jasne. A czego chcą kobiety? Choć powiada się czasami (za Williamem Jamesem), że mężczyźni są poligamiczni, kobiety zaś monogamiczne, jest to tylko przenośnia pozbawiona dosłownego sensu, ponieważ gdyby tylko mężczyźni chcieli kontaktów przelotnych, to nigdy nie dochodziłyby one do skutku (z wyjątkiem gwałtu). A do skutku dochodzą, gdyż korzystne są również dla kobiet. Raz jeszcze mówimy tu o korzyściach biologicznych, zwykle nieświadomych.

Być może najważniejszą korzyścią kobiety w związku przelotnym jest pozyskanie dobrych genów – lepszych niż te możliwe od uzyskania od stałego partnera. Jeżeli tak, to upodobanie kobiet do różnych wskaźników dobrych genów powinno rosnąć w fazie owulacji, a więc w okresie płodności. Twórcy tej hipotezy, Steven Gangestad i Randy Thornhill (Gangestad i in., 2005), zebrali sporo danych na jej poparcie. W kilku badaniach prosili młodych mężczyzn, aby spali dwie noce w podkoszulku, który następnie wąchały nieznające ich kobiety i na tej podstawie oceniały ich atrakcyjność. Mężczyźni zostali poddani dokładnym pomiarom antropometrycznym, co pozwoliło ocenić poziom symetrii ich ciała, który jest dobrym wskaźnikiem jakości genetycznej (asymetria bowiem świadczy o perturbacjach związanych ze szkodliwymi mutacjami, obecnością patogenów czy toksyn). Jak ilustruje rycina 3.7, kobiece upodobanie do zapachu symetrycznych mężczyzn wyraźnie narastało w pobliżu dnia owulacji, na końcu i na początku cyklu zaś spadało.

W fazie owulacji narasta upodobanie kobiet do wysokiego wzrostu (Pawłowski i Jasieńska, 2005), a także męskich cech twarzy (duży podbródek, wydatne łuki brwiowe), bardziej męskiego (niższego) głosu oraz pewności siebie i dominujących zachowań w kontaktach z innymi mężczyznami (Gangestad i Scheyd, 2005). Ponieważ te zmiany upodobań bezpośrednio zależą od poziomu hormonów, nie pojawiają się u kobiet przyjmujących doustne środki antykoncepcyjne, których stan hormonalny w większości wypadków przypomina wczesną ciążę. Co ważne, zmiany te dotyczą wyłącznie oceny atrakcyjności obcych mężczyzn jako partnerów

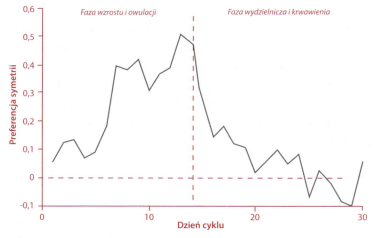

Rycina 3.7.
Siła upodobania kobiet do zapachu symetrycznych mężczyzn jako funkcja dnia cyklu miesięcznego

Linia pionowa odpowiada owulacji. Miarą upodobania są uśrednione odpowiedzi na dwa pytania: o to, czy zapach jest przyjemny, i o to, czy mężczyzna jest *sexy*.

Źródło: Gangestad i in., 2005. Copyright © by Association for Psychological Science.

krótkoterminowych, a więc tego, czy nadają się do romansu (czy są *sexy*), a nie dotyczą oceny, czy nadają się do małżeństwa, ani też ich oceny jako stałych partnerów. Podkreślmy, że w okresie płodności nie występuje prosty wzrost upodobania kobiet do wszelkich pozytywnych cech. Wzrost ten dotyczy jedynie cech znamionujących męskość i atrakcyjność na krótko, takich jak dominacja, arogancja, rywalizacja i atrakcyjność fizyczna. Natomiast przed fazą płodności i po niej obserwuje się wzrost upodobań do cech znamionujących dobrego partnera długoterminowego, takich jak życzliwość, inteligencja, zamożność i bycie dobrym ojcem.

Jak wiadomo, Adam Mickiewicz kochał się za młodu w Maryli Wereszczakównie, podobno z wzajemnością. Jednakże miłość była nieszczęśliwa, gdyż po dwóch latach Maryla wyszła za bogatego Wawrzyńca Stanisława Jana hrabiego Puttkamera, z którym przeżyła 29 lat, dochowując się trójki dzieci. Wybór między młodym poetą bez grosza a bogaczem o wysokiej pozycji społecznej jest archetypowy i stawały przed nim liczne generacje naszych przodkiń. Rachunek biologiczny sugeruje, że najlepiej uczyniłyby, wybierając poetę na krótko, bogacza zaś – na długo. I coś tu jest na rzeczy – kiedy młode kobiety proszono o wybór między mężczyzną biednym i twórczym a mężczyzną bogatym i nietwórczym, na ogół wolały twórczego biedaka, a ta preferencja silnie narastała w fazie płodności (Haselton i Miller, 2006). Dotyczyło to jednak tylko upodobań dotyczących związku krótkotrwałego, w odniesieniu do długotrwałego zaś nie stwierdzono żadnych wahań jako funkcji dnia cyklu.

W fazie owulacji kobiety czują się bardziej atrakcyjne i faktycznie są za takie uważane przez mężczyzn, jak widzieliśmy w poprzednim rozdziale, gdzie opisałem badanie związane z wysokością napiwków za tańce. Częściej też odczuwają pożądanie seksualne, uczestniczą w spotkaniach towarzyskich, flirtują z mężczyznami i starają się być bardziej seksowne. To ostatnie wykryto w badaniu, którego uczestniczki przychodziły do laboratorium dwukrotnie – raz w trakcie owulacji, a drugi raz po niej. Za każdym razem robiono im zdjęcia, które potem były oceniane pod kątem ilości odkrywanego ciała, kobiety zaś proszono między innymi o narysowanie stroju, jaki chciałyby włożyć, gdyby danego dnia wybierały się na wieczorne przyjęcie. W fazie nasilonej płodności kobiety faktycznie ubierały się w skąpe stroje, zakrywające mniej ciała, a jeszcze bardziej skłonne byłyby to robić, gdyby wybierały się na przyjęcie (Haselton i in., 2007). Ponieważ dotyczyło to w szczególności kobiet niepozostających w stałym związku, wyniki te sugerują, że w okresie nasilonej płodności kobiety silniej się angażują w rywalizację z innymi kobietami o potencjalnych partnerów.

Te zmiany upodobań w cyklu miesięcznym nie od razu muszą się przekładać na zachowanie, ale mogą, jak przekonuje ostatnio opisane badanie, w którym zachowaniem był sposób ubierania się. Innym argumentem jest badanie przeprowadzone w kilku klubach nocnych we Francji. Młode kobiety częściej akceptowały zaproszenie nieznajomego rówieśnika do powolnego tańca, kiedy były w środku cyklu (59% dało się zaprosić), niż wówczas, kiedy były przed okresem dni płodnych lub po nim (37%; Gueguen, 2009). Oczywiście takie zmiany upodobań i zachowania kobiet stanowią niebezpieczeństwo i wyzwanie dla mężczyzn, którzy ze swej strony wykształcili przeciwśrodki w ewolucyjnym wyścigu zbrojeń obu płci. Podstawowym środkiem zaradczym jest oczywiście strzeżenie swojej partnerki. Partnerzy kobiet w fazie płodności okazują im więcej uwagi i miłości, a jednocześnie stają się bardziej zazdrośni i zaborczy, co wygląda na dwie strony tego samego medalu. Przy tym jest to nadspodziewanie subtelny mechanizm, ponieważ przyrost zaborczości cechuje przede wszystkim tych mężczyzn, którzy swoim partnerkom wydają się mniej atrakcyjni seksualnie (a więc słusznie czują się bardziej zagrożeni), a także silniej występuje u mężczyzn mających bardziej atrakcyjne partnerki, a więc takie, które mają większą szansę zrealizować swoje krótkoterminowe pragnienia (Haselton i Gangestad, 2006). Badania te dobrze pokazują, że nawet biologicznie wyznaczone tendencje wykazują u ludzi znaczną plastyczność i podatność na zmieniające się uwarunkowania sytuacyjne. Biologicznie uwarunkowane upodobania i zachowania nie mają w sobie nic ze sztywnych instynktów, które muszą wyleźć na wierzch, choćby nie wiem co.

Drugi powód, z jakiego kobiety angażują się w związki przelotne, to zasoby materialne. Jak pisałem w poprzednim rozdziale, seks jako handel można zrozumieć tylko przy założeniu, gdy przyjąć, że jedynie seks kobiet jest dobrem wartym zapłaty. Wadą, której kobiety najbardziej nie lubią w związkach przelotnych, jest skąpstwo partnera (Buss i Schmitt, 1993). Zważmy, że w języku polskim „skąpiec" i „kutwa" występuje tylko w rodzaju męskim (a „dziwka" – tylko w rodzaju żeńskim). Mężczyźni zdają sobie sprawę z przyciągającej mocy zasobów i dlatego – przynajmniej w pewnych kręgach – obwieszają się złotymi łańcuchami i puszą swoimi bezwstydnie kosztownymi samochodami terenowymi, niczym pawie swymi barwnymi ogonami. To, z czego mężczyźni być może nie zdają sobie sprawy, to fakt, że sama aktywizacja motywu poszukiwania partnerki (na przykład dzięki przeczytaniu historyjki o odpowiedniej treści) powoduje u nich wzrost ochoty na wystawną konsumpcję, czyli skłonność do wydawania większych sum na zbytkowne przedmioty, ale nie na przedmioty użytku codziennego. Co interesujące, na kobiety aktywizacja tego motywu tak nie działa, zapewne dlatego, że nie w ten sposób starają się one przyciągnąć partnerów krótkoterminowych (Griscevicius i in., 2007). Dość nieoczekiwanymi beneficjentami tych męskich popisów bywają... kelnerzy. Kelner który trochę z góry potraktuje młodego klienta w towarzystwie partnerki, może liczyć nie tylko na spojrzenie bazyliszka, ale też na wysoki napiwek. Młody bowiem mężczyzna tylko w ten sposób może pokazać swoją wyższość nad kelnerem i odbudować w oczach partnerki nadszarpniętą męskość (Cialdini, 2009).

Zasoby partnera są ważne dla kobiet również w związkach długoterminowych. Międzykulturowe badania Bussa pokazały, że w większości społeczeństw zasoby partnerów są wyżej cenione przez kobiety niż przez mężczyzn, a nigdzie nie stwierdza się różnicy w odwrotnym kierunku. Wyrazistym przykładem podążania za zasobami jest zjawisko „zdobycznej żony" (*trophy wife*), polegające na poślubianiu nowych, młodych żon przez mężczyzn, którzy osiągnęli sukces materialny. Analizy tysięcy internetowych ogłoszeń matrymonialnych pokazały, że im więcej zarabia mężczyzna, tym młodszej partnerki pożąda – na przykład Niemcy zarabiający powyżej 10 tysięcy marek chcieli partnerek o dziesięć lat młodszych od siebie, podczas gdy zarabiającym poniżej tysiąca wystarczały partnerki młodsze co najwyżej o pięć lat (Grammer, 1992). Krańcowym przypadkiem zdobycznej żony jest historia Anny Nicole Smith, która zdobyła tytuł króliczka

„Playboya", po czym w wieku 26 lat wyszła za magnata naftowego J. Howarda Marshalla, liczącego sobie w dniu ślubu 89 lat.

Daleko jednak do tego, by kobiety ślepo i jednostronnie podążały za samymi zasobami. Zasoby mają to do siebie, że w większości społeczeństw należą do starszych mężczyzn – czy to będą domy i samochody we współczesnych Niemczech, czy ziemia i akcje giełdowe w Stanach Zjednoczonych, czy stada bydła wśród Masajów. Gdyby kobiety podążały za samymi zasobami, musiałyby się wiązać z mężczyznami przynajmniej o pokolenie starszymi od siebie. Na długą metę kiepsko by to służyło ich interesom reprodukcyjnym, ponieważ tacy mężczyźni szybciej umierają, a brak mężczyzny znacznie pogarsza sytuację potomstwa. Napoleon Chagnon, antropolog, który spędził ćwierć wieku wśród amazońskiego plemienia Yanomamo, pozbawionego podówczas kontaktu ze współczesną cywilizacją, zaobserwował spadek szans przeżycia dzieci, które miały mniej niż 14 lat w momencie utraty ojca (Chagnon, 1983). Utrata zaś zdarzała się często w owym plemieniu, gdyż ponad 30% mężczyzn ginęło tam w walkach na toporki, które były ulubioną rozrywką w każdej wiosce, bądź też w międzywioskowych wojnach toczonych albo z powodu zemsty, albo by wykraść przeciwnikom ich kobiety. Również współcześnie sytuacja (choć nie przeżywalność) dziecka ulega pogorszeniu, gdy wychowuje się ono bez ojca.

Krótko mówiąc, strategia podążania za samymi zasobami byłaby dla kobiet na dłuższą metę nazbyt ryzykowna (już nie wspomnę, że także mało estetyczna). Dlatego też jest ona przez kobiety stosowana głównie w związkach przelotnych, w których często pojawia się syndrom natychmiastowego wydobycia zasobów. Takie zachowania mężczyzny, jak „wydaje na mnie mnóstwo pieniędzy" „daje mi dużo prezentów", czy „prowadzi rozrzutny tryb życia", są przez kobiety dużo bardziej cenione w związkach krótkich niż w długich (Buss i Schmitt, 1993). W związkach długoterminowych zaś liczą się raczej perspektywy na przyszłość niż aktualny stan zamożności. Kobiety zwykle chcą partnerów tylko kilka lat starszych od siebie (i jest to jedno z niewielu marzeń, które prawie zawsze się spełnia), ale obdarzonych cechami rokującymi dużą szansę zdobycia zasobów w przyszłości – ambitnych, pracowitych, wykształconych.

Mężczyzna jeszcze biedny, ale już ambitny to taki, który kiedyś stanie się zamożny. Mężczyzna biedny i pozbawiony ambicji to taki, który biedny pozostanie. Dlatego też w większości kultur kobiety bardziej sobie cenią ambicję niż zasoby, a ponadto kobiety cenią ambicję bardziej niż mężczyźni.

Istotnym wskaźnikiem zarówno obecnej, jak i przyszłej zamożności mężczyzny jest jego status, czyli pozycja w hierarchii społecznej. We współczesnych społeczeństwach głównym wyznacznikiem statusu jest wykształcenie i związany z nim rodzaj wykonywanej pracy, a oba te wyznaczniki są silnie powiązane z wysokością dochodów. Status mężczyzn pociąga kobiety o wiele bardziej niż odwrotnie. Henry Kissinger, niegdysiejszy sekretarz stanu w Stanach Zjednoczonych i laureat pokojowej Nagrody Nobla, wyraził tę myśl słowami: „władza jest najsilniejszym afrodyzjakiem", mając na myśli głównie swoją władzę. Historyczne analizy antropologów przekonują, że w licznych społeczeństwach pozycja społeczna mężczyzny przekładała się wprost na liczbę żon, a w konsekwencji również dzieci. Na przykład zgodnie z prawem oligarchicznego imperium Inków przysługująca różnym dostojnikom liczba żon przedstawiała się następująco:

— główne osoby w państwie – 50,
— przywódcy narodów podległych – 30,
— gubernatorzy dużych prowincji – 20,
— gubernatorzy małych prowincji – 8,
— wodzowie plemienni – 7 lub 5 (Betzig, 1986).

W poliginicznych społeczeństwach (ponad 80% znanych ludzkich kultur) kobiety wolą być trzecią żoną bogatego niż jedyną – biednego. Dlatego w takich społeczeństwach większość biednych mężczyzn zostaje całkowicie wykluczona z rynku matrymonialnego i umierają oni bezpotomnie. Zjawisko to dotyczy po części także społeczeństw formalnie monogamicznych. Na przykład we Francji od dwustu lat czy we współczesnej Rosji wskaźnikiem naprawdę wysokiej pozycji mężczyzny jest garsoniera z zamieszkującą w niej kochanką.

Rola kultury

A co z kulturą? Na wielu stronach opisywałem tu biologiczne uwarunkowania wyborów matrymonialnych dokonywanych przez kobiety i mężczyzn. Psychologia ewolucyjna zakłada, że te różnice upodobań dotyczących płci przeciwnej są adaptacjami – czyli wykształconymi na drodze doboru płciowego rozwiązaniami pewnych problemów związanych z zapewnieniem sobie sukcesu reprodukcyjnego przez każdą z płci. Wyjaśnienia kulturowe zakładają, że wszelkie różnice płci – także w zakresie upodobań w odniesieniu do płci przeciwnej – są wytworem kultury, a dokładnie stereotypowych oczekiwań kierowanych przez społeczeństwo pod adresem kobiet i mężczyzn oraz zabiegów socjalizacyjnych.

Wedle tego podejścia socjalizacja dziecka w dużym stopniu polega na przejmowaniu stereotypów płci i utożsamianiu się z nimi (Bem, 2000). Każdy człowiek ma silną potrzebę przynależności społecznej i akceptacji przez innych. Każde dziecko chce być dobrym, akceptowanym dzieckiem. Ale nie można być dobrym dzieckiem w ogóle – można być tylko dobrym chłopcem lub dobrą dziewczynką. „Nikt nie rodzi się kobietą" – ludzie stają się kobietami lub mężczyznami, wrastając w swoją kulturę. Przy tym źródłem stereotypowych wzorców męskości i kobiecości jest nie tylko rodzina, ale też wiele innych czynników, takich jak baśnie, czytanki szkolne czy wszechobecne reklamy. Dzieci dowiadują się z tych źródeł, że mężczyźni są sprawczy – skoncentrowani na dążeniach i zadaniach, ambitnie i sprawnie obcinają odrastające głowy smokom, wspinają się po szklanych górach, spadają, znów się wspinają. Natomiast kobiety są wspólnotowe – skoncentrowane na relacjach społecznych i uczuciach, życzliwe i łagodne, biernie spoglądają w dół na dzielnych rycerzy, zastanawiając się, co tam tak ciągle się ześlizguje w dół. Strażnikami zgodności postępowania chłopców i dziewczynek ze stereotypami płci są nie tylko rodzice, ale i grupy rówieśnicze. Na przykład Sandra Bem, która wychowywała swoje dzieci w sposób nienacechowany płciowo – jej syn i córka nie byli nakłaniani do postępowania zgodnego z jakimkolwiek stereotypem – opowiada anegdotę o swoim czteroletnim synku, który poszedł do przedszkola ze spinką we włosach. Czteroletni koledzy natychmiast rzucili się na niego z pretensjami, że jest babą, bo tylko dziewczynki noszą spinki. Malec zaczął się bronić, przekonując, że jest chłopcem, i po dłuższej dyskusji, zdesperowany, ściągnął majtki, udowadniając, że posiada ten biologiczny detal zaświadczający ów fakt. Chłopcy nie dali się jednak przekonać, twierdząc: „Eee tam, ptaszka to ma każdy, ale tylko dziewczynki noszą spinki!". Świadczy to o tym, że małe dzieci definiują płeć według artefaktów kulturowych (spinki), a nie cech biologicznych (członek). Za tą tezą przemawiają również poważniejsze argumenty – kiedy dwulatki poprosi się o rozpoznanie na zdjęciach, kto spośród innych dwulatków jest chłopcem, a kto dziewczynką, nie mają z tym trudności, dopóki modele ze zdjęć są ubrane. Kiedy jednak są rozebrane, dzieci nie są w stanie poprawnie rozpoznać ich płci – czyli rozpoznają płeć po artefaktach kulturowych (Bem, 2000).

W podobnym duchu można wyjaśniać różnice w upodobaniach związanych z płcią przeciwną. Elementem stereotypu męskości jest bycie zdobywcą, dlatego też mężczyźni pragną zdobywać więcej kobiet niż kobiety – mężczyzn. Elementem stereotypu kobiecości jest skromność i powściągliwość seksualna, dlatego kobiety pragną mniej partnerów i mniej seksu. I tak dalej. Wszystko to brzmi przekonująco, ale trudno z tym pogodzić kilka dobrze udowodnionych faktów. Po pierwsze, gdyby stereotypy płci były faktycznie arbitralnymi (przypadkowymi) konstrukcjami kultury, to powinny się zmieniać z kultury na kulturę. W rzeczywistości ta zmienność jest bardzo niewielka – wszędzie na świecie, od Ameryki po Zambię, z Polską po drodze, stereotyp męskości zawiera cechy sprawcze (ambicja, agresywność, sprawność, wytrwałość), stereotyp kobiecości zaś – cechy wspólnotowe (koncentracja na emocjach i relacjach społecznych, życzliwość, ciepło i uczuciowość; Dovidio i in., 2005; por. Wojciszke, 2002b). Jeżeli kultura wyznacza treść stereotypów, to dlaczego są one tak podobne w różnych kulturach, skądinąd niezmiernie różniących się obyczajami, zamożnością, nierównościami społecznymi, religią i wszystkim, co tylko można sobie wyobrazić?

Po drugie, jeżeli różnice płci miałyby być skutkiem odmiennej socjalizacji, to sposób wychowywania chłopców i dziewczynek powinien się znacznie różnić. Obserwacje antropologiczne sugerują, że tak faktycznie jest w wielu społecznościach plemiennych. Jednak we współczesnych społeczeństwach Zachodu różnice te są bardzo niewielkie i ograniczają się jedynie do zachęcania chłopców i dziewczynek do innych rodzajów aktywności (na przykład poprzez kupowanie im innego typu zabawek). Ale nie jest tak, że rodzice na przykład zachęcają chłopców do większej agresji albo zniechęcają dziewczynki do agresji poprzez silniejsze jej karanie. Albo tak, że dziewczynki są zachęcane do opiekuńczości i za nią nagradzane, chłopcy zaś – zniechęcani i karani.

Po trzecie, same różnice w upodobaniach związanych z płcią przeciwną wykazują zdumiewającą stabilność międzykulturową. Przytaczałem tu badania Davida Bussa na próbach pochodzących z 37 krajów i badania Davida Schmitta na próbach z 52 krajów, które wykazały, że pewne cechy są niemal we wszystkich krajach bardziej przez kobiety pożądane u mężczyzn niż odwrotnie (większe zasoby, starszy wiek). Inne cechy (dziewictwo, uroda, młodszy wiek) prawie wszędzie są bardziej pożądane przez mężczyzn. Wyjaśnienie uniwersalnego charakteru tych różnic w kategoriach kulturowych byłoby dość trudne, a w każdym razie nikt tego dotąd nie uczynił. A powinien, ponieważ różnice między kulturami pod względem stopnia, w jakim cenią one różne cechy u potencjalnych partnerów czy partnerek, są większe niż różnice między płciami. Na przykład dziewictwo, którego niezbędność szacowano w skali od 0 (zupełnie nieważne) do 3 (konieczne), było pożądane przez mężczyzn w stopniu 1,06, a przez kobiety mniej, bo 0,74. Jednak ta różnica blednie w porównaniu z różnicami między krajami. Na przykład w Chinach dziewictwo jest pożądane w stopniu 2,54 (a więc jest niezbędne), natomiast w Szwecji – w stopniu zaledwie 0,25, a więc jest zupełnie nieważne. Tak więc różnice między kulturami są i nikt temu nie przeczy. Nie ma jednak teorii, która sensownie powiązałaby zróżnicowanie kultur z jednej strony, a zróżnicowanie upodobań związanych z płcią przeciwną – z drugiej. Dopóki takiej teorii nie ma, trudno o różnicach kultur powiedzieć coś więcej ponad to, że są, i przytaczać różne ich egzotyczne przykłady. Egzotyka jest interesująca niczym plotkarskie strony internetowe, ale z jednego i drugiego niewiele wynika dla zrozumienia świata.

Krok we właściwym tu kierunku wykonały Alice Eagly i Wendy Wood (1999) przedstawiając wyjaśnienie uniwersalnego charakteru niektórych różnic między płciami w kategoriach ról społecznych i podziału pracy między kobietami a mężczyznami. Z oczywistych powodów wszędzie na świecie to kobiety bywają w ciąży, rodzą dzieci i karmią je piersią. Jest to bardzo czasochłonne, a ponieważ mężczyźni i tak nie mają aparatury, by to robić, wypychani są na zewnątrz ogniska domowego i osadzani w roli dostarczycieli dóbr. W konsekwencji, mężczyźni specjalizują się w zdobywaniu środków, kobiety zaś specjalizują się w roli strażniczek ogniska domowego. Ten podział ról jest ponadkulturowy, ale nie dlatego, że tak się porobiło w wyniku ewolucji, lecz dlatego, że kobiety i mężczyźni wszędzie tak samo różnią się budową ciała. Ponieważ wszędzie na świecie kobiety specjalizują się w roli menedżerów stosunków wewnątrzrodzinnych, a mężczyźni – w roli dostarczycieli dóbr, wszędzie też pojawiają się podobne różnice w upodobaniach związanych z płcią przeciwną. Na przykład kobiety bardziej pożądają męskich zasobów, bo taki mężczyzna w oczywisty sposób jest lepszym dostarczycielem dóbr.

Jednak ten tradycyjny podział słabnie w niektórych regionach, takich jak Skandynawia. Autorki za wskaźnik owego słabnięcia uznały indeks równouprawnienia płci w różnych krajach, podawany przez ONZ i zestawiły go z danymi Davida Bussa, dotyczącymi różnic w upodobaniach związanych z płcią przeciwną. Okazało się, że w krajach o większym równouprawnieniu spada przewaga kobiet nad mężczyznami w pożądaniu zasobów partnera. Jeszcze silniejszy spadek zaobserwowano w wypadku upodobania do starszych mężów i młodszych żon. Podobne zależności stwierdzono też pomiędzy rozpowszechnieniem tradycyjnych stereotypów płci a różnicami upodobań (na dziewięciu próbach narodowych z różnych krajów; Eastwick i in., 2006). Co do mężów, brzmi to logicznie: faktycznie zdolność młodych mężczyzn do dostarczania dóbr rośnie z ich wiekiem – stąd to upodobanie kobiet i jego zanik w krajach o słabszym podziale ról. Dlaczego jednak młodsza kobieta miałaby być lepszą strażniczką ogniska domowego niż kobieta już doświadczona? Dlaczego bardziej pożądana miałaby być dziewica? Trudno tu znaleźć przekonujące argumenty. Zwolennicy wyjaśnień kulturowych mają jeszcze wiele do zrobienia (na ogół poprzestają na sprzeciwianiu się wyjaśnieniom ewolucjonistycznym, ale to raczej niewiele).

Podsumowanie

Kocha się za nic. Nie istnieje żaden powód miłości.
Paulo Coelho

Kogo zatem wybieramy? Mężczyźni wybierają kobiety atrakcyjniejsze, młodsze, skłonne do wierności i powściągliwości seksualnej (przy związku długotrwałym) lub niepowściągliwe (przy związku przelotnym). Kobiety do związków przelotnych wybierają mężczyzn bardziej męskich (z wyglądu, głosu, zachowania), o wyższym statusie, skłonnych natychmiast wydatkować na nie zasoby materialne, do związków długotrwałych zaś – mężczyzn nieco starszych, o wyższym statusie społecznym, zdolnych do zdobycia zasobów w przyszłości i do podzielenia się nimi. Choć wszystko to potwierdzone jest wynikami licznych badań prowadzonych w różnych kulturach, dotychczasowe odpowiedzi pozostawiają uczucie niedosytu. Myślę, że rozczarowanie to ma źródła dwojakiego rodzaju.

Po pierwsze, nauka odpowiada na wszelkie pytania, wskazując na pewne prawidłowości statystyczne, podczas gdy każdy z nas jest zainteresowany sobą jako konkretnym i szczególnym przypadkiem. Statystycznie rzecz biorąc, kobiety bardziej interesują się ambicją niż urodą mężczyzn, ale czy z tego wynika, że ja, konkretna Patrycja, mam wybrać raczej Janka (ambitnego, choć trochę cherlawego) niż Piotra (barczystego, ale bez ambicji)? Oczywiście nie. Nawet jeśli kobiety częściej wybierają ambitnych niż barczystych, to w przypadku Janka i Piotra może być odwrotnie, chociaż jest to mniej prawdopodobne niż wybór przeciwny.

Po drugie, być może pytanie: „Czego chcą kobiety, a czego chcą mężczyźni", o wiele mniej nas interesuje od pytania: „Kogo taka osoba jak ja ma wybrać, aby stworzyć udany związek?". To, rzecz jasna, zupełnie inne pytanie. Badania nad tym, kto do kogo pasuje i jakie cechy partnerów pozwalają przewidzieć sukces w małżeństwie, trwają od dobrych siedemdziesięciu lat (Cooper i Sheldon, 2002), ale bardzo niewiele z nich wynika. Nie znaczy to, że niczego nie udaje się w takich badaniach stwierdzić. Jednak z reguły te cechy partnerów, które w jednym badaniu zdają się podwyższać ich szansę dobrania się w parę i zbudowania udanego związku, w innym okazują się nie mieć żadnego wpływu, nawet jeżeli oba badania dotyczą podobnych typów ludzi.

Jedynym zjawiskiem stwierdzanym powszechnie, powtarzającym się z badania na badanie, jest homogamia, to znaczy dobór partnerów na zasadzie podobieństwa – jeżeli partnerzy są do siebie podobni, to większa jest szansa, że ich uczucie przerodzi się w trwały związek i że związek ten będzie udany. Wyraźną homogamię (na poziomie $r = 0,60$) stwierdza się jednak w odniesieniu do dość nielicznych cech, takich jak wiek, wykształcenie, pochodzenie i poglądy społeczne oraz fizyczna atrakcyjność partnerów. Słabsze jest podobieństwo pod względem poziomu intelektualnego ($r = 0,40$; Rushton i Bons, 2005). Podobieństwo pod względem cech osobowości jest co prawda stwierdzane, ale niewielkie (rzędu $r = 0,20$; Karney i Bradbury, 1995), a czasami stwierdza się wręcz jego szkodliwy wpływ na jakość małżeństwa (Shiota i Levenson, 2007). Mądrość potoczna podpowiada, że tym, co może decydować o sukcesie małżeństwa, jest komplementarność cech partnerów, z którą mamy do czynienia, kiedy ich potrzeby czy cechy osobowościowe uzupełniają się, jak w przypadku bezradności – opiekuńczości lub uległości – dominacji. Jednakże badania wykazują, że tak rozumiana komplementarność cech ani nie decyduje o wyborze partnera, ani nie zwiększa szansy na trwały, udany związek.

Setki badań prowadzonych od dziesiątków lat nie pozwoliły wykryć, jakie cechy partnerów sprzyjają ich dobraniu się w udaną parę, choć w tym samym czasie udało się dość dokładnie ustalić, co na przykład decyduje o satysfakcji z pracy czy z życia w ogóle, albo też kto do jakiego zawodu pasuje. Współcześnie wiele biur matrymonialnych działa za pośrednictwem internetu i ogłasza swoje usługi jako oparte na „ściśle naukowych podstawach" doboru partnerów. Kiedy jednak zapytać, jakie to podstawy, jedyna jasna odpowiedź brzmi, że to tajemnica firmy. Nauka nie może dowieść, że czegoś nie ma, ale skoro tak wielu badaczom nie udało się znaleźć cech decydujących o udanym związku, to warto rozważyć możliwość, że takich cech po prostu nie ma. Oznaczałoby to, że wybór partnera ma charakter losowy, choć los wybiera spośród niewielkiej liczby dość podobnych możliwości (z których wszystkie spełniają pewne omówione wcześniej kryteria). Przypomina mi to historię pewnego amerykańskiego znajomego, który cierpiał, patrząc, jak jego córka wyrasta na typową, bezmyślną amerykańską nastolatkę. Tuż po ukończeniu przez nią szkoły średniej wywiózł ją więc na pewien mały, liberalny uniwersytet. Już po pierwszym roku studiów córka przywiozła swojego chłopaka, który ku uldze jej ojca okazał się brodatym intelektualistą, znawcą Heideggera. Kiedy spytałem znajomego, skąd wiedział, że jego córka wybierze sobie takiego chłopaka, odpowiedział krótko: „Tam innych nie było". (Zresztą ten intelektualista okazał się dobrym amerykańskim chłopcem, który po studiach porzucił Heideggera, zgolił brodę i zrobił karierę w sektorze bankowym.)

Na koniec zauważmy, że myślenie o powodzeniu związku w kategoriach cech partnerów jest nieco naiwne i kiepsko pasuje do dynamicznego charakteru ludzkich związków. Na różnych etapach potrzeba nam od partnera czegoś zupełnie innego. Jeżeli Twój partner ma być szczęśliwy, to:

— na początku powinnaś być niezgłębioną i kapryśną tajemnicą (inaczej nie będzie pożywki dla namiętności),
— potem niedostępną twierdzą seksualną (łatwy seks traci na wartości),
— potem seksualnym wampem czyhającym na każdy poryw pożądania (mężczyznom potrzeba wiele seksu),
— a ponadto przewidywalną przyjaciółką (inaczej nie będzie intymności i zaufania),
— i jeszcze sojusznikiem (inaczej jego kariera może szwankować),
— i jeszcze menedżerem spraw domowych (on i tak tego nie potrafi),
— a jeszcze ciepłą matką i pielęgniarką (także dla niego),
— słodką idiotką (każdy musi mieć okazję, by poczuć się mądry) oraz
— wnikliwym doradcą do spraw ogólnych i szczegółowych.

Widać wyraźnie, że żadna Twoja cecha ani ich wiązka nie jest w stanie zapewnić partnerowi szczęścia, ponieważ musiałyby to być cechy wzajemnie się wykluczające. Podobnie z jego cechami i Twoim szczęściem. Jak będę się starał dalej przekonać, o udanym związku decyduje to, co partnerzy w nim robią, a nie to, jacy są w sensie posiadania jakichś trwałych cech osobowości.

Rozdział 4

Związek kompletny

Przywiązanie
    Zachowania wiążące
    Style przywiązania
Współzależność
    Współzależność skutków działań
    Współzależność uczuć
    Samospełniające się proroctwa
Empatia
    Wczuwanie się w partnera – składniki empatii
    Konsekwencje empatii
Chcieć a mieć
    Teoria sprawiedliwości
    Sprawiedliwość w związku dwojga ludzi
    Naturalna śmierć namiętności

Kochać to nie znaczy patrzeć na siebie nawzajem,
lecz patrzeć razem w tym samym kierunku.

                                          Antoine de Saint-Exupéry

Stały partner został wybrany. Burzliwe rozkosze i cierpienia namiętności, wsparte przywiązaniem i łagodnymi urokami intymności, doprowadziły do pojawienia się decyzji o zaangażowaniu oraz do zrealizowania tej decyzji. Pomimo knowań zawistnych rywalek królewicz odnajduje wreszcie Kopciuszka i poślubia go. Cierpienia Pięknej zostają nagrodzone – wbrew licznym przeszkodom pokochuje Bestię, całuje ją, a ta zamienia się w przystojnego i zamożnego księcia, natychmiast poślubiającego Piękną. Odkupiwszy grzechy młodości, pan Andrzej Kmicic poślubia wyrwaną ze szponów bezecnego księcia Bogusława pannę Oleńkę (ku aplauzowi całej szlachty laudańskiej i czytelników o mocno już pokrzepionych sercach). I co dalej? Ano żyli długo i szczęśliwie. Jak tego dokonali? Nie wiadomo, ponieważ bajka się skończyła. Zupełnie inaczej niż w życiu – to, co naprawdę zdecyduje o jego przebiegu, o szczęściu i nieszczęściu, sensie i bezsensie, sukcesach i porażkach w związku dwojga ludzi, dopiero się zaczyna.

Przywiązanie

Częste przebywanie razem i odkrywanie się partnerów przed sobą nawzajem prowadzi nie tylko do ich polubienia się i rozwoju zaufania, ale także do czegoś znacznie ważniejszego i bardziej wyjątkowego – do ich wzajemnego przywiązania.

Zachowania wiążące

Obserwacje etologów, czyli badaczy zachowania zwierząt, doprowadziły w swoim czasie do wykrycia zachowań wiążących, czyli takich, których główną lub jedyną funkcją jest budowanie i podtrzymywanie więzi społecznej (Kuczyńska, 1998). Bardzo prostym, występującym u wielu gatunków ptaków i ssaków przykładem zachowania wiążącego jest wdrukowanie (*imprinting*) – podążanie przez młodego osobnika za matką lub dowolnym innym obiektem (takim jak człowiek lub ciągnięty na sznurku samochodzik), który pojawi się w pobliżu. Co ważne, reakcja taka pojawia się tylko w pewnym okresie krytycznym, zwykle tuż po urodzeniu czy wykluciu się z jaja, jednakże fakt, że reakcja może zostać skierowana na niemal dowolny poruszający się obiekt (a nie tylko na matkę), dowodzi, że jest to przypadek wczesnego uczenia się.

Alicja Kuczyńska wykonała serię badań nad takimi zachowaniami u ludzi, a jej analizy przekonują o istnieniu pięciu typów zachowań wiążących, przytoczonych w tabeli 4.1. Kluczowa grupa zachowań wiążących to zachowania seksualne. W naszym kręgu cywilizacyjnym przez długi czas panował pogląd, że seks służy i powinien służyć wyłącznie prokreacji (dlatego purytanie sypiali w specjalnych koszulach nocnych z otworami

Tabela 4.1.
Główne typy zachowań wiążących i przykładowe zachowania każdego typu

Typ zachowań wiążących	Główne zachowania
Zachowania seksualne	Inicjowanie kontaktu seksualnego Stosunki seksualne Pieszczoty seksualne Wprowadzanie innowacji do życia seksualnego Wyznawanie pożądania
Działanie na rzecz partnera i związku	Dbanie o dobrą atmosferę w związku Czynności wspomagające pozamaterialny rozwój partnera Czynności na rzecz partnera, wynikające z podziału obowiązków Troszczenie się o zdrowie partnera Wspieranie partnera w konflikcie z innymi osobami
Utrzymywanie bliskości fizycznej	Przytulanie Głaskanie Całowanie Pieszczotliwe zwracanie się do partnera Obejmowanie
Zachowania pojednawcze	Świadczenie uprzejmości Spoglądanie na siebie i uśmiechanie się Poczęstunki Komplementy Zaproszenia
Zachowania imponujące	Manifestowanie statusu finansowego Manifestowanie pozycji społecznej Opowiadanie o własnych osiągnięciach Demonstrowanie przed partnerem siły po porażce doznanej poza związkiem

Źródło: Kuczyńska, 1998. Copyright © by Instytut Psychologii PAN.

do robienia dzieci, których używanie pozwalało uniknąć niegodnej przyjemności). Z punktu widzenia dzisiejszych obyczajów seksualnych trudno o pogląd bardziej niedorzeczny. Załóżmy pesymistycznie, że przeciętna para jest aktywna seksualnie tylko przez dwadzieścia lat i uprawia seks dwa razy w tygodniu. Daje to w sumie ponad dwa tysiące aktów seksualnych. Ponieważ zaś owa para ma jedno lub dwoje dzieci, oznacza to, że na jedno dziecko przypada co najmniej tysiąc aktów! Gdybyśmy znaleźli klucz do szafy, który otwiera ją raz, a nie otwiera 999 razy, zapewne nie przyszłoby nam do głowy, że to jest klucz do tej szafy. Jakkolwiek seks służy również do reprodukcji, nie ulega wątpliwości, że główną funkcją zachowań seksualnych u ludzi jest budowa i utrzymywanie więzi. Jak zauważył znakomity fizyk Richard Feynman, któremu wszystko kojarzyło się z fizyką: „Fizyka jest jak seks – pewnie, że może dawać jakieś praktyczne rezultaty, ale nie dlatego to robimy".

Druga wiązka zachowań wiążących to działanie na rzecz interesu partnera i wspólnoty, jaką jest bliski związek. Działanie na rzecz interesu to najsilniejszy (oprócz podobieństwa) powód lubienia, a gdy ktoś działa wbrew naszemu interesowi, jeszcze bardziej go nie lubimy. Mamy też silną skłonność do uważania ludzi działających w naszym interesie za moralnych, podczas gdy tych, którzy działają wbrew naszym interesom uważamy za ogólnie nieuczciwych. Tak więc własny interes miesza nam się z moralnością. Z Aleksandrą Cisłak wykonaliśmy badania, w których dawaliśmy uczestnikom do przeczytania krótkie notki prasowe, przedstawiające pewnego polityka, którego program dobrze służył interesom emerytów (podnieść emerytury, uwłaszczyć działkowiczów i tak dalej) albo godził w te interesy (Cisłak i Wojciszke, 2006). Dopóki przyglądaliśmy się reakcjom emerytów, dopóty polityk działający na rzecz emerytów okazywał się lubiany, godzien wybrania do parlamentu, uczciwy, a nawet kompetentny. Kiedy jednak przyjrzeliśmy się reakcjom innych badanych (studentów prawa – niewiele mających wspólnego z emerytami), wszystkie te cnoty polityka zupełnie wyparowały. Podobnie bywa w bliskim związku – trudno nam przywiązać się do partnera, który wiele robi dla innych (na przykład emerytów), dopóki nie działa na rzecz naszego dobra (chyba że sami jesteśmy emerytami).

Alicja Kuczyńska wykonała bardzo interesującą serię badań eksperymentalnych, w których kontaktowała osoby badane ze swoimi studentami, przeszkolonymi w ujawnianiu zachowań wiążących, takich jak podtrzymywanie kontaktu wzrokowego, poczęstowanie pączkiem, troszczenie się o zamknięcie lub otwarcie okna. Badani wyraźnie bardziej lubili studentów ujawniających zachowania wiążące, a co ciekawe, również sami studenci bardziej lubili tych badanych, do których adresowali swoje wiążące zachowania. Zachowania wiążące budzą więc sympatię zarówno ich odbiorcy, jak i nadawcy. Badania Kuczyńskiej przekonują, że mogą one być nawet ważniejsze od atrakcyjności fizycznej potencjalnych partnerów. Wpływają też na jakość stałej relacji – satysfakcja ze związku jest tym większa dla obu płci, im więcej zachowań wiążących ujawnia partner. Interesujące różnice płci pojawiają się przy własnych zachowaniach wiążących – u kobiet wzrost ich liczby nasila satysfakcję ze związku, natomiast u mężczyzn liczba własnych zachowań wiążących koreluje z satysfakcją negatywnie. Można to tłumaczyć odmiennością wymagań związanych z rolą kobiety i mężczyzny – ta pierwsza jest uznawana za specjalistkę od spraw społeczno-emocjonalnych.

Style przywiązania

Pierwowzorem przywiązania jest stosunek małego dziecka do matki czy innej opiekującej się nim na stałe osoby. U małych dzieci obserwuje się bardzo charakterystyczną kolejność reakcji na rozłączenie z matką. W pierwszej fazie jest to protest, wyrażający się płaczem, aktywnym poszukiwaniem matki i oporem przeciwko próbom niesienia ukojenia przez inne osoby. Dalej następuje rozpacz, wyrażająca się bierną rezygnacją połączoną z głuchym, dojmującym smutkiem. Wreszcie następuje faza negacji przywiązania, wyrażająca się paradoksalnym ignorowaniem matki i jej unikaniem, kiedy na powrót się ona pojawi. Duża stałość tego ciągu reakcji u różnych dzieci, a także fakt, że przynajmniej dwie pierwsze jego fazy obserwowane są również u dzieci małp, skłoniła badaczy do twierdzenia, że przywiązanie emocjonalne stanowi wrodzony system reakcji. Biologiczną funkcją przywiązania jest utrzymanie pierwotnego opiekuna i dziecka razem, a więc ochrona dziecka przed różnymi niebezpieczeństwami grożącymi jego przetrwaniu (Bowlby, 1969, 1979).

Przywiązanie jest oczywiście jednym z wielu systemów reagowania, które zostały w nas wbudowane w trakcie ewolucji, obok takich, jak opiekowanie się, stowarzyszanie się z innymi, eksploracja otoczenia i tak dalej. Jest to jednak system o znaczeniu podstawowym, o czym świadczy fakt, że jego włączenie powoduje całkowite wyłączenie innych systemów. Na przykład małe dziecko w obecności matki jest zwykle zainteresowane eksploracją (poznawaniem) otoczenia, wykształcaniem nowych umiejętności czy kontaktowaniem się z pozostałymi członkami rodziny oraz innymi ludźmi. Dziecko używa przy tym matki jako swojej bezpiecznej bazy – oddala się od niej tylko na chwilę, po pewnym czasie wraca, upewniając się, że matka nadal jest i reaguje na jego obecność, po czym znów bada otoczenie, ponownie wraca niczym uwiązane na gumce i tak dalej. Kiedy jednak matka znika, dziecko przestaje się interesować otoczeniem, innymi ludźmi, uśmiechać się, bawić, a skupia się wyłącznie na odzyskaniu matki i fizycznego z nią kontaktu (faza protestu). Odzyskanie bliskiego fizycznego kontaktu z matką powoduje z wolna zanik protestu. Dziecko na powrót zaczyna się uśmiechać, poznawać otoczenie, dzielić się swoimi odkryciami i zabawkami z matką, przejawiać żywe zainteresowanie innymi ludźmi i światem w ogólności. W początkowym okresie życia zaspokojenie przywiązania jest więc podstawą szczęścia, poczucia bezpieczeństwa i wiary we własne siły.

Po przekroczeniu trzeciego roku życia ten system reakcji na matkę zaczyna słabnąć i przybierać mniej dziecinne formy. Samo zapotrzebowanie na przywiązanie jednak nie zanika i nowym obiektem przywiązania – już w dorosłym życiu – staje się ukochana osoba. Świadczą o tym przede wszystkim uderzające podobieństwa między reagowaniem dziecka na matkę a reagowaniem dorosłego człowieka na ukochaną osobę. Podobieństw tych jest tak wiele i idą one tak daleko, że nie sposób się oprzeć wrażeniu, iż mamy tu do czynienia nie z uproszczoną analogią, lecz z bardzo podobnym procesem. A oto najważniejsze podobieństwa:

1. **Przywiązanie** – ukształtowanie się i jakość przywiązania zależą od matczynej wrażliwości i responsywności (skłonności do reagowania własnym zachowaniem na zachowanie dziecka). **Miłość** związana jest z pożądaniem zainteresowania i wzajemności ukochanej osoby.

2. **Przywiązanie** – matka dostarcza dziecku bezpiecznej bazy, w jej obecności dziecko jest bardziej pewne siebie, lepiej znosi stresy, mniej boi się obcych. **Miłość** – rzeczywista lub wyobrażona

wzajemność sprawia, że czujemy się bezpieczniej, pewniej, bardziej optymistycznie, stajemy się bardziej towarzyscy i milsi dla innych.

3. **Przywiązanie** – wyraża się w poszukiwaniu fizycznego kontaktu, tuleniu, obejmowaniu, dotykaniu, pieszczeniu, całowaniu, kołysaniu w ramionach, śmiechu i płaczu, podążaniu za matką. **Miłość** wyraża się w poszukiwaniu fizycznego kontaktu, tuleniu, obejmowaniu, dotykaniu, pieszczeniu, całowaniu, kołysaniu w ramionach, śmiechu i płaczu, lęku przed rozstaniem z ukochaną osobą.

4. **Przywiązanie** – zniknięcie matki lub jej niewrażliwość powoduje napięcie, koncentrację na wysiłkach zmierzających do jej odzyskania i brak zainteresowania otoczeniem; płacz i smutek pojawia się wtedy, gdy odzyskanie matki jest niemożliwe. **Miłość** – odrzucenie bądź obojętność ukochanej osoby powoduje napięcie, koncentrację na odzyskaniu jej zainteresowania i niemożność skupienia się na czymkolwiek innym; gdy odzyskanie jej zainteresowania jest niemożliwe, również pojawia się płacz i smutek.

5. **Przywiązanie** – ponowne połączenie się z matką wywołuje śmiech i radosne gaworzenie, podskoki, wyciąganie rąk w górę, aby być wziętym na ręce, przytulanie się. **Miłość** – połączenie z ukochaną osobą (bądź usunięcie wątpliwości co do jej wzajemności) wywołuje radość, przytulanie się i tak dalej.

6. **Przywiązanie** – w przypadku stresu, strachu lub choroby dziecko poszukuje fizycznego kontaktu z matką. **Miłość** – w przypadku stresu, strachu lub choroby poszukujemy kontaktu i ukojenia u kochanej osoby.

7. **Przywiązanie** – choć dziecko może być przywiązane do kilku osób, zwykle tylko jedna pozostaje osobą najważniejszą. **Miłość** – choć wielu dorosłych uważa, że kocha lub mogłoby kochać więcej niż jedną osobę, intensywna miłość pojawia się przeważnie tylko w odniesieniu do jednej osoby w danym czasie.

8. **Przywiązanie** – do pewnego momentu rozłączenie czy brak matczynej reakcji nasilają dziecięce zachowania wyrażające przywiązanie. **Miłość** – przeciwności losu i przeszkody (dezaprobata innych, rozłączenie) do pewnego momentu nasilają namiętność łączącą kochanków.

9. **Przywiązanie** – wrażliwa matka umie trafnie odczytać potrzeby dziecka, wykazuje ogromną empatię; matka i dziecko wykształcają własny system komunikacji, mało zrozumiały dla innych (dziecinne słowa, zdrobnienia, różne nieartykułowane dźwięki, dużo komunikacji pozasłownej). **Miłość** – kochankowie wykazują ogromną empatię, czasami niemal magiczne porozumienie, wykształcają własny system komunikacji, mało zrozumiały dla innych (dziecinne słowa, zdrobnienia, różne nieartykułowane dźwięki, dużo komunikacji pozasłownej).

10. **Przywiązanie** – dziecko odbiera matkę jako wszechmocną, wszechwiedzącą, dobroczynną, a jej aprobata sprawia mu ogromną przyjemność. **Miłość** – obraz ukochanej osoby zostaje wyidealizowany – zwłaszcza na początku jest ona wspaniała, niepowtarzalna, cudowna, a jej wady są ignorowane; przynajmniej w pierwszym okresie jej aprobata stanowi źródło największej satysfakcji (Shaver i in., 1988, s. 74–75).

W okresie pierwotnego przywiązania małe dziecko wykształca też pewne umysłowe modele stosunków między sobą a opiekunem oraz modele siebie samego w takich stosunkach. Dotyczą one w szczególności tego, czy obdarzana przywiązaniem osoba pozytywnie reaguje na dziecięce zapotrzebowanie na wsparcie i ochronę (a więc czy opiekun zapewnia poczucie bezpieczeństwa) oraz czy samo dziecko jest kimś, komu takie wsparcie jest udzielane. Choć takie modele umysłowe mogą ulegać przemianom z upływem czasu, rosnąca liczba danych przekonuje, że te wykształcone we wczesnym dzieciństwie modele stają się bezwiednymi oczekiwaniami i pierwowzorem dla bliskich relacji nawiązywanych w późniejszym, także dorosłym życiu. Badania podłużne (z udziałem tych samych osób w różnych momentach ich życia) wskazują, że poziom poczucia bezpieczeństwa w relacjach społecznych pozostaje umiarkowanie stały między pierwszym a dwudziestym rokiem życia (Fraley, 2002).

Badania przebiegu kontaktów między matką a dzieckiem wykazały istnienie trzech stylów czy typów przywiązania, rozwijających się w zależności od tego, czy podstawowy opiekun dziecka stale i konsekwentnie zapewnia mu poczucie bezpieczeństwa, stale go nie zapewnia, bądź też zachowuje się niekonsekwentnie, czasami je zapewniając, a czasami nie (Ainsworth i in., 1978; Hazan i Shaver, 1994). Styl pierwszy (charakterystyczny dla 60% badanych dzieci), **bezpieczny**, cechuje się zaufaniem dziecka do matki i wiarą w jej stałą dostępność, wrażliwość i gotowość do dostarczania wsparcia i opieki. Styl drugi, stanowiący reakcję na niekonsekwentne zachowania opiekuna to styl **lękowo-ambiwalentny** (około 15% dzieci), który cechuje się zachowaniami typowymi dla wcześniej opisywanej fazy protestu. Dzieci takie nie mają poczucia bezpieczeństwa oraz poczucia, że matka zawsze pospieszy im z pomocą. Ciągle upewniają się o jej obecności, odczuwają silny lęk przed rozstaniem z matką i protestują już na słabą zapowiedź rozstania, więcej płaczą i mniej interesują się otoczeniem, ponieważ są skupione na pilnowaniu, czy opiekun nie zniknie. Styl trzeci stanowi reakcję na opiekuna, który stale nie zaspokaja poczucia bezpieczeństwa, odtrącając dziecko, strofując je i odmawiając mu kojącego kontaktu fizycznego – to styl **lękowo-unikający** (około 25% dzieci), który cechuje się zachowaniami przypominającymi fazę negacji przywiązania. Dzieci takie zdają się nie zwracać uwagi na swoją matkę, unikają z nią kontaktu i skupiają się na zabawkach. Ich matki przejawiają więcej gniewu i irytacji, a mniej pozytywnych uczuć niż inne matki.

To zróżnicowanie stylów przywiązania do matki skłoniło dwoje amerykańskich psychologów (Hazan i Shaver, 1987) do sformułowania tezy o trzech stylach przywiązania i intymności, przejawianych przez osoby dorosłe w stosunku do partnerów bliskiego związku. Poprosili oni kilkaset osób o zdecydowanie, który z trzech następujących opisów najlepiej do nich pasuje.

Styl bezpieczny
Z łatwością zbliżam się do ludzi i nie sprawia mi kłopotu ani bycie uzależnionym od innych, ani ich uzależnienie ode mnie. Nieczęsto martwię się tym, że inni mnie opuszczą lub że ktoś za bardzo się do mnie zbliży.

Styl ambiwalentny
Inni ludzie z oporami zbliżają się do mnie na tyle, na ile bym chciał. Często się martwię, że moja partnerka nie kocha mnie naprawdę i że nie zechce ze mną zostać. Chciałbym się całkowicie zlać w jedno z ukochaną osobą i to czasami odstrasza ode mnie potencjalne partnerki.

Styl unikający
Czuję się nieco skrępowany bliskością z innymi, trudno mi całkowicie ludziom zaufać lub pozwolić sobie samemu, żeby się od kogoś uzależnić. Robię się nerwowy, gdy ktoś za bardzo się do mnie zbliży, a moje partnerki często domagają się, abym zwierzał im się bardziej, niż na to mam ochotę.

Styl bezpieczny został wybrany przez 56% badanych jako najbardziej dla nich charakterystyczny, styl unikający – przez 25% osób, natomiast styl ambiwalentny – przez 19% badanych, a podobne rozkłady częstości występowania tych stylów zaobserwowano wśród badanych pochodzących z różnych krajów. Rozkłady te są więc zbliżone do tych zaobserwowanych w badaniach nad związkami matka–dziecko. Nieco ponad połowa badanych charakteryzuje się bezpiecznym stylem przywiązania, pozostali dzielą się mniej więcej po równo na styl unikający i nerwowo-ambiwalentny. Stałość tych rozkładów, które są jednakowe dla obu płci, sugeruje (choć oczywiście nie dowodzi), że wykształcone we wczesnym dzieciństwie style przywiązania mogą utrzymywać się także w późniejszych fazach życia. Innym argumentem o podobnym wydźwięku są wspomniane uprzednio badania podłużne wskazujące na umiarkowaną stałość poczucia bezpieczeństwa w bliskich relacjach.

Ludzie cechujący się różnymi stylami przywiązania wykazują kilka interesujących różnic pod względem sposobu przeżywania intymności i miłości. Osoby bezpieczne budują związki bardziej stabilne i zadowalające (dla siebie i swoich partnerów), są w tych związkach szczęśliwsze, obdarzają swoich partnerów większą przyjaźnią i zaufaniem. Kiedy mają problemy, zwracają się do partnera o pomoc i częściej tę pomoc faktycznie uzyskują niż osoby o dwóch pozostałych stylach przywiązania.

Osoby bezpieczne dążą do bliskości z partnerem i nie obawiają się jej, zwierzają się partnerowi, rzadko przeżywają w związku z nim frustracje czy ambiwalencję, są mniej zazdrosne i doświadczają mniej krańcowych uczuć. Krótko mówiąc, osoby o tym stylu przywiązania mają poczucie bezpieczeństwa i traktują partnera z ufnością, a ufność ta w dużym stopniu działa jak samopotwierdzające się proroctwo (Hazan i Shaver, 1994).

Inne proroctwo potwierdzają osoby o ambiwalentnym stylu przywiązania, które funkcjonują na zasadzie „i chciałabym, i boję się". Mają one większą skłonność do miłości od pierwszego wejrzenia, do namiętności obsesyjnej i krańcowej, pragną całkowitej jedności i wzajemności. Kurczowo trzymają się partnera i doświadczają dotkliwego lęku przed odrzuceniem. W konsekwencji doprowadzają siebie i partnera do huśtawki emocjonalnej – od niebotycznych wzlotów do depresyjnych i lękowych upadków. Częściej czują się w związku samotne, podejrzewają partnera o niechęć do poświęcenia i angażowania się w związek. Uważają, że partner wspiera je niechętnie, bez należytej uwagi i w niewystarczającym stopniu. Czują się niedoceniane przez partnera (także przez koleżanki i kolegów w pracy), a przez to niejako uprawnione do stawiania własnych uczuć w centrum związku przy bezwiednym założeniu, że uczucia partnera niezbyt się liczą, ponieważ właściwie i tak ich nie ma. Często reagują na partnera gniewem, co pogarsza umiejętność rozwiązywania problemów, oraz obsesyjną zazdrością, co obniża satysfakcję ich partnerów. Ich związki są bardziej burzliwe, przez co stają się bardziej żywe emocjonalnie, ale też narażone na niezadowolenie i rozpad. Osoby o ambiwalentnym stylu przywiązania cechują się obniżoną samooceną, większą liczbą objawów somatycznych i dużą skłonnością do zwierzania się – nierzadko dość przypadkowo wybranym osobom. W pracy zawodowej osoby te funkcjonują poniżej swoich możliwości, ponieważ mają skłonność do odkładania zadań na potem, trudno im zacząć, trudno konsekwentnie utrzymać wybrany kierunek działania, trudno im dokończyć rozpoczęte zadania, łatwo je wybić z rytmu i ciągle coś je rozprasza.

Wreszcie, osoby o unikającym stylu przywiązania przeżywają stosunkowo największe obawy przed bliskością i starają się zachować dystans do partnera. Unikają zwierzania się, a zwierzenia partnera wywołują u nich dyskomfort. Pozostają w stosunku do partnera (i innych ludzi) nieufnie i nie zwracają się o pomoc w stresowych sytuacjach, w związku z czym pomoc ta często nie zostaje im udzielona. Zachowują się tak, aby na złość partnerowi poprzestawać na sobie, co nie przeszkadza im w późniejszych pretensjach do partnera o brak pomocy. Budują burzliwe związki emocjonalne, w których często pojawiają się frustracja, napięcie, nuda, zazdrość, a także unikanie intymności i zaprzeczanie samej potrzebie więzi. Nic dziwnego, że obniża to satysfakcję ze związku – zarówno własną, jak i partnera. Osoby takie mają większą skłonność do przelotnych kontaktów seksualnych bez więzi psychicznej, w połączeniu z alkoholem lub narkotykami, które mają obniżyć napięcie psychiczne. Często wykorzystują pracę zawodową jako pretekst do unikania kontaktów społecznych, a przez kolegów czy koleżanki są spostrzegane jako przepełnione wrogością.

Style przywiązania wpływają także na poglądy dotyczące miłości. Jak już wspomniałem poprzednio, teoria przywiązania zakłada, że różnice owe wynikają z odmiennych modeli umysłowych dotyczących, po pierwsze, stosunków między sobą a obiektem przywiązania, po drugie zaś tego, jak wygląda i jest traktowany sam podmiot w tych stosunkach. Kilka różnic w zakresie takich poglądów przedstawia tabela 4.2.

Sposób przeżywania miłości przez osoby cechujące się różnymi stylami przywiązania wydaje się zatem ogólnie zgodny z tym, czego można oczekiwać na podstawie teorii przywiązania. Tym bardziej że osoby same siebie zaliczające do poszczególnych typów przypominają sobie także odmienny sposób traktowania w dzieciństwie przez rodziców. Osoby bezpieczne przypominają sobie swoich rodziców jako cieplejszych w kontakcie (zarówno z dzieckiem, jak i między sobą nawzajem), bardziej akceptujących, kochających i opiekuńczych. Osoby ambiwalentne przypominają sobie swoje matki jako niesprawiedliwe i nadmiernie ingerujące w sprawy dziecka, a ojców – jako niesprawiedliwych i zagrażających, związek między rodzicami zaś jako nieszczęśliwy. Osoby unikające przypominają sobie swoje matki jako zimne, niepoświęcające im uwagi i odrzucające, miewają też skłonność do wyidealizowanego przypominania sobie cnót rodziców przy niemożności wskazania konkretnych przejawów owych cnót (Hazan i Shaver, 1994).

Tabela 4.2.
Poglądy na miłość i samego siebie w zależności od stylu przywiązania
(w procentach osób danego typu, zgadzających się z danym poglądem; wytłuszczonym drukiem zaznaczono tę grupę, która w danym przypadku istotnie odbiega od pozostałych).
B=styl bezpieczny; N-A=styl nerwowo-ambiwalentny, U = typ unikający.

	B	N-A	U
1. Szalona, romantyczna miłość z powieści i filmów nie istnieje w rzeczywistym życiu.	13	28	25
2. Intensywna miłość romantyczna jest powszechna na początku związku, ale rzadko jest w stanie przetrwać.	28	34	**41**
3. Romantyczne uczucia falują i zanikają w trakcie trwania związku, ale czasami mogą być równie silne jak na początku.	79	75	**60**
4. W niektórych związkach miłość naprawdę trwa – nie blednie wraz z upływem czasu.	59	46	41
5. Łatwo jest się zakochać. Ja sam często się zakochuję.	9	**20**	4
6. Rzadkością jest spotkanie kogoś, w kim można naprawdę się zakochać.	43	56	66
7. Łatwiej mnie poznać niż większość ludzi.	**60**	32	32
8. Mam więcej wątpliwości pod własnym adresem niż większość ludzi.	18	**64**	48
9. Ludzie prawie zawsze mnie lubią.	**68**	41	36
10. Ludzie często mnie nie rozumieją lub nie doceniają.	18	50	36
11. Jest mało ludzi, którzy podobnie jak ja chcieliby i byliby w stanie tak mocno zaangażować się w długotrwały związek.	23	**59**	24
12. Ogólnie rzecz biorąc, ludzie mają dobre intencje i dobre serca.	**72**	32	44

Źródło: na podstawie danych w: Shaver i in., 1988, s. 82.

Należy jednak podkreślić, że podobieństwa między różnymi typami są, ogólnie rzecz biorąc, znacznie silniejsze niż różnice. Na przykład, choć osoby bezpieczne są na ogół szczęśliwsze od nerwowo-ambiwalentnych i unikających, w sensie absolutnym wszystkie typy osób uważają się raczej za szczęśliwe (w skali od 1 do 5 średnie oceny pochodzące od tych trzech typów przedstawiają się następująco: 3,51, 3,31 oraz 3,19). Jakkolwiek zatem te trzy typy osób różnią się nieco, nie należy sądzić, że wykształcony we wczesnym dzieciństwie typ przywiązania ciąży niczym fatum nad całym życiem człowieka i w decydujący sposób wpływa na późniejsze przeżywanie miłości. Przeważającą większość ludzi (poza przypadkami patologii, które tutaj pominę) zdolna jest też do wytwarzania więzi emocjonalnej i faktycznie to robi. Przytoczone dane przekonują jednak, że przywiązanie to może się przejawiać na różne sposoby (na przykład nieco silniej poprzez zazdrość i obsesyjną koncentrację na partnerze u osób nerwowo-ambiwalentnych, poprzez przyjazność i zaufanie u osób bezpiecznych) i że sposoby te do pewnego stopnia są zamienne.

Bardziej współczesne badania pokazują, że znaczenie stylów przywiązania wykracza poza samo funkcjonowanie w bliskich związkach. Ważną dziedziną, w której osoby o różnych stylach odmiennie czują i postępują, są reakcje na stres i zagrożenie (Shaver i Mikulincer, 2002). Wiele danych przekonuje, że osoby o bezpiecznym stylu przywiązania są bardziej skłonne otwarcie przyznawać się do przeżywania stresu i okazywania jego objawów, a także do zadaniowego reagowania na stres (chwytania byka za rogi, czyli aktywnego zwalczania źródła stresu) oraz aktywnego poszukiwania wsparcia u innych w momentach zagrożenia. Osoby bezpieczne oceniają różne zagrożenia jako mniejsze, a swoje szanse poradzenia sobie z nimi – jako większe, niż czynią to osoby ambiwalentne i unikające. Gdy te pierwsze przypominają sobie jakąś nieprzyjemną sytuację (na przykład kłótnię z partnerem przy okazji ustalania, dokąd wyjechać na wakacje), lepiej sobie radzą z przypomnianymi emocjami, ponieważ ich wspomnienia nie aktywizują automatycznie innych, podobnie nieprzyjemnych zdarzeń (wszystkie pozostałe kłótnie z partnerem), co często zdarza się osobom ambiwalentnym. W sytuacjach oczekiwania na zagrażające zdarzenie osoby bezpieczne otwarcie szukają bliskości i wsparcia partnera. Kiedy badacze nakłonili uczestników do myślenia o własnej śmierci (czego ludzie zwykle nie robią, gdyż wywołuje to silny lęk), osoby bezpieczne reagowały wzrostem zapotrzebowania na bliski kontakt z partnerem i bardziej pozytywną oceną własnych umiejętności społecznych.

Inaczej reagują na zagrożenie osoby pozbawione poczucia bezpieczeństwa. U osób ambiwalentnych obserwuje się w takich sytuacjach nadaktywację systemu przywiązania, u osób unikających zaś występuje obronne zahamowanie tego systemu (Shaver i Mikulincer, 2002).

Nadaktywacja polega na nadmiernym skupianiu się na partnerze, psychicznym, czy wręcz fizycznym wczepianiu się w niego, tak jak to czyni osoba tonąca, na nadwrażliwości na sygnały odrzucenia przez partnera (przy czym sygnały te często w ogóle nie istnieją). Pojawia się kompletne uzależnienie od partnera i jego działań przy porzuceniu własnych prób radzenia sobie z problemem. Towarzyszy temu silna koncentracja na własnych negatywnych emocjach, nawracające przeżywanie zagrażających sytuacji z przeszłości i błędnych decyzji, co raczej nasila – niż osłabia – doświadczany stres. Wspomnienia przeszłych emocji negatywnych, szczególnie gniewu, prowadzą do ponownego ich przeżywania i zatracenia się w nich, co osłabia zdolności do radzenia sobie z aktualnymi stresami i prowadzi do interpretowania wieloznacznych zachowań bliskiego partnera jako wrogich. Nadaktywacja systemu przywiązania w obliczu zagrożeń wyłącza inne motywy – potrzeby komfortu i bezpieczeństwa stają się tak silne, że ciągle pozostają niezaspokojone. Może to przysłonić wszystko inne, partner zaś przestaje być traktowany jako osoba, która może mieć własne problemy i z którą można wspólnie eksplorować świat, bawić się czy uprawiać seks.

Z kolei obronne zahamowanie systemu przywiązania, typowe dla osób unikających, oznacza próby dystansowania się od partnera, unikania współzależności, dążenie do samodzielnego poradzenia sobie z problemem. Partner zaczyna być traktowany z nieufnością jako ktoś, na kogo i tak nie można liczyć, ponieważ brak mu woli i umiejętności pomagania, kontakty stają się chłodne i wyprane z emocji. Fasadzie spokoju towarzyszy unikanie myśli o zagrożeniach i wypieranie bolesnych wspomnień ze świadomości, czemu mogą towarzyszyć różne problemy, jak nasilone dolegliwości fizyczne czy bezsenność. Przeszłe emocje negatywne są wspominane jako mało intensywne, choć wspomnieniom gniewu towarzyszy silny wzrost napięcia fizjologicznego i niezróżnicowana wrogość kierowana na partnera, któremu również przypisywana jest wrogość (Mikulincer i Shaver, 2003).

Poczucie bezpieczeństwa jest więc ważnym zasobem psychicznym pomagającym w radzeniu sobie z zagrożeniami, a nawet zapobiegającym samemu pojawieniu się stresu. Ma ono także inne pozytywne skutki. Ludzie cechujący się poczuciem bezpieczeństwa są lepszego zdania o innych osobach i chętniej pomagają nawet zupełnie obcym osobom. To ostatnie wykazano w badaniu, którego uczestnicy przyglądali się nieznajomej dziewczynie rozwiązującej serię coraz bardziej nieprzyjemnych zadań. Sytuację zaaranżowano w taki sposób, że uczestnicy mogli w pewnym momencie zastąpić tę dziewczynę, wybawiając ją z opresji za cenę własnego cierpienia. Okazało się, że częściej pomagali dziewczynie badani, u których poprzednio wzbudzono poczucie bezpieczeństwa za pomocą rozmowy o osobie, przy której czują się bezpiecznie. Co ciekawe, równie skuteczne okazało się nieświadome wzbudzenie poczucia bezpieczeństwa – za pomocą podprogowej (kilkanaście milisekund) ekspozycji imion takich osób, które podbudowują w danej jednostce poczucie bezpieczeństwa (imiona tych osób uzyskano od badanych wcześniej). Poczucie bezpieczeństwa zmniejsza też uprzedzenia międzygrupowe. Dobrze znaną skłonnością ludzi jest podział świata na swoich i obcych (my kontra oni) i bardziej pozytywne myślenie o swoich, co stanowi jeden z najprostszych sposobów podbudowania samooceny. Mario Mikulincer (Mikulincer i Shaver, 2007) pokazał, że wzbudzenie poczucia bezpieczeństwa (między innymi za pomocą podprogowego wyświetlania imion) prowadzi do spadku agresji w zachowaniu młodych Żydów wobec Araba, choć konflikt między tymi grupami jest bardzo silny i ulegał właśnie eskalacji w czasie, gdy prowadzono te badania.

Współzależność

*Prawdziwa miłość nie wyczerpuje się nigdy,
im więcej jej dajesz, tym więcej ci zostaje.*
Antoine de Saint-Exupéry

Z chwilą stabilizacji związku dwojga partnerów szczególnego znaczenia nabiera ich współzależność. To, co czuje, myśli, robi i uzyskuje w wyniku swoich działań jedno z nich, zależy od tego, co czuje, myśli i robi drugie. Współzależność jest zjawiskiem powszechnym w społecznościach ludzkich. Jednakże w stałych związkach nabiera ona szczególnego znaczenia ze względu na dużą częstość i intensywność, z jaką partnerzy nawzajem wpływają na swoje uczucia, myśli i czyny, a także z powodu szerokiego zakresu sytuacji, w jakich to czynią.

Współzależność skutków działań

Najbardziej oczywistym i dotkliwym przykładem współzależności partnerów jest współzależność skutków ich działań. Wiążąc się na stałe z innym człowiekiem, doprowadzamy do sytuacji, w której skutki naszych czynów zależą już nie tylko od tego, co sami robimy, ale też od tego, co robi partner. Doskonałą ilustracją tego zjawiska jest sytuacja decyzyjna opisywana w matematycznej teorii gier jako dylemat więźnia na przykładzie następującego scenariusza.

W pewnym mieście dokonano napadu na bank, a policja złapała dwóch podejrzanych, z których każdy miał przy sobie broń, znajdował się w pobliżu, ale poza tym przeciwko żadnemu z nich nie ma wiarygodnych dowodów winy. Logicznym sposobem na ich uzyskanie jest oczywiście wydobycie odpowiednich zeznań od więźniów. Prowadzący sprawę prokurator stawia więc każdego z nich przed następującym wyborem (a są oni rozdzieleni i muszą podjąć decyzję niezależnie od siebie). Jeżeli ty się przyznasz i obciążysz współwiną drugiego więźnia, to są dwie możliwości. Po pierwsze, kiedy on się nie przyzna, ty zostaniesz wypuszczony na wolność (w zamian za dostarczenie dowodów jego winy), a on dostanie dwadzieścia lat. Po drugie, kiedy on też się przyzna, obaj dostaniecie po dziesięć lat (żaden z was nie może odnieść korzyści jako jedyny dostarczyciel dowodów, ale kara będzie mniejsza od maksymalnej, ponieważ każdy z was się przyznał). Jeżeli ty się nie przyznasz, to są również dwie możliwości. Po pierwsze, kiedy on się przyzna i obciąży ciebie winą, ty dostaniesz dwadzieścia lat, a on zostanie puszczony wolno. Po drugie, kiedy on też się nie przyzna, obaj zostaniecie skazani na dwa lata jedynie za nielegalne posiadanie broni (z braku dowodów udziału w napadzie). Wszystkie możliwe decyzje oraz ich konsekwencje przedstawia tabela 4.3.

Każdy z więźniów stoi więc przed nie lada dylematem. Z jednej strony najrozsądniej byłoby się przyznać, ponieważ lepiej się na tym wyjdzie,

Tabela 4.3.
Współzależność skutków działań partnerów na przykładzie dylematu więźnia

		więzień 2	
		przyznać się	nie przyznać się
więzień 1	przyznać się	więzień 1: 10 lat więzień 2: 10 lat	więzień 1: wolność więzień 2: 20 lat
	nie przyznać się	więzień 1: 20 lat więzień 2: wolność	więzień 1: 2 lata więzień 2: 2 lata

Źródło: opracowanie własne.

niezależnie od tego, co zrobi ten drugi. Gdyby tamten się przyznał, przesiedzi się dziesięć zamiast dwudziestu lat, a gdyby się nie przyznał, wyjdzie się na wolność, zamiast przesiedzieć dwa lata. Z drugiej strony jednak, kiedy obaj więźniowie tak właśnie postąpią, obaj przesiedzą po dziesięć lat, co stanowczo nie jest rozsądne z ich punktu widzenia. Najlepiej byłoby więc umówić się, że obaj się nie przyznają, ponieważ w ten sposób każdy przesiedzi tylko dwa lata. Ba, ale siedząc w odrębnych celach, umówić się nie mogą, a nawet gdyby mogli, to przecież nie wiadomo, czy mogą sobie zaufać. Jeżeli jeden się nie przyzna, to drugi przecież może go wykorzystać (przyznać się, samemu uzyskać wolność, a jego wkopać na dwadzieścia lat).

Przyrównywanie partnerów stałego związku do więźniów jest niezbyt przyjemne, ale więzienny scenariusz ma pewien dodatkowy morał. Oto konsekwencje ich wyborów będą jednakowe zarówno wtedy, kiedy obaj podejrzani są winni, jak i wtedy, gdy winien jest tylko jeden, a nawet wtedy, kiedy obaj są niewinni! Niezależnie od tego, kto jest winien i czy w ogóle ktoś jest winien, ogólna prawidłowość w tego typu problemach jest taka, że **dążenie do indywidualnego dobra przynosi mniej korzyści niż dążenie do dobra wspólnego** (jeżeli partner również stawia dobro wspólne ponad własne), przy czym dążenie do dobra wspólnego może prowadzić do znacznych strat własnych, jeżeli partner zdecydował się postawić jedynie na swoje dobro.

Dylemat więźnia jest sytuacją, w której możemy z partnerem współpracować, co przynosi zyski, choć niesie niebezpieczeństwo, że partner nas wykorzysta, bądź rywalizować, co zabezpiecza przed eksploatacją, ale przynosi niewielkie zyski. Liczne badania (np. Deutsch i Coleman, 2005), w których ludzie rozgrywali dylemat więźnia z zyskami i stratami pieniężnymi, wykazały, że najbardziej skuteczna (w sensie najwyższej łącznej wygranej) jest strategia „wet za wet". Polega ona na tym, że w pierwszym ruchu współpracujemy z partnerem, potem zaś postępujemy dokładnie tak jak partner, czyli współpracujemy, gdy on współpracuje, i rywalizujemy, kiedy on rywalizuje. Strategia ta jest lepsza niż stałe dokonywanie wyborów kooperacyjnych (wówczas bowiem partner będzie nas wykorzystywał), a także lepsza niż stałe wybory rywalizacyjne (gdyż wtedy każda kolejna transakcja przynosi niewielkie zyski). Co pocieszające, **im mniej uczestników gry, tym większa szansa na współdziałanie dla wspólnego dobra**. Jeżeli uczestników jest tylko dwoje, a rozgrywki powtarzane są wielokrotnie, to dylemat znajduje swe naturalne rozwiązanie. Ponieważ egoistyczne zachowanie własne może prowadzić do podobnego zachowania partnera, oboje zainteresowani uczą się dążyć do dobra wspólnego, nie mówiąc już o tym, że dopóki sobie ufają, z góry wybierają możliwości maksymalizujące dobro wspólne. Tak dzieje się na przykład w grach rozgrywanych wielokrotnie w laboratorium między nieznajomymi. Zauważmy, że istnieje całkiem rozsądny argument przemawiający za tym, aby małżeństwo liczyło tylko dwie osoby. W niektórych krajach zachodniej Europy już bez znaczenia staje się płeć małżonków, ale reguła, żeby to były tylko dwie osoby, pozostaje nienaruszona.

Współzależność partnerów jest dla nich korzystna (na przykład promuje wzajemne wspieranie się, jak była o tym mowa poprzednio), ma jednak tę nieuchronną konsekwencję, że partnerzy wystawiają się nawzajem na ciosy. Najpoważniejszym ciosem partnera byłoby wycofanie zobowiązania i opuszczenie związku – jesteśmy uzależnieni od partnera, który pewnego brzydkiego dnia może nas opuścić. Intuicyjnie czujemy, że szansa wycofania się partnera ze związku rośnie wtedy, kiedy zostanie złamana reguła sprawiedliwości, czyli partner dostaje od nas mniej, niż sam daje. Aby zapobiec wycofaniu zaangażowania przez partnera (od czego zależy zaspokojenie naszych potrzeb), automatycznie stosujemy strategię zwiększania własnych wysiłków w działaniu na rzecz partnera, tak aby utrzymać jego zależność od nas. Wykazały to badania nad dwiema setkami par nowożeńców (2–6 miesięcy po ślubie), którzy prowadzili – za stosowną opłatą – swoiste dzienniczki, w których zapisywali różne swoje odczucia przez dziesięć kolejnych dni (Murray i in., 2009). W ten sposób mierzono poczucie niższości wobec partnera („Nie zasługuję na swoją partnerkę" albo „Moja partnerka jest lepszym człowiekiem niż ja" i tym podobne), wątpliwości co do własnego małżeństwa („Dzisiaj przeżywałam chwile zwątpienia co do mojego małżeństwa lub męża") oraz angażowanie się w działania na rzecz partnera, promujące jego uzależnienie („Zrobiłem dzisiaj coś, co normalnie należy do obowiązków żony" albo „Pomogłem żonie odszukać jakąś zgubioną rzecz"). Poczucie niższości wobec partnera spontanicznie zmienia się z dnia na dzień, dzięki czemu badacze mogli wykazać, że przypływ poczucia niższości, powiedzmy, w poniedziałek powodował przypływ działań na rzecz partnera następnego dnia (we wtorek). Czyli gdy poczujemy, że jesteśmy gorsi od partnera, zaczynamy szukać zgubionego przezeń klucza, wynosić śmieci i pakować mu kanapki, aby być mu potrzebni. I to działa, ponieważ we wtorek malało poczucie niższości kobiet w stosunku do partnera, w środę zaś malały wątpliwości partnera w stosunku do małżonki i małżeństwa. Ten mechanizm zabezpieczenia zaangażowania działa jednakowo u obu płci. Podobnie sprawy się miały, gdy w innych eksperymentach celowo wzbudzano u badanych poczucie niższości w stosunku do partnera, na przykład prosząc o opisanie jego dwóch największych zalet. Wzrost skłonności do poświęceń na rzecz partnera obserwuje się także po zaktywizowaniu normy sprawiedliwej wymiany w bliskich związkach – na przykład, kiedy badani na wstępie dobierali do siebie oferty matrymonialne kobiet i mężczyzn. Co ciekawe, ten mechanizm prawdopodobnie jest automatyczny, jako że wzrost skłonności do poświęceń na rzecz partnera zaobserwowano nawet wtedy, kiedy aktywizacja sprawiedliwej wymiany jako kontraktu następowała za pomocą samego pokazywania pieniędzy – a więc czegoś, co nie wiąże się z bliskim związkiem, ale skojarzone jest z ideą kontraktu. Ponieważ osoby o niskiej samoocenie częściej czują się gorsze od partnera (i kogokolwiek innego), mechanizm zabezpieczenia zaangażowania (czyli wzrost poświęceń na rzecz partnera pod wpływem własnego poczucia niższości) częściej występuje u osób z niską samooceną.

Współzależność uczuć

Współzależność partnerów stałego związku dotyczy również treści i natężenia przeżywanych przez nich emocji. Wiele badań przekonuje, że ludzie zarażają się konkretnymi gestami, mimiką i pantomimiką, sposobem mówienia, ziewaniem i śmiechem, a także nastrojem i przeżywanymi uczuciami. Tak rozumiana mimikra między ludźmi zdaje się powierzchowna i nieważna, jednak w rzeczywistości ma nadspodziewanie duże konsekwencje dla postaw interpersonalnych i kształtowania się więzi między ludźmi. Wykazano to w eksperymentach, w których organizowano interakcję pomiędzy osobą badaną a współpracownikiem badaczy, który albo wielokrotnie dotykał swojej twarzy, albo potrząsał nogą. Okazało się, że badani spontanicznie go naśladowali i wykonywali odpowiednie gesty, podobne do gestów pozoranta, a tendencja ta narastała u ludzi o wzbudzonym (świadomie lub nie) motywie nawiązywania kontaktu społecznego i takich, którzy nawykowo częściej przyjmują perspektywę innych (o czym mowa nieco dalej; Lankin i Chartrand, 2003). W innym badaniu współpracownik badaczy naśladował gesty osoby badanej, co prowadziło do jego większej atrakcyjności i odczucia osoby badanej, że cały kontakt był przyjemniejszy i lepiej przebiegał. Autorzy nazwali to zjawisko efektem kameleona i wykazali, że ma ono nieświadomy charakter – ludzie ani nie zdają sobie sprawy ze spontanicznego naśladowania innych, ani z tego, że bardziej lubią ludzi, których naśladują, ani że bardziej lubią ludzi, którzy ich naśladują.

Uczucia partnera są niewątpliwie ważną i silnie oddziałującą przyczyną naszych emocji. Kochać oznacza cieszyć się radościami partnera, smucić jego smutkami. Przeżywane razem radości stają się większe, a dzielone z partnerem kłopoty łatwiej jest znosić. W udanym związku zarówno dzielimy się z partnerem swoimi uczuciami, jak i oczekujemy tego samego z jego strony. Owo podzielanie uczuć sprawia, że partnerzy bliskiego związku nie tylko żyją w świecie podobnych emocji, ale sami wzajemnie się do siebie upodabniają, i to w dosłownym znaczeniu. Twarze partnerów mających za sobą długotrwałe pożycie małżeńskie są bardziej podobne, niż były na początku małżeństwa.

W pewnych badaniach poproszono dwanaście par małżeńskich, mających za sobą co najmniej dwadzieścia pięć lat pożycia, o fotografie twarzy – „młode" (z czasów, gdy się pobierali) i „stare" (dwadzieścia pięć lat później). Fotografie te dostarczono następnie badanym nieznającym tych małżeństw z prośbą o odgadnięcie, która kobieta jest żoną którego mężczyzny (bądź na odwrót), oraz o ocenę podobieństwa, to znaczy która kobieta jest podobna do którego mężczyzny. Przy ocenach dotyczących twarzy młodych dobieranie faktycznych małżonków w pary było nietrafne. Jednak przy ocenach twarzy starych trafne dobieranie małżonków w pary było znacznie częstsze, niż wynikałoby to z przypadku. Podobnie było z ocenami podobieństwa – małżonkowie młodzi nie byli spostrzegani jako szczególnie do siebie podobni, podczas gdy małżonkowie starzy byli znacznie częściej dobierani jako podobni do siebie niż nie-małżonkowie i niż wynikałoby to z przypadku (Zajonc i in., 1987). Ponieważ na początku małżeństwa partnerzy nie byli do siebie bardziej podobni niż niepartnerzy, a stało się tak po dwudziestu pięciu latach pożycia, wynik ten świadczy o upodabnianiu się twarzy partnerów długotrwałego związku. Co więcej, w tych samych badaniach stwierdzono także, iż upodobnienie się partnerów w obrębie pary było tym większe, im bardziej byli oni zadowoleni ze swojego małżeństwa.

Co wspólnego mają tego rodzaju dane ze współzależnością emocji? Otóż najbardziej przekonywającym wyjaśnieniem upodabniania się twarzy partnerów w długotrwałych związkach jest odwołanie się do podobieństwa przeżywanych przez nich emocji. Jak wiadomo, każda podstawowa emocja ma charakterystyczny dla siebie wzorzec mimiczny – gdy przeżywamy radość, mięśnie twarzy układają się w inny wzorzec niż podczas przeżywania tkliwości czy gniewu. Dzięki udziałowi mięśni twarzy w wyrażaniu emocji często powtarzające się przeżywanie jakiegoś uczucia prowadzi do trwałej zmiany układu tych mięśni. Na przykład twarze osób często popadających w przygnębienie nabierają charakterystycznie depresyjnego wyglądu, kurze łapki w kącikach oczu silniej wykształcają się u osób, które często się śmieją i tak dalej. Partnerzy przeżywający całymi latami podobne emocje zaczynają też nabierać podobnego wyrazu twarzy. Ponieważ emocjonalne współbrzmienie partnerów istotnie przyczynia się do powodzenia ich związku (o czym mowa nieco dalej, przy okazji rozważań o empatii), w świetle tej interpretacji zrozumiały jest również fakt, że partnerzy tym bardziej się do siebie upodabniają, im szczęśliwszy jest ich związek. Małżonkowie, którzy częściej współbrzmią emocjonalnie, zarówno bardziej się do siebie z tego powodu upodabniają, jak i bardziej są ze swego związku zadowoleni.

Samospełniające się proroctwa

Oczywiste jest, że to, co o swoim partnerze myślimy, zależy od tego, co on robi i jaki jest. Nieco mniej oczywiste jest to, że to, co partner robi i jaki jest, zależy również od tego, co my o nim myślimy. Czasami właśnie nasze myślenie tworzy działania partnera. Przyjrzyjmy się pewnej sekwencji zdarzeń, jaka w tej czy podobnej postaci może być udziałem niemal każdej pary. Sekwencja ta to Wielka Próba Miłości, jakiej poddajemy siebie, a jeszcze częściej naszego partnera, aby sprawdzić, czy partner już, jeszcze, czy też w ogóle nas kocha.

Porzuć mnie – ruch 1.
Ona: Kochasz mnie?
 On: Tak, oczywiście, kocham cię.

Porzuć mnie – ruch 2.
Ona: Ale czy naprawdę mnie kochasz?
 On: Tak, naprawdę cię kocham.
Ona: I naprawdę rzeczywiście mnie kochasz?
 On: Tak, naprawdę rzeczywiście cię kocham.
Ona: Ale czy jesteś pewien, że mnie kochasz, absolutnie pewien?
 On: Tak, jestem tego absolutnie pewien.
(przerwa)

Ona: A czy ty w ogóle wiesz, co to znaczy kochać?
(przerwa)
On: Czy ja wiem...
Ona: To znaczy, że nie wiesz. Skąd więc możesz być taki pewny, że mnie kochasz?
(przerwa)
On: Czy ja wiem... No tak... chyba nie mogę.

Porzuć mnie – ruch 3.
Ona: Ach, więc nie możesz? Rozumiem. Cóż, skoro ty nie możesz nawet być pewien, że mnie kochasz, to ja nie mogę powiedzieć, dlaczego mielibyśmy nadal być razem. A ty możesz?
(przerwa)
On: Czy ja wiem... Nie, chyba nie.
(przerwa)
Ona: Długo to trwało, zanim to w końcu z siebie wydusiłeś, prawda?

Tak Wielką Próbę Miłości widzi amerykański humorysta Dan Greenberg (za: Hatfield i Walster, 1981, s. 56). To, czego z takim samozaparciem dokonała dociekliwa partnerka tego dialogu, to sformułowanie **samospełniającego się proroctwa**. Jego istotą jest postawienie przez człowieka pewnej hipotezy o naturze sytuacji czy innego człowieka („Ten nowy sąsiad wygląda na agresywnego faceta, ma takie czarne, zrośnięte brwi"), która to hipoteza inicjuje sekwencję zdarzeń („Sprawdzę, czy rzeczywiście jest taki agresywny, i rzucę w jego psa kamieniem") doprowadzających do pojawienia się faktycznych dowodów jej trafności („Ale krzyczy i wygraża – rzeczywiście jest agresywny, miałem rację").

Jakkolwiek negatywne hipotezy na temat innych łatwiej jest potwierdzić niż hipotezy pozytywne, również samo postawienie tych ostatnich podwyższa szanse ich potwierdzenia. Dowodzą tego na przykład badania, w których studenci rozmawiali przez telefon z losowo dobranymi partnerkami na zadany przez badaczy temat (Snyder i in., 1977). U połowy studentów wzbudzano przekonanie, że ich partnerka jest bardzo atrakcyjna (każdemu dawano to samo zdjęcie pięknej dziewczyny), u drugiej połowy zaś – że jest ona brzydka (zdjęcie brzyduli). Następnie zupełnie innym osobom odtwarzano nagrane na taśmę wypowiedzi dziewcząt z prośbą o odgadnięcie czy słuchana dziewczyna jest ładna, czy brzydka. Osoby badane z drugiej grupy uznawały za piękne te dziewczęta, których partnerzy z pierwszej fazy badania byli przekonani, że rozmawiają z kobietą atrakcyjną. Za brzydkie natomiast uważane były te dziewczęta, których partnerzy żywili przekonanie, iż rozmawiają z kobietą nieatrakcyjną. Bezpośrednią przyczyną tych różnic był sposób zachowania – dziewczęta z pierwszej grupy były bardziej ożywione, pewne siebie i lepiej im szła rozmowa, podczas gdy dziewczęta z grupy drugiej prezentowały się dokładnie na odwrót. Różnice w zachowaniu dziewcząt wywołane zostały odmiennym postępowaniem rozmawiających z nimi studentów. Mianowicie studenci przekonani, że rozmawiają z piękną kobietą, byli bardziej towarzyscy i śmiali, dowcipni i cieplejsi w kontakcie niż studenci przekonani, że rozmawiają z brzydulą, którzy, krótko mówiąc, po prostu znacznie mniej się starali. Przekonania studentów dotyczące urody rozmówczyni decydowały więc o postaci i przebiegu ich zachowania, co z kolei kształtowało zachowanie ich partnerek. Rację miał zatem George Bernard Shaw, twierdząc, że różnica między damą a kwiaciarką tkwi nie tyle w ich zachowaniu, ile w zachowaniu ich bliźnich, w sposobie, w jaki są traktowane.

Psychologowie przeprowadzili wystarczająco wiele podobnych badań, by można było twierdzić, iż **znacznie lepiej jest zakładać, że jest się kochanym przez partnera, niż zakładać, że jest się niekochanym**. W obu przypadkach zachęcamy bowiem partnera do zachowań zgodnych z naszym założeniem. A przecież lepiej uzyskiwać zachowania wyrażające miłość niż jej brak.

Rzecz jasna, założenie o miłości partnera nie zawsze będzie oddziaływać w ten sposób. Jeżeli nasz partner znika z niewyjaśnionych powodów na cały weekend, a jest to już trzeci weekend z kolei, to przekonanie o jego (do nas) namiętności ma oczywiście niewiele sensu. Często jednak sytuacja jest bardzo daleka od takiej jednoznaczności. Partnerzy zwracają na siebie mniej uwagi niż przedtem (czy też mniej, niż by chcieli) niekoniecznie dlatego, że interesują się bardziej kimś innym, ale dlatego, że mają kłopoty w pracy, są zmęczeni, znękani życiem – albo z dziesięciu innych powodów. Od nas samych zależy, co wówczas zrobimy i czy nie rozpoczniemy opisanej już gry „porzuć mnie". Jedno jest pewne. Jeżeli przekonani jesteśmy o własnej bezwartościowości, a więc o tym, że w istocie nie warto nas kochać, to będziemy bardziej skłonni interpretować niejasne zachowania partnera jako wyraz braku miłości niż wtedy, gdy jesteśmy pewni, że na miłość zasługujemy.

Wiadomo na przykład, że osoby o wysokiej samoocenie interpretują uzyskiwane od innych informacje zwrotne jako bardziej dla nich pochlebne, niż robią to osoby o niskiej samoocenie (Bruckner, 1983). Dotyczy to głównie takich sytuacji, kiedy zachowanie innych jest wieloznaczne. Warto jednak pamiętać, że prawie każde zachowanie można interpretować na wiele sposobów, szczególnie jeśli jest pozytywne. Ludzie często precyzują wnioski o własnych uczuciach na podstawie wskazówek zewnętrznych, tkwiących w sytuacji i w zachowaniu innych ludzi. Zachowanie partnera jest niewątpliwie taką silną wskazówką. Jeżeli nasz partner nie ma jasności co do stanu swoich uczuć, to nasze przekonanie, że on nas w istocie nie kocha, jest poważnym argumentem na rzecz tego, iż miłość faktycznie przygasła. Nasze przekonanie, że jesteśmy kochani, jest równie ważnym argumentem, iż miłość, nawet jeśli ma się nie najlepiej, trwa nadal (któż w końcu może o tym lepiej wiedzieć od samego obiektu tej miłości?). **Tak więc łatwiej jest kochać osoby o wysokiej samoocenie, przekonane, że są godne miłości, niż osoby o samoocenie niskiej, przekonane, że na miłość nie zasługują.**

Empatia

Szczęśliwe małżeństwo to takie, w którym mąż rozumie każde słowo, którego nie wypowiedziała żona.

Alfred Hitchcock

Podstawowymi warunkami udanego związku są zarówno chęć, jak i umiejętność wczuwania się partnerów w siebie nawzajem i porozumiewania się ze sobą. Pewna elementarna zdolność do wczuwania się w innego człowieka zdaje się składnikiem biologicznego wyposażenia naszego gatunku – nawet jednodniowe noworodki reagują krzykiem na krzyk innego noworodka. Na tej podstawie kształtuje się u człowieka zdolność do przejmowania się cudzym nieszczęściem, rozumienia cudzych emocji i cudzego punktu widzenia. Takie wczuwanie się w innego człowieka, czyli empatia, może być zarówno naszą reakcją na jego położenie (będzie to wtedy nasz przemijający stan psychiczny, wywoływany sytuacją innej osoby), jak i stałą cechą, to znaczy skłonnością czy zdolnością do wczuwania się w położenie innych.

Wczuwanie się w partnera – składniki empatii

Empatia rozumiana czy to jako stan aktualny, czy jako stała cecha, jest zjawiskiem niejednorodnym i oznaczać może trzy dość różne i niezależne od siebie zjawiska (Davis, 1999).

Po pierwsze, wczuwanie się w innego człowieka może oznaczać **przyjmowanie cudzego punktu widzenia** i patrzenie na sprawy z cudzej perspektywy. Wymaga to pewnych zdolności intelektualnych – chodzi przecież o zrozumienie tego, jak rozumie sytuację partner, jakie są jego myśli, zamiary i uczucia. Może to być również trudne emocjonalnie, ponieważ przyjęcie cudzego punktu widzenia wymaga przede wszystkim dopuszczenia możliwości, że w danej sprawie istnieją inne punkty widzenia niż nasz. Ponadto wymaga to myślowego zawieszenia własnego punktu widzenia i chwilowego porzucenia go, tak abyśmy choćby na chwilę mogli przyjąć punkt widzenia partnera za własny. Trudność z tym związana jest niewielka, dopóki sprawa, o którą idzie, budzi niewiele naszych emocji. Jednak w wypadku poważnego konfliktu z partnerem skłonni jesteśmy sądzić, że skoro już jakiś pogląd mamy i go bronimy, to tym samym jest on poglądem prawdziwym. Poglądy odmienne wydają się więc nieprawdziwe. Porzucanie poglądu własnego, by próbnie zaakceptować pogląd partnera, jest zatem dla nas niczym innym, jak porzucaniem prawdy i słuszności na rzecz poglądu nieracjonalnego, fałszywego, krótko mówiąc – głupiego. Problem oczywiście w tym, że tak samo sprawy mogą wyglądać z punktu widzenia partnera mającego całkowicie odmienne zdanie. W konsekwencji trudno w bliskim związku o rzecz bardziej niebezpieczną i bezużyteczną niż posiadanie racji, nawet jeżeli ją udowodnimy partnerowi, sobie samym i wszystkim dookoła. Sukces bliskiego związku dwojga ludzi zasadza się raczej na poszanowaniu odmienności racji partnera niż na najbardziej nawet elokwentnym i racjonalnym przekonaniu go do racji własnych.

Po drugie, wczuwanie się w innego człowieka oznacza nie tylko takie dość zimne zrozumienie, ale też **ciepłe emocjonalne współbrzmienie** – współczucie dla partnera znajdującego się w jakimś kłopocie. Współczucie jest emocją własną, choć skierowaną do innego człowieka – odczuwaną z jego powodu i w jego, a nie własnej sprawie.

Po trzecie wreszcie, empatia oznacza **własne cierpienie** na widok innego człowieka znajdującego się w opresji. Podobnie jak współczucie, jest to nasza emocja, skierowana jednak do nas samych, nie zaś do znajdującego się w potrzebie człowieka. Badania nad wyznacznikami pomagania innym pokazują, że natknięcie się na człowieka w potrzebie budzić może oba te uczucia – współczucie i własne cierpienie – które są jednak dość niezależne od siebie (Batson, 1987). Co ciekawe, choć nasilone przeżywanie obu tych uczuć może prowadzić do częstszego pomagania innym, pomoc ta udzielana jest z różnych powodów. W wypadku własnego cierpienia – po to, by tego cierpienia się pozbyć. Pomaganie innemu człowiekowi służy tu więc w istocie egoistycznej poprawie własnego samopoczucia. W wypadku współczucia – po to, by poprawić sytuację człowieka znajdującego się w opresji. Pomoc ma tu więc charakter altruistyczny, bezinteresowny. Przy czym własne cierpienie jest dość zawodną przesłanką pomagania innym, ponieważ cierpienie to może zostać usunięte poprzez ucieczkę z krytycznej sytuacji bez udzielenia pomocy człowiekowi w potrzebie. „Nie mogę na to patrzeć" – powiada osoba cierpiąca na widok cudzego nieszczęścia i rzeczywiście patrzeć przestaje, uciekając czym prędzej od człowieka w potrzebie. Współczucie natomiast wymaga rzeczywistej poprawy losu potrzebującej osoby, częściej więc prowadzi do rzeczywistych prób pomagania.

Konsekwencje empatii

Częste przyjmowanie punktu widzenia partnera możliwe jest dzięki gotowości do uznawania perspektywy własnej nie za jedynie słuszną i obowiązującą, lecz za jeden z możliwych punktów widzenia. Pomniejsza to egocentryzm (koncentrację na sobie i własnym sposobie rozumienia świata), a sprzyja tolerancji wobec cudzej odmienności. Poglądy partnera, które są sprzeczne z naszymi, przestają być niewłaściwe, bezsensowne czy głupie, stają się tylko po prostu inne. Z jednej strony prowadzi to do trafniejszego rozpoznania myśli, pragnień i uczuć partnera, a więc lepszego zrozumienia, co się z nim faktycznie dzieje. Dzięki temu nasze działania mające na celu poprawienie sytuacji partnera mogą być skuteczne i rzeczywiście mu pomagać. Przestajemy uszczęśliwiać partnera na siłę czy urabiać go na własne kopyto, a zyskujemy szansę uwzględnienia tego, co według niego jest szczęściem. Świadomość względnego charakteru własnych racji i dopuszczenie możliwości, że partner także ma swoje racje, prowadzi to do osłabienia konfliktów i zmniejszenia ich liczby, a przy tym nasila skłonność do kompromisu przy rozwiązywaniu konfliktów już zaistniałych. W rezultacie efektem dużej skłonności partnerów do przyjmowania cudzego punktu widzenia jest wzrost satysfakcji ze wzajemnych kontaktów i z całego związku, co wykazały badania obejmujące pary zarówno małżeńskie, jak i przedmałżeńskie (Davis, 1999). Jednakże w innych badaniach, z udziałem par małżeńskich dyskutujących jakiś sporny problem, szczęśliwsze pary okazały się cechować mniejszą trafnością we wzajemnym odczytywaniu swoich myśli i odczuć (Sillars i Scott, 1983). Sprzeczność tę rozwiązano w badaniach, w których pary małżeńskie rozwiązywały ważne lub nieważne konflikty między sobą. Okazało się, że trafne odczytywanie uczuć partnera nasilało poczucie bliskości z nim tylko wtedy, kiedy spór dotyczył rzeczy mało ważnych. Kiedy jednak dotyczył problemów ważnych, bo zagrażających istnieniu związku, bliskość w stosunku do partnera spadała u tych uczestników, którzy bardzo trafnie odczytywali jego myśli i odczucia (Simpson i in., 2003). Wygląda na to, że trafne odczytanie zagrażających związkowi odczuć partnera owocowało psychicznym odsunięciem się od niego, czyli inicjowało pewien rodzaj negatywnego odwzajemniania się, wzajemność w wymianie negatywnej zaś jest szczególnie destrukcyjna, jak o tym mowa w następnym rozdziale.

Drugi składnik empatii to skłonność do reagowania współczuciem na nieszczęścia innych ludzi. W bliskim związku oznacza to oczywiście dostarczanie partnerowi silnego wsparcia, o którego dobroczynnych skutkach była już mowa poprzednio. Ludzie skłonni do serdeczności i współczucia w kontakcie z innymi nie tylko częściej im pomagają, ale też są dobrymi, wrażliwymi słuchaczami, którym inni częściej się zwierzają. Ogólnie rzecz biorąc, **chłodna skłonność do przyjmowania cudzej perspektywy poprawia ogólną satysfakcję ze związku dzięki temu, że pomaga uniknąć negatywnych zjawisk i procesów** (nietolerancja, sztywność, konflikty). Natomiast **ciepłe współczucie poprawia ogólną satysfakcję dzięki temu, że promuje występowanie pozytywnych zjawisk i procesów w danym związku** (serdeczność, wsparcie i pomoc, dobre porozumiewanie się z partnerem; Davis, 1999).

Trzeci składnik empatii to skłonność do reagowania własnym cierpieniem na opresje innych. Ponieważ ten przejaw wrażliwości polega na tym, że cudze nieszczęście staje się nieszczęściem własnym, wpływ tej skłonności na funkcjonowanie człowieka w bliskich związkach z innymi jest raczej szkodliwy niż konstruktywny. Skłonność do reagowania własnym cierpieniem wywiera bowiem egocentryzujący wpływ na funkcjonowanie człowieka. Miast przejmować się innymi, przejmuje się on własnymi emocjami (które zwykle bolą bardziej od emocji cudzych), co może prowadzić do osłabienia wspierających partnera zachowań, pogorszenia poziomu porozumiewania się z nim i do zachowań wyrażających brak poczucia bezpieczeństwa i lęk w kontaktach społecznych. W konsekwencji **tendencja do reagowania własnym nieszczęściem na nieszczęścia cudze jest cechą zmniejszającą szansę na zbudowanie satysfakcjonującego związku z innym człowiekiem**, choć dwa pozostałe składniki empatii (przyjmowanie cudzej perspektywy i reagowanie współczuciem) szansę taką zwiększają (Davis i Oathout, 1987). Co ciekawe, na podstawie swoich badań przeprowadzonych na kilkuset parach przedmałżeńskich przywołani stwierdzili również, że satysfakcja mężczyzn ze związku silniej jest uzależniona od empatii ich partnerek niż satysfakcja kobiet od empatii ich partnerów. Najrozsądniejszym wyjaśnieniem tej różnicy wydaje się odwołanie do wielokrotnie tu wspominanej odmienności tradycyjnych ról społecznych kobiet i mężczyzn.

Kobiety są w naszej kulturze uważane za ekspertów w dziedzinie życia uczuciowego, a do wymagań roli kobiecej należy troska o uczuciowy stan związków, w które są zaangażowane. Mężczyźni zaś uważani są za mniej zainteresowanych życiem uczuciowym (i do niego zdolnych). Specyficzność ich roli w związku tradycyjnie polega na sprawnym dostarczaniu różnych dóbr niezbędnych do przetrwania tego związku. Takie cechy, jak uczuciowość, zdawanie sobie sprawy z uczuć innych ludzi, wrażliwość czy serdeczność, są stereotypowo uznawane za kobiece, podczas gdy przedsiębiorczość, twardość, niewrażliwość i ukrywanie własnych emocji są sztandarowymi składnikami stereotypu męskości. Nawet gdy wprost odrzucamy tego rodzaju stereotypy, fakt, że jest nimi nasycona cała nasza kultura (począwszy od czytanek i lektur szkolnych), oddziałuje na nasze oczekiwania co do tego, jakie powinno być zachowanie partnerów i partnerek i z czego w tym zachowaniu powinniśmy się cieszyć bardziej, a z czego mniej.

Zauważyć przy tym warto, że mniejsza skłonność kobiet do uzależniania swej satysfakcji z bliskiego związku od empatii partnerów tylko dobrze może tej satysfakcji zrobić, mężczyźni bowiem są na ogół mniej empatyczni od kobiet, a przynajmniej tak się przedstawiają w samoopisach kwestionariuszowych (Eisenberg i in., 2005). Niewykluczone, że różnica ta opiera się na jakichś elementach wrodzonych, ponieważ noworodki żeńskie silniej reagują płaczem na płacz innych dzieci niż noworodki męskie. Co więcej, liczne badania wskazują, że kobiety trafniej odczytują uczucia innych na podstawie ich mimiki i pantomimiki, a także dokonują własnej ekspresji emocji w taki sposób, że są trafniej odbierane przez innych (por. Wojciszke, 2002b). Jednak różnica ta nie jest tak wielka, aby podejrzewać mężczyzn, że orientują się, co inni ludzie czują, dopiero wtedy, kiedy ci im to powiedzą.

Chcieć a mieć

Czy można być świetną kucharką, cierpliwą matką dwojga dzieci, prowadzić dom i nie wyrzekać się ambicji zawodowych, mieć intuicję i bywać doskonałą księgową, być głupszą od partnera (a przynajmniej na to wyglądać), a zawsze i przede wszystkim zapierać dech jako obiekt erotycznego pożądania, koniecznie odwzajemnianego? Czy można być twardym i serdecznym, opiekuńczym i wymagającym, fascynować się swoją pracą, a przy tym zarabiać duże pieniądze i wiele przebywać w domu, uwielbiać majsterkowanie i naprawy samochodu, być mądrzejszym od partnerki (a przynajmniej na to wyglądać), być pełnym delikatnego wigoru kochankiem, a po tym wszystkim nie chrapać?

Nie można. Oczywiście prawie nikt nie dostaje wszystkiego, czego od partnera pragnie, ponieważ nasze pragnienia są nie tylko wygórowane, ale też beznadziejnie sprzeczne. W dodatku sami nie mamy tylu zalet, abyśmy na wszystkie pożądane zalety partnera mogli zasłużyć. Dobrze zbadanym przykładem różnicy między „chcieć" a „mieć" jest omawiana w rozdziale 2 różnica między pożądanym a uzyskiwanym poziomem fizycznej atrakcyjności partnera. Choć pragniemy zdobyć partnera maksymalnie atrakcyjnego, faktycznie dostajemy takiego, którego atrakcyjność mniej więcej równa się naszej. Co więcej, pozyskanie partnera, którego ogólna (nie tylko fizyczna) atrakcyjność znacznie przewyższa naszą, wcale nie jest sposobem na zapewnienie sobie szczęścia. Takie niedopasowanie może bowiem unieszczęśliwić zarówno partnera, jak i nas samych. Mówi o tym teoria sprawiedliwości i związane z nią wyniki badań.

Teoria sprawiedliwości

Teoria ta jest bardzo prosta i składają się na nią cztery twierdzenia:

1. Ludzie kierują się zwykle własnym interesem, toteż usiłują uzyskać maksymalne wyniki („wyniki" oznaczają dowolne zyski po odjęciu poniesionych kosztów).
2. Grupy, a raczej jednostki składające się na te grupy, mogą powiększać łączne zyski poprzez wykształcenie sprawiedliwego systemu wymiany dóbr. Grupy nakłaniają swoich uczestników, aby stosowali się do systemu sprawiedliwej wymiany, nagradzając ich za trzymanie się tego systemu, a karząc za zachowania niesprawiedliwe.

3. Jeżeli człowiek znajdzie się w niesprawiedliwej relacji z innym człowiekiem bądź z grupą, to budzi to nieprzyjemne napięcia, tym silniejsze, im większa niesprawiedliwość.
4. Jeżeli człowiek znajdzie się w niesprawiedliwej relacji z innym człowiekiem bądź grupą, próbuje usunąć wynikające stąd napięcia poprzez przywrócenie sprawiedliwości w wymianie dóbr (Walster i in., 1978).

Teoria sprawiedliwości przewiduje więc, że nierównowaga w wymianie dóbr jest nieprzyjemna nie tylko dla partnera wykorzystywanego (przeżywającego poczucie krzywdy, gniew, upokorzenie czy wstyd), ale także dla partnera wykorzystującego (który może przeżywać poczucie winy, wstyd albo lęk przed rewanżem). Oczywiste, że wykorzystywana ofiara domaga się przywrócenia sprawiedliwości, i potwierdza to wiele badań. Co ciekawe, wiara w sprawiedliwość jest tak duża, że kiedy z tych czy innych powodów uzyskanie rzeczywistego zadośćuczynienia jest niemożliwe, ofiara może zacząć wierzyć, iż ma to, na co zasłużyła, i w związku z tym pomniejsza swoją wartość. W ten sposób można wyjaśniać na przykład zadziwiający fakt, że ofiary niezawinionych wypadków drogowych, chorób czy napadów rabunkowych lub seksualnych często poszukują przyczyn własnego losu w sobie i we własnych „winach", zupełnie niezwiązanych z wypadkiem (Alicke, 2000).

Osoba, która dopuszcza się niesprawiedliwości i czerpie korzyści, również stara się sprawiedliwość przywrócić – albo na poziomie faktów (wyrównując ofierze poniesione straty), albo tylko na poziomie własnych przekonań, poprzez usprawiedliwienie własnych działań. Usprawiedliwienie, jak sama nazwa wskazuje, oznacza uczynienie sprawiedliwym czegoś, co sprawiedliwe nie jest, i polega zwykle na zniekształcaniu subiektywnego obrazu faktów: poprzez zaprzeczanie, że ofiara cierpi, poprzez zaprzeczanie własnej odpowiedzialności za jej cierpienia, wreszcie poprzez uzasadnianie, dlaczego ofierze cierpienie się „należy", i odsądzanie jej od czci i wiary.

Nie znamy wszystkich warunków decydujących o tym, kiedy sprawiedliwość będzie przywracana przez rzeczywiste wyrównanie krzywd, a kiedy jedynie przez subiektywne usprawiedliwianie się. Wiadomo jednak, że kiedy zadośćuczynienie jest obiektywnie niemożliwe, rośnie szansa wystąpienia takich sposobów „przywrócenia sprawiedliwości", jak negowanie wartości ofiary i przypisywanie jej cech negatywnych. Jednym z pierwszych na to dowodów był eksperyment, w którym pod pewnym pozorem nakłaniano badanych, aby przekazywali innej osobie albo pozytywne, albo negatywne opinie na jej temat (Davis i Jones, 1960). Wykorzystując przygotowany przez badaczy spis wad, badany mówił innej, nowo poznanej osobie, że sprawia ona wrażenie kogoś płytkiego, niezasługującego na zaufanie i przyjaźń, mającego wiele osobistych problemów, z którymi nie potrafi sobie poradzić. Osoba wysłuchująca tych paskudnych opinii na swój temat była w rzeczywistości współpracownikiem badacza, o czym jednak właściwi badani nie wiedzieli, trwając w przekonaniu, że wyrządzają nieznajomemu niczym niezawinioną krzywdę. Części badanych zapowiedziano ponowne spotkanie z ocenianą osobą, podczas którego mogliby jej wyjaśnić całą sytuację i wycofać owe rzekomo własne opinie. Pozostali badani przekonani byli, że już nigdy swej ofiary nie zobaczą. Wszystkich badanych dwukrotnie poproszono o własną opinię na temat ocenianej osoby: pierwszy raz – tuż po jej poznaniu, drugi raz – po wygłoszeniu podanej przez badaczy opinii na jej temat. Badani oczekujący przyszłego spotkania z partnerem nie zmienili swojej początkowej o nim opinii. Jednakże badani przekonani, że go już nie zobaczą, sami zaczęli o partnerze myśleć w bardziej negatywny sposób. Tak więc nie dość, że skrzywdzili nieznajomego, to jeszcze zaczęli o nim gorzej myśleć. Działo się tak jednak tylko wtedy, gdy w badanych wyrobiono przekonanie, że wygłoszenie krzywdzącej opinii było ich decyzją (badani, którym wygłoszenie opinii nakazano, nie czuli się osobiście odpowiedzialni ani za wyrządzoną niesprawiedliwość, ani za konieczność przywrócenia sprawiedliwości).

Nie mogąc naprawić wyrządzonej innym szkody, za którą sami jesteśmy odpowiedzialni, przywracamy więc „sprawiedliwość", myśląc o tych innych w taki sposób, jakby na tę szkodę w istocie zasługiwali. Zaprawdę rację miał Tacyt, twierdząc, że w naturze ludzkiej leży nienawiść do tych, których się skrzywdziło!

Sprawiedliwość w związku dwojga ludzi

Miłość prawdziwa zaczyna się wtedy, gdy niczego w zamian nie oczekujesz.

Antoine de Saint-Exupéry

Czy jednak zasady sprawiedliwej wymiany naprawdę dotyczą bliskich związków między ludźmi? Przecież miłość nie jest transakcją rynkową, w której liczy się jedynie bezduszne bilansowanie strat i zysków, a za każde otrzymane dobro trzeba dać jego równowartość, niespłacenie długu zaś prowadzi do katastrofy tym większej, im dłużej była odwlekana. Przecież gdy kogoś kochamy, przedkładamy jego dobro nad własne, pełni poświęcenia pragniemy służyć mu pomocą i wsparciem nie dlatego, że liczymy na wzajemność, lecz dlatego, że zależy nam bezinteresownie na szczęściu ukochanej osoby. Przecież to jej szczęście jest naszą największą nagrodą!

To wszystko prawda – taki sposób myślenia i działania świadczy o miłości, a bez niego miłości po prostu nie ma. Równie prawdziwe jest jednak to, że bezinteresowność, altruizm, poświęcenie własnych pragnień i przedkładanie dobra partnera nad dobro własne trwać mogą jedynie pod warunkiem ich odwzajemniania przez partnera. Nasze liczenie na wzajemność prawie nigdy nie jest świadomym warunkiem miłości. Jednakże milczące oczekiwanie, że partner odpłaci nam dobrem prędzej czy później, w tej czy innej postaci, o której zadecyduje on i życie, stanowi zupełnie oczywistą przesłankę miłości. Kochając, zakładamy przecież, że partner będzie o nas dbał, tak jak my o niego dbamy. Nasze stwierdzenie braku wzajemności prawie zawsze jest świadomym wnioskiem, jaki wyciągamy, gdy miłość się kończy bądź jest w opałach. Nie ma przy tym specjalnego znaczenia, czy wprost umawialiśmy się z partnerem co do wzajemności, czy też nie (przeważnie nie). Pogwałcenie reguły wzajemności jest złamaniem kontraktu i budzi gniew, poczucie krzywdy, depresję lub wycofanie się, niezależnie od tego, czy kontrakt był kiedykolwiek otwarcie zawarty, czy też jedynie, by tak rzec, był zrozumiały sam przez się. Z upływem czasu, gdy pary przechodzą przez kolejne fazy miłości, poczucie sprawiedliwości, czyli przekonanie „oboje wychodzimy na tym związku tak samo", ustępuje przekonaniu, że partner wychodzi na związku lepiej. Tak przynajmniej przekonują badania, jakie przeprowadziłem z udziałem 556 zamężnych kobiet, a które przedstawia tabela 4.4.

Teoria sprawiedliwości pozwala więc przewidywać, że związki oparte na sprawiedliwej wymianie dóbr mają większą szansę na przekształcenie się w związki intymne i trwałe, a ich uczestnicy bardziej są ze związku zadowoleni niż uczestnicy związku niesprawiedliwego. Wiele badań podsumowanych przez Elaine Hatfield (Hatfield i in., 1985), a dotyczących nierzadko setek par, potwierdza te oczekiwania.

Przede wszystkim pary dobierają się w taki sposób, że wybitna zaleta jednego z partnerów jest wyrównywana dobrem oferowanym przez drugiego, a układ sił w związku zależy od ilości wnoszonych dóbr. Piękne kobiety znajdują lepiej wykształconych i lepiej zarabiających mężów niż kobiety brzydkie. Żony mężów, którzy zarabiają dużo, częściej uważają, że to mężowie powinni mieć więcej do powiedzenia w ich związku, podczas gdy żony mężów zarabiających gorzej są tu za równouprawnieniem. Im wyższe dochody żon, tym więcej mają one w swoich związkach do powiedzenia, a mężczyzna tracący pracę wskutek bezrobocia często traci też autorytet we własnej rodzinie.

Pary spostrzegające swój związek jako sprawiedliwy są z niego bardziej zadowolone niż pary spostrzegające go jako taki, w którym jedno

Tabela 4.4.
Przekonanie o sprawiedliwości związku jako funkcja jego fazy – procent kobiet, które w różnych fazach związku wybierają określoną odpowiedź na pytanie: Kto lepiej wychodzi na tym związku?

KTO LEPIEJ WYCHODZI NA TYM ZWIĄZKU?	romantyczne początki	kompletny	przyja-cielski	pusty	rozpad	ogółem
mąż lepiej	20	32	29	35	48	**32**
oboje tak samo	74	61	68	61	50	**63**
ja lepiej	6	7	3	4	2	**5**

Źródło: na podstawie danych w: Wojciszke, 2002a.

z partnerów wnosi nadwyżkę wysiłku i starań, drugie zaś otrzymuje więcej, niż wnosi. Los nagrodzonego ponad miarę Kopciuszka jest przy tym niewiele bardziej godny pozazdroszczenia od losu popełniającego mezalians Królewicza. Podczas gdy partnerzy otrzymujący niesprawiedliwie mało czują oczywiście pretensję i gniew, partnerzy otrzymujący niesprawiedliwie dużo mogą być nękani poczuciem winy i obawą o przyszłe losy związku.

Niesprawiedliwy nadmiar łatwiej jest znosić niż niesprawiedliwy niedobór (ludzie łatwiej się przystosowują do tego pierwszego), choć w kilku badaniach stwierdzono, że prawda ta dotyczy szczególnie mężczyzn. Kobiety gorzej znoszą niesprawiedliwy nadmiar. Być może dlatego, że z oczywistych względów nadmiar dóbr otrzymywanych od partnera trudniej zauważyć niż niedobór, a kobiety charakteryzują się większą wrażliwością społeczną, większym stopniem koncentracji na swoich związkach z innymi ludźmi, a także większą niż mężczyźni skłonnością do widzenia własnych zachowań w kategoriach moralnych. Wreszcie, sporo badań przekonuje, że chodzące ze sobą pary głębiej angażują się we wspólne erotyczne przedsięwzięcia oraz mają większą szansę pozostać razem, jeżeli już na wstępie spostrzegają swój związek jako sprawiedliwy. Badania nad małżeństwami wskazują zaś, że małżonkowie przekonani, iż otrzymują od swoich partnerów niesprawiedliwie mało, szybciej i częściej ich zdradzają (po 6–8 latach) niż małżonkowie przekonani, że otrzymują sprawiedliwą bądź nadmierną ilość dóbr od partnera (po 12–15 latach).

Istotnym dobrem oferowanym i otrzymywanym w bliskim związku jest ogólny poziom zaangażowania. Jeżeli partnerzy oferują sobie nawzajem podobny poziom zaangażowania, ich związek jest trwalszy niż w przypadku nierównowagi pod tym względem. Na przykład jedno z badań nad parami przedmałżeńskimi wykazało, że tylko 27% par deklarujących ten sam poziom zaangażowania rozpadło się w ciągu roku objętego badaniem, podczas gdy w tym samym okresie rozpadło się aż dwa razy tyle par (54%), w których jedno z partnerów oferowało silniejsze zaangażowanie (Hill i in., 1976). Niejednakowy poziom zaangażowania prowadzi do pojawienia się **zasady mniejszego interesu**, polegającej na tym, że to z partnerów, które jest mniej w związek zaangażowane (mniejszy ma w nim interes), ma w nim większą władzę. Ilustracją tej zasady są dane z ryciny 4.1, pochodzące z badań, w których pytano pary przedmałżeńskie, kto jest bardziej zaangażowany i kto ma więcej do powiedzenia w ich związku. Kiedy mniej zaangażowana była kobieta, to ona miała więcej do powiedzenia. Kiedy mniej zaangażowany był mężczyzna, to on właśnie miał w danym związku więcej do powiedzenia. Środkowe kolumny z ryciny 4.1 dotyczą par, w których oboje partnerzy byli jednakowo zaangażowani – jak widać, w tych parach więcej do powiedzenia mieli mężczyźni. Jest to wyraz tradycyjnego w naszym społeczeństwie układu ról i z reguły większej zależności kobiet od mężczyzn niż na odwrót.

Zasada mniejszego interesu, dość powszechnie obserwowana w bliskich związkach, również stanowi swoisty przejaw działania sprawiedliwości. Ten, kto bardziej się poświęca pozostając w związku pomimo mniejszego zaangażowania (a więc ponosi niejako większe koszty niż bardziej

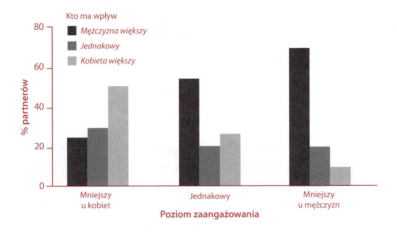

Rycina 4.1.
Bezdroża sprawiedliwości, czyli zasada mniejszego interesu: to z partnerów, które jest w dany związek mniej zaangażowane, ma w nim więcej do powiedzenia

Źródło: na podstawie danych w: Peplau i Campbell, 1989.

zaangażowany partner), uzyskuje zadośćuczynienie w postaci większego wpływu na postać tego związku. Jednak zaangażowanie uczuciowe i władza są dobrami słabo wymienialnymi i zapewne dlatego ten szczególny przejaw sprawiedliwości przyczynia się do nietrwałości związku (przynajmniej przedmałżeńskiego).

Na zakończenie podkreślić warto, że nie od sprawiedliwości miłość się zaczyna. Licząc na zapoczątkowanie romantycznego związku, ludzie wolą, aby nie miał on charakteru wymiany rynkowej. Na przykład w pewnych badaniach młodzi studenci współpracowali z miłą i ładną dziewczyną, która w trakcie zadania prosiła ich o pomoc. Studenci tej pomocy udzielali, dziewczyna za nią dziękowała, a także rewanżowała się części badanych w podobny sposób. Badani studenci mieli wraz z dziewczyną wziąć udział jeszcze w drugiej części eksperymentu i w związku z tym pytano ich, co o niej sądzą. Zanim to jednak nastąpiło, badacze (Clark i Mills, 1979) informowali ich, że dziewczyna zamierza wziąć udział w drugiej części badań albo dlatego, że jest nowa na tym uniwersytecie i liczy na nawiązanie jakichś znajomości, albo dlatego, że jest to wygodny dla niej sposób zabicia czasu w oczekiwaniu na męża, dopóki ten nie zakończy własnych zajęć i nie zabierze jej do domu. Okazało się, że badani współpracujący z mężatką bardziej ją lubili, kiedy rewanżowała im się za otrzymaną pomoc – zgodnie z zasadami wymiany dóbr. Natomiast badani liczący na romantyczny początek bardziej ją lubili, kiedy dziewczyna się nie rewanżowała i miała do spłacenia pewien dług wdzięczności. Podobne wyniki przyniosły też inne badania. Licząc na romantyczny początek ludzie rzadziej czują się wykorzystywani w wypadku niesprawiedliwości i mniej pragną wyrównania rachunków, a nawet są mniej skłonni do oceniania indywidualnego wkładu partnera czy partnerki we wspólny wynik (Clark, 1985). Przytoczone poprzednio badania nad faktycznie istniejącymi związkami sugerują jednak, że tego rodzaju pragnienia prędzej czy później się kończą i zastępowane są pragnieniem sprawiedliwości.

Nie natychmiast, nie za wszystko, nie w dokładnie tej samej postaci, ale jednak na długą metę zawsze pragniemy, aby nasz partner sprawiedliwie odwzajemnił poniesione przez nas wysiłki, jakkolwiek byśmy tę sprawiedliwość definiowali. Całe szczęście, że tego samego oczekujemy i od siebie, choć prawdą jest, iż do własnych działań z reguły przykładamy inną, bardziej pochlebną miarę niż do działań partnera.

Naturalna śmierć namiętności

Ze wszystkich rzeczy wiecznych miłość jest tą, która trwa najkrócej.

Molier

Pewne amerykańskie pismo kobiece opublikowało ankietę, na którą odpowiedziało 86 tysięcy czytelniczek. W jednym z punktów ankiety pytano, co czytelniczki robią w sytuacji, kiedy mają kilka wolnych godzin i zostają w domu z mężem. Jedna trzecia czytelniczek w wieku poniżej 35 lat odpowiedziała, że kocha się z mężem. Takiej samej odpowiedzi udzieliło 25% czytelniczek w wieku od 35 do 45 lat, a już tylko 10% kobiet w wieku ponad 45 lat (większość ogląda wówczas telewizję). Również badania naukowe prowadzone w różnych krajach dowodzą, że dwa czynniki najsilniej hamujące częstość uprawiania seksu to czas trwania związku i wiek (wyraźny spadek obserwuje się po pięćdziesiątym roku życia; Schneidewind-Skibbe i in., 2008). Choć erotyzm w małżeństwie wyraża nie tylko namiętność, ale też intymność, spadek aktywności erotycznej w miarę trwania małżeństwa stwierdzany jest równie powszechnie, co spadek wzajemnej namiętności relacjonowanej przez małżonków. Namiętność obumiera w miarę trwania związku dwojga ludzi.

Przyczyn zaniku namiętności dopatrywać się można w jej wewnętrznej logice, nierealistyczności, zachłanności oraz zabójczych dla namiętności konsekwencjach jej skonsumowania. Jak już wspominałem w rozdziale 1, wewnętrzna logika namiętności jest taka, że może ona jedynie rosnąć, a samo tylko jej trwanie jest już jej śmiercią. Już tylko ta właściwość namiętności decyduje o nieuchronności jej kresu. Nic bowiem nie może rosnąć bez końca (a jeżeli rosło lawinowo, to efektem może być jedynie katastrofa likwidująca proces, którym ów wzrost był napędzany). Namiętność wymaga absolutnego uwielbienia partnera, a to jest możliwe tylko za cenę braku realizmu w jego spostrzeganiu i ocenie. Wcześniej czy później życie wymusza realistyczne spojrzenie na partnera i choć wykrycie jego wad nie wyklucza miłości, to jednak miłość ta nie może już się opierać na bezgranicznym uwielbieniu. Namiętność nie znosi konkurencji – nic nie może być ważniejsze od niej, jeżeli ma ona nadal pozostać sobą. Jednakże trwały związek, będący często skutkiem namiętności, rodzi wiele problemów (dzieci, przetrwanie, choroby i tak dalej), które mogą być rozwiązane jedynie za cenę choćby czasowego odsunięcia namiętności na dalszy plan. Namiętność jest więc zjawiskiem z natury swej paradoksalnym, a jej kres (lub przynajmniej dramatyczne przeskoki od rozkoszy do bólu) wpisany został w jej istotę.

Jeden z paradoksów miłości polega na tym, że gdy kochamy kogoś namiętnie, szansa, iż przynajmniej od czasu do czasu będziemy go nienawidzić, nie tylko nie maleje, ale wręcz rośnie. Czyż to nie najbliższy człowiek zadaje nam najdotkliwszy ból? Czyż to nie najbliższy człowiek najbardziej potrafi nas rozwścieczyć? Nie bez powodów namiętność jest pasją, a pasja jest jednym z imion cierpienia. Dramatyczna bliskość nienawiści i miłości jest klasycznym wątkiem literackim, wykorzystywanym w niezliczonych utworach, począwszy od starogreckiej tragedii. Kiedy nam samym zdarzy się ją dotkliwie odczuć, doświadczenie to budzi lęk i niepewność co do własnego zdrowia psychicznego. W końcu trudno inaczej zareagować na pojawiającą się ni stąd, ni zowąd gwałtowną ochotę, by najukochańszego przecież człowieka wreszcie z dziką rozkoszą udusić!

Choć związek miłości z nienawiścią powszechnie się uważa za przejaw tajemniczej natury miłości namiętnej, wynika on nie tyle ze swoistej natury namiętności, ile z logiki wszelkich silnych emocji, których namiętność jest doskonałym przykładem. Badania nad dynamiką uczuć wskazują, że **przeżycie silnej emocji negatywnej wywołuje zwykle efekt następczy w postaci pozytywnego stanu emocjonalnego, natomiast przeżycie silnej emocji pozytywnej wywołuje rykoszetową emocję negatywną**.

Sięgnijmy tu do nieco krańcowego przykładu skoczków spadochronowych. Skok w nicość jest tak bezpośrednim zagrożeniem życia, iż wywołuje przerażenie, z którym niewiele uczuć da się porównać. Skulone konwulsyjnie ciało spada w dół niczym lokomotywa pośrodku oceanu, pędzące serce mało nie wyskoczy z piersi, tchu brak, oczy wychodzą z orbit, zdarza się, że z ust wydziera się nieartykułowany krzyk, i bywa, że dochodzi do niekontrolowanego oddania moczu (Epstein, 1967). Ponieważ żadne zabezpieczenie nie gwarantuje stuprocentowo, że spadochron się otworzy, gdy zaś się nie otworzy, ryzyko śmierci staje się stuprocentowe – przeżywane przez skoczków przerażenie jest całkowicie uzasadnione. Zakładając, że obdarzeni są oni choćby elementarną chęcią życia i zdolnością przewidywania (a są, zwykle w stopniu zdecydowanie ponadelementarnym), fakt, iż po przeżyciu takich katuszy wielu skacze jeszcze setki razy, daje się wytłumaczyć jedynie występującymi w ich emocjach zmianami. Są one dwojakiego rodzaju.

Po pierwsze, wygaszeniu ulega początkowe przerażenie. Emocje przeżywane podczas skoku tracą na intensywności i zamieniają się w dreszcz podniecenia, a lęk przed skokiem zamienia się w ekscytujące oczekiwanie. Po drugie, już po wykonaniu skoku powrót do normalnego stanu uczuć (i stanu fizjologicznego) poprzedzony jest fazą silnie pozytywnych emocji. Typowa kolejność zdarzeń po wylądowaniu polega na kilkuminutowym stanie przypominającym osłupienie (milczenie, bezruch, kamienna twarz), po którym następuje silne pozytywne ożywienie – śmiech, gadatliwość, nieco bezładne kontaktowanie się na krótko z wieloma osobami akurat będącymi w pobliżu. Słowem – i ulga, i radość. W miarę nabywania doświadczenia w skokach nie tylko słabnie siła reakcji pierwotnej (przerażenia), ale rośnie też siła i czas trwania rykoszetowej reakcji wtórnej (radości). Stan podwyższonego nastroju po wykonaniu skoku trwać może u doświadczonych skoczków do ośmiu godzin, zanim ich emocje powrócą do stanu normalnego.

Przykład drugi dotyczy tak zwanej reakcji wdrukowania, obserwowanej u niektórych ptaków, na przykład kaczek. Jeżeli wyklutemu przed kilkoma godzinami kaczątku po raz pierwszy pokaże się jego poruszającą się matkę (lub inny obiekt – atrapę matki, czy nawet eksperymentatora prowadzącego badanie), to kaczątko wpada w podniecenie ruchowe, z mniejszym lub większym powodzeniem stara się za nią podążać i utrzymywać głowę w takiej pozycji, aby matkę widzieć. Kiedy po minutowej ekspozycji wycofa się matkę, kaczątko zaczyna gwałtownie ruszać głową i pozostałymi częściami ciała w poszukiwaniu matki i wielokrotnie wydaje wysoki dźwięk charakterystyczny dla osobników swego gatunku znajdujących się w stanie stresu. Dopiero po kilku minutach się uspokaja, wracając do stanu początkowego.

Pierwszy z opisanych stanów (gdy pisklę widzi poruszającą się matkę) jest pozytywny emocjonalnie, drugi zaś (gdy matka znika) jest negatywny. Co prawda kaczątka nie można poprosić o opis własnych uczuć, można jednak wykazać, że widok matki działa jako nagroda, a odebranie matki – jako kara. Jeżeli na przemian pokazuje się i zabiera kaczątku matkę, to można zaobserwować nie tylko pewien spadek pierwotnej (pozytywnej) reakcji na jej widok, ale także stopniowe narastanie wtórnej (negatywnej) reakcji na jej odebranie, mierzone częstością wydawania przywołujących dźwięków (Solomon, 1980). Zmiany reakcji wtórnej są zresztą wyraźniejsze i silniejsze niż zmiany reakcji pierwotnej, a czasami zmiany tej ostatniej w ogóle nie występują. Mamy więc tutaj do czynienia z porządkiem wydarzeń bardzo podobnym do tego, co dzieje się ze skoczkami spadochronowymi, choć u nich faza pierwotna ma charakter negatywny, faza wtórna zaś – pozytywny.

Liczne obserwacje tego rodzaju (wiele z nich pochodzi z dobrze kontrolowanych badań laboratoryjnych) posłużyły Richardowi Solomonowi do sformułowania teorii procesów przeciwstawnych, której podstawową ideę ilustruje rycina 4.2.

Jak widać w górnej części ryciny, kiedy pojawia się jakiś nowy bodziec budzący silną emocję, jego natychmiastowym skutkiem jest szybkie odejście organizmu od stanu neutralnego i osiągnięcie szczytowego natężenia pierwotnego stanu A, który może być pozytywny, jeżeli bodziec jest przyjemny, bądź też negatywny, jeżeli bodziec jest nieprzyjemny. Następnie intensywność stanu A nieco opada i stabilizuje się. Jest to faza adaptacji organizmu do działającego bodźca (na przykład początkowa fala radości dziecka na widok matki nieco opada – nie sposób ciągle skakać z radości, nawet gdy jest się dzieckiem). Jeżeli budzący emocje bodziec zniknie, to organizm nie powraca do stanu neutralnego, sprzed pojawienia się bodźca, lecz wpada w stan wtórny B, który zawsze jest przeciwny pod względem znaku (kiedy matka zakończy wizytę w szpitalu,

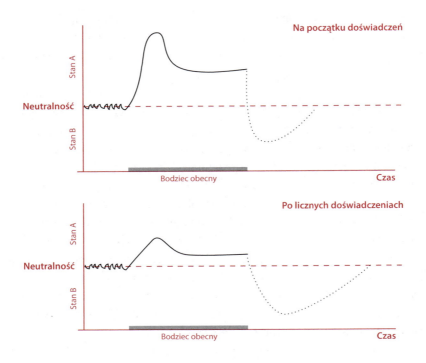

Rycina 4.2.
Dynamika reakcji na pojawienie się i zanik bodźca budzącego silne emocje (pozytywne lub negatywne) na początku doświadczeń z danym bodźcem i po licznych doświadczeniach z tym bodźcem

Źródło: Solomon, 1980, s. 695. Copyright © by American Psychological Association.

pozostające w nim dziecko wpada w rozpacz). Stan ten osiąga swoje szczytowe nasilenie wkrótce po wyłączeniu bodźca, po czym z wolna zanika. Organizm wraca do stanu neutralnego, już bez przeskoku do stanu pierwotnego (rozpacz dziecka przemija, ale oczywiście nie pojawia się również radość).

Dolna część ryciny pokazuje dynamikę reakcji emocjonalnej osoby mającej za sobą wiele doświadczeń z danym bodźcem. Jak widać, szczyt stanu pierwotnego wypada tu już znacznie niżej (dziecko mniej się cieszy po dwudziestej wizycie matki niż po pierwszej, skoczek mniej się boi dwudziestego pierwszego skoku niż pierwszego). Natomiast szczytowy stan wtórny jest intensywniejszy i zanika wolniej, niż działo się to na początku (dziecku coraz trudniej się przyzwyczaić do znikania matki).

Nasza ogólna reakcja emocjonalna na dany bodziec zależy zarówno od pierwotnego, jak i od wtórnego stanu, jaki bodziec ten w nas wzbudza. Oba stany są przecież skojarzone z tym bodźcem, oba więc mogą się nań przenieść na zasadzie uczenia przez skojarzenie.

Teoria procesów przeciwstawnych pozwala zatem wyjaśnić wiele paradoksalnych zjawisk: dlaczego skoczkowie lubią skakać, a żołnierze wojować, dlaczego ludzie potrafią polubić tak (początkowo) nieprzyjemne rzeczy, jak sauna, jogging czy pisanie książek, dlaczego powracające ze szpitala małe dzieci odrzucają swoje matki, nawet jeżeli te często je w szpitalu odwiedzały. Wreszcie, pozwala ona w pewnym stopniu zrozumieć, dlaczego trwanie namiętności wymaga nasilania zachowań ją wygaszających (konieczność wyrównania negatywnego rykoszetu po porywach i uniesieniach), dlaczego pojednanie z ukochaną osobą jest przyjemniejsze niż stan, kiedy w ogóle kłótni nie było, dlaczego namiętność tak często kończy się nienawiścią i dlaczego w ogóle się kończy (nagromadzenie rykoszetowych negatywnych stanów wtórnych i kojarzenie ich z osobą partnera), a także dlaczego tak łatwo o nienawiść do tych, których kochamy, kiedy ich jeszcze kochamy.

O tym ostatnim zjawisku świadczą – poza licznymi anegdotami i utworami literackimi – również bardziej systematyczne dane, w rodzaju tych, jakie przedstawia rycina 4.3. Pochodzą one z badań, w których ludzie opisywali siłę zarówno dodatnich, jak i ujemnych uczuć przeżywanych w stosunku do różnych osób z własnego otoczenia. Osoby te zostały przy tym uporządkowane według stopnia różnorodności kontaktów – od takich, z którymi oceniający podmiot wykonywał wspólnie tylko od jednego do dwóch rodzajów działań, do osób, z którymi wykonywał wspólnie od jedenastu do dwunastu rodzajów działań (takich jak praca, życie towarzyskie, rodzinne, odpoczynek, uczestnictwo w kulturze i tym podobne). W wypadku osób znanych człowiekowi jednowymiarowo (z nielicznych kontekstów) jego emocje zachowywały się logicznie – im silniejsze były uczucia pozytywne, tym słabsze negatywne i na odwrót (korelacja ujemna). Tymczasem w wypadku osób towarzyszących mu w licznych kontekstach (prawie zawsze był to mąż lub żona i osoby z najbliższej rodziny) sprawy miały się wyraźnie na odwrót – im silniejsze były emocje pozytywne, tym silniejsze były też negatywne (korelacja dodatnia).

„Kocham i nienawidzę" jest więc zjawiskiem dość powszechnym i normalnym, choć ambiwalencja taka często była uważana za zjawisko patologiczne i wyjaśniana na różne egzotyczne sposoby – jako skutek kompleksu Edypa czy nieświadomego lęku przed kastracją. Mniej barwnym, choć bardziej prawdopodobnym wyjaśnieniem ambiwalencji w stosunku do najbliższych jest to, że po prostu robimy z nimi wspólnie wiele różnych rzeczy, co daje okazję do powstania emocji zarówno pozytywnych, jak i negatywnych.

Ponadto ludzie wyraźnie różnią się pod względem skłonności do przeżywania ambiwalencji w stosunku do najbliższych. U niektórych ambiwalencja ta jest silna, ponieważ wytwarzają oni dwa odrębne obrazy partnera. Jeden obraz jest całkowicie pozytywny (dobry Karol – pomocny, wytrwały, niezłomny i szczery). Drugi obraz jest całkowicie negatywny (zły Karol – natrętny, uparty, bez uczuć i nietaktowny). Kiedy osoby takie czują się akceptowane i bezpieczne, liczy się tylko „dobry Karol" – przypominają sobie wyłącznie jego zalety i wpadają w zachwyt. Kiedy jednak czują się zagrożone i odrzucane przez partnera, liczy się tylko „zły Karol" – przypominają sobie wyłącznie jego wady i popadają w totalne rozczarowanie partnerem. Przeżywają więc huśtawkę, a partner jawi się na zmianę jako cnotliwy doktor Jekyll albo paskudny mister Hyde. Osoby mniej skłonne do ambiwalencji inaczej tworzą obraz partnera. „Karol zintegrowany" to taki, którego wady są powiązane z zaletami (czasami jest nazbyt wścibski i nietaktowny, ale to dlatego, że chce mi pomóc), a zalety mają też swoje ciemniejsze strony (jest bardzo wytrwały, czasami wręcz uparty). Kiedy mamy zintegrowany obraz partnera, popadamy w mniejsze nad nim zachwyty, gdyż pamiętamy również o jego wadach. Zarazem jednak rozczarowania bywają mniejsze, bo w trudnych momentach łatwiej przypominamy sobie o zaletach partnera.

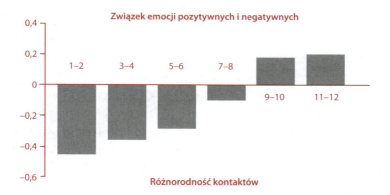

Rycina 4.3.
Związek (korelacja) pozytywnych i negatywnych emocji przeżywanych w stosunku do tego samego człowieka

W przypadku ludzi, których spotykamy w niewielu sytuacjach, im silniejsze są nasze emocje pozytywne, tym słabsze są emocje negatywne (lewa część ryciny). Jednak w przypadku ludzi bliskich, znanych nam z wielu różnych sytuacji, im silniejsze są nasze emocje pozytywne, tym silniejsze są też emocje negatywne (prawa część ryciny).

Źródło: na podstawie danych w: Wojciszke i Banaśkiewicz, 1989.

Badania wskazują, że kształtowanie podwójnego bądź zintegrowanego obrazu partnera zależy od… naszej samooceny (Graham i Clark, 2006). Ludzie o niskiej samoocenie mają większą skłonność do podwójnego obrazu partnera, im samym bowiem zależy na pozyskaniu akceptacji i podziwu, i to najlepiej niekwestionowanego. W takich momentach myślą o partnerze tylko dobrze, wyrzucając poza świadomość wszystkie negatywy. Ale niska samoocena sprzyja także większej wrażliwości na wszelkie sygnały odrzucenia nawet takie, które jeszcze nie nadeszły. Silne emocje w obliczu odrzucenia, przez partnera sprzyjają myśleniu o nim wyłącznie źle i odrzucaniu wszelkich pozytywów na jego temat. Inaczej wygląda to u osób o wysokiej samoocenie. Są one mocno przekonane o własnej wartości, a więc słabiej przejmują się zarówno akceptacją, jak i odtrąceniem przez partnera. Kiedy czują się odrzucone, nie popadają od razu w czarną rozpacz i są w stanie pamiętać o dobrych stronach partnera. Kiedy zaś zostaną zaakceptowane, nie przyprawia ich to o całkowitą niepamięć tego, co złe. To ułatwia im wykształcanie zintegrowanego obrazu Karola.

Wygląda na to, że silne zachwyty partnerem mają swoją cenę w postaci większych rozczarowań. A w dodatku sposób, w jaki myślimy o partnerze, zależy od tego, jak oceniamy samych siebie. Kiedy myślimy o sobie niezbyt dobrze, bardziej przejmujemy się partnerem i przyprawia on nas o większą huśtawkę uczuć.

Rzecz jasna, emocje dyktowane przez automatyczne następstwo rykoszetowych stanów wtórnych stanowią jedynie pewną cząstkę ogółu uczuć przeżywanych przez partnerów bliskiego związku i daleko do tego, by schemat z ryciny 4.2 mógł wyjaśnić wszystko, co dotyczy ludzkich emocji. Jednakże duża liczba zjawisk, w których takie przeciwne stany się pojawiają, nasuwa cokolwiek purytańską refleksję, że (prawie) każda przyjemność niesie automatycznie pewne koszty emocjonalne, a ów automatyzm wynika z działania autonomicznego układu nerwowego (on bowiem zawiaduje fizjologicznym podłożem emocji), którego funkcje są niezależne od ludzkiej woli. Nie mniej purytańskie, choć bardziej pocieszające jest dopełnienie tego wniosku: (prawie) każdy ból niesie też z sobą pewne automatyczne dobrodziejstwa. Nawet jeżeli są one tylko ulgą, jest to przyjemniejsze niż stan jedynie neutralny.

Rozdział 5

Związek przyjacielski

Dynamika satysfakcji ze związku
    Fazy miłości
    Fazy życia
Od czego zależy szczęście?
    Cechy indywidualne
    Warunki zewnętrzne
    Zło jest silniejsze od dobra
    Aktywności
Pułapki intymności
    Aniołem być, czyli pułapka dobroczynności
    Szczęścia się wyrzec, czyli pułapka obowiązku
    Święty spokój, czyli pułapka bezkonfliktowości
    Niezłomność zasad, czyli pułapka sprawiedliwości

Miłość trzeba budować, odkryć ją to za mało.
                        Paulo Coelho

Partnerzy stałego związku muszą – podobnie jak każda grupa społeczna – radzić sobie z dwoma typami problemów. Po pierwsze, z zadaniami wynikającymi z tego, co się dzieje poza samą parą – wychowanie dzieci, związanie końca z końcem, dorobienie się i tak dalej. Po drugie, z wewnętrznym morale swego związku, z utrzymaniem wzajemnej atrakcyjności, bliskości, zaufania i innych pozytywnych uczuć. Poziom satysfakcji z małżeństwa pozostaje w nikłym stopniu uzależniony od sprawności, z jaką małżonkowie radzą sobie z zadaniami zewnętrznymi. Decydujące znaczenie ma zaś utrzymanie wewnętrznej spójności pary, wykształcenie i utrzymanie wzorca wymiany pozytywnych i wzajemnie wspierających zachowań, unikanie wymiany negatywnych postępków i uczuć. Krótko mówiąc, utrzymanie satysfakcjonującego poziomu intymności.

Dynamika satysfakcji ze związku

Wyznaczniki satysfakcji z bliskiego związku to sprawa wielce tajemnicza. Choć badane są od wielu dziesiątków lat, wciąż niewiele o nich wiemy, ponieważ to, co stwierdza się w jednych badaniach, nie jest potwierdzane wynikami kolejnych badań. Wiele oczywistych, zdawałoby się, przypuszczeń nie znajduje potwierdzenia w badaniach. Na przykład małżeństwa dotknięte trwałą i dotkliwą niesprawnością dziecka (jak autyzm czy upośledzenie umysłowe) cechują się tylko lekko obniżoną satysfakcją, a szansa ich rozwodu rośnie zaledwie o 5% (Risdal i Singer, 2004). Przemocy w rodzinie towarzyszy oczywiście obniżona satysfakcja, choć korelacja ta jest znacznie słabsza, niż można by się spodziewać (wynosi zaledwie –0,27; Stith i in., 2008). Inny powtarzalny wynik to niższa satysfakcja z małżeństwa i nieco większa skłonność do rozwodu u partnerów, którzy zamieszkiwali razem przed zaręczynami (ale nie po zaręczynach, a przed ślubem; Rhoades i in., 2009). Dotyczy to nawet osób, które zamieszkiwały tylko ze swoim późniejszym małżonkiem, choć nie bardzo wiadomo, dlaczego tak się dzieje. Jedno z przypuszczeń to hipoteza inercji – kiedy ludzie już coś zaczną, to rośnie szansa, że będą to robić dalej. Być może na tej zasadzie trwają także związki kiepsko funkcjonujące, które zostałyby zerwane, gdyby partnerzy już ze sobą nie mieszkali. Także narodziny pierwszego dziecka wyraźnie obniżają satysfakcję ze związku jego rodziców – przynajmniej w indywidualistycznych Stanach Zjednoczonych, ceniących sobie wolność osobistą, którą dziecko w oczywisty sposób ogranicza (Twenge i in., 2003). Jednak to, co wiemy na pewno, to fakt, że satysfakcja ze związku silnie zmienia się w zależności od fazy miłości i fazy wspólnego życia partnerów.

Fazy miłości

Sześciofazowa koncepcja miłości, przedstawiona na wstępie tej książki, pozwala przewidywać, że satysfakcja z bliskiego związku silnie zależy od fazy miłości, w jakiej związek się znajduje. Badania około tysiąca osób w wieku od 18 do 80 lat przekonują, że tak jest w istocie (Wojciszke,

2002a). Jak ilustruje rycina 5.1, satysfakcja ze związku początkowo rośnie, potem przez trzy fazy (romantyczne początki, związek kompletny i miłość przyjacielska) utrzymuje się na stałym i wysokim poziomie, by następnie (w fazie związku pustego i rozpadu) spaść znacznie poniżej tego, co jest na początku. Rycina 5.2 przekonuje, że bardzo podobnie przedstawiają się zmiany oceny ogólnych zysków i strat, jakie przynosi partnerom bliski związek.

Co interesujące, faza zakochania niesie mniej satysfakcji i zysków, a więcej strat niż podobna do niej faza romantycznych początków. Prawdopodobnie wynika to z niepewności i obawy przed odrzuceniem, jakie towarzyszą zakochaniu, a których już szczęśliwie nie ma w fazie romantycznych początków. Satysfakcja ze związku jest wyraźnie wyższa w trzech środkowych fazach – romantycznych początkach, związku kompletnym i miłości przyjacielskiej – niż przedtem i potem. Ponieważ w tych fazach największa jest również intymność, sugeruje to, że właśnie intymność stanowi najsilniejszy wyznacznik satysfakcji. Rzeczywiście – badania

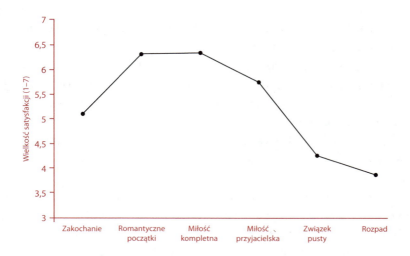

Rycina 5.1.
Satysfakcja ze związku w zależności od jego fazy
Źródło: na podstawie danych w: Wojciszke, 2002a.

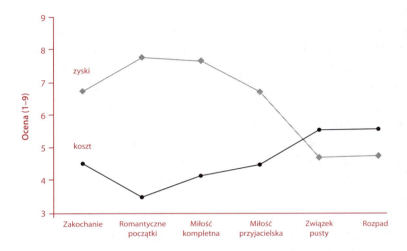

Rycina 5.2.
Ocena ogólnych zysków i kosztów bliskiego związku w zależności od jego fazy
Źródło: na podstawie danych w: Wojciszke, 2002a.

na dużych próbach wykazały, że intymność jest jedynym składnikiem miłości, który wiąże się z satysfakcją (a także z oceną zysków, strat i sprawiedliwości; Wojciszke, 2002a). Co prawda również namiętność i zobowiązanie są z satysfakcją skorelowane, ale korelacje te mają charakter pozorny – wynikają wyłącznie z tego, że oba te składniki wiążą się z intymnością. Podobnie pozorna jest korelacja między liczbą bocianów w gminie, a liczbą rodzących się w niej dzieci – po prostu w gminach wiejskich gniazduje więcej bocianów niż w gminach miejskich i w tych pierwszych rodzi się też więcej dzieci.

Prawdziwym towarzyszem (własnej) satysfakcji jest jedynie (własne) odczuwanie intymności. Podobnie rzecz się ma ze składnikami miłości mężczyzny i satysfakcją kobiety – na satysfakcję kobiety wpływa jedynie intymność odczuwana przez jej partnera (ale nie jego namiętność czy zobowiązanie). Natomiast na satysfakcję mężczyzn wpływa jedynie (choć niezbyt silnie) namiętność ich partnerki. Te ostatnie badania dotyczyły jednak par o stosunkowo krótkim stażu i ludzi młodych, bardziej skłonnych do silnych namiętności. Jak wspominałem na wstępie tej książki, nasza kultura stawia na piedestale namiętność, ale z punktu widzenia satysfakcji ze związku (i jego trwałości) znacznie ważniejsza jest intymność. Namiętność przypomina wirtuoza samotnie grającego na skrzypcach w dźwiękoszczelnym pomieszczeniu – on doznaje uniesień, ale nikt inny tego nie słyszy, z jego partnerką na czele.

Jakie zyski i koszty niesie bliski związek? Miesięcznik kobiecy „Pani" wydrukował ułożoną przeze mnie ankietę „Jaką jesteście parą". Na ankietę odpowiedziało 556 czytelniczek, odpowiadając między innymi na pytania, co dobrego, a co złego przyniosło im małżeństwo. Jak widać w tabelach 5.1 i 5.2, wskazywane zyski i straty bardzo silnie zależały od fazy

Tabela 5.1.
Korzyści z małżeństwa jako funkcja fazy związku
Tabela przedstawia procent kobiet (z danej fazy) wybierających kolejne zyski (można było wskazać dowolną ich liczbę).

Korzyść	Romantyczne początki	Związek kompletny	Związek przyjacielski	Związek pusty	Rozpad
jestem komuś potrzebna	75	78	72	33	27
poczucie bezpieczeństwa	75	73	62	21	18
oparcie w potrzebie	68	74	60	11	15
czuję się w pełni kobietą	68	68	39	12	15
duma z męża	50	52	39	4	0
życie jest ciekawsze	50	39	28	5	3
mąż mnie docenia	39	52	34	1	3
możliwość bycia sobą	39	43	28	6	0
posiadanie domu i dzieci	36	65	70	61	35
życie wygląda tak, jak powinno	22	33	26	16	0
bezpieczeństwo materialne	25	44	49	52	35
ludzie bardziej mnie szanują	7	13	13	15	3
nie daje mi nic dobrego	0	3	0	15	44

Źródło: opracowanie własne.

Tabela 5.2.
Straty z małżeństwa jako funkcja fazy związku

Tabela przedstawia procent kobiet (z danej fazy) wybierających kolejne straty (można było wskazać dowolną ich liczbę).

Straty	Romantyczne początki	Związek kompletny	Związek przyjacielski	Związek pusty	Rozpad
brak oparcia w mężu	4	1	10	49	79
kłótnie i awantury	7	7	14	41	77
rozczarowanie mężem	0	0	12	43	68
mąż mnie nie docenia	4	5	16	53	59
służąca we własnym domu	11	15	31	59	56
nuda, ciągle to samo	0	5	23	53	53
nie mogę być sobą	0	5	14	38	47
przestaję czuć się kobietą	0	0	4	16	38
większe kłopoty materialne	11	9	12	11	29
nie mogę spotykać rodziny/przyjaciół	11	7	14	16	27
wstyd mi przez to małżeństwo	0	0	1	6	24
nie mogę realizować kariery zawodowej	4	10	19	19	24
nie przynosi mi niczego złego	79	59	40	4	3

Źródło: opracowanie własne.

związku, w jakiej znajdowały się czytelniczki (wśród tych faz nie było zakochania, jako że w ankiecie brały udział tylko kobiety zamężne, które niemal wszystkie są już poza tą fazą). W najbardziej satysfakcjonujących środkowych fazach związku prawie nikt nie wybiera odpowiedzi, że związek nie przynosi mu nic dobrego, takie wypowiedzi stają się częste dopiero w fazie rozpadu. Najczęściej wybierany zysk to „jestem komuś potrzebna", co zdaje się świadectwem skądinąd znanego wspólnotowego nastawienia kobiet. Większość zysków jest wskazywana przez duże odsetki kobiet znajdujących się w fazie romantycznych początków, związku kompletnego i przyjacielskiego, natomiast nie wskazują ich kobiety z fazy związku pustego i rozpadu. Tylko dwa rodzaje zysków rosną jako funkcja fazy – możliwość posiadania domu i dzieci oraz bezpieczeństwo materialne. Są to jedyne zyski wskazywane przez ponad połowę kobiet nawet w fazie związku pustego. Zyski te są wyraźnie zewnętrzne, w stosunku do tego, co dzieje się między partnerami. Odwrotnie ma się sprawa ze stratami. Tylko w początkowych fazach większość kobiet deklaruje, że nie ponosi żadnych strat, w dwóch ostatnich fazach jest to zaledwie kilka procent. Wszystkie straty narastają w miarę starzenia się związku, ale bardzo częste stają się dopiero w fazie związku pustego. Najczęstsza strata to brak oparcia w mężu, rozczarowanie oraz konflikty i bycie niedocenianą przez męża.

Fazy życia

Życie byłoby nieskończenie szczęśliwsze, gdybyśmy mogli rozpocząć je w wieku lat osiemdziesięciu i stopniowo zbliżać się do osiemnastu.

Mark Twain

Co najmniej kilkanaście badań – w tym także badania na wielkich próbach reprezentatywnych dla dorosłych populacji różnych krajów – pokazuje krzywoliniowy związek między etapem cyklu życiowego, na jakim znajduje się rodzina (jeszcze bezdzietność, pierwsze dziecko i ewentualnie następne, kolejne fazy dorastania dzieci, opuszczenie domu przez dzieci), a satysfakcją małżonków z ich związku (Argyle i Martin, 1991). Oznacza to – jak ilustruje rycina 5.3 – że początkowo satysfakcja z małżeństwa silnie spada, osiągając najniższy poziom w momencie dorastania dzieci, by potem ponownie wzrosnąć, choć zwykle do poziomu niższego niż początkowy.

Ze względu na współwystępowanie satysfakcji z nieobecnością dzieci początkowy spadek satysfakcji z małżeństwa przypisywano głównie pojawieniu się dzieci. Ich posiadanie łączy się z licznymi kosztami, nie tylko ekonomicznymi – spadek ilości czasu, jaki partnerzy mają dla siebie nawzajem i każdy dla siebie z osobna, dotkliwy wzrost liczby obowiązków, bezpowrotny zanik posiadania partnera tylko dla siebie, wtrącenie partnerów w tradycyjny, a niekoniecznie pożądany układ ról, w których kobieta poświęca się domowi, a mężczyzna zajmuje się działalnością

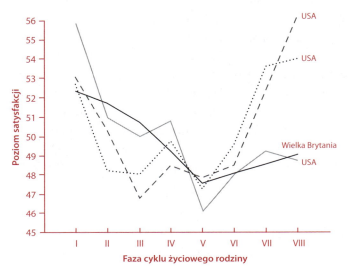

Rycina 5.3.
Poziom satysfakcji z małżeństwa w różnych fazach życiowego cyklu rodziny
(dla trzech prób amerykańskich i jednej brytyjskiej)
Źródło: na podstawie danych w: Argyle i Martin, 1991.

zarobkową. Podobnie późniejszy wzrost satysfakcji przypisywano opuszczeniu domu rodzinnego przez dzieci. Jednakże nawet stałe współwystępowanie dowolnych zjawisk wcale nie musi oznaczać, że jedno z nich jest przyczyną drugiego (przypomnijmy bociany i dzieci). Większość rodziców deklaruje, że dzieci stanowią ogromne źródło radości, a niektórzy skłonni są nawet uważać, iż jest to jedyny powód do satysfakcji z życia rodzinnego. Co ważniejsze, badania, w których mierzono zmiany satysfakcji również u małżeństw bezdzietnych, pokazują takie samo tempo początkowego spadku satysfakcji u par zarówno mających, jak i niemających dzieci (McHale i Huston, 1985).

Mimo stosunkowo dużej powtarzalności i wyrazistości wzorzec zmian satysfakcji z małżeństwa przedstawiony na rycinie 5.3 jest nieco mylący, przynajmniej w części dotyczącej późniejszego wzrostu satysfakcji.

Po pierwsze, większość wyników pochodzi z badań poprzecznych, porównujących różne małżeństwa, w momencie badania znajdujące się w różnych fazach życia rodzinnego (a nie wciąż te same małżeństwa w różnych momentach). Prawdopodobieństwo rozwodu jest bardzo silnie uzależnione od satysfakcji z małżeństwa, a procent rozwodzących się małżeństw w badanych populacjach (najczęściej amerykańskich) jest bardzo znaczny (obecnie więcej niż połowa małżeństw amerykańskich się rozpada, a tendencja ta ostatnio rośnie także w Polsce, o czym mowa w ostatnim rozdziale). W konsekwencji długotrwałe małżeństwa, do których dociera się w badaniach poprzecznych, są mocno przesiane. Są to po prostu małżeństwa najszczęśliwsze, a spora część związków mniej szczęśliwych w ogóle przestała już istnieć, co sztucznie zawyża średnie oceny satysfakcji w porównaniu z małżeństwami młodszymi, jako że wśród nich są również te niezadowolone, które w przyszłości się rozpadną.

Po drugie, małżeństwa długotrwałe to małżeństwa osób starszych, wcześniej urodzonych, a więc z reguły bardziej przywiązanych do tradycyjnych wartości (w tym nienaruszalności stanu małżeńskiego). To również przyczynia się do względnego zawyżenia ocen satysfakcji u małżeństw starszych.

Podobnych wątpliwości interpretacyjnych nie budzi natomiast faza początkowego spadku satysfakcji. Stwierdza się ją bardzo często także w badaniach niewykazujących późniejszej fazy wzrostu i – co ważniejsze – w badaniach podłużnych, prowadzonych na tych samych parach w różnych okresach ich życia. Badania takie wykazują spadek satysfakcji z małżeństwa już w ciągu pierwszego roku jego trwania. Spadek oceniany zarówno za pomocą subiektywnych ocen, jak i procentu nadal trwających związków w obrębie tej samej, coraz starszej grupy wiekowej jest wyraźny w ciągu co najmniej pierwszych dziesięciu, a prawdopodobnie i dwudziestu pięciu lat (Glenn, 1989).

Dotychczasowe badania nie pozwalają jednoznacznie orzec, czy późniejsze wznoszenie się krzywej satysfakcji z małżeństwa jest wyłącznie sztucznym produktem metody, czy jest zjawiskiem rzeczywistym (choć o mniejszym natężeniu, niż to sugeruje rycina 5.3), czy też występuje tylko w odniesieniu do niektórych par, na przykład tych, które potrafiły przedefiniować znaczenie miłości i własnego związku, a także zmienić go ze związku opartego na namiętności na budowany głównie na bazie przyjaźni partnerów. Ta ostatnia możliwość wydaje się bardziej atrakcyjna i potwierdzają ją wyniki badań, w których wykrywa się dość nieliczną grupę „małżeństw totalnych", zachowujących witalność po dziesięciu i więcej latach (Cuber i Haroff, 1965; Acevedo i Aron, 2009). Możliwość taka jest najwyraźniej krzepiąca i uwzględnia potoczną obserwację, że istnieją pary zachowujące do końca życia silny i szczęśliwy związek uczuciowy. Warto jednak pamiętać, że nawet takie nieliczne obserwacje nie przeczą realności ogólnych, statystycznych trendów omawianych w tej książce. Najbliżej trzymający się faktów wniosek jest więc taki, że **w większości stałych związków występuje systematyczny i rozłożony na wiele lat spadek płynącej z nich satysfakcji. Oznacza to postępujący spadek poziomu intymności**, jaka łączy partnerów, zważywszy, że namiętność spada i wcześniej, i w szybszym tempie. Do powodów spadku intymności wrócę na zakończenie tego rozdziału. Teraz przyjrzyjmy się satysfakcji z życia w ogóle i poczuciu szczęścia.

Od czego zależy szczęście?

Szczęście to zgodność z samym sobą,
to harmonia wewnętrznych demonów.

Tomek Tryzna

Wielu ludzi pióra bardzo sceptycznie zapatruje się na możliwość, a nawet na potrzebę osiągania przez ludzi szczęścia. Na przykład Thomas Szasz, współtwórca psychiatrii humanistycznej, pisał: „Szczęście to pewien wyobrażony stan, niegdyś przez żywych przypisywany zmarłym, obecnie zaś przypisywany dzieciom przez dorosłych, a dorosłym – przez dzieci", natomiast pisarz Gustave Flaubert twierdził: „Być głupim egoistą o dobrym zdrowiu to trzy warunki szczęścia, choć wszystko stracone bez głupoty". W rzeczywistości jednak, to ludzie inteligentni są nieco szczęśliwsi, a przede wszystkim większość ludzi po prostu jest szczęśliwa.

Janusz Czapiński, który od lat kilkunastu niezmordowanie śledzi kondycję psychiczną i warunki życia Polaków na wielotysięcznych próbach, stwierdza, że około 70% Polaków czuje się ludźmi szczęśliwymi, a ostatnio ta tendencja nawet rośnie (Czapiński i Panek, 2007). Podobnie przeważająca większość Polaków jest zadowolona ze swojego życia, jak ilustruje to rycina 5.4. Polacy nie są tu żadnym wyjątkiem – w skali świata 80% ludzi deklaruje, że są szczęśliwi (oszacowanie to pochodzi z badań sondażowych obejmujących ponad milion ludzi z 45 krajów; Meyers, 2000).

Rycina 5.4 przekonuje, że choć oceny są przesunięte w kierunku pozytywnym, pozostają one wyraźnie zróżnicowane – nieliczni są delirycznie uszczęśliwieni swoim życiem, większość jest uszczęśliwiona umiarkowanie, co piąty nie może się zdecydować, a mniejszość jest mniej lub bardziej swoim życiem zdegustowana. Od czego zależy ta zmienność poczucia szczęścia? Porównanie ludzi należących do tego samego społeczeństwa wskazuje, że od czynników trojakiego rodzaju (Lyubomirski i in., 2005). Pierwszy i najsilniejszy czynnik to stałe różnice indywidualne, czyli charakterystyczny dla danej jednostki poziom szczęścia, powiązany z jej

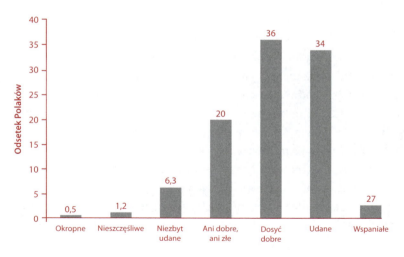

Rycina 5.4.
Odsetek Polaków deklarujących różny poziom zadowolenia z życia

Źródło: Czapiński i Panek, 2007. Copyright © by Rada Monitoringu Społecznego.

osobowością. Od tych różnic indywidualnych zależy aż 50% zmienności poczucia szczęścia. Kolejnych 40% zależy od rodzaju aktywności, czyli od czynności intencjonalnie podejmowanych przez człowieka, i wreszcie tylko 10% zależy od warunków życia, takich jak mieszkanie w ciasnych pokoikach czy przestronnych komnatach.

Cechy indywidualne

Szczęście jest podzielone w sposób bardzo niesprawiedliwy. Jedni nawet w listopadowy poranek są uszczęśliwieni niczym golden retriever z reklamy, a inni mają listopadowe miny nawet w majową sobotę. Badania genetyki behawioralnej (nad podobieństwem cech i zachowań osób w różnym stopniu spokrewnionych genetycznie) przekonują, że różnice indywidualne w poczuciu szczęścia są w znacznej większości uwarunkowane genetycznie. Na przykład badania nad bliźniętami jednojajowymi (które są identyczne genetycznie) i dwujajowymi (które są spokrewnione w takim samym stopniu, jak zwykłe rodzeństwo) pokazują, że te pierwsze są bardzo do siebie podobne, te drugie zaś są tylko nieco do siebie podobne pod względem poziomu szczęścia (Lykken i Tellegen, 1996). Co więcej, bliźnięta jednojajowe są do siebie nadal zbliżone pod względem poziomu szczęścia nawet wtedy, kiedy są od urodzenia wychowywane oddzielnie, a poziom podobieństwa jest stały w czasie tylko u tych bliźniąt (ale nie u bliźniąt dwujajowych). Ogólnie rzecz biorąc, ludzie są do siebie podobni pod względem poziomu szczęścia na tyle, na ile wynika to ze stopnia ich pokrewieństwa, ale wychowywanie się w tej samej szczęśliwej lub nieszczęśliwej rodzinie wcale ich do siebie nie upodabnia. Być może z wyjątkiem osób z rodzin silnie patologicznych (zawsze łatwiej zepsuć niż naprawić) – takie osoby rzadko bywają uczestnikami badań psychologicznych i niewiele o nich wiemy.

Kto jest szczęśliwy? Cech ludzkich jest bez liku, jednak wśród psychologów panuje zgoda, że większość daje się sprowadzić do pięciu podstawowych, do których zaliczają się neurotyzm, ekstrawersja, ugodowość, sumienność i otwartość na doświadczenie. Wszystkie one wiążą się z poczuciem szczęścia, choć z niejednakową siłą (DeNeve i Cooper, 1998). Najsilniej wiąże się z nim neurotyzm, czyli zmienność emocjonalna, skłonność do zamartwiania się, lęków i depresji, czemu towarzyszy obniżona samoocena. Ludzie o neurotycznych skłonnościach są wyraźnie mniej szczęśliwi także w bliskim związku i potrafią tym zarazić swojego partnera, ponieważ ujawniają w małżeństwie więcej negatywnych zachowań, co, rzecz jasna, obniża satysfakcję małżeńską partnera (Caughlin i in., 2000). Cechą, która tak silnie podwyższa poczucie szczęścia, jak silnie neurotyzm je obniża, jest ekstrawersja, czyli aktywność, energiczność i otwartość na ludzi. Nieco słabiej wiążą się ze szczęściem dwie kolejne cechy: sumienność i ugodowość. Ludzie są więc wyraźnie szczęśliwsi, gdy są obowiązkowi i odpowiedzialni z jednej strony, z drugiej zaś – przyjaźni i unikający konfliktów. Wreszcie, najsłabiej (i również dodatnio) wiąże się ze szczęściem otwartość na doświadczenie. Wszystkie te cechy same w sobie są dość silnie uwarunkowane genetycznie i wykazują znaczną stałość w czasie mierzonym w latach.

Warunki zewnętrzne

Warunki zewnętrzne to okoliczności, w jakich przyszło nam żyć. Są to czynniki kulturowe i demograficzne (kultura, narodowość, miejsce zamieszkania, płeć, wiek), osobista historia życia (szczęśliwe bądź traumatyczne dzieciństwo, wypadki, zdobyte nagrody) oraz status życiowy, czyli wykształcenie, stan cywilny, status zatrudnienia, pozycja zawodowa, stan zdrowia, religijność, dochody. Spośród tych czynników ogromny wpływ wywiera kultura i zamożność kraju, w którym żyjemy. Na co dzień wpływ ten jest mało zauważalny, gdyż rzadko spotykamy ludzi z innych kultur, a zatem rzadko się z nimi porównujemy. Rycina 5.5 przedstawia dane dotyczące 88 krajów, a wskaźnikiem bogactwa kraju był produkt krajowy brutto na głowę mieszkańca, wskaźnikiem dobrostanu zaś – wystandaryzowane odpowiedzi na pytanie o satysfakcję z życia i poczucie szczęścia, zebrane pięć lat później na wielotysięcznych próbach obywateli danego kraju. Jak widać, obywatele różnych krajów ogromnie się różnią dobrostanem. Najwyższy dobrostan obserwuje się wśród Duńczyków, których 97% jest bardzo lub maksymalnie zadowolonych z życia. Na drugim krańcu znajdują się Armenia i Zimbabwe, gdzie podobną deklarację składa zaledwie 11% obywateli. Są zatem kraje, w których prawie wszyscy są szczęśliwi (Skandynawia, Europa Zachodnia, Ameryka Północna). Są też kraje, w których prawie wszyscy są nieszczęśliwi – są to zawsze kraje biedne, wyniszczone wojną (Irak) lub dyktaturą (Zimbabwe) oraz te kraje postkomunistyczne, które w przeszłości wchodziły w skład Związku Sowieckiego, z Rosją włącznie. Bycie częścią imperium przodującego w budowie szczęścia ludzkości (jak głosiła propaganda) zaowocowało trwałym nieszczęściem tych narodów. Położenie na obrzeżach imperium, jak to się zdarzyło Polsce czy Czechom, okazało się mniej szkodliwe – jesteśmy nieporównanie szczęśliwsi niż Rosjanie czy Ukraińcy.

Dane z ryciny 5.5 przekonują, że dobrostan psychiczny silnie wiąże się z zamożnością kraju, choć związek ten jest krzywoliniowy – jest on silny dla krajów względnie biednych, a bardzo słaby dla krajów bogatych. Tak więc wśród krajów biednych nawet niewielkim wzrostom zamożności towarzyszą duże wzrosty dobrostanu, natomiast wśród krajów bogatych przyrosty zamożności prawie wcale nie owocują wzrostem szczęścia. Innymi słowy, bogactwo przynosi niewiele szczęścia, podczas gdy bieda przynosi wiele nieszczęścia. Powodem tej asymetrii jest fakt, że przyrosty zamożności na biednym krańcu oznaczają wzrost zaspokojenia podstawowych potrzeb człowieka (jedzenie, schronienie, bezpieczeństwo), to zaś oznacza realny wzrost dobrostanu. Natomiast wśród krajów zamożnych takie podstawowe potrzeby są od dawna zaspokojone, więc dalsze przyrosty skutkują jedynie zmianami stylu życia – zamiast jeździć małymi samochodami, ludzie poruszają się wielkimi SUV-ami, zamiast pływać kajakami, pływają jachtami, co – aczkolwiek przyjemne – nie stanowi szczególnie dużej różnicy (Inglehart i in., 2008). Ponadto w zamożnych krajach większość konsumpcji stanowią dobra luksusowe, które nie mają żadnego znaczenia z perspektywy zaspokojenia podstawowych potrzeb. Zegarek za 100 złotych służy właścicielowi tak samo jak zegarek za 1000 złotych. Po co ludzie wydają dziesięć razy więcej? Oczywiście po to, by pokazać, że są lepsi od innych. Ale ta gra o status jest grą o sumie zerowej – żeby ktoś wygrał, ktoś inny musi przegrać. Ponieważ na samej górze mogą być tylko nieliczni, prawie wszyscy uczestnicy gry o status z kimś ją przegrywają (Frank, 2000). Nawet jeżeli kupisz zegarek za 5 tysięcy złotych, będziesz i tak gorsza od kogoś, kto kupi inny za 10 tysięcy. Wystawna

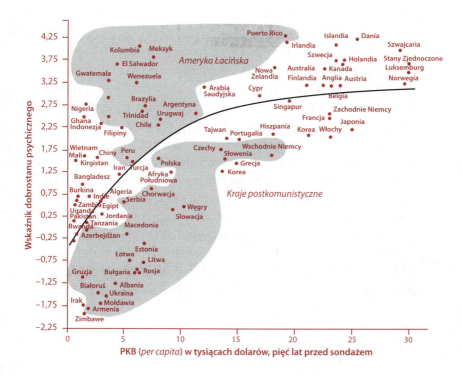

Rycina 5.5.
Związek pomiędzy bogactwem kraju a poziomem psychicznego dobrostanu jego obywateli

Źródło: Inglehart i in., 2008. Copyright © by Association for Psychological Science.

konsumpcja prowadzi do ogromnego marnotrawstwa dóbr, a uszczęśliwia bardzo nielicznych, choć uczestniczy w niej bardzo wielu bez żadnego przyrostu szczęścia. W zamożnych krajach nie obserwuje się w ogóle związku między poziomem dochodów a szczęściem. Jednak im biedniejszy jest kraj, tym silniej ten związek występuje (Howell i Howell, 2008). Współczesna Polska jest dosyć biedna, dlatego też w naszym kraju ten związek jest wciąż wyraźny (Czapiński i Panek, 2007).

Jednakże dane z ryciny przekonują też, że pieniądze to nie wszystko, choć nie ma kraju, który byłby bardzo bogaty, a równocześnie nieszczęśliwy.

Kraje latynoamerykańskie zdają się mieć kulturę generującą szczęście wbrew koszmarnym warunkom. Na przykład nieco biedniejsza od Polski Kolumbia nękana jest nieustanną wojną z gangami narkotykowymi i nagminnymi porwaniami dla okupu. Tymczasem żyjący w stanie oblężenia mieszkańcy tego kraju są nieporównanie szczęśliwsi od Polaków. Z kolei Japonia czy słoneczna Italia są wielokrotnie bogatsze niż Polska, ale narody te są tylko nieznacznie od nas szczęśliwsze.

Inny ważny rodzaj warunków zewnętrznych to status matrymonialny. W poprzednich rozdziałach wskazywałem, jak ogromną rolę odgrywa wsparcie społeczne z punktu widzenia zdrowia i szczęścia. Nawet nie najlepiej funkcjonujący związek może być nieocenionym i największym źródłem wsparcia. Nic dziwnego, że wszędzie na świecie osoby pozostające w związku małżeńskim są szczęśliwsze od takich, które nigdy małżeństwa nie zaznały, bądź też się rozwiodły. Rycina 5.6 ilustruje to na przykładzie ogromnej, liczącej ponad 30 tysięcy osób próby Amerykanów. Oczywiście z tego rodzaju danych nie wynika, co jest przyczyną,

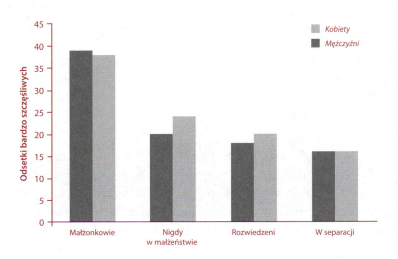

Rycina 5.6.
Odsetek osób bardzo szczęśliwych w zależności od stanu cywilnego
Źródło: na podstawie danych w: Meyers, 2000.

a co skutkiem. Czy ludzie szczęśliwi mają większą skłonność i umiejętność zawierania małżeństwa i pozostawania w nim? Czy raczej małżeństwo ludzi uszczęśliwia? Odpowiedź na oba pytania brzmi „tak", ponieważ związek szczęścia z małżeństwem jest dwustronny, choć niezbyt silny (Meyers, 2000).

Fakt, że warunki zewnętrzne słabo wpływają na poczucie szczęścia, nie znaczy, rzecz jasna, że nie wpływają wcale. Wpływają, tyle że nie wszystkie i znacznie słabiej, niż sobie myślimy. A przede wszystkim wpływają na krótko. Wielu ludzi zapytanych, co najbardziej podniosłoby ich poczucie szczęścia, twierdzi, że podziałałby tak znaczny przypływ gotówki. W rzeczywistości wcale tak się nie dzieje. W klasycznych badaniach nad wpływem dużej wygranej na loterii na poczucie szczęścia stwierdzono, że po kilku miesiącach wygrani wcale nie byli szczęśliwsi od grupy kontrolnej, złożonej z ludzi podobnych, którym jednak nic takiego się nie przydarzyło. A wiele codziennych czynności, takich jak rozmowa przez telefon z przyjacielem czy zjedzenie śniadania, sprawiało im mniej przyjemności niż osobom z grupy kontrolnej (Brickman i in., 1978). Dlaczego?

Po pierwsze, nasze poczucie szczęścia (i emocje w ogóle) jest w większym stopniu reakcją na zmiany w otoczeniu niż na samo otoczenie. Kiedy coś nowego pojawia się w naszej sytuacji, obdarzamy to uwagą i budzi to w nas silne emocje, jak ów stażysta, brunet, który niedawno pojawił się w dziale marketingu. Po pewnym czasie jednak przyzwyczajamy się do zmiany, a ona przestaje być zmianą – brunet wtapia się w otoczenie i staje się jeszcze jednym kolegą z pracy. Ludzie adaptują się, czyli przystosowują do zmienionej sytuacji, a ich reakcje na stałe elementy otoczenia są słabe lub żadne, inaczej bowiem nie można by było reagować na bodźce nowe, potencjalne niebezpieczne. Po drugie, zmieniają się nasze oczekiwania. Apetyt przychodzi w miarę jedzenia. Bogaty tym się różni od biednego, że więcej mu potrzeba. Dopóki zarabiamy 2 tysiące, oczekujemy obiadu w stołówce. Kiedy zarabiamy 12 tysięcy, oczekujemy obiadu w eleganckiej restauracji. Jesteśmy niezadowoleni, kiedy nie starcza na spełnienie oczekiwań, a zadowoleni, kiedy starcza, mniej więcej w tym samym stopniu, niezależnie od oczekiwań. Tyle że oczekiwania tych, którym dzieje się lepiej, rosną i trudniej im sprostać. Ten mechanizm nazywany jest hedonicznym (przyjemnościowym) kieratem – nawet jeżeli nasze warunki zmieniają się na lepsze, to wzrost oczekiwań powoduje brak przyrostu satysfakcji. Powyżej progu zaspokojenia potrzeb podstawowych nasze szczęście kręci się w kółko na tym samym poziomie, nawet jeśli nasze warunki rosną wyżej i wyżej.

Jeżeli koncepcja hedonicznego kieratu jest trafna, to należy oczekiwać, że ludzie przystosowują się również do nieszczęść. Trudno sobie wyobrazić gorsze życie niż człowieka sparaliżowanego od pasa w dół, czyli poruszającego się wyłącznie na wózku paraplegika. Brickman i współpracownicy badali także takie osoby. Okazały się one nieco mniej szczęśliwe od wygrywających na loterii i osób kontrolnych. Co jednak zdumiewające, różnice te były bardzo niewielkie, a w sensie absolutnym paraplegicy byli szczęśliwi – to znaczy widzieli siebie jako trochę szczęśliwych (a nie na przykład bardzo nieszczęśliwych). Czyli ludzie adaptują się także do nieszczęścia – nie tylko paraplegicy, ale też przewlekle chorzy, którzy wymagają stałego poddawania się nieprzyjemnym zabiegom, takim jak hemodializa (Riis i in., 2005). Choć powszechnie sądzimy, że tak chore osoby muszą być nieszczęśliwe, pomiary ich nastroju, dokonywane w losowo wybranych momentach okresu czuwania, pokazują, że nie są one wcale w gorszym nastroju niż osoby zdrowe. Adaptacja do nawet bardzo złych wydarzeń jest prawdziwym cudem i świadectwem ogromnej niezłomności człowieka.

Ta niezłomność miewa przejawy, które bywają kontrowersyjne, choć raczej powinny cieszyć. Bruce Rind i współpracownicy (1998, 2001) przeprowadzili dwie metaanalizy badań (obejmujących w sumie kilkanaście tysięcy studentów i uczniów szkoły średniej) nad konsekwencjami molestowania seksualnego w dzieciństwie. W powszechnej opinii zarówno laików, jak i specjalistów w tej dziedzinie molestowanie jest przyczyną zaburzeń w późniejszym funkcjonowaniu psychicznym i społecznym, zaburzenia te są zwykle silne, powszechne wśród osób dotkniętych molestowaniem oraz jednakowe u kobiet i u mężczyzn. Metaanalizy Rinda zaprzeczyły wszystkim tym twierdzeniom. Przypadki molestowania seksualnego (ekshibicjonizm, dotykanie, seks oralny, stosunek seksualny) były relacjonowane przez 14% studentów i 27% studentek. Odpowiada to wynikom badań wiktymologicznych na populacji ogólnej (badania te zawierają jednak niewiele pomiarów innych zjawisk interesujących z psychologicznego punktu widzenia). Jednak pogorszenie funkcjonowania wskutek tego doświadczenia okazało się bardzo niewielkie – mówiąc najkrócej, molestowanie wyjaśniało zaledwie 1% zmienności funkcjonowania psychicznego. W dodatku jest bardzo wątpliwe, że molestowanie stanowi przyczynę owego pogorszenia, ponieważ to pierwsze jest silnie powiązane z jakością opieki rodzicielskiej i funkcjonowania rodzin, a efekt samego molestowania znika, kiedy kontroluje się wpływ jakości życia rodzinnego. Wreszcie, przy tak słabym efekcie zrozumiałe jest, że pogorszenie funkcjonowania pojawia się tylko u mniejszości molestowanych dzieci, a w dodatku jest dziewięć razy słabsze u mężczyzn niż u kobiet. Wszystko to nie znaczy, że nie ma przypadków molestowania seksualnego z poważnymi następstwami i że nie ma problemu. Rzecz jasna, takie przypadki się zdarzają nie tylko w Austrii (przypadek niesławnego Josepha Fritzla, który latami więził i gwałcił własną córkę), samo molestowanie zaś z pewnością jest krzywdzące, ponieważ nigdy nie wiadomo, kiedy zaowocuje wielką i nienaprawialną krzywdą dziecka. Człowiek jest jednak niezłomny – nawet ze spotkania z tak haniebną krzywdą większość nią dotkniętych wychodzi obronną ręką. Wyniki Rinda i współpracowników doprowadziły do licznych dyskusji i straszliwej awantury, łącznie ze wzywaniem na dywanik prezesa Amerykańskiego Towarzystwa Psychologicznego przez amerykańskich kongresmenów, tak jakby prezes był winien ludzkiej niezłomności!

Zło jest silniejsze od dobra

Adaptacja do zdarzeń pozytywnych jest jednak zwykle szybsza i bardziej kompletna niż adaptacja do zdarzeń negatywnych. Do niektórych zdarzeń negatywnych większość ludzi nigdy się nie adaptuje. Wszystko dlatego, że zło jest silniejsze od dobra.

Wyobraź sobie, że proponuję Ci grę w rzut monetą. Jak wypadnie orzełek, wygrywasz ode mnie 10 złotych, jak wypadnie reszka, przegrywasz i dajesz mi x złotych. Ile ma wynosić x, abyś zgodziła się zagrać?

Gdyby straty były tyle samo warte, co zyski, to $x = 10$ złotych. Ludzie jednak na ogół nie chcą grać za 10 złotych – większość chce przynajmniej 25 złotych. To prosty przykład działania zasady, że reagujemy na zdarzenia negatywne niż na silne pozytywne – nawet wtedy, gdy obiektywnie są one jednakowe. Tysiąc złotych podwyżki nas ucieszy, ale tysiąc złotych obniżki uposażenia zasmuci nas bardziej. Gdy ktoś nas pochwali, poczujemy doń przypływ sympatii, ale kiedy nas zgani, to przyrost antypatii będzie jeszcze większy. Rozgniewana twarz w tłumie twarzy uśmiechniętych jest rozpoznawana znacznie szybciej niż uśmiechnięta twarz w tłumie zagniewanych. Szybko przyzwyczajamy się do zmiany warunków na lepsze, jak w wypadku zamiany mieszkania na większe, ale wolno lub wcale nie przyzwyczajamy się do zmiany okoliczności na gorsze, jak w wypadku wydłużenia dojazdów do pracy albo hałasu (Haidt, 2007). Przeważnie łatwiej sobie opinię zepsuć niż poprawić, zwłaszcza w dziedzinie moralności. Wszystkie te przejawy zasady „zło jest silniejsze od dobra" są spadkiem po naszej ewolucyjnej historii (Baumeister i in., 2001). Z punktu widzenia przetrwania szybkie unikanie niebezpieczeństw było i jest nieporównanie ważniejsze od dostrzeżenia sprzyjających okoliczności. Brak szybkiej reakcji na zagrożenie może bowiem skończyć się nieodwracalną szkodą; brak szybkiej reakcji na okoliczności sprzyjające nie ma żadnych następstw.

Podobnie jest z bliskimi związkami. Wszędzie na świecie małżonkowie czy osoby pozostające w stałym związku są bardziej zadowolone z życia niż osoby samotne. Badania podłużne (powtarzane w jakichś odstępach czasu z udziałem tych samych osób) wskazują, że zawarcie małżeństwa podwyższa satysfakcję, jego zakończenie zaś, szczególnie przez wdowieństwo, satysfakcję obniża. Ale pojawia się tu silna asymetria. Bardzo przekonującym jej świadectwem są dane pochodzące z piętnastoletniego – jak dotąd – badania z udziałem 24 tysięcy dorosłych Niemców (Lucas i in., 2003). Gdy badamy taką masę ludzi, to bez trudu znajdziemy setki lub tysiące takich, którym przytrafiają się bardzo różne rzeczy. Możemy zmierzyć ich poziom satysfakcji z życia po danym zdarzeniu i porównać go z satysfakcją, jakiej doświadczali przedtem. Jak ilustruje rycina 5.7, przyrost szczęścia stwierdzony w tym badaniu po zawarciu

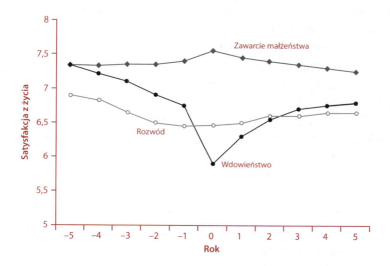

Rycina 5.7.
Poziom satysfakcji z życia przed i po „zdarzeniu matrymonialnym" (zawarcie małżeństwa, rozwód, wdowieństwo)

Rok 0 to rok, w którym zdarzenie się pojawiło.

Źródło: na podstawie danych w: Diener i in., 2006.

małżeństwa jest niewielki i trwa około roku, a potem poziom szczęścia wraca do punktu wyjścia. Natomiast spadek szczęścia po śmierci najbliższej osoby jest wielki i widoczny jeszcze po siedmiu latach, czyli poziom szczęścia jest wciąż niższy od wyjściowego. Jeżeli masz stałego partnera, to dbaj o niego przynajmniej na tyle, by nie umarł.

Pamiętajmy, że każdy punkt na rycinie to wartość średnia pochodząca od setek osób. Za wartościami średnimi ukrywają się oczywiście znaczne różnice między poszczególnymi jednostkami. Na przykład wiele osób reaguje bardzo silnym wzrostem satysfakcji na małżeństwo, choć są i takie, które reagują spadkiem. Podobnie niektóre osoby nigdy nie adaptują się do wdowieństwa czy rozwodu, podczas gdy innym przychodzi to szybko. Dane z ryciny 5.7 sugerują, że to raczej obniżone poczucie szczęścia pociąga za sobą rozwód niż odwrotnie. Osoby rozwodzące się już pięć lat wcześniej mają obniżoną satysfakcję z życia – najniższą ze wszystkich z wyjątkiem ludzi owdowiałych będących w fazie żałoby. Równie dotkliwym jak wdowieństwo doświadczeniem jest utrata pracy – również trudno się z niego podnieść.

Zasada „zło jest silniejsze od dobra" wywiera spory wpływ na to, co dzieje się między kobietą a mężczyzną w bliskim związku. Po pierwsze, wpływa na to, jak dobieramy się w pary. Jeżeli on ma jakąś wadę, którą ją nieustannie drażni (na przykład nerwowo chichocze), to dla niej będzie lepiej, gdy porzuci nadzieję, że jakieś jego zalety tę wadę zrekompensują. Wady wywierają niepomiernie większy wpływ na nasz stosunek do człowieka niż zalety. Czasem jedna wada jest w stanie skutecznie zniszczyć dowolną liczbę zalet – zupa z nowalijek może ładnie pachnieć, smakowicie wyglądać i mieć mnóstwo witamin, jednak wszystko na nic, kiedy jest przesolona. Na szczęście wady często automatycznie zamykają kontakt i wykluczają ewentualne problemy – nie jesteśmy w stanie spotykać się z osobą, która nerwowo chichocze, dzięki czemu nie będziemy musieli się trudzić wynajdywaniem jej zalet.

Drugi problem bliskiego związku wynikający z zasady „zło jest silniejsze od dobra" nie rozwiązuje się już w tak samoistny sposób. Skoro zło jest silniejsze od dobra, to każdy zły postępek wyrządza znacznie więcej szkody, niż dobry postępek przynosi korzyści. Wszyscy wiemy, że po niecnym postępku (naskarżyliśmy na partnera w obecności przyjaciół) powinniśmy zrekompensować szkodę i zrobić dla partnera coś miłego (pochwalić go innym razem). Jednakże nie zdajemy sobie sprawy z ogromnej asymetrii dobra i zła, z tego że do zrekompensowania jednego aktu wrogości trzeba co najmniej pięciu aktów życzliwości. Intuicyjnie zakładamy, że jedno dobro wystarczy do zniwelowania jednego zła. Ale to nieprawda i właśnie dlatego tak często dochodzimy do wniosku, że spotkało nas od partnera więcej złego niż dobrego, choć rachunkowo zwykle jest na odwrót. W dodatku zło lepiej pamiętamy niż dobro. Zło jest nieoczekiwane, a przez to wyraziste, akty dobra zaś są oczekiwane, oczywiste i tak do siebie podobne, że zlewają się jeden z drugim i w końcu pamiętamy je jako mniej liczne, niż faktycznie były. Wydaje nam się, że były małżonek tylko kilka razy wyniósł śmieci (po awanturach), choć faktycznie robił to ze dwieście razy rocznie przez dziesięć lat (no właśnie, czy on w ogóle robił coś innego?).

Trzeci problem jest najbardziej przewrotny: w miarę trwania bliskiego związku spada zdolność partnerów do wzajemnego wyświadczania sobie dobra, natomiast rośnie ich zdolność do wyrządzania przykrości. Jest to chyba największa tragedia ludzi w bliskim związku i piszę o niej dalej, omawiając pułapkę dobroczynności.

Aktywności

Największym szczęściem jest poczucie sensu życia.

Benjamin Disraeli

Osobowość człowieka, od której poczucie szczęścia w dużym stopniu zależy, bardzo trudno zmienić, podobnie jak zamożność i kulturę kraju zamieszkania (można zamieszkać gdzie indziej, ale to często bywa źródłem jeszcze większych problemów). Z kolei warunki można zmienić stosunkowo łatwo, ale co z tego, skoro one słabo na szczęście wpływają, a jeśli już, to na krótko – z wyjątkiem warunków bardzo złych. Czy to znaczy, że z naszym szczęściem nic się nie da zrobić? Podwyższyć, ulepszyć? Na szczęście jest jeszcze trzecia grupa wyznaczników szczęścia – nasze działania. Są to czynności dowolnie wybierane (w przeciwieństwie do warunków, które same się przydarzają), choć w miarę powtarzania i praktyki również aktywności mogą ulegać automatyzacji. Jednakże aktywności służące temu samemu celowi można zmieniać – kondycję możemy utrzymywać dzięki bieganiu, pływaniu, jeździe na nartach i tak dalej. Aktywności można też ukierunkować na przeciwdziałanie adaptacji. Na przykład możesz od czasu do czasu zliczyć błogosławieństwa swego życia zamiast uważać je za coś oczywistego. Wszystko to wskazuje na to, że adaptacja do zmiennych aktywności jest mniejsza niż do stałych warunków. Dlatego właśnie zmiana aktywności jest obiecującą drogą do trwałego podwyższenia szczęścia.

Każdy nosi buty, ale nie wszyscy ten sam rozmiar. Podobnie jest ze szczęściem – każdy może je osiągać, ale na różne sposoby. Znakomici badacze szczęścia, Sonja Lyubomirski i Ken Sheldon, po intensywnych

Tabela 5.3.
Aktywności trwale podnoszące poczucie szczęścia

Jeżeli dany sposób na szczęście na Ciebie działa, to możliwe, że działają na Ciebie także dwa sposoby wymienione z prawej strony.

Sposób na szczęście	I może ten:
1. Wyrażanie wdzięczności	4, 7
2. Ćwiczenie optymizmu	7, 9
3. Zwalczanie skłonności do zamartwiania się	6, 10
4. Ćwiczenie aktów życzliwości	8, 9
5. Zacieśnianie relacji z ludźmi	4, 12
6. Ćwiczenie zaradności	7, 10
7. Wybaczanie	2, 6
8. Robienie tego, co Cię naprawdę wciąga	9, 10
9. Czerpanie radości z życia	8, 10
10. Realizowanie celów z zaangażowaniem	6, 9
11. Praktykowanie religii i duchowości	6, 12
12. Dbanie o ciało	9, 10

Źródło: opracowanie własne na podstawie: Lyubomirski, 2008.

badaniach doszli do wniosku, że ludzkich aktywności, które realnie podwyższają poczucie szczęścia, jest aż dwanaście, choć nie każdy rodzaj aktywności działa na każdego człowieka (Lyubomirski, 2008). Jednakże każdy sposób działa na niektórych ludzi. Wszystkie je wymieniłem w tabeli 5.3. Możesz więc sobie wybrać takie sposoby, które na Ciebie działają, a pozostałe wydadzą Ci się irytująco głupie.

Aktywności wymienione w tabeli wyglądają jak przepisy na szczęście z poradnika pop-psychologicznego, jakich wiele zalega na półkach w księgarniach. Jednak przepisy z tej tabeli nie są wyłącznie świadectwem przekonań autorów, popartych jedynie żarliwością, jak to zwykle w takich wypadkach bywa. Te są owocem licznych badań przeprowadzonych w profesjonalny sposób, których wyniki były publikowane w najlepszych czasopismach naukowych.

1. **Wyrażanie wdzięczności.** Wdzięczność to więcej niż powiedzieć „dziękuję". Wdzięczność to radość z tego, co się dostało od losu czy ludzi i chęć przychylenia im nieba z tego powodu. Przyrost optymizmu i szczęście obserwuje się u wielu ludzi, których namówiono, by kilka tygodni z rzędu liczyli od czasu do czasu różne błogosławieństwa losu, które ich spotykają. Wyrażanie wdzięczności podnosi poczucie własnej wartości, hamuje gniew i poczucie krzywdy, zbliża nas do ludzi, pomaga znaleźć w nich oparcie oraz im je dać. Eufrozyna Gruszecka i Jerzy Trzebiński (2006) stwierdzili, że częściej doświadczamy wdzięczności w relacjach wspólnotowych (takich, w których z partnerem łączy nas poczucie wspólnoty, jak w wypadku związków romantycznych czy przyjaźni) niż w relacjach opartych na wymianie (w których podstawą relacji jest pewien kontrakt).

2. **Ćwiczenie optymizmu.** Pozytywne myślenie o sobie, o ludziach, a przede wszystkim o przyszłości podnosi nastrój i skłonność do działania, nasila wiarę w sukces, co sprawia, że wkładamy we własne działania więcej wysiłku. A skoro bardziej się wysilamy, to i więcej osiągamy. Optymizm może więc działać na zasadzie samospełniającego się proroctwa, o którym pisałem w poprzednim rozdziale. A optymizmu można się nauczyć, tylko trzeba potrenować. Znakomity badacz depresji Martin Seligman napisał nawet całą książkę pod tytułem *Optymizmu można się nauczyć* (1993), opartą na własnych badaniach wykazujących, że najlepszą drogą do optymizmu jest unikanie pesymistycznego wzorca wyjaśniania swych porażek. Ten pesymistyczny wzorzec polega na upatrywaniu przyczyn porażek we własnych cechach (a nie w okolicznościach zewnętrznych, za które nie jesteśmy odpowiedzialni), w cechach o charakterze stałym (jeżeli za moją klęską stoi trwała niedojdowatość, to klęski powtórzą się w przyszłości) i w cechach o charakterze ogólnym (jeżeli za niezdanym egzaminem z prawa jazdy stoi tak ogólna cecha, jak brak inteligencji, to należy oczekiwać niepowodzeń także w innych dziedzinach – randka też mi nie wyjdzie). Pesymistyczny wzorzec wyjaśniania prowadzi prostą drogą od porażki do depresji. Natomiast nawet

powtarzające się porażki nie wpędzą w depresję ludzi, którzy unikają pesymistycznego wzorca wyjaśnień, niczym bohater jednego z rysunków Andrzeja Mleczki, wyjaśniający swej towarzyszce i sobie, że jego „kariera dyplomatyczna legła w gruzach, gdy okazało się, że ma uczulenie na kawior i szampana".

3. **Zwalczanie skłonności do zamartwiania się.** Porażki są nieuchronne, zawsze też znajdzie się ktoś lepszy od nas pod jakimś ważnym względem. To powoduje, że często zamartwiamy się i przeżuwamy doznane klęski. Nawracają niechciane myśli o tym, jak do klęski doszło, co zrobiliśmy źle i co zrobilibyśmy dobrze, gdybyśmy mogli na nowo wejść w tę sytuację. Często jednak nie można owej sytuacji powtórzyć i zamartwianie się jest kompletnie bezproduktywne. Nie każda klęska prowadzi do depresji – prowadzi do niej tylko taka, od której nie możemy się psychicznie oderwać. Kobiety znacznie częściej niż mężczyźni popadają w depresję, ponieważ mają większą skłonność do zamartwiania się (panowie idą w tym czasie na mecz lub do pubu). Mężczyźni mają za to większą skłonność do martwienia się tym, że ktoś jest od nich lepszy (kobiety w tym czasie odbędą dłuższą rozmowę z przyjaciółką). Zamartwiania się można się oduczyć, aczkolwiek wymaga to wysiłku i przemyślności. Trzeba nauczyć się tropić okoliczności, w jakich takie myśli się pojawiają, wykrywać same myśli możliwie wcześnie i myśleć wtedy o czymś innym albo robić coś, co odwraca uwagę od takich myśli, a co sobie już wcześniej przygotowaliśmy na taką okazję.

Na podobnej zasadzie warto unikać narzekania. Jesteśmy narodem o wielkiej skłonności do narzekania i sami o tym dobrze wiemy. Kiedy spytałem próbę ogólnopolską, dlaczego ludzie narzekają, najczęstsza odpowiedź brzmiała, że robimy to, by sobie ulżyć i poprawić samopoczucie. Gdyby to była prawda, powinniśmy być jednym z najradośniejszych narodów świata – co drugi z nas ulżył sobie dwa razy po śniadaniu, a cztery razy wieczorem i tak dalej – a na to raczej nie wygląda. Postanowiliśmy więc ze współpracownikami (Wojciszke i in., 2009) sprawdzić, jak to faktycznie jest – czy narzekanie w istocie poprawia nastrój? W tym celu poprosiliśmy ludzi o wypowiedzi na tematy, o których wiedzieliśmy, że wzbudzają skłonność do narzekania (ceny, zarobki, szef), albo na tematy, o których wiedzieliśmy, że najczęściej wzbudzają skłonność do afirmacji świata (święta, zwierzaki domowe). Przed udzielelniem odpowiedzi mierzyliśmy nastrój naszych badanych. Jak ilustruje rycina 5.8 (strona lewa), nastrój po narzekaniu wyraźnie spadał, po afirmacji zaś wyraźnie wzrastał. Co więcej, w innym badaniu prosiliśmy o przysłuchiwanie się cudzej wypowiedzi na temat udanych lub nieudanych wakacji. Również tym razem mierzyliśmy nastrój przed wypowiedzią i po niej (choć w nieco inny sposób). Jak przekonuje prawa strona ryciny, także słuchanie cudzego narzekania obniża nastrój, słuchanie cudzej afirmacji zaś go podwyższa. Te oraz inne badania przekonują, że narzekanie z reguły nie przynosi ulgi, tylko zaraża nas złym nastrojem. Pamiętajmy jednak, że narzekanie to nie to samo, co zwierzanie się i szukanie wsparcia. Kiedy ludzie zwierzają się (nawet na piśmie) z przykrych

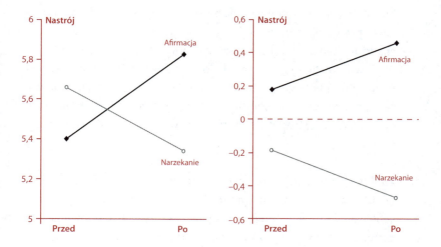

Rycina 5.8.
Nastrój przed i po afirmacji lub narzekaniu innej osoby (lewa strona) lub własnym (prawa strona)

Źródło: Wojciszke i in., 2009. Copyright © by Komitet Psychologii PAN.

lub traumatycznych przeżyć, poprawia to ich stan psychiczny, pod warunkiem że w ich wypowiedziach znajdują się jakieś mniej lub bardziej udane próby zrozumienia i wyjaśnienia nieszczęścia, które ich spotkało (Pennebaker, 2001). Wyrażanie negatywnych emocji ma uzdrowicielską moc, jeżeli łączy się ze zrozumieniem ich przyczyn. Nasze codzienne narzekanie najczęściej nie wyraża jakichś głębszych negatywnych emocji, lecz stanowi nawykowe, na wpół automatyczne powtarzanie ciągle tych samych negatywnych opinii o świecie (a niemal nigdy o sobie). Dlatego raczej pogarsza, niż poprawia nasze samopoczucie.

4. **Ćwiczenie aktów życzliwości.** Niewiele rzeczy tak poprawia nastrój, jak szczęście innych ludzi, nawet obcych. Empatycznie odczuwamy ich szczęście jako własne i jest to ważny powód pomagania. Kiedy uczestnikom pewnego badania zapowiedziano, że połknięta przez nich tabletka zamrozi ich nastrój na dwie godziny, to w ogóle przestali pomagać osobie, z którą brali udział w badaniu. Ten naturalny ludzki egoizm możemy obrócić na swoją korzyść, świadomie pomagając po to właśnie, by podnieść własne poczucie szczęścia. Masz chandrę? Zadzwoń do przyjaciółki i powiedz jej coś miłego, na co naprawdę zasługuje, choć nie było czasu o tym porozmawiać. Sam podejdź do ulicznego grajka i daj mu parę groszy, zamiast udawać, że go nie widzisz. Wolontariusze są szczęśliwsi od innych, mimo że opiekując się chorymi i bezradnymi, widzą znacznie więcej nieszczęść.

5. **Zacieśnianie relacji z ludźmi.** W drugim rozdziale przedstawiłem wiele danych przekonujących o dobroczynnym wpływie wsparcia społecznego (dawanego i otrzymywanego) na funkcjonowanie psychiczne, a nawet zdrowotne. Ludzie szczęśliwi łatwiej nawiązują relacje z innymi, a przyjaźnie, małżeństwa, bliskie związki, a nawet życzliwe przebywanie z innymi zwiększa satysfakcję z życia. Związek między szczęściem a relacjami z ludźmi jest dwukierunkowy. Skutecznym sposobem na wzrost szczęścia jest więc zacieśnianie

więzów z ludźmi, podnoszenie ich jakości. Chandra? Przypomnij sobie, który to pierścionek tak się podobał żonie, idź i kup go. Nie masz pieniędzy, to kup kwiaty. Nawet tyle nie masz? To postaraj się naprawdę skupić dziś wieczorem na tym, co ona mówi, nawet jeżeli wydaje Ci się, że już to słyszałeś w zeszłym miesiącu. Powiedz jej, jak dobrze coś robi, na pewno coś takiego jest, wystarczy sobie przypomnieć. Każdy z nas doskonale wie, co mogłoby sprawić radość najbliższej osobie. Warto z tej wiedzy zrobić użytek i wymyślić jakiś nowy sposób.

6. **Ćwiczenie zaradności.** Są dwa główne sposoby radzenia sobie ze stresem: koncentracja na zadaniu i na sposobach zwalczania pojawiających się przeszkód oraz koncentracja na własnych emocjach i robienie z nimi czegoś, by przestały boleć. Kiedy ukochany pies przeniósł się do psiej krainy wiecznych łowów, wszystko, co musimy zrobić, to odcierpieć swoje, a potem poradzić sobie ze smutkiem. Jako dorośli, powinniśmy już wiedzieć, co nam w tym najlepiej pomaga – czy rozmowa z przyjacielem, czy pójście do kina, czy wejście na internetowe forum właścicieli opłakujących swoje koty. Kiedy w pracy następuje spiętrzenie zadań, dziecko zachorowało, a jakiś popędliwy młodzieniec wjechał nam na zderzak, koncentracja na emocjach nie ma sensu. Lepiej sobie przypomnieć szkolenie z zarządzania czasem albo przemyśleć kolejność zadań i rozpocząć od najważniejszego, nawet jeśli akurat tego najbardziej nie lubimy. Zaradność zarówno zadaniową, jak i emocjonalną można wytrenować i mieć te umiejętności na podoręczniu. Nie daj się złapać losowi z opuszczonymi spodniami! A poza tym zapobieganie jest zawsze skuteczniejsze od leczenia.

7. **Wybaczanie.** Cesarz Marek Aureliusz, stoik na tronie, powiedział: „Wyzbądź się poczucia krzywdy, a sama krzywda zniknie". Miał rację – niewybaczona krzywda trzyma nas w przeszłości jak w pułapce. Wszystkie nasze emocje kotłują się wokół tego, czego i tak już nie można zmienić, a blokują satysfakcję z teraźniejszości i możliwości

na przyszłość. Zemsta nie daje ukojenia, przeciwnie – pogarsza stan emocjonalny mściciela. Akt rewanżu bowiem przedłuża nasze myślenie o sprawcy przewinienia i w konsekwencji sprawia, że dłużej – a nie krócej – przeżywamy swoją negatywną reakcję na samo przewinienie. Czasem mścimy się w wyniku niekontrolowanej złości, czasem w nadziei na to, że rewanż zamknie sprawę i przestaniemy o niej myśleć. Niekontrolowana złość pozbawia jednak poczucia godności (jak wszelki brak samokontroli), a nasze przewidywania uczuciowych konsekwencji własnego postępowania często okazują się błędne.

W jednej serii badań uczestnicy rozgrywali z trzema innymi osobami grę, w której mogli zarobić pieniądze dzięki własnym i cudzym inwestycjom (Carlsmith i in., 2008). Każdy uczestnik mógł dołożyć swój wkład do wspólnej puli, która następnie była podwyższana o 40%, po czym podzielona na cztery równe części wracała do uczestników. Sytuacja była więc zaaranżowana w taki sposób, że uczestnicy mogli w sumie zarobić najwięcej wtedy, kiedy wszyscy inwestowali możliwie dużo. Gdyby jednak ktoś chciał przejechać się na gapę i nie zainwestować nic, to mógłby wyjść na tym najlepiej, ponieważ dostałby za darmo jedną czwartą całej puli. W badaniu zawsze pojawiał się jeden naciągacz, który zachęcał innych do inwestycji, a sam się od nich powstrzymywał, o czym inni uczestnicy w końcu się dowiadywali. W niektórych warunkach mogli go za niewielką opłatą ukarać (obniżyć jego wynik), a w innych nie mieli takiej możliwości. Na zakończenie mierzono nastrój uczestników badania. Spośród badanych, którzy mieli możliwość ukarania naciągacza, uczyniło tak ponad 90% – tak więc skłonność do niewielkiej, a usprawiedliwionej zemsty wydaje się powszechna, nawet gdy pociąga za sobą pewne koszty. Co ciekawe, ci badani, którzy się zemścili, byli jednak na koniec w gorszym nastroju niż ci, którzy nie mieli takiej możliwości. Czy ludzie przewidują taki skutek? Nie. W jednym z badań dołączano jeszcze dodatkową grupę „przewidywaczy" – osób, które rozgrywały grę, nie miały okazji do ukarania naciągacza, ale pytano je, jak by się poczuły, gdyby taką okazję jednak miały. Osoby te przewidywały, że poczułyby się lepiej, gdyby miały możliwość ukarania naciągacza. Jak wiemy, błędnie, gdyż faktycznie rewanż powodował spadek nastroju. Dalsze badania pokazały, że powodem owego spadku było nasilenie skłonności do rozmyślania o naciągaczu i jego paskudnym postępku. Dlatego też zamiast mścić się, lepiej rozstać się ze sprawcą albo wybaczyć mu krzywdę. Nawet wybaczania można się nauczyć – osoby, które z własnego wyboru przeszły taki trening, jeszcze przez wiele miesięcy później doświadczały mniej negatywnych emocji i miały wyższą samoocenę od osób, które nie nauczyły się wybaczać (Lyubomirski, 2008).

8. **Robienie tego, co naprawdę wciąga.** Ludzi wciągają bardzo różne czynności. Jedni uwielbiają skakać na bungee, inni – układać puzzle z tysiąca elementów, jeszcze inni – czytać kryminały albo (jak ja) obliczać wyniki swoich badań. Najszczęśliwsi jesteśmy wtedy, kiedy to właśnie robimy – wpadamy w euforię, koncentrujemy się tylko na chwili teraźniejszej, zatracamy poczucie czasu i możemy to robić godzinami jak w transie. Nasz bieżący stan emocjonalny jest w dużym stopniu konsekwencją stosunku wyzwań stawianych przez aktualną sytuację do poziomu naszych umiejętności (Csikszentmihalyi, 1996). Jak ilustruje rycina 5.9, gdy wyzwania aktualnej sytuacji są małe, a nasze umiejętności duże, zaczynamy się nudzić niczym na wykładzie wygłaszanym przez kogoś, kto mniej zna się na sprawie od słuchaczy. W takich okolicznościach zwykle staramy się wejść w sytuacje stawiające wyższe wymagania (wybrać trudniejszy wykład). Kiedy wyzwania są małe przy takich samych umiejętnościach, popadamy w apatię, jak podczas słuchania wykładu w obcym języku. Kiedy duże wyzwania pojawiają się przy małych umiejętnościach, popadamy w stany lękowe – jak przed egzaminem, kiedy czytamy cudze notatki z wykładów, na których się nie pojawialiśmy. W takich sytuacjach staramy się podwyższyć poziom własnych umiejętności (pamiętaj, sumienność czyni ludzi szczęśliwszymi, więc następnym razem lepiej chodzić na wykłady). Najlepiej jest wtedy, gdy

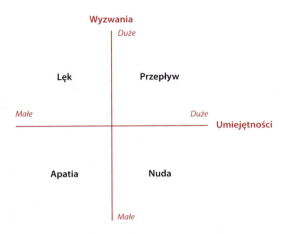

Rycina 5.9.
Stan emocjonalny człowieka w zależności od stosunku między wielkością wyzwań, jakie stawia bieżąca sytuacja, a poziomem własnych umiejętności
Źródło: na podstawie danych w: Csikszentmihalyi, 1996.

na wysokie wymagania sytuacji możemy zareagować dużymi umiejętnościami. Wtedy pojawia się doświadczenie przepływu (*flow experience*), czyli stan głębokiego zaabsorbowania zadaniem, poczucia skuteczności i wewnętrznej radości, stan bezwysiłkowej koncentracji i frajdy.

Mihaly Csikszentmihalyi, Amerykanin o niezbyt anglosaskim nazwisku, prosił swoich badanych o noszenie zegarka z buczkiem zaprogramowanym w taki sposób, że odzywał się w kilku losowo wybranych momentach okresu czuwania. Zadaniem badanych było krótkie opisanie bieżącego stanu emocjonalnego przy każdym buczku, a także opisanie, co w danym momencie robią. W ten sposób udało się temu badaczowi zidentyfikować czynności, w trakcie których ludzie doświadczają przepływu. Najczęściej zdarza się to podczas uprawiania swojego hobby, sportów i gier, a nawet podczas pracy (!). Jeżeli praca tak Cię wciąga, że nie możesz się oderwać, nie przejmuj się, nie Tobie jednej. Natomiast najrzadziej doświadczenie przepływu zdarza się podczas oglądania telewizji. Zważywszy, ile czasu spędzamy przed telewizorem, nasuwa się refleksja, że często nie umiemy zrobić dobrze nie tylko swoim partnerom, ale nawet sobie samym.

9. **Czerpanie radości z życia.** „Chwytaj dzień" – mówił Horacy, a późniejsi epikurejczycy uczynili z tego przekazu (*Carpe diem*) podstawę swej filozofii. Przyjemność była dla nich cnotą moralną, jeżeli towarzyszyła jej umiejętność panowania nad własnymi potrzebami. Epikur najbardziej doceniał proste przyjemności, tak jak radość z samego istnienia i podziw wobec natury, nieco podejrzane zaś wydawały mu się przyjemności aktywne, które wymagają wysiłku i mogą prowadzić do niepożądanych skutków, takie jak jedzenie lub czytanie. Za Epikurem możemy wykształcić w sobie umiejętność delektowania się najprostszymi przyjemnościami. Zamiast pędzić w pośpiechu, czy też włączyć telewizor, możemy popatrzeć na płatki padającego śniegu. Albo delektować się wspomnieniem najlepszych świąt Bożego Narodzenia, jakie zdarzyło nam się przeżyć. Nawet pod Mławą możesz jechać w łagodnym świetle zmierzchu i dzięki niebieskim chmurom Mazowsze wyda Ci się piękną górzystą krainą. Zapamiętasz tę chwilę na zawsze. Albo podelektuj się spotkaniem z przyjaciółmi, słuchając, jak się przekomarzają i żartują. Nic wielkiego, ale życie składa się z mnóstwa rzeczy małych i z nielicznych dużych. Umiejętność cieszenia się z rzeczy małych można wypracować i podnosi ona satysfakcję z całego życia.

10. **Realizowanie celów z zaangażowaniem.** Gdy już coś robimy, lepiej to robić z pełnym zaangażowaniem niż na pół gwizdka. Jeżeli do czegoś zabierzemy się z wigorem, wkładając w to serce, przynosi nam to liczne korzyści – poczucie, że dokądś zmierzamy, a zatem i sens życia, organizację dni i tygodni, a więc porządek życia, bez którego łatwo się zagubić i wpaść w depresję. Jeśli nie możesz robić tego, co chcesz, to spróbuj poszukać czegoś, co da się polubić w tym, co robić musisz. Jeżeli sama możesz wybierać cele, to warto się zastanowić, co tak naprawdę pasuje Tobie, a nie Twoim rodzicom,

mężom, dzieciom czy psom. Motywy dzielą się z grubsza na sprawcze (osiągnięcia, kariera, władza) i wspólnotowe (kontakty z innymi, opiekuńczość, bliskość). Ludzie stają się tym szczęśliwsi, w im większym stopniu realizują któryś z tych motywów, ale tylko wtedy, gdy jest on dopasowany do ich upodobań.

11. **Praktykowanie religii i duchowości.** Jednym z ponadkulturowych niezmienników jest religia – każda kultura wytwarza jakieś wierzenia religijne i choć bogowie bardzo się różnią, zawsze pełnią podobne funkcje z punktu widzenia ludzi. Nadają sens naszemu istnieniu, czynią nas czymś więcej niż zwierzętami, uzasadniają normy moralne i zwykle obiecują jakąś postać nieśmiertelności. W różnych kulturach stwierdza się, że ludzie religijni i praktykujący są szczęśliwsi, niezależnie od tego, co praktykują. Częste kontakty z istotą wyższą dają poczucie sensu, dystans do kłopotów codziennych i ukojenie, a wszystko to skutkuje silniejszym doświadczaniem szczęścia. Religia nie jest jedyną postacią duchowości. Podobnie może działać kontakt ze sztuką. Ci, którzy sobie to cenią, stają się szczęśliwsi, słuchając *Koncertów brandenburskich* Bacha czy po wizycie w muzeum Uffizi, poświęconej oglądaniu dzieł Boticellego.

12. **Dbanie o ciało.** Szczęście może dać nam również nasze ciało i dbanie o nie. Co najmniej dwa sposoby dbania o ciało podnoszą poczucie szczęścia. Jeden to oddawanie się medytacjom, drugi to ćwiczenia fizyczne. Ich skuteczność zależy od systematyczności i wymaga długiego okresu stosowania. W jednym z dowodzących tego badań wzięły udział trzy grupy osób cierpiących na depresję, w wieku lat 50 lub więcej (por. Lyubomirski, 2008). Jedna grupa zażywała lek antydepresyjny Zoloft, druga grupa zażywała ten sam lek i wykonywała ćwiczenia aerobowe (trzy razy w tygodniu po 45 minut – bieganie, spacery, jazda rowerem), trzecia grupa wykonywała tylko ćwiczenia. Po czterech miesiącach u wszystkich trzech grup objawy depresji wydatnie spadły, a poczucie szczęścia wzrosło. Ćwiczenia fizyczne okazały się równie skuteczne, jak lek antydepresyjny. Ale po sześciu

miesiącach okazały się bardziej skuteczne – grupy uprawiające ćwiczenia rzadziej doświadczały nawrotów depresji. Ćwiczenia to tani i zdrowy sposób na szczęście, jednak dostępny głównie dla cierpliwych – inni za szybko się zniechęcają.

Pułapki intymności

Bycie kobietą to strasznie trudne zajęcie,
bo polega głównie na zadawaniu się z mężczyznami.

Joseph Conrad

W pierwszym rozdziale tej książki opisałem intymność jako ten składnik miłości, który częściowo poddaje się świadomej kontroli samych zainteresowanych, i niewątpliwie większość par stara się nie dopuścić do jej spadku w swoim związku. Po pierwsze dlatego, że wysoki poziom intymności jest przyjemny dla samych zainteresowanych. Po drugie dlatego, że ludzie oczywiście zdają sobie sprawę z tego, iż wzajemne świadczenie sobie dobra, zaufanie, przywiązanie i po prostu lubienie się z partnerem są niezbędne do utrzymania związku, a związek swój utrzymać pragną (rozpad związku traktowany jest powszechnie jako zło moralne i klęska zainteresowanych). Jednak pomimo usiłowań większości par nie udaje się utrzymać zadowalającego poziomu intymności, choć możliwe, że udaje się tego dokonać pewnej szczęśliwej mniejszości.

Ta bezskuteczność wynikać może albo z tego, że ludzie starają się za słabo, albo też nie wiedzą, jak to zrobić. Kilkakrotnie już wskazywanym powodem, z jakiego ludziom zdarza się starać o utrzymanie intymności słabiej, niżby mogli, jest mit miłości romantycznej, głoszący, że świadome oddziaływania na miłość sprzeczne są z samą istotą tego uczucia, które powinno dziać się samo. Jednak problemy większości par rozpoczynają się zapewne nie od braku chęci, lecz od braku umiejętności ich zrealizowania, a spadek intensywności starań jest wtórnym efektem ich nieskuteczności.

Wiele przyczyn spadku intymności ma oczywisty charakter. Nieodpowiedzialność, egoizm, nieustanna chęć postawienia na swoim, zdrada czy agresywność, ciężkie warunki materialne, utrata swobody wyboru (niemożność robienia tego, co by się chciało, a konieczność robienia tego, czego robić się nie chce), zmęczenie. Wszystkie te powody zaniku ciepłych uczuć do partnera są wystarczająco dotkliwe, by każdy bez trudu je zauważył i próbował z lepszym lub gorszym skutkiem z nimi walczyć. Nieco mniej oczywistym, a przez to bardziej niebezpiecznym problemem jest nuda. Jak przekonuje pewien doświadczony psycholog terapeuta (Venditti, 1980, s. 65):

> Znudzenie jest zapewne najpowszechniejszym wspólnym mianownikiem wszystkich problemów małżeńskich. Nie zawsze jest jako takie rozpoznawane, ponieważ do czasu, gdy problemy w pełni się objawiają, ich przyczyna – znudzenie – dawno już została zapomniana [...] Znudzone dzieci stają się poirytowane, namolne, kłótliwe, niezadowolone, niegrzeczne, bezproduktywne, niezainteresowane, nierozważne, lekkomyślne, skłonne do robienia tego, czego robić nie powinny – ogólnie mówiąc, nie do zniesienia. Kiedy dorośli się nudzą, skłonni są do tego samego, tyle że na większą skalę.

Każdy człowiek ma pewien optymalny dla siebie poziom stymulacji (ilość bodźców zewnętrznych, którą dobrze znosi) i choć ludzie mocno się między sobą różnią co do tego, jaka ilość zewnętrznej stymulacji najbardziej im odpowiada, wszyscy źle znoszą jej niedobór. W początkowych fazach związek miłosny jest niewątpliwie ogromnym źródłem stymulacji. Ekscytujące jest bliższe poznawanie innego człowieka, ekscytujący jest seks, ekscytujące jest robienie nowych rzeczy wspólnie z innym człowiekiem. Z upływem czasu duża część tej ekscytacji bezpowrotnie znika. Po kilku latach partner oczywiście przestaje być nowym człowiekiem – znamy na pamięć jego dzieciństwo i wszystkie niegdyś tak zabawne anegdoty, poglądy i upodobania, a przede wszystkim wiemy, co on sądzi o nas. Po latach pożycia mniej ekscytujący staje się także seks – różne sondaże zgodnie wskazują, że ogromna większość małżeństw uprawia go w miarę trwania związku coraz rzadziej.

Podobną zależność stwierdza się u wielu gatunków zwierząt. Długo przebywające ze sobą osobniki przeciwnych płci tracą wzajemne zainteresowanie. Jest to szczególny przejaw powszechnie występującej habituacji – utraty zainteresowania obiektami, które straciły walor nowości. Szczury umieszczone w tej samej klatce oddają się aktywności seksualnej aż do wyczerpania samca (który dopiero po 10–15 dniach odzyskuje zdolność do kopulowania z normalną dla siebie częstością). W istocie jest to jednak wybiórcza utrata zainteresowania seksualnego, raczej znudzenie niż wyczerpanie. Kiedy bowiem po osiągnięciu tego stadium podstawi się samcowi nową partnerkę, okaże się, że nie ma on żadnych kłopotów z ponowną kopulacją, a gdy podmiany te będą kontynuowane, szczur dojdzie do stadium wyczerpania (tym razem nieodwołalnego) po trzykrotnie większej liczbie ejakulacji niż z jedną tylko partnerką (Bermant, 1967). Zjawisko to znane jest pod nazwą efektu Coolidge'a, nazwa zaś wywodzi się nie od nazwiska jego odkrywcy, lecz od prezydenta Stanów Zjednoczonych. Miał on wraz z małżonką odwiedzić wzorcową fermę drobiu. Z jakiegoś powodu państwo Coolidge byli oprowadzani po fermie oddzielnie, choć obojgu pokazywano pewnego wzorcowego koguta, dzielnie sobie poczynającego z kurami na podwórku. Oprowadzana jako pierwsza pani prezydentowa, podziwiając osiągnięcia koguta, zapytała, jak często on tak potrafi, i uzyskała odpowiedź, że do kilkunastu razy dziennie. „Proszę o tym powiedzieć panu prezydentowi" – zażądała. Nieco później Prezydent, podziwiając rzeczonego koguta, zapytał, ile nowych kur on poznaje, i uzyskał odpowiedź, że do kilkunastu dziennie. „Proszę o tym powiedzieć pani prezydentowej" – polecił.

Nuda jest przeciwnikiem, z którym równie trudno walczyć, jak z mgłą – widać, że jest, nie widać, skąd napływa, i najwyraźniej nie sposób tego napływu powstrzymać. Jedno jest pewne: mgłę można przeczekać, nudy zaś nie – z przecierania oczu i przeczekiwania zrobić się jej może tylko więcej. Pewne nadzieje budzi tu trzecie źródło ekscytacji, jakim jest robienie nowych rzeczy wspólnie z partnerem. Potencjalnie rzecz biorąc, jest to źródło stymulacji, które – w przeciwieństwie do poprzednich – nie musi wygasnąć i nad którym partnerzy mogą zapanować. I rzeczywiście – seria badań Artura Arona i współpracowników (2000) pokazała, że zarówno młodsze, jak i starsze stażem pary deklarujące, iż wykonują wspólnie więcej ekscytujących czynności, bardziej były ze swojego związku zadowolone, a pośrednikiem tej zależności był stopień nudy odczuwanej w stosunku do partnera. Badacze ci aranżowali eksperymenty, w których pary wspólnie wykonywały ćwiczenia fizyczne, które były albo nudne (toczenie piłki treningowej w sali gimnastycznej), albo zabawne i ekscytujące (prawa dłoń i kostka partnera były przywiązane do lewej dłoni i kostki partnerki, a para poruszała się na czworakach po materacu, przekraczając metrowej wysokości przeszkody, utrzymując przy tym między swoimi ciałami dużą poduszkę bez użycia rąk). Pary wykonujące nowe dla siebie i ekscytujące czynności odczuwały potem większą satysfakcję ze swojego związku niż pary wykonujące czynności nudne (kontrolowano także satysfakcję wstępną, którą mierzono za pomocą innego kwestionariusza przed wykonaniem owej czynności).

Oczywiście rzecz nie w tym, aby ludzie biegali na czworakach po sali gimnastycznej (to ostateczność, na którą jesteśmy zdani, gdy nic innego nie przychodzi do głowy). Każda para może znaleźć coś, co jest dla niej ekscytujące – nauka tańców latynoskich lub nowoczesnych, wycieczki piesze lub konne, dla ambitniejszych wspinaczka wysokogórska, dla mniej ambitnych gra w brydża, poznawanie nowych ludzi czy miejsc i tak dalej. Paradoksalnie partnerzy najczęściej tak układają swoje życie, że niezmiennie i ciągle wykonują wspólnie te same czynności, które nie dość, że od początku trudno uznać za podniecające, to jeszcze całymi latami nie ulegają one znaczącym zmianom. Prace domowe, oglądanie telewizji, zakupy, codzienna opieka nad dziećmi i psami wypełniają wraz z posiłkami zapewne ponad 90% wspólnie spędzanego czasu. Wiele par wykonuje wspólnie tylko takie rutynowe działania, dobrowolnie pozbawiając się w ten sposób jedynego prawdziwie niewyczerpanego źródła stymulacji w związku dwojga ludzi – robienia razem czegoś ekscytującego.

Ostatnim powodem, a raczej całą grupą powodów, z jakich intymność może w stałym związku dwojga ludzi zanikać, jest coś, co nazwę pułapkami intymności. Są to niezamierzone, a często sprzeczne z naszymi zamierzeniami konsekwencje naszych działań wynikających z rzeczywistej troski o dobro naszego związku z innym człowiekiem – mających na celu czynienie dobra, spełnianie obowiązków, unikanie konfliktów i osiągnięcie jakże pożądanej sprawiedliwości.

Aniołem być, czyli pułapka dobroczynności

Gdy jesteśmy szczęśliwi, zawsze jesteśmy dobrzy,
ale gdy jesteśmy dobrzy, nie zawsze jesteśmy szczęśliwi.

Oscar Wilde

Wszystko wskazuje na to, że podstawowym warunkiem utrzymania przyjacielskiego związku partnerów jest wzajemne i stałe wyświadczanie sobie dobra, a więc dawanie sobie nagród, rozumianych szeroko, jako wszelkie pozytywne doznania. Jednakże stałe otrzymywanie nagród od partnera nieuchronnie prowadzi do spadku ich subiektywnie odczuwanej wartości. Liczne badania obejmujące zarówno ludzi, jak i zwierzęta wykazują, że sam wzrost częstości występowania dowolnej nagrody owocuje spadkiem jej wartości dla nagradzanego. Ponadto stałe otrzymywanie nagród prowadzi do wzrostu oczekiwania, że będą się one pojawiać również w przyszłości, co tym bardziej obniża ich wartość, jako czegoś oczywistego. Stałe nagradzanie podwyższa przy tym potencjalną dokuczliwość wszelkich negatywnych zachowań partnera, jako nieoczekiwanych od kochającego przecież człowieka (Aronson, 1970).

Jeżeli mąż stale komplementujący urodę swej małżonki i przynoszący jej od lat bukiety kwiatów (załóżmy, że tacy mężowie też bywają) uczyni to z niesłabnącym zapałem raz jeszcze, to może się spotkać co najwyżej z ziewnięciem. Jeżeli jednak wyrazi się krytycznie o jej makijażu czy nadwadze – jest stracony, podobnie jak ona, kiedy pozwoli sobie zgłosić wątpliwości co do postępów jego kariery zawodowej, którą uprzednio stale się zachwycała. Słowem, **w miarę trwania udanego związku spada nasza zdolność do sprawiania partnerowi przyjemności, natomiast rośnie nasza potencjalna zdolność do wyrządzenia mu przykrości**. Niebezpieczeństwo stąd wynikające jest tym większe, że nasza zdolność do nagradzania partnera może okazać się w pewnym momencie znacznie mniejsza od przyjemności dostarczanych przez inne osoby, nasza zdolność do wyrządzenia mu przykrości zaś – relatywnie większa.

Komplement obcego człowieka, który bez powodu i nieoczekiwanie (a więc szczerze i spontanicznie) zachwyca się nawet nieważnym szczegółem, sprawić może partnerowi (bądź nam samym) przyjemność nieproporcjonalnie większą i niebezpieczną dla stałego związku. W ten sposób wyjaśnić można wiele przypadków zdrady małżeńskiej, którym otoczenie pary nie może się nadziwić, bo „przecież ona jest i głupsza, i brzydsza od jego żony – po co więc on to robi?". Jest wiele powodów, z jakich oczekiwać należy dość smutnej prawidłowości, że **łatwiej zostać zranionym przez kogoś, kto przedtem świadczył nam jedynie dobro. Podobnie łatwiej zostać nagrodzonym przez kogoś, kto przedtem wyrządzał nam zło**, choć niewielka to pociecha, ponieważ istnieje duża szansa, że od takiej osoby uciekniemy, zanim zdąży ona wreszcie zrobić coś dobrego. Nie wszyscy jednak uciekamy. Typowym przykładem są tu żony alkoholików, które zazwyczaj nie uciekają od swych mężów i trwają w nadziei, że ci ostatni w końcu zrobią coś dobrego. Ponieważ jednak tego nie robią (dalej piją), ich żony często traktują nawet zupełnie neutralne zachowania (na przykład oglądanie meczu zamiast upijania się) jako nagradzające i przyjemne.

Ogólnie rzecz biorąc, spadek wartości nagród w miarę ich otrzymywania jest tym wyraźniejszy, im bardziej systematycznie nagrody te były uzyskiwane. Ma to pewną dość nieoczekiwaną konsekwencję, polegającą na tym, że zachowanie nagradzane w przeszłości nieregularnie (to znaczy rzadko i tylko po niektórych przypadkach jego wystąpienia) dłużej się utrzymuje, nawet wobec całkowitego wycofania nagród, niż zachowanie, które było uprzednio nagradzane regularnie (po każdym jego wykonaniu).

Głodny gołąb, wyuczony, że po każdym dziobnięciu w określony punkt klatki otrzyma do zjedzenia jedno ziarno, szybko się tego oduczy, gdy dziobanie owego punktu przestaje być nagradzane. Jeżeli jednak wyuczył się uprzednio, że tylko jedno (nie wiadomo, które) dziobnięcie na kilkadziesiąt bądź kilkaset spotyka się z nagrodą, to potrafi dziobać ów punkt tysiące razy bez żadnego skutku, aż do całkowitego wyczerpania. Oczywiście ludzie różnią się od gołębi, ale oni również mają skłonność do wpadania w pułapkę bezskutecznego powtarzania czynności nagradzanych tak rzadko, że wysiłek w nie wkładany jest zupełnie niewspółmierny do ewentualnych zysków (zawzięci gracze przez dziesiątki lat usiłują wygrać w totolotka, a żony alkoholików potrafią równie długo próbować naprawić swoje małżeństwo). Warunkiem niezbędnym do wpadnięcia w pułapkę nieregularnych nagród jest nieznajomość mechanizmu generującego nagrody i niemożność zapanowania nad nim. W takiej sytuacji jest na przykład żona nieustannie próbująca ulepszyć swoją kuchnię (załóżmy, że są takie żony), żeby tylko zdobyć uznanie męża, który tylko z rzadka jej kuchnię chwali (w dodatku tylko wtedy, gdy powiedzie mu się w pracy, co zdarza się nieczęsto i zgoła niezależnie od kulinarnych wysiłków żony).

Pułapka dobroczynności jest szczególnie zdradliwa, ponieważ szansa wpadnięcia w nią tym bardziej rośnie, im bardziej staramy się o dobro partnera. Zagłaskiwanie kota na śmierć nie jest jednak najrozsądniejszym sposobem postępowania. Wydaje się, że otwarte wyrażanie negatywnych emocji i ocen może zdziałać więcej dobrego w ogólnie pozytywnym związku niż stałe ich tłumienie i wypieranie się ich zarówno przed sobą samym, jak i przed partnerem. Choć dobro jest dobre, a zło – złe, zwykle dobro bywa też nudne, a zło –interesujące. Być może jedynym czynnikiem badającym wartość temu, co dobre, jest istnienie zła. Także w stałym związku dwojga ludzi.

Szczęścia się wyrzec, czyli pułapka obowiązku

Dawniej rodzice rujnowali swoje relacje z własnymi dziećmi, głosząc, że miłość jest obowiązkiem; mężowie i żony ciągle jeszcze zbyt często rujnują wzajemne swoje stosunki, popełniając ten sam błąd. Miłość nie może być obowiązkiem, ponieważ nie podlega ona naszej woli.

Bertrand Russell

Może więc – miast uganiać się za szczęściem i przyjemnościami, które tak trudno zapewnić na stałe – lepiej zdefiniować swój związek z partnerem jako przede wszystkim realizację obowiązku, nie zaś pogoń za szczęściem? W końcu taką właśnie radę, czy wręcz nakaz moralny, słyszymy często, szczególnie od tych, którzy sami szczęścia nie osiągnęli (a nawet nie próbowali). Zacytowany tu Russell upatruje zła tego nakazu w niemożności jego spełnienia i w niezasłużonym poczuciu winy, nękającym tych, którzy nakazu tego nie mogą spełnić, a potraktowali go jako imperatyw moralny. Pewne prawidłowości psychologiczne sugerują ponadto, że rozumienie miłości jako obowiązku może być zabiegiem nie tylko sprzecznym z istotą miłości, ale też uczucie to uśmiercającym. Rozważając tę sprawę, przyjrzyjmy się wynikom kilku badań psychologicznych.

W pierwszym z tych badań (Aronson i Carlsmith, 1963) proszono przedszkolaki o uporządkowanie kilku zabawek od najbardziej do najmniej pożądanej, a następnie zabraniano im bawienia się jedną z atrakcyjnych zabawek (dla każdego dziecka była to druga z najbardziej pożądanych przez nie zabawek dostarczanych mu przez badacza). Zakaz ten obłożony został zagrożeniem karą albo dużą, albo małą. W warunkach kary dużej badacz mówił: „Nie chcę, abyś się bawił tą zabawką. Jeżeli nie posłuchasz, bardzo się rozgniewam. Pozabieram wszystkie swoje zabawki i pójdę do domu". W warunkach małej kary zaś mówił: „Nie chcę, abyś się bawił tą zabawką. Jeżeli nie posłuchasz, będę zdenerwowany". Następnie zostawiano każde dziecko sam na sam z zabawkami, w niezauważony sposób obserwując, co robi. Okazało się, że żadne dziecko nie bawiło się zakazaną zabawką w kilkuminutowym okresie pokusy. Po zakończeniu okresu pokusy ponownie proszono dzieci o poukładanie zabawek według stopnia ich atrakcyjności. Oczywiście po to, aby stwierdzić, czy zagrożenie karą faktycznie obniża atrakcyjność zakazanej zabawki (takie obniżenie atrakcyjności zakazanej czynności jest przecież głównym powodem stosowania kar) i czy kary duże są skuteczniejsze od kar małych (co jest powodem stosowania raczej dużych niż małych kar).

Okazało się, że atrakcyjność zabawki nie spadła u żadnego dziecka oczekującego dużej kary za bawienie się zakazaną zabawką. Wręcz przeciwnie – większość przedszkolaków zaczęła jej pożądać bardziej niż przed zakazem. Mamy tu więc do czynienia raczej ze zwiększeniem uroku owocu zakazanego niż ze skutecznym oddziaływaniem (dużej) kary na upodobania dzieci. Jedynie w warunkach kary małej więcej było dzieci, dla których atrakcyjność zakazanej zabawki spadła, niż tych, dla których wzrosła. Inni badacze uzyskali podobne wyniki i stwierdzili, że spadek atrakcyjności zabawki słabo zakazanej ma charakter trwały i przejawia się w rzeczywistym zachowaniu. Dzieci, którym grożono małą karą, jeszcze po czterdziestu dniach (choć zakaz nie był ponawiany) mniej chętnie bawiły się zakazaną zabawką niż dzieci, którym uprzednio zagrożono karą dużą. Badania te jednoznacznie wskazują na jednakowość krótkotrwałych efektów kary dużej i małej. Jednakże długofalowe skutki małej kary są silniejsze niż skutki kary dużej. Te ostanie zresztą albo wcale nie występują, albo są odwrotne w stosunku do zamierzeń karzącego. Dlaczego tak się dzieje?

Najbardziej przekonywające wyjaśnienie odwołuje się do pojęcia **uzasadnienia zachowania**. Ludzie, od przedszkolaków poczynając, zwykle pragną myśleć o swoim zachowaniu jak o działaniach sensownie uzasadnionych – poszukują więc powodów uzasadniających to, co robią. Uzasadnienia te z kolei dzielą się z grubsza na zewnętrzne i wewnętrzne. Uzasadnienia zewnętrzne oznaczają te powody podejmowania działań, które tkwią w sytuacji, czy też poza samym działaniem i przyjemnością, jaką realizacja tego działania niesie. Zewnętrznym uzasadnieniem postępowania jest zatem chęć uniknięcia kary, otrzymania nagrody, spełnienia cudzej prośby i tak dalej. Uzasadnienia wewnętrzne zaś to przyjemność płynąca z samej realizacji danej czynności, to osobiste powody podejmowania działań, wywodzące się z naszych upodobań, uczuć, a także z naszych przekonań o tym, co słuszne, a co nie. Ludzie są przy tym tak skonstruowani, że szukając przyczyn własnych działań (przynajmniej takich, które nie zostały przez nich samych zainicjowane i nie były poprzedzone długotrwałym procesem podejmowania decyzji), rozpoczynają zwykle od poszukiwania przyczyn zewnętrznych. Dopiero wtedy, gdy ich nie znajdują, zwracają się w kierunku ewentualnych wewnętrznych powodów własnego zachowania (chociaż przy interpretacji cudzych zachowań kolejność na ogół jest odwrotna – poszukiwanie przyczyn zachowania rozpoczyna się od uzasadnień wewnętrznych). Ponadto ludzie zazwyczaj poszukują nie wszystkich możliwych powodów własnych działań, lecz takich, które są do uzasadnienia własnego postępowania wystarczające. Z reguły poprzestają więc na jednym uzasadnieniu – nawet jeśli dane działanie spowodowane było więcej niż jedną przyczyną – i zwykle jest to uzasadnienie zewnętrzne. Uzbrojeni w tę wiedzę, przyjrzyjmy się zachowaniu przedszkolaków zagrożonych dużą bądź silną karą za bawienie się zakazaną zabawką. Jedne i drugie nie bawiły się nią w początkowym okresie pokusy, co wymagało jakiegoś uzasadnienia („Dlaczego nie bawię się tym misiem, skoro mi się podoba?"). Oczywiście dzieci zagrożone dużą karą łatwo znajdowały tu zewnętrzne uzasadnienie właśnie w groźbie kary („Nie bawię się, bo on się pogniewa i pozabiera wszystkie swoje zabawki"). Jednakże dzieci zagrożone karą małą nie znajdowały takiego natychmiastowego uzasadnienia – kara była zbyt słaba, aby rozsądnie i wystarczająco wytłumaczyć niebawienie się atrakcyjną zabawką. W tej sytuacji dzieci poszukiwały innego powodu zaniechania zabawki i pod nieobecność uzasadnienia zewnętrznego dochodziły do uzasadnienia wewnętrznego, odwołującego się do własnych upodobań („Ja po prostu nie lubię tego misia aż tak bardzo"). W rezultacie zakazana zabawka stawała się mniej atrakcyjna.

Co ciekawe, ta sama logika każe przewidywać, że uzyskiwanie zewnętrznych nagród za wykonywanie czynności skądinąd lubianej i zgodnej z własnymi pragnieniami powinno prowadzić do spadku jej lubienia i zaniku pragnień tkwiących u jego podłoża. Nagradzany człowiek zaczyna bowiem widzieć własne działania jako powodowane chęcią otrzymania nagrody, nie zaś chęcią wykonywania samej czynności. Jest to zgodne z zasadą, że uzasadniając własne zachowania, zwracamy się początkowo w stronę uzasadnień zewnętrznych. Tak więc lubiące się uczyć dziecko, nagradzane przez rodziców pieniędzmi za każdą przyniesioną ze szkoły piątkę, może co prawda nadal przynosić piątki, ale już nie dlatego, że lubi się uczyć, lecz po to, żeby dostawać pieniądze. Może to mieć ten smutny skutek, że mniej będzie lubić naukę dla niej samej, a piątki będzie przynosić jedynie tak długo, jak długo otrzymuje za nie pieniądze.

Ten sposób myślenia znajduje potwierdzenie w wynikach innego badania, również przeprowadzonego na przedszkolakach, którym tym razem zapowiadano nagrody za to, co lubiły i mogły robić (nie zaś kary za to, co lubiły, a czego nie mogły robić). Do badań wybrano jedynie dzieci lubiące się bawić pewnym rodzajem pisaków. Jednej grupie przedszkolaków zapowiedziano, że jeśli będą ładnie rysować, to dostaną Odznakę Dobrego Rysownika – błyszczącą złotą gwiazdę z czerwonymi wstążkami i miejscem na wpisanie własnego imienia (wstępne badania wykazały, że taka gwiazda była przedmiotem wielkiego pożądania maluchów). Dzieciom z drugiej grupy nagrody nie zapowiadano, choć również ją dostały. Wreszcie, dzieciom z grupy trzeciej nagrody ani nie zapowiadano, ani nie dawano. W kilka dni później wśród zabawek dostępnych każdemu dziecku znajdowały się również pisaki, badacze zaś przez jednostronne lustro obserwowali, jak wiele czasu dziecko poświęca na zabawę pisakami. Okazało się, że dzieci, które uprzednio rysowały dla uzyskania zapowiedzianej nagrody, bawiły się nimi o połowę krócej niż dzieci z dwóch pozostałych grup. Nie lubiły już pisaków tak bardzo jak na początku (Lepper i in., 1973). Badanie to pokazuje więc paradoksalne skutki nagrody – miast nasilić lubienie czynności, która była nagrodzona, spowodowała ona skutek odwrotny. Obecność sytuacyjnego uzasadnienia własnego działania w postaci nagrody prowadziła do niedoceniania roli wewnętrznego uzasadnienia tegoż działania. Nastąpił spadek wewnętrznej motywacji do wykonywania uprzednio lubianego działania (motywacji typu: „Robię to, bo lubię").

Nagrody (i kary) oczywiście nie zawsze działają w ten paradoksalny sposób. Często oddziałują one tak, jak się tego oczekuje i nasilają motywację do wykonywania działań, za które się je przyznaje. Decydującym czynnikiem jest przekazywana przez nagrodę informacja, za co jest ona dawana i otrzymywana. Jeżeli daje się nagrodę za osiągnięty poziom wyniku czy umiejętności, to oddziałuje ona w normalny sposób – im większa nagroda, tym bardziej dodatni jej wpływ na lubienie danej czynności i dalszą chęć jej wykonywania. Nagroda może jednak informować odbiorcę nie tylko o osiągnięciach, ale też o powodach jego działania, o tym, że podjął on działanie właśnie po to, by nagrodę otrzymać. Jeżeli uwypuklony jest ten aspekt jej treści, to im większa nagroda, tym bardziej ujemny jej wpływ na lubienie danej czynności i dalszą chęć jej wykonywania (Deci, 1975).

Oczywiście winien tu jestem odpowiedź na pytanie: „A co to wszystko ma wspólnego z miłością?". Otóż wydaje mi się, że opisane prawidłowości rzucają bardzo interesujące światło nie tyle na samą miłość, ile na to, co się z nią stać może, jeżeli kochający się ludzie poważnie przejęliby się zaleceniami (niektórych) moralistów, by w miłości nie szukać szczęścia i przyjemności, lecz tylko spełnienia obowiązku. Pozytywne wysiłki i działania skierowane do kochanej osoby, zmierzające do utrzymania z nią stałego związku, mogą znajdować uzasadnienie albo wewnętrzne, albo zewnętrzne. Uzasadnienia wewnętrzne odwołują się do naszych uczuć do tej osoby, do atrakcyjności naszego z nią związku i do przyjemności, jaką sprawia nam sam fakt troszczenia się o nią. Uzasadnienia zewnętrzne odwoływać się mogą między innymi do nagród za spełnianie nakazów moralnych, bądź też do kar grożących za złamanie tych nakazów. Notabene kary wydają się tu ważniejsze od nagród – moralność jest taką dziedziną, w której kary za łamanie nakazów (poczucie winy, potępienie przez innych) są zwykle większe od nagród za ich przestrzeganie. Przestrzeganie nakazów moralnych jest bowiem zachowaniem normalnym, niezasługującym na większą uwagę, w przeciwieństwie do łamania norm, które jako postępek nienormalny ściąga na siebie uwagę szczególną (zważmy na przykład, jak wiele zachowań niemoralnych obłożonych jest karami przez prawo, które jednak bardzo rzadko nakłada obowiązek wynagradzania za czyny moralne). Prawidłowości pokazane na przykładzie przedszkolaków wskazują, że kiedy człowiek może uzasadniać jakieś własne zachowanie przyczynami zarówno zewnętrznymi, jak i wewnętrznymi, to ma tendencję do widzenia przyczyn zewnętrznych jako jedynych przyczyn swego postępowania, a jednocześnie do traktowania przyczyn wewnętrznych jako nieistotnych. Tak więc **określanie własnych przyzwoitych wobec partnera działań jako rezultatu spełniania nakazów (czy to moralności, czy to rozsądku) prowadzić może do spostrzegania własnych do niego uczuć jako słabszych, w istocie tak słabych, że same w sobie nie wystarczają one do działania na rzecz partnera**. Jeżeli zaś sami widzimy swoje uczucia jako słabsze, to tym samym stają się one słabsze (kto w końcu poza nami ma decydować, jak silne są nasze uczucia?). Ten właśnie problem nazywam pułapką obowiązku.

Z jednej strony oczywiste jest, że wsparcie dość ulotnych, a w każdym razie zmiennych uczuć składających się na miłość czymś tak stabilnym jak poczucie obowiązku, dostarcza naszemu związkowi z innym człowiekiem dodatkowych, solidnych podstaw. Z drugiej strony jednak widzenie własnego postępowania jako powodowanego obowiązkiem pomniejsza rolę naszych uczuć do partnera, przyjemności, jaką sprawia nam troska o niego, w konsekwencji może podcinać uczuciowe podstawy naszego z nim związku. **Miłość sama dla siebie jest nagrodą, a jeżeli zachowania wyrażające miłość wyrażają również co innego, to może się zdarzyć, że przestaną być spostrzegane jako wyrażające miłość.** W dodatku czerpanie podniety do działań pozytywnych wobec partnera z poczucia obowiązku (miast z uroków, jakie daje nam intymność w łączącym nas związku) może być dla niego niezbyt przyjemne (w końcu to nie on jawi się jako powód naszych działań, lecz nasze zasady). Może też być dla niego zagrażające – skoro nam chodzi jedynie o obowiązek, to istnieje niebezpieczeństwo, że znajdziemy sobie inne, ważniejsze obowiązki. Jakkolwiek spełnianie obowiązków jest rzeczą piękną i pożyteczną, zamiana miłości w obowiązek (małżeński) jest zabiegiem niepozbawionym poważnych niebezpieczeństw. Szczególnie dzisiaj, kiedy domaganie się szczęścia i przyjemności jest głośniejsze czy powszechniejsze, niż to bywało kiedykolwiek wcześniej w dziejach naszej kultury.

Myślę, że nie ma żadnej prostej recepty na rozwiązanie problemu obowiązku (tak jak nie ma prostej recepty na pułapkę dobroczynności). Nie sposób wyobrazić sobie stałego związku, w którym partnerzy w ogóle nie kierowaliby się poczuciem obowiązku, podobnie jak nie sposób wyobrazić sobie, aby związek dawał rzeczywistą radość, jeżeli partnerzy kierowaliby się głównie tym poczuciem. Tak więc dobrze, gdy poczucie obowiązku jest, choć niedobrze, gdy jest go zbyt wiele, przy czym „zbyt wiele" oznacza zapewne różne wielkości dla różnych związków.

Święty spokój, czyli pułapka bezkonfliktowości

Konflikt celów, wartości i interesów w małżeństwie jest tym bardziej prawdopodobny, im bardziej małżonkowie są rzeczywiście partnerami w związku i im bardziej się od siebie różnią. Ponieważ w naszych czasach partnerstwo staje się coraz ważniejszą podstawą budowania stałych związków, a partnerzy są zwykle mniej lub bardziej od siebie różni, występowanie konfliktów w małżeństwie jest po prostu nieuchronne.

Oczywiście konflikty są nieprzyjemne (także dlatego, że burzą romantyczny mit jedności pragnień) i zagrażają istnieniu związku. Nic dziwnego, że ludzie starają się ich unikać, co przynosi natychmiastowe zyski w postaci uniknięcia tych wszystkich przykrości, jakie nękają ich podczas kłótni i z jej powodu. Unikanie konfliktu ma zresztą swoje uzasadnienie nie tylko w nieco egoistycznym zapewnianiu sobie samemu świętego spokoju, ale też w trosce o dobro partnera – unikanie konfliktu pozwala przecież uchronić i jego przed złem. Nie na długo jednak. Na dłuższą metę strategia unikania konfliktu stanowi poważne zagrożenie dla związku, ponieważ uniemożliwia zlikwidowanie źródeł konfliktów, powoduje brak orientacji partnerów co do treści i wielkości czyhających na ich związek niebezpieczeństw, a wreszcie pozbawia ich umiejętności osiągania porozumienia i radości płynącej z pojednania.

Uporczywe unikanie konfliktowych tematów rozmów czy działań prowadzi do zubożenia zakresu spraw, w których partnerzy są lub usiłują być razem, tak że w końcu jedno lub obydwoje dokonują aktu wewnętrznej emigracji. Pozornie nadal pozostają w związku, ale ich życie coraz bardziej zaczyna się rozgrywać poza nim. Jeżeli ona chce oglądać 147 odcinek serialu z życia wyższych sfer, on zaś – transmitowany drugoligowy mecz piłki nożnej, to zamiast się kłócić bądź ustępować sobie nawzajem, mogą ominąć konflikt – on pójdzie do sąsiada na mecz, ona zostanie w domu. Jeżeli ją denerwuje jego wyraźna nieudolność w robieniu kariery zawodowej, on przestanie się jej zwierzać ze swoich kłopotów w pracy (porozmawia o tym z sąsiadem) i tak dalej. W niemal wszystkich przypadkach ominięcie konfliktu wydaje się rozsądnym rozwiązaniem. Nietrudno jednak zauważyć, iż stałe stosowanie przez partnerów tej właśnie strategii prowadzi prostą drogą do tego, że ich życie zaczyna toczyć się gdzie **indziej. Unikanie konfliktów, motywowane pragnieniem, aby było dobrze, prowadzi więc do związku, który albo staje się nijaki (co oznacza, że będzie gorszy), albo negatywny.** W konsekwencji postępowanie takie jest równie zabójcze dla związku, jak strategia otwartego atakowania partnera. A obie te strategie współwystępują z niezadowoleniem partnerów z ich związku. Najbardziej skuteczną strategią rozwiązywania problemów jest zwykle współpraca, czyli szukanie takich rozwiązań, które realizują równocześnie cele obu stron. Jest to strategia lepsza od kompromisu, który polega na częściowej rezygnacji z własnych celów przez każdą ze stron i rzadko bywa stabilnym rozwiązaniem konfliktu (Deustch i Coleman, 2005).

Unikanie konfliktu stanowi szczególny przykład pułapki polegającej na uleganiu złudnym urokom natychmiastowej ulgi. Uchronienie siebie i partnera przed złem niewielkim i natychmiastowym (starcie z partnerem, czyli otwarte wyrażenie konfliktu) wystawia nas na niebezpieczeństwo zła nieporównanie większego, choć odległego w czasie (doprowadzenie do sytuacji, w której partnerów niewiele już łączy, a konflikty pomiędzy nimi są tak zadawnione i poplątane, że nie sposob ich rozwiązać). Zdarzenia bliskie w czasie mają to do siebie, że są psychicznie znacznie bardziej realne i odczuwalne od zdarzeń dużo poważniejszych, ale odroczonych. Odłożenie na potem wizyty u dentysty czy w urzędzie niesie natychmiastową ulgę i ta właśnie natychmiastowość decyduje o jej nieodpartym uroku pomimo świadomości, że tak naprawdę dopiero załatanie dziury w zębie czy wypełnienie deklaracji podatkowej będzie załatwieniem sprawy i ulgą ostateczną. Co więcej, uzyskiwanie takich natychmiastowych ulg jest w oczywisty sposób zdradliwe. Ząb boli coraz bardziej i w końcu trzeba go będzie wyrwać, zamiast plombować, niezłożenie na czas deklaracji podatkowej poskutkuje karą, być może wyższą niż sam podatek. Podobnie jest w wypadku konfliktów między partnerami stałego związku. Unikanie prób rozwiązania konfliktu przynosi natychmiastową ulgę, ale prowadzi do jego nasilenia, zmniejszając tym samym szansę znalezienia sensownego rozwiązania.

Wyobraźmy sobie żonę stwierdzającą wkrótce po ślubie, że jej mąż zwraca się w każdej sprawie o radę do swojej matki, która w rezultacie zaczyna wiedzieć o domowym życiu i żonie nawet więcej niż ona sama. Jemu wydaje się to zupełnie naturalne (zawsze dotąd zwierzał się matce), ją zaś wyprowadza z równowagi. Żona jednak kocha męża i nie chce sprawiać mu przykrości, ponieważ wie, że on kocha swoją matkę, co samo w sobie żonie nie przeszkadza. Boli ją jedynie brak pewności, czy to, co powierza mężowi, powierza tylko jemu, czy również teściowej. Im dłużej będzie czekała z wyjawieniem swoich pretensji, tym bardziej prawdopodobne staje się to, iż kiedy wreszcie to zrobi, pretensji nagromadzi się tyle, że ich zgłoszeniu towarzyszyć będą silne emocje, co na pewno nie pomoże w dobrym przeprowadzeniu rozmowy. Im dłużej będzie czekała, tym większe też będzie zaskoczenie męża i tym trudniej będzie mu zmienić utarte już zwyczaje, a nawet dostrzec potrzebę ich zmiany („Co cię nagle ugryzło? Nigdy dotąd nie miałaś pretensji.").

Dlaczego więc owa przykładowa żona zwleka ze zgłoszeniem problemu, choć wielekroć o tym myślała i chciała to zrobić? Dlatego, że ma równie wiele powodów, by dążyć do tej rozmowy, jak i jej unikać. Rozmowa jest dla niej tyleż pożądana (dzięki niej może uda się nakłonić męża do większej dyskrecji), co odstręczająca (nie chce go zranić, sugerując, że jest maminsynkiem, a poza tym perswazja może się nie udać i w końcu o wszystkim dowie się teściowa). Obie tendencje – do przeprowadzenia rozmowy i do jej uniknięcia – rosną tym bardziej, im bliższa jest perspektywa przeprowadzenia rozmowy. Ogólna prawidłowość jest jednak taka, że w miarę wzrostu bliskości wszelkich obiektów pociągających i odstręczających zarazem (czyli ambiwalentnych) tendencja do ich unikania rośnie szybciej niż tendencja zbliżania się do nich, co ilustruje rycina 5.10.

Dopóki rozmowa jest jeszcze odległa, motywacja do jej przeprowadzenia przeważa nad motywacją do jej uniknięcia i żona żywi szczerą chęć zgłoszenia problemu („Jutro się z nim rozmówię"). W miarę zbliżania się rozmowy chęć jej uniknięcia rośnie jednak szybciej niż chęć jej przeprowadzenia i kiedy moment ten jest już bliski, motywacja unikania przeważa nad motywacją dążenia do rozmowy. W rezultacie żona wycofuje się z zamierzonej rozmowy („Nie dzisiaj, szkoda psuć nastrój, może pojutrze porozmawiamy"). Jest to więc typowy konflikt „i chciałabym, i boję się". Zdesperowana żona kręcić się będzie wokół punktu przecięcia obu motywacji (punktu równowagi, w którym obie mają jednakową siłę, w związku z czym nie dochodzi ani do wycofywania się, ani do zbliżania) – niczym pacjent z bolącym zębem, zmierzający dzielnie do dentysty, by uciec spod drzwi, kiedy wszystkie stomatologiczne niebezpieczeństwa staną się bardziej wyraziste wskutek swej dotkliwej bliskości.

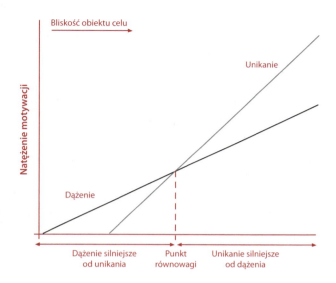

Rycina 5.10.
Konflikt dążenie – unikanie: wzrost tendencji do unikania i dążenia do ambiwalentnego obiektu w zależności od bliskości tego obiektu
Źródło: na podstawie idei w: Miller, 1948.

Oczywiście kiedyś w końcu zdecyduje się na przeprowadzenie rozmowy – wtedy, gdy pojawi się jakiś dodatkowy argument przemawiający za tym, że trzeba to zrobić. Niestety najczęściej jest to argument w postaci własnej silnej emocji (oburzenia na męża, że znowu powiedział o czymś swojej matce). W rezultacie to, co miało być zgłoszeniem problemu i poszukiwaniem jego rozwiązania, przerodzi się w mało kontrolowany wybuch pretensji.

Przykład ten pokazuje jeden z powodów, z jakich rozwiązanie konfliktu jest trudne dla samych zainteresowanych. **Nawet kiedy sensowny kompromis jest w pełni osiągalny, zainteresowani przystępują zwykle do jego poszukiwania w maksymalnie niekorzystnej sytuacji emocjonalnej**, kiedy tak są na siebie wściekli bądź znękani, że widzą wszystko na czerwono lub czarno.

Czekanie ze zgłoszeniem problemu do czasu, gdy nie można już dłużej wytrzymać, jest równie niebezpieczne, jak zgłaszanie go w tym momencie, w którym boli on najbardziej. W obu tych stanach bowiem trudno zrobić cokolwiek innego niż na oślep zaatakować partnera, a jeszcze trudniej – myśleć. Tu właśnie zaczyna się rola partnera. Skoro jest nam tak źle, to powinien nam pomóc, ukoić nasze emocje, jeśli zaś nie potrafi tego zrobić, to oczywiście zapytujemy siebie w duchu, do czego taki partner jest nam w ogóle potrzebny. Ba! Jak jednak partner ma to zrobić, kiedy to on jest przedmiotem naszego ataku i przyczyną problemu, w którym ma nam dopomóc? Jeżeli choć trochę się nami przejmuje, to zacznie się bronić i sam atakować! Dlatego znacznie lepiej jest od czasu do czasu zepsuć dobry nastrój i przystąpić do nieprzyjemnych rozmów wtedy, kiedy są one jeszcze tylko nieprzyjemne.

Niezłomność zasad, czyli pułapka sprawiedliwości

Gdyby ludzie postępowali według zasady „oko za oko", wszyscy bylibyśmy ślepi.

Mahatma Ghandi

Wszyscy pragniemy sprawiedliwości i jak wykazały badania opisywane w poprzednim rozdziale, związki, w których wymiana dóbr jest sprawiedliwa, mają większą szansę na trwałość i satysfakcję niż związki niesprawiedliwe. A jednak domaganie się przede wszystkim sprawiedliwości przez każdego z partnerów jest bardzo niebezpieczne dla ich związku, ponieważ może prowadzić do spirali coraz bardziej negatywnych zachowań. Sprawiedliwość, jaką partnerzy osiągają, może przybrać biblijną postać „oko za oko, ząb za ząb". Dowodzi tego interesująca seria badań, w której wykorzystano grę „Dyktator" (Keysar i in., 2008). Polega ona na tym, że jedna osoba dzieli pieniądze, jak chce, druga zaś akceptuje ten podział (i wtedy obie dostają tyle, ile przydzieliła pierwsza) bądź go odrzuca i wtedy nikt niczego nie dostaje, obie osoby tracą go. Jeżeli taka gra jest rozgrywana przynajmniej dwukrotnie i z zamianą ról, to staje się świetnym narzędziem do badania reguły wzajemności. Tym bardziej że ten sam podział może tu zostać przedstawiony albo jako dawanie (dyktator daje 50 złotych), albo zabieranie (dyktator zabiera sobie 50 złotych). Te same działania (mierzone pieniędzmi) mogą być zatem definiowane jako wymiana pozytywna (dawanie) albo negatywna wymiana razów (zabieranie). Rycina 5.11 przedstawia wyniki tej wersji badania, w której taka wymiana następowała wielokrotnie. Jak widać, w pierwszym ruchu wymiany negatywnej ludzie zachowywali się ostrożnie i zostawiali partnerowi więcej pieniędzy (zapewne, aby się nie narazić na odpłatę) niż w pierwszym ruchu wymiany pozytywnej. Jednak w warunkach zabierania szybko następowała eskalacja egoizmu – ludzie coraz mniej pozostawiali partnerowi, w czwartej rundzie były to zaledwie 34 dolary. Uogólniając, wymiana dobra utrzymuje się na poziomie proporcjonalnym i stałym, wymiana zła prowadzi do egoizmu, który się pogłębia. Prawidłowości te pozwalają zrozumieć, dlaczego współpraca zwykle toczy się na mniej więcej tym samym poziomie, podczas gdy konflikty i rywalizacja (wymiana razów) z reguły samoczynnie eskalują. Dlatego rozwiązanie konfliktu zawsze wymaga aktywnych prób jego

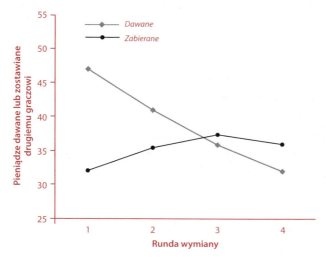

Rycina 5.11.
Decyzje graczy w kolejnych rundach w grach zdefiniowanych jako dawanie lub zabieranie

Źródło: Keysar i in., 2008.

deeskalacji, czyli przynajmniej jednorazowego odpowiedzenia dobrem na zło – być może adwersarz odpowie tym samym. Nie chodzi o to, by stale nadstawiać drugi policzek, ale by przerwać samonapędzającą się spiralę wymiany ciosów.

Badania nad przebiegiem wzajemnych kontaktów w parach małżeńskich wykazują zgodnie, że w parach szczęśliwych zgłoszenie jakiegoś problemu spotyka się ze zgodą, lub przynajmniej z wysłuchaniem przez partnera. W parach nieszczęśliwych zaś odpowiedzią jest uskarżanie się na ten sam lub inny problem. Prowadzi to do przelicytowywania się partnerów w skargach i nieszczęściach, jakie ich w związku spotykają (Schaap, 1984). Odwzajemnianie negatywnych zachowań i emocji to najbardziej zabójcze dla związku zjawisko, ponieważ prowadzi prostą drogą do ich nasilenia na zasadzie błędnego koła. Przy tym każde z partnerów uważa swoje zachowanie za sprawiedliwe, bo zgodne z niepisaną zasadą wzajemności („jak ty mnie, tak ja tobie"). Po kilku rundach negatywnej wymiany nie sposób rozstrzygnąć, kto pierwszy zaczął, a każdy jest zwykle przekonany, że odpowiedzialność za to spoczywa na partnerze. Oczywiście dopóki każde z partnerów zachowuje się niczym niezłomny strażnik sprawiedliwości, postępuje również eskalacja negatywności. Jedynym wyjściem z tego błędnego koła jest poniesienie niesprawiedliwego kosztu i odpowiedzenie dobrem na zło. Problem polega jednak na tym, że wysiłek taki ma sens jedynie pod warunkiem podobnej odpowiedzi partnera. Wyjściem z pułapki sprawiedliwości jest zgoda na ryzyko, że nasza dobra wola zostanie nadużyta i (raz jeszcze, jak zwykle sądzimy) wykorzystana przez „egoistycznego" partnera. Na krótką metę jest to zachowanie nierozsądne (niesprawiedliwie nagradzamy partnera i narażamy się na jeszcze jedną przykrość), ale na dłuższą metę jest to jedyne rozsądne zachowanie – jeżeli go nie podejmiemy, możemy utracić partnera i nasz z nim związek.

Krzywda doznawana od partnera jest doświadczeniem nieuchronnym w związku dwojga ludzi. Najmądrzejszemu zdarzy się palnąć karygodne głupstwo (mądrzy ludzie różnią się od głupców tym, że jedynie oni potrafią postępować mądrze, głupstwa zaś popełniają i mądrzy, i głupcy). Nawet najbardziej kochającemu człowiekowi zdarza się tak dalece przejąć sobą, że nie widzi nikogo innego (gdy ma chwile zwątpienia co do własnej wartości albo boli go głowa, co jest przecież równie dotkliwe i tak dalej). Krzywda zaś nie tylko boli, ale też automatycznie budzi ochotę do zrewanżowania się zadającemu ból partnerowi. Kiedy żona mówi do męża: „Zepsułeś mi cały wieczór", ten prawie na pewno odpowie: „To **ty** mi zepsułaś wieczór". Z czasem przeradza się to w zautomatyzowaną rundę: „Zawsze musisz wszystko zepsuć" – „Ależ to ty wszystko zawsze psujesz", kiedy żadne z partnerów już nie wie ani co znaczy „wszystko", ani co znaczy „zawsze". I wcale nie pragnie się tego dowiedzieć od drugiego, ponieważ nie wymieniają już żadnych informacji, lecz jedynie negatywne emocje. **Kluczową dla związku umiejętnością partnerów jest powstrzymanie się od rewanżu**, niewplątanie się w spiralę wymiany negatywnej i konstruktywne zareagowanie na destruktywny postępek partnera. Taka umiejętność odpowiedzenia dobrem na zło rośnie wraz ze wzrostem:

— dotychczasowego zadowolenia ze związku,
— przekonania o jego ważności we własnym życiu,
— wysiłku uprzednio włożonego w ów związek,
— zaangażowania w jego utrzymanie (Rusbult i in., 1991).

Skłonność do pozytywnej reakcji na zło partnera maleje zaś tym bardziej, im bardziej jesteśmy przekonani o atrakcyjności innych związków potencjalnie nam dostępnych. Istotną rolę odgrywają też pewne indywidualne cechy partnerów, takie jak stopień skoncentrowania na sobie, niechęć do przyjmowania perspektywy partnera czy psychiczna męskość – kobiecość (omawiana nieco dalej). Jednakże skłonność do odpowiadania dobrem na zło jest ogólnie silniej uzależniona od stanu związku niż od indywidualnych cech ludzi weń zaangażowanych. Ogólnie najważniejszym aspektem związku, pozwalającym tę skłonność przewidywać, jest poziom zaangażowania partnerów w utrzymanie ich związku.

Opisywanie związku miłosnego w kategoriach strat i zysków, normy wzajemności czy sprawiedliwej wymiany mogą być użyteczne i pożądane przy obiektywnej i bezosobowej (na przykład naukowej) analizie bliskich związków. Nie wydaje się zaś, aby takie buchalteryjne pojęcia były odpowiednimi kategoriami do analizy własnego związku dwojga ludzi.

Pojawienie się skłonności jednego bądź obojga partnerów do świadomego rozważania, czy wymiana dóbr w ich od dawna trwającym związku jest sprawiedliwa, stanowi sygnał ostrzegawczy, że dzieje się źle (Levinger, 1980). Dopóki bowiem związek jest zadowalający, każdy z partnerów gromadzi taki zapas zysków, że nie musi się martwić o znak bilansu. Kiedy jednak zaczyna się martwić, oznacza to wyczerpanie owej nadwyżki i sygnał, który nie może być długo ignorowany, jeżeli związek ma trwać nadal, a przynajmniej jeżeli ma w nim trwać intymność.

Rozdział 6

Związek pusty

Zazdrość
Reakcje na niezadowolenie
   Dialog
   Lojalność
   Zaniedbanie
   Wyjście
Trwanie i wycofanie zobowiązania
   Wyznaczniki zobowiązania
   Interpretacje podtrzymujące zaangażowanie
   Zachowania podtrzymujące zaangażowanie

> *Jest tylko Beatrycze i jej właśnie nie ma.*
> Jan Lechoń

Faza związku pustego pojawia się wtedy, kiedy ze związku uchodzi intymność z powodu nudy, licznych pułapek czyhających na partnerów i braku umiejętności poradzenia sobie z nimi. Jak widzieliśmy w poprzednim rozdziale, związek pusty jest pierwszym etapem, na którym koszty zaczynają dominować nad zyskami, niezadowolenia jest więcej niż zadowolenia. Poważnym problemem staje się radzenie sobie z niezadowoleniem i takimi destrukcyjnymi zjawiskami, jak zazdrość, zdrada czy konflikt. Nawet jeśli uda się uniknąć tych pułapek i problemów, pojawienie się choćby krótkotrwałego niezadowolenia w bliskim związku jest oczywiście nieuchronne. Życie każdej pary dostarcza setek okazji do rozczarowań, konfliktów, udręk czy problemów. Powstaje więc istotne pytanie: jak ludzie reagują na niezadowolenie ze swojego związku, jakie są następstwa różnych rodzajów reakcji i od czego zależy wybór reakcji na niezadowolenie? Inne istotne pytanie to: jakie mechanizmy podtrzymują zobowiązanie, a co prowadzi do jego wycofania?

Zazdrość

*W zazdrości więcej jest miłości
do siebie niż do kochanego człowieka.*

La Rochefoucauld

Zazdrość łączona jest z miłością od niepamiętnych czasów jako jej ciemna strona, czy też nieuchronny skutek. Jest także problemem nękającym przynajmniej od czasu do czasu niemal każdego człowieka i każdą miłość. Jeśli stale nęka dany związek, to w końcu może doprowadzić do jego rozpadu. Wielu ludzi skłania do myśli, uczuć i postępków, których nikt by się po nich nie spodziewał, ich samych nie wyłączając. Stanowi najczęstszą przyczynę stosowania przemocy fizycznej zarówno przez mężów w stosunku do żon, jak i przez żony w stosunku do mężów. Liczne badania podsumowane przez Archera (2000) wskazują, że kobiety równie często jak mężczyźni inicjują akty przemocy w bliskich związkach, jednak przemoc w wykonaniu mężczyzn jest silniejsza i ma znacznie poważniejsze konsekwencje. Szacuje się, że przemoc partnera jest przyczyną co najmniej jednej trzeciej wszystkich morderstw na kobietach, podczas gdy przemoc partnerki to tylko 5% morderstw popełnianych na mężczyznach (Stith i in., 2008). Skalę problemu niepomiernie nasila fakt, że mężczyźni wszędzie na świecie zabijają około dziesięciu razy częściej niż kobiety (Daly i Wilson, 2001).

Psychologowie dość zgodnie uważają, że zazdrość jest nie tyle oznaką i rękojmią prawdziwej miłości (jak twierdził już święty Augustyn w swoich *Wyznaniach* i jak po dziś dzień twierdzą wszyscy zazdrośnicy), ile stanowi reakcję człowieka na subiektywnie spostrzegane zagrożenie: po pierwsze, jego poczucia własnej wartości, a po drugie, szans dalszego istnienia związku. Oba te zagrożenia są ze sobą zresztą powiązane, ponieważ osoby o niskim poczuciu własnej wartości mają więcej powodów do powątpiewania w swoją zdolność do utrzymania partnera przy sobie. Decydującą rolę w zazdrości odgrywa jednak nie samoocena ogólna, lecz specyficzna, to znaczy nie to, jak ogólnie (dobrze lub źle) człowiek o sobie myśli, lecz jak ocenia własną wartość jako partnera w tym konkretnym bliskim związku. Stosunkowo duża liczba badań nad powiązaniem ogólnej samooceny z zazdrością przyniosła tyleż wyników potwierdzających, co zaprzeczających istnieniu tego powiązania. Natomiast większość badań zgodnie wykazuje nasilone występowanie zazdrości u osób nisko oceniających siebie w danej relacji, które spostrzegają siebie jako partnerów nieodpowiednich i zgadzają się z twierdzeniami typu: „Chciałbym być innym człowiekiem, tak żeby mój związek z nią był lepszy". Dość krańcowym tego przejawem jest fakt, że kobiety spotykające się z fizyczną agresją własnych mężów z reguły twierdzą, że ci ostatni powątpiewają we własną wydolność seksualną i mają „kompleks niższości" na tym tle (White i Mullen, 1989).

Tego rodzaju dane mają charakter korelacyjny – mówią, co z czym się wiąże, ale nie rozstrzygają, co jest przyczyną, a co skutkiem. Istnieją jednak również dane eksperymentalne potwierdzające ideę, że zazdrość jest reakcją na zagrożone poczucie własnej wartości jako partnera w danej relacji i że wynika z przekonania, iż rywal może okazać się dla partnera bardziej atrakcyjny. To zaś prowadzi do takich zachowań, jak agresja skierowana na rywala lub partnera. W jednym z badań aranżowano sytuację, w której studenci nawiązywali przyjemną i korzystną współpracę z innym studentem, który w rzeczywistości był podstawionym współpracownikiem badaczy (De Steno i in., 2006). Współpraca ulegała jednak zerwaniu albo przez przypadek, albo dlatego, że w laboratorium pojawiała się ładna dziewczyna (też podstawiona), dla której „partner" porzucał badanego, by z nią współpracować. Oczywiście w sytuacji zerwania z powodu dziewczyny badani odczuwali większą zazdrość niż w sytuacji zerwania przez przypadek, a przy tym spadała im samoocena. Co ciekawe, kiedy za pomocą pewnych zabiegów statystycznych ten spadek samooceny wyeliminowano (poddano kontroli), znikała także różnica w poziomie zazdrości. Wskazuje to, że naruszenie poczucia własnej wartości jest powodem, z jakiego zerwanie prowadzi do zazdrości. W innym badaniu z tej serii uczestnicy na koniec mogli się odegrać, dawkując swoim współbadanym nieprzyjemny, bardzo ostry sos, który tamci mieli spożyć w ramach rzekomej degustacji. Badani, z którymi zerwano współpracę, aplikowali partnerowi i rywalce (bez różnicy) ponad dwa razy więcej sosu niż badani z grupy kontrolnej. Co więcej, również ta różnica zanikała, kiedy kontrolowano spadek samooceny, spowodowany zerwaniem.

Podobną rolę odgrywa również uzależnienie własnej samooceny od tego, co myśli o nas partner. Osoby uzależniające ocenę siebie od ocen partnera („Czułabym się strasznie, gdyby mój partner mnie nie szanował") są zwykle bardziej zazdrosne (White i Mullen, 1989). Tego rodzaju uzależnienie samooceny od sądów partnera jest oczywiście naturalną i logiczną konsekwencją bliskiego z nim związku. Tak więc choć nieuzasadniona zazdrość stanowi przede wszystkim wyraz problemów, jakie ma z samym sobą ten z partnerów, który ją przeżywa, nie jest to oczywiście cała prawda. Zazdrość stanowi także reakcję na aktualny stan związku między dwojgiem ludzi oraz na sposób, w jaki definiują oni swój związek. Im bardziej partnerzy cenią swój związek, tym bardziej starają się o jego utrzymanie, wkładając w to swój czas i energię, co zwrotnie nasila stopień ich uzależnienia od tego związku i jego kondycji. Doprowadza to partnerów do stanu, w którym uważają oni, że dobra, jakie otrzymują od siebie nawzajem, są dla nich niedostępne poza łączącym ich związkiem. Ogólnie rzecz biorąc, jest to oczywiście pożądane dla związku i zapewnia mu trwanie. Jednakże jednym ze skutków ubocznych takiego stanu może być właśnie zazdrość, która jest łączną funkcją kłopotów, jakie ludzie mają z własnym poczuciem wartości jako partnerów w danym związku, i poziomu zaangażowania w związek. Dobrze to ilustruje rycina 6.1, przedstawiająca wyniki badania (Rydell i in., 2004), w którym osoby pozostające w bliskim związku wypełniały kilka kwestionariuszy i na ich podstawie otrzymywały informację zwrotną, że są dobrymi (dopasowanymi) albo złymi (niedopasowanymi) partnerami w swoim związku oraz że ich ogólne zdolności dopasowania się do innych są duże lub małe. Następnie mierzono poziom ich zazdrości o aktualną partnerkę lub partnera. Jak widać, po informacji pozytywnej poziom zazdrości spadał (w porównaniu do grupy kontrolnej, która nie otrzymywała żadnych informacji), natomiast po informacji negatywnej zazdrość narastała. Wszystko to działo się jedynie wśród tych badanych, którzy cechowali się wysokim poziomem zaangażowania w związek. Tak więc szansa pojawienia się zazdrości jest największa

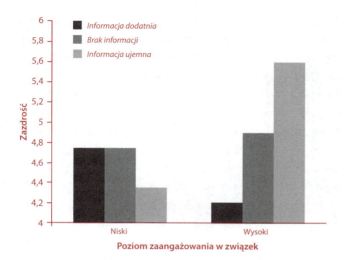

Rycina 6.1.
Zazdrość po otrzymaniu informacji zwrotnej o własnej wartości jako partnera związku u osób silnie i słabo zaangażowanych w związek
Źródło: na podstawie danych w: Rydell i in., 2004.

wtedy, kiedy człowiekowi wydaje się, że nie zasługuje na swojego partnera, a przy tym jest silnie zaangażowany w dany związek.

Zgodnie z uprzednimi rozważaniami nad rolą sprawiedliwej wymiany dóbr w stałym związku oczekiwać też należy, iż ten z partnerów, który ma zaniżony bilans zysków i uważa, że inwestuje w związek zbyt wiele czasu i wysiłku, będzie bardziej zazdrosny. Nieliczne istniejące badania potwierdzają to oczekiwanie. Wskazują też osoby uważające, iż wkładają więcej wysiłku w związek niż ich partner, czują się mniej bezpiecznie, a ich zazdrość bardziej jest przesycona gniewem na siebie w momencie jej przeżywania. Co ciekawe, osoby te odczuwają silniejszy pociąg erotyczny do partnera, zgodnie z ogólną prawidłowością, że wzrost uzależnienia od danego związku i partnera pociąga za sobą nasiloną idealizację tegoż partnera (White i Mullen, 1989).

Nie mniej ważną sprawą jest zakres działań obwarowanych regułą wyłączności, to jest przekonaniem, że należy je wykonywać jedynie z partnerem. Wyłączność taka jest zwykle zarezerwowana dla aktywności erotycznej i wiele badań przekonuje, że im silniejsze oczekiwanie wyłączności w tym zakresie, tym większa zazdrość, szczególnie u mężczyzn (White i Mullen, 1989). Poszczególne pary różnią się zakresem działań obłożonych klauzulą wyłączności. Niektóre włączają tu na przykład zwierzanie się, pomaganie w potrzebie i wspieranie w kłopotach psychicznych, poszukiwanie rady, wspólny wypoczynek i tak dalej. Logiczne wydaje się przypuszczenie, że im więcej działań obłożonych klauzulą wyłączności, tym większa szansa pojawiania się zazdrości.

Sposób, w jaki partnerzy definiują swój związek, decyduje o tym, co jest widziane jako zagrożenie, a to z kolei wyznacza treść zdarzeń prowadzących do zazdrości. Najbardziej przekonujących argumentów dostarczają tu obserwacje antropologiczne. Wśród Ammassalików mieszkających na Grenlandii powszechny był rytuał gaszenia lampy – dobry gospodarz udostępniał gościowi własną żonę, w odpowiedniej chwili gasząc lampę. Ten, który tego nie czynił, mógł zostać publicznie oskarżony o skąpstwo i niegościnność, a żona niechętna temu procederowi bywała karcona przez męża (Mirsky, 1937). Lesu z Nowej Irlandii (Melanezja) mają zwyczaj polegający na tym, że kochanek żony daje jej prezenty, które przekazuje ona mężowi. Dopóki prezenty trafiają do męża, ten na ogół nie przejawia zazdrości, choć czasami atakuje kochanka (Neubeck, 1969). Począwszy od lat pięćdziesiątych XX wieku, niektórzy współcześni Amerykanie (szacunki ich liczby wahają się od 1 do 10 milionów, w każdym razie jest ich na pewno więcej niż Ammassalików i Lesu razem wziętych) uprawiają *swinging*. Polega on na tym, że pary, zwykle małżeńskie, zapraszają do wspólnych przedsięwzięć seksualnych inne pary lub pojedyncze osoby, czyniąc to za pośrednictwem internetu, ogłoszeń w prasie lub specjalnie w tym celu powstałych klubów. Inicjatywa należy zwykle do mężów, natomiast żony początkowo stawiają opór, chociaż po pewnym czasie dostarcza im to tyle samo satysfakcji, co ich mężom. Pary te zazwyczaj ustalają zasady określające dopuszczalny zakres kontaktów (na przykład tylko z innymi parami małżeńskimi albo tylko podczas *swinging parties*), które minimalizują zazdrość. Taką najczęstszą zasadą jest reguła nieangażowania się emocjonalnego w związki z dodatkowymi partnerami, a więc dochowywanie wierności emocjonalnej stałemu partnerowi. Jednakże wielu swingersów uważa to za mało realne i traktuje pojawiającą się zazdrość jako dodatkowe źródło stymulacji (De Visser i McDonald, 2007). Przykłady te wskazują, że do zazdrości nie dochodzi nawet w wypadku zdrady małżeńskiej, jeżeli na gruncie norm przyjętych przez partnerów dany akt seksualny wydarzył się w okolicznościach niezagrażających bądź to istnieniu związku, bądź też poczuciu własnej wartości zainteresowanych stron. Dopiero pogwałcenie tych norm prowadzi do zazdrości. Na przykład Ammassalikowie przyłapujący rywala z żoną poza rytuałem gaszenia lampy skłonni byli do ataku fizycznego, nierzadko kończącego się śmiercią rywala. Na mocy tej samej logiki do wybuchu zazdrości dochodzić może w wyniku działań zdających się mieć niewiele wspólnego ze zdradą, jeżeli tylko zgodnie z kulturową definicją tego, co dopuszczalne, stanowią one oznakę zagrożenia. Na przykład wśród dziewiętnastowiecznych Indian kalifornijskich z plemienia Yurok z agresywnym atakiem męża spotykał się śmiałek proszący jego żonę o kubek wody, ponieważ było to uważane za zapowiedź dalszych awansów.

Czy bardziej zazdrośni są mężczyźni, czy kobiety? Badania dają tu sprzeczne wyniki, a większość dowodzi braku różnic w ogólnym poziomie zazdrości. Nie znaczy to jednak, że zazdrość kobiet i mężczyzn niczym się nie różni. Kobiety i mężczyźni różnią się przede wszystkim powodami zazdrości: **mężczyźni są bardziej niż kobiety zazdrośni o kontakty seksualne, natomiast kobiety są bardziej zazdrosne o czas i uwagę poświęcane rywalkom.** Dowodzą tego zgodnie bardzo różne badania nad reakcjami na wyobrażone sytuacje zdrady, nad typową zawartością przekazów telewizyjnych, wreszcie nad podawanymi przez samych zainteresowanych przyczynami rozwodu. Badania amerykańskie, angielskie i holenderskie zgodnie wykazują, że mężczyźni bardziej uskarżają się na niewierność, choć stroną częściej dopuszczającą się zdrady są mężczyźni, a nie kobiety (Buunk, 1987).

Fakt, że zazdrość mężczyzn koncentruje się głównie na seksie, podczas gdy zazdrość kobiet – na niebezpieczeństwie utraty bądź pogorszenia się związku, ma charakter ponadkulturowy. W większości znanych kultur niewierność seksualna kobiet spotyka się ze znacznie surowszymi represjami niż niewierność mężczyzn. Niegdysiejsi Apacze obcinali swoim niewiernym żonom czubek nosa (i zabijali kochanka), a jedenastowieczni Anglicy obcinali zarówno nos, jak i uszy. Jednak żony ani jednych, ani drugich nie były uprawnione do wykonywania podobnych zabiegów w wypadku zdrady męża. W społeczeństwach, w których zdrada usprawiedliwiała ciężką agresję, do zabójstwa włącznie, usprawiedliwienie z reguły dotyczyło agresji w wykonaniu zdradzonych mężczyzn, a nie kobiet (Murstein, 1974). W następnym rozdziale przy okazji rozważań o zdradzie przedstawiam różne wyjaśnienia, dlaczego mężczyźni są bardziej zazdrośni o seks, podczas gdy kobiety – o uczucia.

Różnice między kobietami a mężczyznami dotyczą także sposobów przeżywania zazdrości i reagowania na nią. Kobiety silniej koncentrują się na rozważaniu motywów swoich partnerów i przypisują zdradę potrzebom seksualnym partnera i atrakcyjności rywalki. Mężczyźni poszukują przyczyn raczej w uczuciowym zaangażowaniu partnerki w związek z rywalem i jej zapotrzebowaniu na uwagę i względy. Przeżywaniu zazdrości przez kobiety towarzyszy smutek i depresja, u mężczyzn zaś pojawia się gniew i agresja. Nie wszystkie badania jednak wykazują ten właśnie wzorzec, depresja bowiem jest charakterystyczna dla zazdrości tego z partnerów, który w danym związku ma mniej do powiedzenia, gniew zaś – dla tego, który ma większy wpływ i władzę (White i Mullen, 1989).

Kobiety wydają się ogólnie bardziej zorientowane na rozwiązywanie problemów nękających związek, na jego podtrzymywanie i naprawienie w obliczu zdrady oraz na otwarte wyrażanie własnych uczuć. Mężczyźni zaś są bardziej zorientowani na nierealistyczne próby radzenia sobie z dokuczliwymi emocjami (na przykład poprzez zaprzeczanie) i poszukiwanie innych, zastępczych sposobów urażonego poczucia własnej wartości.

Zgodnie z potocznym przekonaniem kobiety częściej niż mężczyźni usiłują celowo wzbudzić zazdrość, co może służyć sprawdzaniu siły związku, osiągnięciu jakiegoś specyficznego zysku (na przykład więcej czasu i uwagi partnera), podniesieniu poczucia własnej wartości bądź też ukaraniu partnera. Wiąże się to zapewne z ogólniejszymi różnicami między kobietami a mężczyznami. Kobiety cechują się często większymi umiejętnościami społecznymi, a wywieranie wpływu na partnera polega u nich raczej na manipulowaniu jego uczuciami niż na odwoływaniu się do konkretów, takich jak pieniądze, co jest z kolei charakterystyczne dla mężczyzn. Mimo dość dramatycznych konsekwencji zazdrości, jakie przytaczałem wcześniej, oczywiście jej następstwa są na ogół znacznie mniej widowiskowe. Jak ludzie radzą sobie z zazdrością? Zwykle stosują jedną z następujących ośmiu strategii:

1. **Poprawienie stanu aktualnego związku**, tak aby stał się on dla partnera bardziej atrakcyjny niż związek alternatywny. Droga do tego celu wiedzie poprzez zmniejszenie strat partnera lub zwiększenie jego zysków (na przykład próba podniesienia własnej atrakcyjności, zwiększenie własnego udziału w obowiązkach domowych, udzielanie partnerowi większego wsparcia).

2. **Ingerencja w alternatywny związek partnera**, tak aby stał się dlań mniej atrakcyjny od związku pierwotnego. Droga do tego celu wiedzie przez zwiększenie kosztów, a zmniejszenie zysków partnera wynikających z alternatywnego związku (na przykład ostrzeganie rywala przed wadami partnera, atakowanie partnera lub rywala, wprowadzanie partnera w poczucie winy).

3. **Żądanie od partnera większego zaangażowania** i wznoszenie barier utrudniających partnerowi opuszczenie związku (na przykład celowe zajście w ciążę bez informowania o tym partnera, grożenie, że samemu opuści się związek pierwotny, nakłanianie przyjaciół partnera, by przemówili mu do rozsądku).

4. **Obniżanie wartości partnera i/lub rywala.** Celem dewaluacji partnera (na przykład uświadomienia sobie, że nie jest tak inteligentny czy atrakcyjny, jak się myślało) jest pomniejszenie dolegliwości na wypadek rozpadu pierwotnego związku, bądź też zdyskredytowanie partnera jako źródła wiarygodnych, a przy tym niepochlebnych informacji na nasz temat. Celem dewaluacji rywala jest oczywiście zyskanie poczucia, że jesteśmy od niego lepsi.

5. **Poszukiwanie alternatyw** nie tylko w sensie własnego alternatywnego związku z innym partnerem, ale także w sensie prób znalezienia dowolnych innych dowodów wartości własnej osoby (silniejsze skoncentrowanie się na dzieciach, pracy, przyjaźni z innymi, podjęcie jakiejś nowej, cenionej aktywności).

6. **Zaprzeczanie/unikanie problemu.** Idzie tu o zaprzeczanie przed samym sobą, że problem istnieje, angażowanie się w – zwykle niezbyt wymyślne – działania, które odwracają uwagę od problemu i przynoszą emocjonalną ulgę (alkohol, różnego rodzaju próby przekonywania siebie, że nie ma czym się niepokoić), obronne koncentrowanie się na pracy.

7. **Przedefiniowanie istoty pierwotnego związku** (na przykład wniosek, że opiera się on nie na ulotnej namiętności, lecz na wzajemnym wspieraniu się i pomocy), zmiana interpretacji działań partnera („Nie chodzi mu o nic poważnego, tylko o seks"), wreszcie zmiana sposobu pojmowania własnej osoby i własnej roli w związku bądź w życiu w ogóle (przedefiniowanie własnych wartości, próba zmiany siebie, zdobycia nowych umiejętności, na przykład poprzez czytanie odpowiednich książek czy uczestnictwo w treningach wrażliwości). Wszystkie te zabiegi myślowe mają na celu albo przygotowanie się do nowych działań, albo zmianę sposobu myślenia, tak aby stało się możliwe zaplanowanie nowych sposobów radzenia sobie z problemem.

8. **Poszukiwanie wsparcia lub odreagowanie** ma na celu poradzenie sobie z negatywnymi emocjami i ulżenie sobie przez ich swobodne wyrzucenie z siebie w warunkach, w których nie grozi to pogorszeniem sytuacji – na przykład wyżalenie się czy wykrzyczenie w obecności kogoś zaprzyjaźnionego, dostarczającego nam uczuciowego wsparcia (White i Mullen, 1989).

Niektóre sposoby radzenia sobie z zazdrością są zatem próbą uzyskania jedynie doraźnej ulgi, bez zmiany sytuacji wywołującej negatywne emocje (zaprzeczanie/unikanie, odreagowanie). Inne mają na celu zmianę sytuacji, a więc usunięcie rzeczywistych źródeł problemów i emocji (poprawianie własnego związku, pogarszanie alternatywnego związku partnera). Inne wreszcie stanowią mieszankę obu tych tendencji (przedefiniowywanie, poszukiwanie alternatyw). Próby radzenia sobie wyłącznie z dokuczliwością własnych emocji bez wpływania na ich przyczyny są oczywiście polityką krótkowzroczną, która łatwo może doprowadzić do pogorszenia się jakości związku i jego rozpadu. Próby rzeczywistej zmiany sytuacji dają większe szanse powodzenia, choć go nie zapewniają. Tak czy owak, sposób, w jaki ludzie reagują na zazdrość własną czy partnera, okazuje się często niewystarczający, to znaczy nie likwiduje problemu.

Co zatem ludzie powinni robić, aby zazdrość przestała ich gnębić? To, co piszą psychologowie zajmujący się terapią zazdrości, sprowadza się z grubsza do dwóch kroków (Clanton i Smith, 1977; White i Mullen, 1989).

Krok pierwszy – rozpoznanie stanu rzeczy, to znaczy zarówno tego, jak zazdrość jest przeżywana, jak i tego, co właściwie ją wywołuje. Zazdrość jest bólem, który możemy przeżywać na wiele różnych sposobów – towarzyszyć jej może gniew, strach, nienawiść, depresja i poczucie beznadziejności, bezsilność, poczucie śmieszności, wstręt do siebie lub partnera, wstyd, poczucie winy i tak dalej. Punktem wyjścia do racjonalnej próby poradzenia sobie z zazdrością jest rozpoznanie, które z tych uczuć sami przeżywamy i w jakich sytuacjach. Prawie na pewno są to nie tylko sytuacje rzeczywistej zdrady, bądź nawet jej zapowiedzi. Bardzo często zazdrość pojawia się nawet wtedy, kiedy doskonale wiemy, że partner wcale nie ma ochoty popędzić do łóżka z rywalką, a nawet gdyby tak było, to i tak by tego nie zrobił. Brak takiego realnego zagrożenia nie przeszkadza poczuć ukłucia zazdrości, jeżeli:

— czujemy, że przestaliśmy być najważniejsi (bądź przestaliśmy na partnera zasługiwać), a w dodatku wszyscy o tym wiedzą,
— czujemy, że nie jesteśmy w stanie przewidzieć dalszego zachowania partnera,
— czujemy się bezsilni, ponieważ straciliśmy kontrolę nad zachowaniem partnera bądź własnym,

— czujemy utratę prywatności, wyłącznego dostępu do partnera czy terytorium uprzednio zawarowanego tylko dla nas,
— czujemy, że partner nie zaspokaja naszych potrzeb (emocjonalnych, seksualnych, intelektualnych),
— czujemy, że partner nie spędza z nami tyle czasu, ile byśmy chcieli.

Poza tym warto pamiętać, że zazdrość jest stosunkowo często wzbudzana nie tyle zachowaniami partnera, ile raczej potencjalnych czy domniemanych rywalek (rywali). Kiedy mąż po raz czwarty opowiada, jak to zatrzasnęły mu się drzwi, gdy w samych slipach wystawiał wieczorem butelkę na mleko, a dwudziestoletnia blondynka zaśmiewa się z tego powodu pełną piersią (zupełnie jak jego żona, kiedy to słyszała pierwsze dwa razy), przyczyną zazdrości są dźwięki wydawane przez blondynkę, a nie przez męża (te ostatnie wywołują raczej ziewanie). Na pewno robi on coś takiego, że wzbudza to zainteresowanie płci przeciwnej, i nierzadko właśnie w tym celu to robi. Ale czy na pewno chcemy, żeby już niczyjego zainteresowania nie wzbudzał?

Pomocne jest także zorientowanie się, jakie konkretnie zdarzenia prowadzą do pojawiania się tych uczuć. Niewykluczone, że partner wcale ich tak nie interpretuje, i być może wcale nie ma powodu, by bardziej wierzyć w interpretację własną niż w interpretację partnera. Co więcej, partner może sobie nie zdawać sprawy z tego, które jego działania budzą w nas zazdrość. Dzięki rozmowie może się przekonać, co czyni (i przestać), albo też my sami możemy się przekonać o tym, co czynimy (i przestać).

Krok drugi – spojrzenie z perspektywy. Rozmowy tego rodzaju nie muszą doprowadzić do opanowania problemu zazdrości, jednakże zapoznanie się z punktem widzenia partnera pomaga nabrać pewnego dystansu do własnych uczuć, spojrzeć na nie z pewnej perspektywy. Okazać się może, że rzeczywistą przyczyną zazdrości jest nie zachowanie partnera, lecz nasze poczucie niskiej wartości w związku z brakiem sukcesów zawodowych, niebezpiecznym przybieraniem centymetrów w pasie bądź pozostawaniem od trzech lat w domu, by wychować dziecko. Okazać się musi, jak destruktywne są ograniczenia nakładane na działania partnera przez naszą zazdrość, jak wiele ważnych działań czy uczuć nasza zazdrość mu blokuje. Ona nie może się elegancko ubrać czy nałożyć makijażu i poczuć się jak kobieta godna pożądania. On nie może pojechać na konferencję tylko dlatego, że organizatorzy nie pomyśleli o zorganizowaniu dwóch odrębnych – jednej dla mężczyzn, drugiej dla kobiet. Taka rozmowa z partnerem może doprowadzić nas do pytań, czy rzeczywiście chcemy, aby robił on możliwie mało interesujących go rzeczy, czy rzeczywiście chcemy, żeby stał się możliwie mało interesujący dla płci przeciwnej (a więc i dla nas samych).

Jeżeli nasz partner jest skłonny do pomocy w rozwiązywaniu problemu, to dobrym zabiegiem może być zamiana ról i odegranie sceny zazdrości, podczas której rolę zazdrosnego partnera odgrywana ten, który zwykle bywa atakowany, natomiast rola partnera broniącego się i uspokajającego pozostaje temu, który zwykle jest zazdrosny i atakuje. Tego rodzaju zabieg wymaga jednak dużego wysiłku emocjonalnego i przełamania oporów przed porzuceniem choćby na chwilę swoich „jedynie słusznych" poglądów oraz przyjęciem „irracjonalnych" poglądów partnera. Dlatego też już na wstępie propozycja taka często spotyka się z odrzuceniem, jako zabawa niepoważna i głupia. Próba odtworzenia toku rozumowania partnera i wynajdywania argumentów z jego perspektywy pozwala tę perspektywę (i partnera) lepiej zrozumieć. Przede wszystkim zaś pozwala zrozumieć prostą prawdę, że nasz punkt widzenia wcale nie jest jedynym możliwym w większości sytuacji wzbudzających zazdrość.

Innym skutecznym zabiegiem może być odegranie scenki nasilającej konflikt do absurdalnych rozmiarów. Ilustruje to przykład pary w średnim wieku, która zgłosiła się do terapeuty z tego powodu, że mąż poświęcał zbyt wiele uwagi trzem kotom odziedziczonym po poprzedniej, zmarłej żonie, co doprowadzało do pasji i zazdrości jego żonę obecną. Terapeuci (Im i in., 1983) zignorowali oczywisty fakt, że poświęcenie męża dla kotów stanowiło wyraz kontynuacji jego przywiązania do poprzedniej żony. Poradzili zaś żonie, aby... przestała tolerować tak bezsensowne i egoistyczne zachowanie męża i natychmiast wystąpiła o rozwód. Mężowi udzielili podobnej rady. Kontrolowana przez terapeutę konfrontacja dwojga małżonków, z których każde zgłosiło zamiar rozwiedzenia się z powodu kotów, okazała się dla zainteresowanych absurdalna tak dalece, że sami znaleźli kompromis rozwiązujący problem. Tego rodzaju terapia przez absurd jest dość niebezpieczna i może odbywać się jedynie pod kontrolą doświadczonego terapeuty.

Istnieją jednak prostsze możliwości autoterapii. Albert Ellis, twórca terapii racjonalno-emotywnej, twierdzi, że zazdrość wynika nie tylko z działań partnera, ale przede wszystkim z własnych irracjonalnych przekonań, przyjmujących taką mniej więcej postać:

„Czyż to nie okropne, że ona (czy on) interesuje się kimś innym? Nie mogę tego wytrzymać! Jakim muszę być głupcem i niedojdą, skoro pozwalam jej (czy jemu) na tak głębokie angażowanie się gdzie indziej! No, i jak ten niewdzięczny potwór może mi coś takiego robić!"

Ellis proponuje po prostu przemyślenie tych kolejnych irracjonalnych wykrzykników. Czy to rzeczywiście jest okropne, że partner interesuje się także kimś innym? Czy na pewno chcę, żeby interesował się tylko mną? Co właściwie by z tego wynikło i czy na pewno by mi się to podobało? A czy mnie samej nie zdarza się interesować także kimś innym? Czy u mnie też zasługuje to tylko na potępienie? Poza tym czy naprawdę nie mogę wytrzymać jego zainteresowania kimś innym? Nie mogę czy nie chcę? Właściwie dlaczego nie chcę tego wytrzymywać? I tak dalej. Propozycja takich rozmyślań może budzić opór jako sprzecznych z istotą miłości, niepoddającej się przecież przyziemnemu rozsądkowi. No cóż, odpowiedzieć można, że lepiej jest myśleć wtedy, kiedy jeszcze jest o czym myśleć, kiedy może to jeszcze coś zmienić...

Udzielenie sobie odpowiedzi na takie pytania, rozmowa czy zamiana ról z partnerem na pewno nie wyeliminują zazdrości z naszego związku. Ale całkowite usunięcie zazdrości wcale nie jest konieczne, dla wielu osób mogłoby to być nawet smutne. Chodzi jedynie o to, aby sprowadzić ją do rozmiarów, z którymi można sobie poradzić, oraz wynegocjować z samym sobą i z partnerem taką postać wzajemnych kontaktów, która minimalizuje szanse pojawiania się zazdrości, a przynajmniej jej szansę na zniszczenie naszego związku. **Problem z zazdrością polega bowiem nie na tym, żeby jej nie było, lecz na tym, abyśmy to my nad nią panowali, nie zaś ona nad nami.**

Reakcje na niezadowolenie

*Głupcy nie wybaczają i nie zapominają,
naiwni wybaczają i zapominają,
mądrzy wybaczają, lecz nie zapominają.*

Thomas Szasz

Zazdrość i (omawiana w następnym rozdziale) zdrada to oczywiście nie jedyne źródło problemów. Dobrze wiemy, że przyczyną niezadowolenia może być właściwie wszystko – i brak zainteresowania, i nadmierne zainteresowanie, to, że partner mówi lub milczy, przejawia uczucia bądź ich nie przejawia, pracuje lub się leni i tak dalej. Z tego względu, zamiast wymieniać kolejne powody niezadowolenia, postaram się raczej zastanowić nad sposobami, w jakie ludzie na nie reagują w bliskich związkach. Skupię się tu na jednej tylko koncepcji, autorstwa amerykańskiej badaczki Caryl Rusbult (1993). Koncepcja ta wydaje się udanym i badawczo uzasadnionym kompromisem między prostotą (konieczną cechą użytecznej teorii) a skomplikowaniem (nieuchronnym przy tak złożonym zjawisku jak długotrwały związek dwojga ludzi). Ponadto niemal wszystko, co ta koncepcja mówi o reakcjach na niezadowolenie w bliskim związku, jest także prawdziwe w odniesieniu do niezadowolenia z miejsca pracy – podobne są zasadnicze typy reakcji na niezadowolenie, podobne są też ich uwarunkowania i konsekwencje.

Punktem wyjścia tej koncepcji było uzyskanie od dużej grupy ludzi swobodnego opisu ich sposobów reagowania na niezadowolenie ze związku miłosnego. Zebrano ogółem kilkadziesiąt takich sposobów reagowania, których opisy otrzymała następnie inna grupa badanych, z prośbą o ocenę ich wzajemnego podobieństwa. Oceny podobieństwa poddano później analizie za pomocą jednej z procedur statystycznych, pozwalających wydobyć ukrytą strukturę znaczeń, leżącą u podstaw „powierzchownego" podobieństwa między różnymi konkretnymi reakcjami na niezadowolenie. Owa ukryta struktura opiera się na dwóch zasadniczych osiach: konstruktywność–destruktywność i aktywność–bierność. Jak ilustruje rycina 6.2, struktura ta pozwala wyróżnić cztery zasadnicze typy reakcji na niezadowolenie, czyli Wyjście, Dialog, Lojalność i Zaniedbanie.

Rycina 6.2.
Wyjście, Dialog, Lojalność i Zaniedbanie – typologia reakcji na niezadowolenie wywołane pojawieniem się problemu w bliskim związku dwojga ludzi
Źródło: Rusbult i in., 1986, s. 745. Copyright © by American Psychological Association.

Wyjście ze związku oznacza jego aktywne niszczenie – wycofanie się z kontaktów, izolowanie się od partnera, decyzję „pozostańmy (tylko) przyjaciółmi", atak na partnera (włącznie z fizycznym), rozwód. Rusbult skonstruowała kwestionariusz samopisu, mierzący Wyjście i pozostałe rodzaje reakcji. Przy każdej pozycji kwestionariusza badani zaznaczają, jak często postępują w dany sposób. Przykładowe pozycje mierzące Wyjście to:

— Kiedy jest mi z nim źle, myślę o zerwaniu.
— Rozmawiam z partnerem o zerwaniu, gdy jestem na niego wściekła.
— Kiedy mamy problemy, proponuję, żebyśmy ze sobą skończyli.

Dialog to podejmowanie prób usunięcia problemu i utrzymania związku w dobrym stanie. Dyskusje nad problemem, proponowanie jego rozwiązań, poszukiwanie kompromisu, poszukiwanie pomocy na zewnątrz (u przyjaciół, terapeutów i tym podobnych), próby zmieniania siebie i/lub partnera. Przykładowe pozycje mierzące Dialog to:

— Kiedy gnębią nas jakieś problemy, dyskutuję o nich z moim partnerem.
— Kiedy jesteśmy na siebie źli, staram się podsunąć jakieś kompromisowe rozwiązanie.
— Gdy się pokłócimy, od razu staram się razem z nim odbudować zgodę między nami.

Lojalność oznacza cierpliwe przeczekiwanie problemu w nadziei, że „samo się jakoś ułoży" albo że „czas zaleczy rany", trwanie przy partnerze, niezwracanie uwagi na jego wady, modlenie się o zmianę na lepsze. Przykładowe pozycje mierzące Lojalność to:

— Kiedy mój partner mnie skrzywdzi, nic nie mówię – po prostu mu wybaczam.
— Jeżeli jesteśmy na siebie rozgniewani, to zamiast od razu jakoś działać, pozwalam danej sprawie, aby sama nieco przyschła.
— Gdy odnajduję w partnerze coś, co mi się nie podoba, akceptuję jego słabość czy wadę nie usiłując go zmienić.

Zaniedbanie oznacza ignorowanie partnera, ograniczanie czasu z nim spędzanego, odmowę podejmowania dyskusji, chłodne bądź nieprzyjemne traktowanie, krytykowanie partnera za rzeczy niezwiązane z aktualnym problemem. Słowem – spokojne przyglądanie się, jak związek się wali. Przykładowe pozycje mierzące Zaniedbanie to:

— Gdy coś mi się u partnera nie podoba, raczej się boczę, niż przystępuję do konfrontacji.
— Kiedy postępowanie partnera mnie wzburzy, zwykle krytykuję go za coś, co nie ma bezpośredniego związku z danym problemem.
— Kiedy mamy ze sobą jakieś problemy, odmawiam rozmów na ich temat.
— Kiedy jestem na partnera zdenerwowana, przez jakiś czas zachowuję się tak, jakby go w ogóle nie było.

Jak widać, Wyjście i Dialog są aktywnymi reakcjami na problem – partnerzy podejmują jakieś kroki, by zmienić niepożądany stan rzeczy. Natomiast Lojalność i Zaniedbanie mają charakter bierny – partnerzy pozwalają sprawom toczyć się własnym torem. Jednocześnie Dialog i Lojalność stanowią reakcje konstruktywne, podtrzymujące związek, podczas gdy Wyjście i Zaniedbanie są destruktywne, ponieważ stanowią różne drogi zagłady związku. Pomimo swej prostoty klasyfikacja ta zawiera w sobie istotne rozróżnienia i obejmuje większość faktycznie obserwowanych reakcji na problem niezadowolenia w bliskim związku. Przyjrzyjmy się więc bliżej poszczególnym sposobom reagowania.

Dialog

Kobiety wykazują ogólnie większą niż mężczyźni skłonność do dialogu, czyli reagowania na problemy w sposób równocześnie konstruktywny i aktywny, czego zresztą należało oczekiwać ze względu na pewne generalne różnice między płciami. Dbanie o dobrą kondycję związków uczuciowych stanowi bowiem istotny składnik tradycyjnego i nadal obowiązującego stereotypu roli kobiecej (strażniczki domowego ogniska). Ponadto kobiety są ogólnie bardziej zainteresowane emocjami niż mężczyźni. Ci ostatni dziwią się kobietom, jak one mogą ustosunkowywać się do wszystkiego, co napotkają na swej drodze, podobnie jak kobiety dziwią się mężczyznom, jak oni mogą tego nie robić. Różnica między kobietami a mężczyznami pod względem skłonności do stosowania Dialogu obserwowana jest dość powszechnie i w różnych kulturach. Na przykład Lillian Rubin (1976, s. 146) przytacza jako typową taką oto różnicę w reakcjach żony i męża (małżeństwo robotnicze, Stany Zjednoczone):

> Żona: Chciałabym, żeby ze mną porozmawiał, żeby powiedział mi, o czym myśli. Gdy się pokłócimy, chciałabym, żebyśmy ze sobą porozmawiali, może udałoby nam się coś zrozumieć. Nie chcę wskakiwać od razu do łóżka i udawać, że nic się nie stało.
>
> Mąż: Rozmawiać! Rozmawiać! A o czym tu rozmawiać? Ja chcę się z nią kochać, a ona mi mówi, że chce rozmawiać. W jaki sposób rozmawianie może ją przekonać, że ją kocham?

Identyczny wątek znaleźć można w niezliczonych listach do „Kącików złamanych serc" w różnych tygodnikach. Ponieważ Dialog jest zarówno konstruktywny, jak i aktywny, strategia ta ma stosunkowo największe szanse na rzeczywiste rozwiązanie problemu. Jest to więc typ reakcji najbardziej pożądany z punktu widzenia utrzymania intymności i całego związku. W jednym ze swoich badań Rusbult (1993) poprosiła kilkaset dorosłych osób o opisanie dowolnego problemu, jaki ostatnio napotkały w swoim związku, oraz opisanie swoich nań reakcji. Pozwalało to stwierdzić, jak dalece badani przejawiali skłonności do Dialogu, Lojalności, Zaniedbania i Wyjścia w odpowiedzi na ten konkretny problem. Proszono też o ocenę, jak dalece własna odpowiedź na problem okazała się skutecznym jego rozwiązaniem, a także o ocenę aktualnej (a więc już po reakcji na problem) satysfakcji ze związku i własnego weń zaangażowania. Okazało się, że im bardziej badani reagowali Dialogiem, tym większe było ich przekonanie o skuteczności własnej reakcji, a także tym większa była późniejsza satysfakcja ze związku. Dialog jest więc tą strategią, która najsilniej ze wszystkich łączy się ze skutecznym rozwiązaniem problemu.

Lojalność

Lojalność jest reakcją konstruktywną, choć bierną. Nic dziwnego więc, że – jak pokazują badania – jej powiązanie ze skutecznością i późniejszym zaangażowaniem w związek są bardzo słabe. Ta strategia reagowania na niezadowolenie w ogóle nie wiąże się z satysfakcją ze związku, nie jest to zatem skuteczny sposób jego obrony.

Cechą wpływającą na typ reagowania na problemy w związku jest płeć – wspominałem wcześniej, że kobiety mają większą skłonność do dialogu niż mężczyźni. Co ciekawe, w rzeczywistości ważna jest tu jednak nie tyle płeć biologiczna, ile psychiczna męskość – kobiecość. W sensie psychicznym męskość to tyle, co sprawczość, czyli orientacja na zadanie, działanie, sukces i świat przedmiotów czy idei oraz towarzyszące jej (w ramach stereotypu) takie męskie cechy, jak aktywność, niezależność, skłonność do dominacji i instrumentalnego traktowania innych. Z kolei kobiecość to tyle, co orientacja wspólnotowa, a zatem na kontakty międzyludzkie, na przeżywanie i podtrzymywanie uczuć oraz takie cechy kobiece, jak serdeczność, opiekuńczość, zależność od innych i zainteresowanie nimi. Tak rozumiana męskość–kobiecość wcale nie musi się pokrywać z płcią biologiczną. Co więcej, ta sama osoba może być równocześnie męska i kobieca; ani męska, ani kobieca; męska, choć nie kobieca; bądź też kobieca, choć nie męska (Bem, 2000). Odpowiednio do tego będzie się ona charakteryzować określonym zachowaniem i postawami, na przykład w zakresie stylu komunikacji z ludźmi, skłonności do zwierzania się, pojmowania ról małżeńskich i tak dalej.

Ponieważ kobiecość, najkrócej mówiąc, wiąże się z przykładaniem dużej wagi do ciepłych i zadowalających kontaktów z innymi, oczekiwać należy, że osoby silnie kobiece charakteryzować się będą dużą skłonnością do strategii raczej konstruktywnych (Dialog, Lojalność) niż destruktywnych (Wyjście, Zaniedbanie). Ponieważ zaś męskość wiąże się z większą aktywnością i nastawieniem zadaniowym, oczekiwać można, że osoby silnie męskie charakteryzować się będą dużą skłonnością do raczej aktywnego niż biernego odpowiadania na pojawiające się problemy (a więc raczej do Dialogu lub Wyjścia niż do Lojalności i Zaniedbania). Przewidywania te potwierdzono w serii badań, w których za pomocą kwestionariuszy mierzono zarówno męskość („Zwykle próbuję raczej kontrolować innych niż dać się im kontrolować"; „Gdy jestem z kimś innym, to ja podejmuję większość decyzji" i tym podobnie), jak i kobiecość („Lubię być z ludźmi, którzy przyjmują w stosunku do mnie opiekuńczą postawę"; „Ludzie lubią mi opowiadać o swoich kłopotach, bo wiedzą, że uczynię wszystko, aby im pomóc" i tym podobnie). Hipoteza dotycząca powiązania męskości ze skłonnością do strategii aktywnych nie uzyskała potwierdzenia. Natomiast męskość hamowała reakcje konstruktywne i najczęściej sprzyjała destruktywności. Kobiecość zaś sprzyjała konstruktywności i hamowała destruktywność w reagowaniu na problemy w bliskim związku dwojga ludzi.

Wszystko to sugeruje, że **silna męskość mężczyzny jest raczej dwuznacznym błogosławieństwem dla bliskiego związku dwojga ludzi.** Z jednej strony prawdą jest, że mężczyźni zachowujący się w typowo męski (na przykład dominujący) sposób spostrzegani są przez kobiety jako bardziej pociągający (szczególnie w środkowej fazie cyklu miesięcznego, jak wskazywałem w rozdziale 2). Męskość zachęca więc do namiętności (trudno o mniej odkrywcze stwierdzenie). Być mężczyzną oznacza też, między innymi, być skutecznym dostarczycielem niezbędnych dóbr (fok u niegdysiejszych Eskimosów, samych tylko futer u dzisiejszych Polaków). Męski mężczyzna jest więc dla związku w oczywisty sposób bardziej przydatny niż mężczyzna mało męski. Z drugiej strony jednak, męskość hamuje intymność. Nie tylko dlatego, że sprzyja destruktywności, a hamuje konstruktywność w reakcjach na niezadowolenie. Także dlatego, że skojarzona jest z małą empatią i niechęcią do zwierzania się oraz ujawniania innym własnych emocji (o czym była mowa w poprzednich rozdziałach). Nie bez powodu to mężczyźni wymyślają i śmieją się z takich dowcipów, jak ten, w którym mąż powiada do żony: „Jeżeli chcesz porozmawiać, to dlaczego nie zadzwonisz do audycji »Radiosłuchacze mówią«?".

Wygląda na to, że idealny partner to taki, który jest nie tylko męski, ale też kobiecy. Podobny wymóg stosuje się zapewne i do pożądanej partnerki. W świetle badań nad funkcjonowaniem związku i utrzymywaniem w nim wysokiego poziomu intymności kobiecość wydaje się cechą dość jednoznacznie dobrą. Jednakże, jak pisałem poprzednio, jednym z najpoważniejszych problemów w długotrwałym związku jest nuda. Ponieważ jednostronna kobiecość może być równie nudna jak jednostronna męskość, większą szansę sukcesu ma taki związek, w którym partnerka jest nie tylko kobieca, ale też męska (o ile nie przestraszy tym swego partnera!).

Mamy tu do czynienia z paradoksalną sprzecznością między tym, co spotyka chłopców i dziewczęta w procesie wychowania i socjalizacji, a tym, czego od nich oczekują ich partnerzy w dorosłym już związku. Jako małe i większe dzieci, chłopcy uczą się, że należy być przede wszystkim mężczyzną – kontrolować własne emocje („mężczyzna nie płacze"), być niezależnym od innych, ambitnie skupiać się na zadaniach i tak dalej. Kiedy chłopcy już się mężczyznami staną, dowiadują się od swoich partnerek, że mężczyznami, owszem, mają być, ale powinni też okazywać swoje emocje (inaczej spotykają się z niepozbawionym racji: „Czy ty w ogóle coś czujesz?"), powinni uzależniać własne uczucia i decyzje od swojej partnerki (przez wzgląd na równouprawnienie) i zaprzestać (egoistycznej) koncentracji na własnych ambicjach. Jako małe i większe dzieci, dziewczynki uczą się przede wszystkim być miłe, uległe i ciche, troszczyć się o innych i ich uczucia, słowem – uczą się, jak być kobiece. Później jednak odkrywają, że wcale nie chcą być uległe i ciche, a nawet nie mogą, skoro na przykład mają nie tylko pracować na jednym etacie w domu, lecz także na drugim – poza domem. Te dwa etaty wcale nie zawsze wymuszane są warunkami ekonomicznymi, ponieważ praca zawodowa kobiet jest współcześnie bardzo powszechnym zjawiskiem nawet w najbogatszych krajach. Jest to po prostu przejaw dość uniwersalnej w naszych czasach zmiany wzorca kulturowego roli mężczyzny (mającego coraz większy udział w opiece nad dziećmi) i kobiety (mającej coraz większy udział w utrzymaniu domu).

Pomijając tu rozważania nad przyczynami i skutkami tej zmiany, poprzestańmy na wniosku, że żyjemy w czasach, kiedy niezależnie od płci biologicznej każdy z nas coraz bardziej zmuszony jest być zarówno kobiecy (w bliskim związku z innym człowiekiem), jak i męski (poza tym związkiem). Jest nam więc trudniej niż naszym dziadkom i babciom. Ale ciekawiej.

Zaniedbanie

Zaniedbanie, czyli reakcja bierna i destruktywna jest jeszcze mniej skuteczną strategią obrony związku. Reagowanie zaniedbaniem jest wręcz przeciw skuteczne – w jego wyniku problem ulega nasileniu, a satysfakcja ze związku i zaangażowanie w jego utrzymanie spadają.

Cechą wpływającą na wybór między Dialogiem i Wyjściem z jednej strony a Lojalnością i Zaniedbaniem z drugiej jest samoocena. Logiczne wydaje się przypuszczenie, że osoby o samoocenie wysokiej – to znaczy przekonane o swojej wartości i o tym, że zasługują na dobry los w życiu – będą bardziej skłonne chwytać byka za rogi, a więc wybierać strategie aktywne. Osoby o samoocenie niskiej – przekonane, że ani nie zasługują na wiele, ani nie potrafią zbyt dobrze radzić sobie z kłopotami – powinny wybierać strategie bierne. Co najmniej trzy badania przekonują, że tak jest w istocie, ale tylko w odniesieniu do strategii destruktywnych: osoby o wysokiej samoocenie częściej wybierają Wyjście ze związku, natomiast osoby o samoocenie niskiej – Zaniedbanie.

Jednakże w obrębie strategii konstruktywnych samoocena nie decyduje o wyborze między Dialogiem a Lojalnością (Rusbult, 1993). Dopóki więc sprawy związku mają się dobrze (a reakcje na problemy pozostają konstruktywne), przekonanie partnerów o własnej wartości nie wpływa na sposób reagowania na niezadowolenie. Dopiero wtedy, gdy związek zaczyna szwankować, reakcje na problemy stają się raczej destruktywne, dotkliwe niezadowolenie skłania partnerów do rozważania tego, co można by uzyskać gdzie indziej. Osoby o samoocenie wysokiej, a więc przekonane, że mogą uzyskać szczęście poza związkiem, aktywnie angażują się w jego destrukcję. Natomiast osoby o samoocenie niskiej, przekonane, że raju nie ma nigdzie, nie demontują aktywnie swego związku, lecz jedynie pozwalają mu na samoistny upadek.

Bierność–aktywność wybieranych strategii jest także uzależniona od wagi problemu. Problemy poważne, stanowiące źródło dotkliwego niezadowolenia, zachęcają do aktywnych prób jego usunięcia, a więc albo do konstruktywnego Dialogu, albo do destruktywnego Wyjścia. Z kolei problemy niewielkie, wywołujące jedynie słabe niezadowolenie, powinny wzbudzać raczej słabsze, bierne reakcje. Dotychczasowe badania potwierdzają jednak tę prawidłowość w odniesieniu li tylko do Lojalności, w wypadku Zaniedbania zaś – nie.

Wyjście

Destruktywne i aktywne Wyjście jest strategią rzadko stosowaną, ponieważ takie postępowanie właściwie kończy związek. Skuteczność w rozwiązaniu konkretnego problemu, który tę reakcję wywołał, jest żadna, a spadek satysfakcji i zaangażowania w dalsze utrzymywanie związku są silne.

Ogólnie rzecz biorąc, związek między strategiami reagowania na problem a satysfakcją jest silniejszy w wypadku strategii destruktywnych niż konstruktywnych – Wyjście i Zaniedbanie silniej obniżają satysfakcję ze związku, niż Dialog i Lojalność ją podwyższają. Większa waga strategii destruktywnych niż konstruktywnych jest zresztą jednym z niewielu wyników powtarzających się w licznych i skądinąd bardzo się różniących badaniach. Na przykład wielu badaczy porównujących funkcjonowanie par szczęśliwych i nieszczęśliwych stwierdziło, że prawie wcale nie różnią się one natężeniem czy częstością zachowań konstruktywnych. Główna różnica polega na silnie destruktywnych zachowaniach par nieszczęśliwych, takich jak krytycyzm, odrzucanie partnera i wrogość (wszystkie trzy są bardzo często wyrażane bez pośrednictwa słów, a więc za pomocą mimiki, tonu głosu, postawy własnego ciała w stosunku do partnera). Jak podsumowuje te badania Barbara M. Montgomery (1988, s. 345): „wymiana zachowań pozytywnych jest mniej ważna od niewymieniania zachowań negatywnych". Jest to w pełni zgodne z opisaną poprzednio dynamiką pułapki sprawiedliwości i eskalującym charakterem wymiany negatywnej.

Dlaczego reagowanie destruktywne jest ważniejsze od zachowań konstruktywnych?

Po pierwsze, te ostatnie są czymś oczywistym, zgodnym z oczekiwaniem zarówno stereotypowym (czyż nie po to ludzie się z sobą wiążą, by się wzajemnie wspierać?), jak i skierowanym do konkretnego partnera („Przecież mnie kocha i związał się ze mną"). Zachowania destruktywne są oczywiście sprzeczne z jednym i drugim, co ma kilka konsekwencji. Przede wszystkim są one bardziej wyraziste, łatwiej je zauważyć i zapamiętać (wiele badań dowodzi, że zwykle lepiej pamiętamy informacje negatywne i sprzeczne z oczekiwaniami niż dane pozytywne i z oczekiwaniami zgodne). Co ważniejsze, zwykle inaczej też wyjaśniamy sobie zachowania zgodne i niezgodne z oczekiwaniami. Te pierwsze, jako zgodne z normą kulturową, w ogóle słabiej prowokują do myślenia o tym, co je sprowadziło, a w szczególności do poszukiwania ich przyczyn w partnerze – tak się robi i już! Zachowania niezgodne z oczekiwaniami – i zwykle negatywne – nie są jednak kwitowane w podobny sposób i wymagają jakiegoś szczególnego wyjaśnienia. A ponieważ są niezgodne z normą, wywołują skłonność do ich wyjaśniania szczególnymi („nienormalnymi") cechami partnera.

Logika naszego myślenia o przyczynach zachowania partnera jest więc taka, że łatwiej o przypisanie mu wyróżniających go cech odpowiedzialnych za jego zachowania negatywne niż o przypisanie mu cech odpowiedzialnych za zachowania pozytywne. Wszystko to sprawia, że większa jest szansa przypisania partnerowi szczególnych wad na podstawie jego zachowań destruktywnych niż szczególnych zalet na podstawie jego zachowań konstruktywnych – nawet wtedy, gdy liczba jednych i drugich jest taka sama, i nawet wówczas, gdy destruktywnych jest znacznie mniej, co zresztą bywa regułą w niemal każdym związku. Ponadto – jak już była o tym mowa przy okazji pułapki dobroczynności – w bliskim związku dwojga ludzi (i nie tylko) dobro szybciej traci na wartości niż zło. Po latach trwania związku prawidłowość ta może w oczywisty sposób przyczyniać się do silniejszej reakcji uczuciowej na destruktywne niż na konstruktywne zachowania partnera.

Najsilniejszym wyznacznikiem wyboru strategii są nie cechy partnerów czy aktualnego problemu, lecz ogólny stan związku. Indywidualne cechy są bowiem ogólnie mniej ważne dla związku niż to, co konkretnie partnerzy w swoim związku robią, ich zachowania zaś kształtowane są przede wszystkim stanem związku (który także decydująco wpływa na to, co partnerzy uważają za problem poważny, a co za nieważny).

Choć oczywistą prawdą jest to, że różni ludzie mają różne cechy charakteru i osobowości, to jednak związek ogólnych cech z konkretnymi (szczególnie pojedynczymi) zachowaniami z reguły jest bardzo słaby. Ponadto faktyczny związek cech charakteru z zachowaniem jest znacznie słabszy od związku, jaki ludzie skłonni są dostrzegać gołym okiem. Za zachowanie naszych partnerów często odpowiedzialna jest sytuacja. Ponieważ jednak jest ona tylko tłem, na którym widzimy działającego i skupiającego naszą uwagę człowieka, na ogół skłonni jesteśmy przeceniać wpływ cech człowieka na jego zachowanie i nie doceniać sytuacji, która umyka naszej uwagi. Kiedy nasz partner zachowuje się w sposób agresywny, skłonni jesteśmy sądzić, że agresywność to cecha, z którą się urodził, natomiast trudno nam zauważyć, że agresję tę mogła wywołać sytuacja, w jakiej partner się znajduje. A już ostatnią rzeczą, jaka przychodzi nam do głowy, jest myśl, że sami się do tej agresji przyczyniliśmy, prowokując partnera swoimi słusznymi przecież uwagami. Podobnie trudno nam zrozumieć, że wybuch złości partnera mógł być spowodowany ciągiem niewielkich frustracji kapiących niczym krople z kranu, które ów wybuch poprzedzały, ale których nie byliśmy świadkami.

„Sytuacja" oznacza tu przede wszystkim stan bliskiego związku, a więc to czy partnerzy są z niego zadowoleni, czy nie, czy są weń zaangażowani, czy związek ten jest bardziej, czy też mniej pociągający od tego, co czekałoby partnerów poza nim. Jeżeli partnerzy są ze swego związku zadowoleni, to, rzecz jasna, będą starali się go raczej chronić niż demontować. Duża satysfakcja ze związku prowadzi do reagowania strategiami konstruktywnymi (Dialogiem i Lojalnością) i hamowania strategii destruktywnych (Zaniedbania i Wyjścia), a podobnie oddziałuje także poziom zaangażowania partnerów w związek (Rusbult, 1993). Zaangażowanie mierzy się zwykle za pomocą ocenianego przez partnerów wysiłku, jaki dotąd włożyli w swój związek (wysiłek taki jest jednym z głównych wyznaczników zaangażowania w związek, o czym mowa w następnym rozdziale). Im więcej wysiłku partnerzy włożyli dotąd w swój związek, tym większa skłonność do chronienia go i stosowania strategii konstruktywnych, a mniejsza – do reagowania destruktywnego.

Badania Rusbult i współpracowników pokazały, że skłonność do Dialogu cechuje przede wszystkim związki znajdujące się w początkowych fazach rozwoju, w których poziom satysfakcji i intymności jest jeszcze wysoki. Skłonność ta słabnie w późniejszych fazach związku. Natomiast odwrotnie mają się sprawy z Lojalnością. Gdy związek dostarcza nam (jeszcze) dużej satysfakcji, Lojalność jest zbyt bierną formą jego obrony, pasuje zaś do faz późniejszych, kiedy to sprawy związku budzą już zwykle mniej emocji. Im starszy związek (i jego partnerzy), tym mniejsza skłonność do Dialogu, a tym większa do reagowania Lojalnością. Obie te zależności są jednak bardzo słabe, prawdopodobnie dlatego, że liczony w latach wiek związku jest jedynie pośrednim i zawodnym wskaźnikiem fazy, w jakiej związek się znajduje (niektóre związki zapewne szybciej przechodzą od faz wcześniejszych do późniejszych, a pewna ich liczba nigdy nie dochodzi do fazy związku pustego). Co ciekawe, wraz z wiekiem związku i partnerów spada również skłonność do reagowania na problemy aktywnym wyjściem ze związku. Wygląda więc na to, że z upływem czasu spada skłonność partnerów do stosowania wszelkich strategii aktywnych.

Również trzy podstawowe składniki miłości decydują o sposobach reagowania na niezadowolenie. Jak pokazuje rycina 6.3, im wyższy poziom namiętności, intymności i zobowiązania, tym większa skłonność do reagowania strategiami konstruktywnymi (szczególnie Dialogiem), a mniejsza do reagowania destruktywnego (szczególnie Wyjściem). Składnikiem,

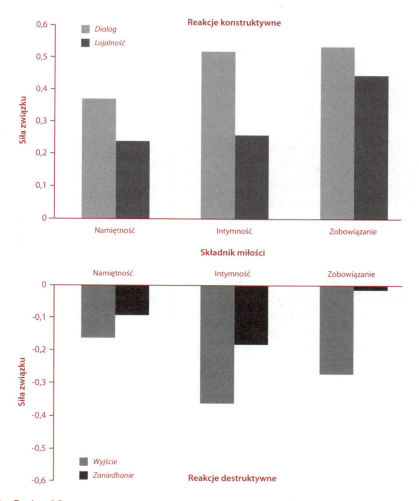

Rycina 6.3.
Związek namiętności, intymności i zobowiązania ze skłonnością do konstruktywnych i destruktywnych reakcji na niezadowolenie
Źródło: na podstawie danych w: Wojciszke, 2002a.

który najsłabiej decyduje o reakcjach na niezadowolenie, jest namiętność – jej wpływ jest właściwie pozorny, gdyż wynika głównie z faktu, że wiąże się ona z intymnością (kiedy kontroluje się to powiązanie, słupki wyrażające wpływ namiętności spadają niemal do zera). Natomiast składnikiem, który wpływa najsilniej, jest intymność – jej wpływ na reakcje na niezadowolenie pozostaje znaczny nawet wtedy, kiedy kontroluje się dwa pozostałe składniki miłości.

Trwanie i wycofanie zobowiązania

W fazie związku pustego kluczowego znaczenia nabiera zobowiązanie – jest ono już jedynym składnikiem miłości oraz jedynym czynnikiem utrzymującym partnerów przy sobie. Zanik zobowiązania prowadzi do rozpadu związku. Zobowiązanie wydaje się w fazie pustej dość słabą podstawą trwania związku – w końcu nie ma tu już ani uroków intymności, ani rozkoszy namiętności. W rzeczywistości zobowiązanie często okazuje się wystarczające do trwania związku przez długi czas, ponieważ opiera się ono na zaangażowaniu w działanie, które jest potężnym, bo samopodtrzymującym się mechanizmem.

Jeśli już raz zaangażujemy się w jakieś działanie, to sam fakt jego podjęcia może nam utrudniać wycofanie się, nawet gdy skutki działania okażą się niezadowalające albo gdy pojawią się ukryte koszty, z których nie zdawaliśmy sobie sprawy, rozpoczynając działanie. W takiej sytuacji następuje wiele zmian w spostrzeganiu skutków działania, a nawet własnej osoby, a wszystkie te zmiany służą jednemu – uzasadnić sens dotychczasowych wysiłków i działać dalej. Przyjrzyjmy się, jak to działa, na przykładzie pewnego klasycznego eksperymentu (Aronson i Mills, 1959), w którym młode kobiety zaproszono do otwartej i szczerej dyskusji na temat zachowań seksualnych. Zakładano, że dyskutowanie o seksie będzie zajęciem interesującym, ponieważ badanie przeprowadzano w pruderyjnych latach pięćdziesiątych, kiedy seks w znacznie mniejszym niż dziś stopniu nadawał się do rozmów, dlatego też pociągał jako temat kuszący, a rzadko poruszany. Zapewne tak samo uważały badane studentki, skoro część z nich zgodziła się nawet podjąć pewne wysiłki w zamian za możliwość wzięcia udziału w owej grupowej dyskusji o seksie. Od jednej grupy wymagano wysiłku stosunkowo dużego. Dziewczęta w obecności eksperymentatora (mężczyzny) musiały przeczytać na głos kilka fragmentów opisujących drastyczne sceny erotyczne, a także listę sprośnych słów pod pretekstem, że muszą się wyzbyć zahamowań przed czekającą je dyskusją. Od pozostałych wymagano wysiłku albo małego (czytały na głos słowa dotyczące seksu, choć nie ordynarne), albo żadnego. Następnie badane wysłuchiwały dyskusji, same nie biorąc w niej udziału, rzekomo dlatego, że był to ich pierwszy raz i nie mogły jeszcze przeczytać literatury przedmiotu. W rzeczywistości dyskusję za każdym razem odtwarzano z taśmy, dzięki czemu wszystkie uczestniczki słyszały dokładnie to samo. Wysłuchiwana dyskusja była okropna. Nie dość, że dotyczyła drugorzędnych zachowań seksualnych u niższych zwierząt, to jeszcze jej uczestnicy wypowiadali się w sposób rozwlekły, bełkotliwy i nudny ponad wszelkie wyobrażenie. Uwieńczeniem złośliwości eksperymentatorów (w służbie nauki jednak!) było poproszenie dziewcząt o ocenę, jak dalece podobała im się dyskusja i sami dyskutanci. Dziewczęta, które włożyły mały wysiłek w dostanie się do grupy, a także badane z grupy kontrolnej, niewydatkującej żadnego wysiłku, oceniały ją jako nudną. Jednakże dziewczęta, które włożyły duży wysiłek, by dyskusji wysłuchać, uważały i dyskusję, i dyskutantów za dość interesujących. Dlaczego coś, co było wyraźnie nudne i bezwartościowe, uznane zostało za niemal interesujące i warte wysiłku? Właśnie dlatego, że wymagało wydatkowania wysiłku. Świadomość włożenia sporego wysiłku w coś, co najwyraźniej nie było tego warte, jest dla nas nie do zniesienia. Pozostaje ona bowiem w sprzeczności z dobrze ugruntowanymi oczekiwaniami (ludzie wkładają przecież wysiłek w przedsięwzięcia, które na to zasługują). Trudno nazwać rozsądnym człowieka, który wydatkuje swoje siły tak bezsensownie, że niczego wartościowego w zamian nie uzyskuje. Sprzeczność ta jest dla nas nie do zniesienia tak dalece, że zaczynamy wierzyć w pozytywność stanów rzeczy osiągniętych dzięki własnemu wysiłkowi, które bez tych wysiłków wydawałyby nam się bezwartościowe. Dzięki temu nadal możemy wierzyć we własny rozsądek.

Liczne badania wykazały takie właśnie oddziaływanie przeróżnych wysiłków, jak poddawanie się wstrząsom elektrycznym, nieprzyjemnym bodźcom słuchowym, wyczerpującej aktywności fizycznej, czy nawet wysłuchiwanie kogoś, kto budzi odrazę i obrzydzenie. Kluczem zawsze jest zaangażowanie człowieka w jakąś decyzję lub czynność, co może dochodzić do skutku na różne sposoby. Na przykład w pewnym badaniu (Pallak i in., 1980) zaproszono wszystkich mieszkańców małego amerykańskiego miasteczka do uczestnictwa w programie oszczędzania energii. Uczestników poinstruowano, jak to robić, i przyobiecano wydrukowanie ich nazwisk w lokalnej prasie jako wzorowych obywateli. Ta zachęta podziałała i w pierwszym miesiącu uczestnicy programu zaoszczędzili 12% gazu ziemnego, którym ogrzewali swoje domy. Po tym okresie początkowa marchewka zniknęła – uczestników programu poinformowano, że niestety z przyczyn technicznych nazwiska ich rodzin nie będą mogły się ukazać w prasie. Jednakże ludzie nie przestali oszczędzać – w miesiącu następującym po wycofaniu obietnicy zużywali o 14% gazu mniej niż przed rozpoczęciem programu. Dlaczego? Ponieważ podejmując wysiłek oszczędzania energii, zaczęli tworzyć dodatkowe uzasadnienia tego postępowania: że są przyzwoitymi obywatelami dbającymi o dobro publiczne, że pomniejszają zależność swojego kraju od ropy kontrolowanej przez seksistowskich szejków arabskich, że cała rodzina może pójść do McDonalda i zjeść podwójnego bigmaca za zaoszczędzone pieniądze. Wszystkie te uzasadnienia działały nadal, nawet po wycofaniu początkowego powodu oszczędzania energii.

W badaniu tym zastosowano w szlachetnych celach dosyć paskudną technikę manipulacji społecznej, zwaną niską piłką – człowiek zostaje wciągnięty w działanie za pomocą przynęty, która potem znika, jednak działanie jest kontynuowane z powodu różnych uzasadnień, jakie się w tym czasie pojawiły. Niską piłkę do perfekcji doprowadzili sprzedawcy używanych samochodów (Cialdini, 2009). Przyciągają oni klientów za pomocą ceny niższej niż u konkurencji i starają się wpuścić klienta w pułapkę zaangażowania. Na przykład wypożyczają samochód na jazdę próbną, do której zachęcają. Zabierasz więc żonę i dziecko na przejażdżkę. Pędzimy, pędzimy. Dziecko znajduje miejsce, gdzie można posadzić misia, a żona lusterko, przed którym może poprawić makijaż. Wszyscy zadowoleni wracacie do dilera, by sfinalizować transakcję. Ale pojawiają się trudności. Okazuje się, że samochód jest wyposażony w niezwykle kosztowne radio za trzy tysiące złotych i w dodatku nie można go wymontować, ponieważ jest ono w taki sposób sprzężone ze skrzynią biegów, że ta wypadnie po wyjęciu radia. Stajesz więc przed wyborem czy zrezygnować z tego fajnego samochodu (i narazić się na pretensje dziecka, które nie będzie miało gdzie posadzić misia), czy też zrezygnować z wizji zaoszczędzenia trzech tysięcy, co miał zapewnić ten właśnie samochód. Myślisz sobie: „W końcu nawet z tym radiem samochód kosztuje tyle, co u konkurencji, więc nic nie tracę", i kupujesz ten samochód. Ty nie tracisz, ale kto zyskał?

Niskiej piłce i mechanizmowi zaangażowania trudno się oprzeć, dlatego prawo wielu krajów przewiduje możliwość wycofania się klienta z niemal każdej transakcji bez podawania żadnych przyczyn. Sprawni marketingowcy potrafią obejść i tę przeszkodę. Na przykład wiele firm zabawkarskich miesiąc lub dwa przed Bożym Narodzeniem reklamuje nowe, atrakcyjne zabawki, wysyłając do sklepów tylko krótkie ich serie – na przykład zdalnie sterowany model autobusu, który nie tylko jeździ, skręca i ma klakson, ale także jest przegubowy, a przegubowość zawsze była mrocznym przedmiotem pożądania naszego czteroletniego syna (każda namiętność jest nieco zagadkowa). Oczywiście widząc zachwyt w oczach synka, obiecujemy mu ten autobus na Gwiazdkę. Niestety – dwa tygodnie przed Gwiazdką autobus przegubowy znika ze sklepów, choć, owszem, nadal jest reklamowany. W panice zastanawiamy się, co tu kupić i jak wiele, aby zrekompensować dziecku brak wymarzonej zabawki. Kupujemy trzy inne, których cena przekracza cenę autobusu, obiecując sobie nigdy nie wrócić do tego piekielnego miejsca, jakim w grudniu wydają nam się sklepy z zabawkami. A jednak w styczniu znów tam jesteśmy, aby... kupić autobus przegubowy. Co się stało? Ano w czasie gwiazdkowego wieczoru było jasne jak słońce, że trzy zabawki-rekompensaty niczego naszemu synkowi nie zrekompensowały. Był tak smutny, że obiecaliśmy kupić autobus, gdy tylko się pokaże w sklepach. I pokazał się w styczniu. W ten sposób firma zabawkarska sprzedała nam trzy dość kosztowne zabawki w grudniu i jedną bardzo kosztowną w styczniu.

Rycina 6.4.
Zaangażowanie i mechanizmy, które je podtrzymują
Źródło: opracowanie własne na podstawie: Rusbult i in., 2001.

Jak ilustruje rycina 6.4, poziom zaangażowania w bliski związek zależy głównie od trzech czynników: satysfakcji ze związku, poziomu naszych dotychczasowych inwestycji w ten związek oraz jakości alternatyw dla związku (innych możliwych partnerów czy atrakcyjności życia w pojedynkę). Z kolei samonapędzający się charakter zaangażowania wynika z tego, że jest ono podtrzymywane licznymi interpretacjami i zachowaniami partnerów. Wreszcie, poziom zaangażowania decyduje o dobrostanie obojga partnerów – o ich przystosowaniu do wspólnego życia i o trwaniu samego związku. Przyjrzyjmy się tym procesom nieco bliżej.

Wyznaczniki zobowiązania

Kluczowym wyznacznikiem poziomu zaangażowania jest dotychczasowa satysfakcja ze związku. Im bardziej jesteśmy ze związku zadowoleni, tym bardziej się angażujemy w jego utrzymanie. Tu mądrość potoczna zgadza się z wynikami dziesiątków badań. Jednak w fazie związku pustego owa zależność traci na znaczeniu, ponieważ satysfakcja jest już bardzo niewielka z powodu braku intymności. Jeżeli w tej fazie zobowiązanie jeszcze trwa, to z innych powodów. Najważniejszym wydają się niemożliwe do odzyskania inwestycje, jakich dokonaliśmy na rzecz istniejącego związku, oraz niska jakość alternatyw czekających nas poza związkiem.

Inwestycje te są dwojakiego rodzaju: dobra włożone w związek i dobra poniechane, z których zrezygnowaliśmy przez wzgląd na istnienie danego związku. Nie ulega wątpliwości, że budowa związku z drugim człowiekiem wymaga inwestowania weń wysiłku, uwagi, czasu, pieniędzy i dóbr wszelkiego rodzaju. Subiektywnie oceniane inwestycje rosną w miarę rozwoju związku bardziej niż zyski, straty i zadowolenie z całego związku, jak to wykazały liczne badania Caryl Rusbult (1993). Z punktu widzenia czystej buchalterii strat i zysków wszystkie te inwestycje przydają wartości związkowi, niezależnie od tego, co daje nam partner.

Dopóki partner dostarcza nam autentycznej satysfakcji, nasze inwestycje czynią związek nie tylko bardziej wartościowym, ale też przyjemniejszym – dzięki opisanym poprzednio procesom przekonywania siebie o słuszności własnych wyborów. Gdyby jednak związek miał się rozpaść, większość inwestycji zostałaby stracona, jak to się dzieje na przykład w wypadku żony, która wspierając karierę zawodową męża, zrezygnowała z własnej, aby zająć się prowadzeniem domu i wychowaniem dzieci. Jedynym sposobem na odzyskanie tych inwestycji jest dalsze pozostawanie w związku w nadziei, że zaowocuje on odpowiednimi profitami. Mimo że nadal jest rozsądnie (nawet niewielka szansa odzyskania inwestycji jest lepsza od jej braku w wypadku zerwania), to jednak robi się coraz mniej przyjemnie, jeżeli partner przestaje dostarczać nam satysfakcji sam przez się. Kiedy uprzednio inwestycje są duże, a partner nic nam już nie daje oprócz przykrości, znajdujemy się w pułapce własnych inwestycji – niczym pokerzysta, który tyle już przegrał, że musi się odegrać, bo inaczej nie wybrnie z długów. Dokonując następnych inwestycji, czyli ponosząc dalsze koszty, pokerzysta pozostaje przy stole, podobnie jak my w naszym związku. Czynimy to nie dlatego, że jest to przyjemne albo budzi nadzwyczaj uzasadnione nadzieje; po prostu wycofanie się jest jeszcze bardziej nieprzyjemne i beznadziejne, ponieważ dotychczasowe inwestycje bezpowrotnie przepadną.

Choć pułapka inwestycji podtrzymuje zaangażowanie partnerów, dzieje się tak za cenę rosnących kosztów, jakie ponosi każde z nich. Mamy tu więc do czynienia z błędnym kołem, które długo jeszcze może utrzymywać przy życiu coraz bardziej niekorzystny związek (załamanie nastąpi dopiero po całkowitej utracie nadziei na odzyskanie inwestycji). Nic więc dziwnego, że **im wyżej ludzie szacują inwestycje dotychczas dokonane na rzecz istnienia związku, tym większe jest ich zaangażowanie w jego utrzymanie, niezależnie od samego zadowolenia ze związku**, które zresztą również podnosi zaangażowanie. Nie od rzeczy będzie też wspomnieć, że socjologiczne analizy różnego rodzaju utopijnych komun czy alternatywnych społeczności przekonują, iż przedsięwzięcia te odnosiły większy sukces (trwały dłużej), jeżeli obowiązujące w nich reguły wymagały od uczestników dokonywania niemożliwych do odzyskania inwestycji – na przykład takich, jak zapisanie całej swojej własności na rzecz komuny czy notarialne zrzeczenie się roszczeń rekompensaty za pracę na jej rzecz w wypadku opuszczenia danej wspólnoty (Cialdini, 2009).

Oprócz dóbr włożonych w związek na inwestycje składają się też dobra poniechane. Najprostszym takim dobrem są nasze kontakty z innymi niż partner osobami. Początkowo, w miarę rozwoju swego związku, partnerzy kontaktują się z mniejszą liczbą osób, rzadziej i krócej (Milardo i in., 1983). Oczywiście zazwyczaj robią to po prostu dlatego, że jest im ze sobą przyjemniej niż z innymi. Jednakże części utraconych z tego powodu kontaktów nie udaje się już odzyskać, nawet jeżeli powód ich zaniechania zanika. Kontakty w szczególności niedające się odzyskać to oczywiście partnerzy inni niż osoba, na którą się zdecydowaliśmy. Można przypuszczać, że im bardziej atrakcyjni byli partnerzy, z których zrezygnowaliśmy, tym dłużej powinniśmy wytrwać w niezadowalającym związku z partnerem faktycznie wybranym, ponieważ tym większa była nasza inwestycja (będąca w stanie podtrzymywać zaangażowanie nawet bez satysfakcji). Na tle pociągających, lecz odrzuconych niedoszłych partnerów nasz wybrany partner wypada gorzej, trudniej więc z nim być. Jednak odrzucenie pociągających niedoszłych wzmaga nasze zaangażowanie w utrzymanie związku z wybranym partnerem.

Trzecim wyznacznikiem poziomu zaangażowania postulowanym przez model z ryciny 6.4 jest jakość alternatyw. Zaangażowanie rośnie w miarę spadku atrakcyjności tego, co człowiekowi jest dostępne zamiast danego związku. Takie możliwości zastępcze to albo związki z innymi partnerami, albo życie w pojedynkę. Wiele badań wykazało, że im mniej pociągające są takie alternatywy, tym większe zaangażowanie w związek, w którym jesteśmy (Felmlee i in., 1990; Rusbult, 1983). Nieatrakcyjność możliwości zastępczych dla związku jest oczywistym powodem, z jakiego pozostajemy w obojętnym, czy nawet bolesnym związku z innym człowiekiem. Jest to również sensowne wyjaśnienie przyczyn, z jakich na przykład ludzie sześćdziesięcioletni rozwodzą się znacznie rzadziej niż trzydziestolatki. Szansa osiągnięcia czegoś lepszego poza aktualnym związkiem spada z oczywistych względów po przekroczeniu wieku średniego. Dopóki taka rzeczywista lub tylko pozorna szansa istnieje, zaangażowanie w aktualny związek narażone jest na pokusy życia poza związkiem.

Interpretacje podtrzymujące zaangażowanie

Mówi się, że miłość jest ślepa. Wierzcie mi, to zupełne kłamstwo – nie ma niczego bardziej widzącego niż prawdziwa miłość. Niczego.

Anthony de Mello

W sukurs gasnącemu zaangażowaniu przychodzą także interpretacje podtrzymujące zaangażowanie dzięki spostrzeganiu partnera jako lepszego od alternatyw. Z jednej strony więc mamy do czynienia z ogromną idealizacją partnera, z drugiej zaś – z obniżaniem jakości jego potencjalnych rywali. Idealizacja działa głównie na początkowych etapach miłości. W rozdziale 2 przedstawiłem sporo danych przekonujących, że idealizacja jest nieodłącznym elementem zakochania (łącznie z hamowaniem aktywności tych obszarów kory mózgowej, które są odpowiedzialne za krytyczne myślenie). Idealizowanie partnera przez nowożeńców nasila ich miłość do partnera jeszcze po trzynastu latach małżeństwa, jednak nie hamuje rozpadu i rozwodu pary (Miller i in., 2006).

W późniejszych fazach większego znaczenia nabiera aktywne obniżanie (we własnych oczach) wartości możliwości zastępczych w stosunku do związku, w który angażują się partnerzy. Zaczątki tego mechanizmu pojawiają się już w fazie zakochania – w rozdziale 2 opisałem badania przekonujące, że atrakcyjne twarze płci przeciwnej słabiej przyciągają uwagę zakochanych niż niezakochanych. Badania podłużne prowadzone w ciągu jednego roku akademickiego nad parami studenckimi, których część przetrwała, a część się rozpadła, wykazały pewną interesującą różnicę między nimi. Dla par, które ostatecznie się rozpadły, atrakcyjność możliwości zastępczych rosła w miarę upływu czasu, podczas gdy dla par, które przetrwały, atrakcyjność ta spadała (pomiarów dokonywano dwunastokrotnie w ciągu roku (Rusbult, 1983). Jedne i drugie znajdowały się w tym samym miasteczku uniwersyteckim, zamieszkałym przez około dziesięciu tysięcy rówieśników płci przeciwnej, stanu wolnego. Ponieważ trudno założyć, że atrakcyjność tych rówieśników jednocześnie rosła i spadała, należy przyjąć, że pary, które przetrwały, pomniejszały wartość innych potencjalnych partnerów (natomiast osoby z par rozpadających się same dodawały uroku możliwym partnerom alternatywnym).

Na podobnej zasadzie stwierdzono, że dla młodych ludzi aktualnie zaangażowanych w stały związek fizyczna i erotyczna atrakcyjność rówieśników płci przeciwnej jest znacznie mniejsza niż dla ludzi aktualnie wolnych. Takie obniżenie atrakcyjności nie dotyczyło jednak spostrzegania atrakcyjności ani rówieśników tej samej płci, ani osób płci przeciwnej, które były znacznie starsze od badanych, a więc nie stanowiły konkurencji dla ich aktualnych partnerów (Simpson i in., 1990). Takie pomniejszanie wartości potencjalnych konkurentów może mieć co najmniej dwa powody.

Po pierwsze, stwierdzenie dużej atrakcyjności kogoś innego niż własny partner jest sprzeczne z dalszym pozostawaniem w związku z tym partnerem. Powiedzieć o kimś, że jest atrakcyjny, oznacza przecież tyle, co powiedzieć, że nas pociąga. Jeżeli pociąga mnie ten barczysty brunet, to dlaczego u licha nadal angażuję swe uczucia w związek z tym chudym blondynem? Sprzeczność tę możemy rozwiązać albo porzucając blondyna i wiążąc się z brunetem, albo wynajdując w brunecie takie cechy, które nas do niego zniechęcą („Ma takie zrośnięte brwi, że nie budzi zaufania. Na pewno wykorzystałby mnie i porzucił"). Im bardziej zaangażowani jesteśmy w związek z blondynem, tym większa szansa na to drugie rozwiązanie sprzeczności, czyli pomniejszanie wartości bruneta. Zabieg ten służy więc obronie naszego związku z blondynem.

Powód drugi nie dotyczy obrony naszego związku, lecz sposobu, w jaki wpływa on na nasze spostrzeganie świata, w tym potencjalnych konkurentów (bruneta). Jeżeli jesteśmy mocno zaangażowani w związek z blondynem, to prawdopodobnie bardzo nam się ów blondyn podoba. Po prostu jest w naszych oczach niesłychanie przystojny – tym przystojniejszy, im większe nasze zaangażowanie (inni nie muszą podzielać naszego zachwytu, to bez znaczenia, chodzi tylko o nasze zdanie). Jeżeli blondyn jest w naszych oczach niesłychanie atrakcyjny, to oczywiście trudno, aby przy takim porównaniu ktokolwiek inny, w tym również barczysty brunet, mógł zasłużyć na większą uwagę. Jeżeli bowiem najpierw oceniamy kogoś bardzo atrakcyjnego, to później oceniane osoby wypadają – na zasadzie kontrastu – znacznie gorzej. Na tej zasadzie panowie oglądający modelki „Playboya" bezpośrednio po tym mniej są zadowoleni ze swoich rzeczywistych partnerek (Kenrick i Gutierres, 1980). Spostrzeganie bruneta jako nieatrakcyjnego będzie więc tym silniejsze, im większe nasze zaangażowanie w związek z blondynem.

Oba opisane mechanizmy wskazują, że będziemy tym bardziej pomniejszać wartość konkurenta, im silniej angażujemy się w związek z obecnym partnerem. Jednak mechanizm pierwszy (obrona związku) powinien działać głównie wtedy, kiedy pojawia się jakieś zagrożenie dla związku (z blondynem), a więc kiedy konkurent jest bardzo atrakcyjny lub jego istnienie nas jakoś osobiście dotyczy, na przykład faktycznie go spotykamy. Natomiast mechanizm drugi (spadek atrakcyjności potencjalnych konkurentów wskutek dużej atrakcyjności aktualnego partnera) nie stawia takich ograniczeń – duża atrakcyjność własnego partnera powinna powodować spadek atrakcyjności wszystkich konkurentów, niezależnie od ich atrakcyjności i od tego, czy ich istnienie nas osobiście dotyczy, czy też nie. Aby sprawdzić, która z tych linii rozumowania jest trafniejsza, przeprowadzono eksperyment, w którym młodzi ludzie słabo bądź silnie zaangażowani w swój aktualny związek (co zmierzono na wstępie) oceniali atrakcyjność innych osób płci przeciwnej (Johnson i Rusbult, 1989). Osoby te mogły przy tym albo nie mogły zagrozić ich obecnemu związkowi – badani mieli je osobiście spotkać lub nie. Okazało się, że obniżanie atrakcyjności potencjalnych konkurentów występowało przede wszystkim w warunkach dużego zagrożenia dla związku – kiedy konkurent był bardzo atrakcyjny i zanosiło się na osobisty z nim kontakt. W dodatku badani bardzo zadowoleni ze swojego aktualnego związku mieli większą skłonność do pomniejszania wartości partnera konkurencyjnego niż osoby zadowolone tylko umiarkowanie.

Tak więc świadoma skłonność do pomniejszania wartości partnerów konkurencyjnych rośnie w warunkach potencjalnego zagrożenia dla już istniejącego związku. Nie zamyka to jednak sprawy, ponieważ inne badania sugerują, że skłonność ta pojawia się także w warunkach, w których nie może być mowy o jakimkolwiek zagrożeniu dla związku, kiedy ludzie wcale o nim nie myślą. We wspomnianych już badaniach Simpsona i współpracowników (1990) stwierdzono, że osoby aktualnie zaangażowane w bliski związek – w przeciwieństwie do osób aktualnie niezaangażowanych – spostrzegają rówieśników płci przeciwnej jako mniej atrakcyjnych. Autorzy ci dołożyli wielu starań, aby dokonać pomiaru atrakcyjności rówieśników w warunkach niemających żadnego związku z aktualnymi kontaktami badanych z płcią przeciwną. Badanie przedstawiano jako prowadzone przez agencję reklamową i dotyczące skuteczności reklam prasowych. Badani oceniali szesnaście reklam, tylko w sześciu z nich występował rówieśnik płci przeciwnej i tylko dwa pytania na cztery dotyczyły atrakcyjności tej osoby (pozostałe dotyczyły skuteczności reklam). Dopiero po zebraniu tych ocen pytano badanych, czy są z kimś aktualnie związani, czy nie. Mimo tych wszystkich środków ostrożności pomniejszanie atrakcyjności występowało nadal.

Ponieważ badani nie myśleli o swoich stałych partnerach w trakcie dokonywania ocen (dlaczego mieliby myśleć o ukochanej na widok reklamy pampersów?), wyniki te sugerują, że pomniejszanie wartości możliwych konkurentów jest tendencją nieświadomą, pojawiającą się automatycznie w wyniku samego zaangażowania się w bliski związek z innym człowiekiem. Nie można wykluczyć dość interesującej możliwości, że tendencja ta jest uwarunkowana biologicznie i rozwinęła się w trakcie ewolucji naszego gatunku jako powiększająca szanse sukcesu reprodukcyjnego. Utrzymanie stałego związku jest biologicznie korzystne dla jednostki (przypomnijmy przytaczane uprzednio dane wskazujące na lepszy stan zdrowia osób pozostających w małżeństwie), zwiększa bowiem szanse przetrwania i sukcesu reprodukcyjnego. Geny tych ludzi, którzy potrafili utrzymać się w bliskim związku ze stałym partnerem czy partnerką, przetrwały i rozpowszechniły się (i my je mamy), geny tych, którzy tego nie potrafili, się nie rozpowszechniły (i my ich nie mamy).

Jeszcze innym zjawiskiem podtrzymującym zaangażowanie – niezależnie od satysfakcji ze związku i mimo przynoszonych przezeń cierpień – jest to, że z upływem czasu i wspólnego życia **bliski związek z innym człowiekiem staje się nieodłączną częścią nas samych, naszej tożsamości.** Poczucie własnej tożsamości opieramy zarówno na tym, co nas odróżnia od innych, jak i na tym, co nadaje nam ciągłość w trakcie życia, a więc na poczuciu, że jesteśmy wciąż takim samym człowiekiem. Obie te rzeczy nie muszą mieć ze sobą wiele wspólnego. Na przykład płeć kiepsko odróżnia nas od innych (połowa ludzi ma przecież tę samą), ale niewątpliwie nadaje nam poczucie ciągłości – trudno byłoby czuć się takim (a nawet tym) samym człowiekiem, gdyby uległa ona zmianie.

Wszyscy są zgodni co do tego, że powszechnym składnikiem miłości jest poczucie wspólnoty – na przykład im większe zaangażowanie partnerów w związek, tym bardziej są skłonni mówić i myśleć „my, nasze" a nie „ja, moje" (Agnew i in., 1998). To oczywiście wyraz orientacji na wspólnotę, co dotyczyć może różnych grup, z którymi się utożsamiamy. Jednak w bliskim związku sprawy idą jeszcze dalej – ukochana osoba staje się częścią nas samych. Kochając, włączamy innego człowieka w obręb własnego Ja, dlatego też wielu myślicieli uważa miłość za rozszerzenie egoizmu na jeszcze jedną osobę – partnera. Współczesna psychologia odnosi się do tego rodzaju odczuć z pewną rezerwą, ponieważ twierdzenie „ona jest po prostu częścią mnie" może być przecież przejawem bardzo różnych zjawisk – na przykład pobożnych życzeń („Chciałbym, żeby tak było"), ulegania stereotypowemu wzorcowi przeżywania miłości („Z niezliczonych książek i filmów wiem, że tak właśnie powinno się kochać"), podporządkowania się pragnieniom partnerki („Ona by chciała, aby tak było"). Dla przeżywających miłość tego rodzaju ważne są odczucia same w sobie. Z punktu widzenia nauki istotne jest oczywiście pytanie, czy mają one także jakąś zobiektywizowaną postać istnienia i konsekwencje, czy moglibyśmy się o nich dowiedzieć, nawet gdyby sami zainteresowani nam o nich nie powiedzieli.

Grupa badaczy (Aron i in., 1991) w dość pomysłowy sposób wykazała, że bliska osoba rzeczywiście jest psychicznie włączana w obręb własnego Ja. Wykorzystali oni banalne zjawisko polegające na tym, że jeżeli coś wiemy na pewno, to odpowiedzi na pytania o to coś udzielamy szybciej niż wtedy, kiedy nie jesteśmy czegoś pewni. Badane osoby (wszystkie zamężne) otrzymały listę kilkudziesięciu cech z prośbą o zdecydowanie, jak dalece każda z tych cech posiadana jest zarówno przez nie same, jak i przez męża. Pozwoliło to w odniesieniu do każdej badanej znaleźć cechy „te same" (posiadane i przez badaną, i przez jej małżonka bądź nieposiadane ani przez badaną, ani przez męża) i „różne" (posiadane przez nią, ale nie przez męża lub przez męża, ale nie przez badaną). Po pewnym czasie badane jeszcze raz decydowały, czy same mają te cechy, czy nie. Tym razem nazwy cech były eksponowane na ekranie komputera, a badana przyciskała tylko klawisze „tak" lub „nie", co pozwoliło zmierzyć czas jej reakcji. Okazało się, że badane szybciej podejmowały decyzje co do „tych samych" cech niż co do cech „różnych". Tak więc żonie łatwiej było zdecydować, że ma jakąś cechę, jeżeli jej mąż również ją posiadał. Kiedy zaś ona ją miała, a on nie (lub na odwrót) decyzja wymagała dłuższego czasu, najwyraźniej potrzebnego na rozważenie, „co jest mną, a co nim". Ponieważ w tego typu badaniach czas reakcji pozostaje poza świadomą kontrolą człowieka (badane nie wiedziały, że czas był mierzony), wynik ten jest dość eleganckim i obiektywnym potwierdzeniem tezy, że bliskość innego człowieka polega na tym, iż niejako miesza się on z naszą osobą.

Podobnego mieszania się dowodzi znaczna liczba innych obserwacji świadczących, że im ktoś jest nam bliższy, tym bardziej skłonni jesteśmy traktować go tak jak siebie samego, a także traktować to, co mu się przydarzyło, jakby przydarzyło się nam samym (Aron i in., 2004). A więc działać na jego rzecz (niezależnie od tego, czy on się o tym dowie), rozumieć świat z jego punktu widzenia, przeżywać jego emocje w taki sam sposób jak własne, zaś przede wszystkim na wszelkie możliwe sposoby bronić jego dobrego imienia, tak jak bronimy wartości swojej osoby. Jeżeli partner rzeczywiście staje się psychicznie częścią nas samych, to zrozumiałe, że nie wyrzekamy się go nawet wtedy, gdy zadaje nam ból – tak samo, jak nie możemy się wyrzec bolącej z powodu reumatyzmu nogi, by użyć niezbyt lirycznego porównania.

Wiele danych świadczy o tym, że spostrzegamy innych ludzi i siebie samych na dwóch głównych wymiarach. Jeden z nich to wymiar wspólnotowości, dotyczący tego, jak ludzie funkcjonują społecznie: czy są dobrzy, życzliwi, przyjaźni, moralni, czy raczej przeciwnie – są źli, szkodzą innym, są nieżyczliwi i niemoralni. Drugim wymiarem jest sprawczość dotycząca tego, jak ludzie funkcjonują w trakcie realizacji celów i zadań – czy są sprawni, efektywni, inteligentni wytrwali i tak dalej. Najkrócej mówiąc, wspólnotowość dotyczy tego, czy człowiek ma dobre, czy złe intencje, sprawczość zaś tego, czy jest on w stanie owe intencje skutecznie zrealizować, czy nie (Fiske i in., 2007). Wspólnotowość i sprawczość są głównymi cechami (a właściwie wiązkami cech) liderów politycznych i organizacyjnych, decydującymi o ich akceptacji, są też głównymi wyznacznikami ocen innych ludzi i głównymi wymiarami stereotypów różnych grup społecznych. Co interesujące, ludzie samych siebie oceniają przede wszystkim z punktu widzenia sprawczości, nie zaś wspólnotowości. Im lepiej myślą o swojej inteligencji i sprawności (ale nie o swojej moralności i życzliwości), tym wyższą mają samoocenę. Natomiast innych ludzi oceniamy głównie z punktu widzenia ich wspólnotowości (Abele i Wojciszke, 2007). Oceniamy ich tym wyżej, im bardziej uważamy ich za życzliwych i moralnych, ale niespecjalne znaczenie ma to, czy uważamy ich za sprawnych i inteligentnych. Dowodzi tego wiele badań, a wyniki jednego z nich przedstawia rycina 6.5. Uczestników poproszono, by przypomnieli sobie zdarzenia, w którego wyniku zaczęli lepiej bądź gorzej oceniać jakiegoś rówieśnika, a następnie opisali to zdarzenie i uzasadnili swoją ocenę. Potem czytali to inni ludzie, szacując, w jakim stopniu oceny opierały się na względach wspólnotowych (dawane były za życzliwość, uczciwość, sprawiedliwość lub ich brak), a w jakim na względach sprawczych (dawane były za sprawność, inteligencję, wytrwałość lub ich brak). Okazało się, że oceny rówieśnika nieporównanie silniej opierały się na przesłankach wspólnotowych niż sprawczych, co ilustruje ostatnia para słupków na rycinie 6.5 (ponieważ nie było różnicy między uzasadnieniami ocen pozytywnych i negatywnych, na rycinie je uśredniono). Natomiast oceny samego siebie – dokładnie na odwrót. Wreszcie, pośrodku ryciny mamy oceny osoby bliskiej – jak widać, opierały się one na sprawczości równie silnie jak samooceny, czyli na bliską osobę patrzymy tak jak na siebie samego, przejmujemy się jej sprawczością równie mocno jak własną. Kiedy jednak weźmie się pod uwagę względy wspólnotowe, to widać wyraźnie, że badani przejmowali się nimi u bliskiej osoby równie silnie, jak u osoby dalekiej (rówieśnika). W odniesieniu do bliskich zachowujemy zatem wrażliwość na to czy są życzliwi, czy paskudni, zapewne dlatego, że wiele ich postępków jest skierowanych do nas samych.

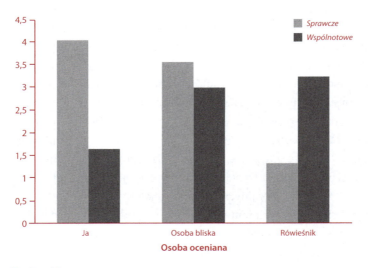

Rycina 6.5.
Stopień, w jakim oceny różnych osób zależą od przesłanek sprawczych i wspólnotowych

Źródło: Wojciszke i Abele, 2008. Copyright © by American Psychological Association.

Tak więc o sobie samych i o ludziach bliskich myślimy raczej w kategoriach sprawczych (na przykład sukcesów i porażek) niż w kategoriach wspólnotowych (na przykład zachowań przyzwoitych i nieprzyzwoitych). Co ciekawe, związek ten jest na tyle silny, że działa również w drugą stronę – jeżeli o kimś innym myślimy w kategoriach, których zwykle używamy w odniesieniu do siebie, to ulegamy złudzeniu, że osoba ta jest nam bliższa. Jarosław Piotrowski (2009) wykazał w serii badań, że nieznani ludzie, o których myślimy w kategoriach sprawczych (na przykład zastanawiamy się, czy są inteligentni), stają się nam bardziej bliscy niż ci sami ludzie, o których myślimy w kategoriach wspólnotowych (na przykład zastanawiamy się, czy są przyzwoici).

Zachowania podtrzymujące zaangażowanie

Mylić się jest rzeczą ludzką, wybaczać – rzadką.
Franklin Adams

Model przedstawiony na rycinie 6.4 zakłada trzy klasy zachowań podtrzymujących zaangażowanie, a więc i bliski związek: dostosowanie, poświęcenie i wybaczenie. Dostosowanie to konstruktywne reagowanie na destruktywne postępki partnera. Sfrustrowana zbyt długą pracą żona wraca do domu i naskakuje na męża, że on za mało zarabia, a ten powstrzymuje impulsywną chęć odpłacenia pięknym za nadobne („Za to ty się robisz coraz grubsza"), robi jej kolację i przygotowuje kąpiel. Zachowanie dość niezwykłe? Z pewnością, ale się zdarza, gdy związek przynosi wiele satysfakcji, wymagał dużych inwestycji i jest lepszy od alternatyw. Wszystko to są czynniki nasilające zaangażowanie. Reagowanie tak rozumianym dostosowaniem wymaga czasu (trzeba przeczekać pierwszy destruktywny impuls, czyli przysłowiowo policzyć do dziesięciu), przyjmowania perspektywy partnera i wspominanego na początku książki domniemania dobrych intencji. Dostosowanie oznacza spore koszty osobiste, ale jest bardzo korzystne dla związku i typowe dla związków dobrze funkcjonujących (Rusbult i in., 2001).

Poświęcenie to akt przedłożenia interesów partnera nad własne. On może dostać wyczekiwany awans, pod warunkiem że to Ty będziesz odbierać dzieci z przedszkola, co jest uciążliwe i raczej wyklucza Twój awans. Co zrobić? Poświęcić się, czy raczej walczyć o swoje? Ludzie pozostający w stałym związku twierdzą, że dokonują jakiegoś poświęcenia na rzecz partnera przynajmniej co drugi dzień (Impett i in., 2005). Na przykład aż 65% kobiet (a tylko 40% mężczyzn) twierdzi, że zgodziło się kiedyś na seks na prośbę partnera, choć nie miało na to ochoty (Impett i Peplau, 2003). Wszyscy też wiemy, że życie w bliskim związku wymaga poświęceń małych i dużych, zarówno biernych, czyli rezygnacji z czegoś, na co mamy ochotę, jak i aktywnych, czyli robienia czegoś, na co ochotę ma tylko partner. Jednakże jak daleko warto i należy się posunąć w takiej skłonności do poświęceń? Nietrudno wskazać argumenty przemawiające za poświęceniem i przeciw niemu.

Za poświęcaniem się przemawia fakt, że realizacja pragnień partnera (nawet kosztem własnych) jest istotą bliskiego związku. Ludzie pozbawieni gotowości do poświęceń po prostu nie mają czego w takim związku szukać i nie powinni go w ogóle zakładać. To tak jak z dzieckiem – jeżeli nie zamierzasz się dla niego poświęcać, to lepiej go nie mieć. Poświęcenie w bliskim związku jest powszechnie oczekiwane, podziwiane i stawiane za przykład. Sporo badań dowodzi, że związki, w których partnerzy są skłonni do poświęceń, są lepsze i trwalsze, przynoszą im więcej satysfakcji i szczęścia. Kiedy widzimy, że partner się poświęca, rośnie nasze zaufanie do niego, a w konsekwencji również własne zaangażowanie w dany związek (Wieselquist i in., 1999). Oczywiście działa to w obie strony.

Jednakże poświęcenie zawsze oznacza rezygnację z jakiejś cząstki Ja – z własnych pragnień, celów, a nierzadko nawet z własnej tożsamości, gdy poświęcenie jest duże („Dlaczego ja mam rezygnować z szansy na awans? Przecież nie chcę skończyć jako kura domowa!"). Zyski z poświęcenia bywają niewielkie, choć natychmiastowe (ulga, że nie doszło do konfliktu), natomiast koszty bywają duże, choć odroczone w czasie. Zalegają na długo w postaci poczucia krzywdy lub winy, niesprawiedliwości i niechęci. Inne badania dowodzą, że ukrywanie i tłumienie prawdziwych uczuć obniża bieżącą i przyszłą satysfakcję ze związku, zwiększa ryzyko jego rozpadu, obniża poczucie autentyzmu i nasila zagrożenie depresją – szczególnie u kobiet, wobec których społeczne oczekiwanie poświęceń dla partnera jest silniejsze i bardziej stereotypowe.

Poświęcenie w bliskim związku może mieć zarówno dobre, jak i złe konsekwencje. Co decyduje o przewadze pozytywnych skutków nad negatywnymi lub odwrotnie? Okazuje się, że kluczową rolę odgrywają tu powody, dla których się poświęcamy. Mogą być one dwojakiego rodzaju. Po pierwsze, możemy poświęcać się po to, aby uzyskać coś, czego chcemy, przede wszystkim szczęście partnera lub własne. Idziemy na (skądinąd nudne) spotkanie męża z przyjaciółmi z liceum, ponieważ lubimy patrzeć, jak on się cieszy, jak się rozluźnia, a świadomość, że potrafimy dbać o niego i o nasz związek, jest przyjemna. Wszystko to są motywy typu „dążenie do". Ale są też motywy unikania, których istotą jest omijanie ewentualnych problemów. Idziemy na spotkanie z przyjaciółmi partnera po to, by nie miał do nas pretensji, nie wściekał się, nie obrażał, albo robimy to z poczucia obowiązku, by nie gnębiło nas potem poczucie winy.

Co ciekawe, badania wskazują, że ilość poświęceń dokonywanych przez partnerów bardzo słabo wpływa na poczucie szczęścia i satysfakcji ze związku. Tym bardziej że i kobiety, i mężczyźni mają skłonność do egocentrycznego przekonania: „To ja bardziej się poświęcam". Natomiast kluczowe znaczenie mają motywy, z jakich jedni i drudzy to robią. Kiedy poświęcimy się z motywów związanych z dążeniem, to dzisiaj i następnego dnia rosną nam pozytywne emocje, poczucie szczęścia i zadowolenie ze związku, a spada poczucie konfliktu z partnerem. Kiedy zaś poświęcimy się z motywów związanych z unikaniem, to dzisiaj i następnego dnia rosną nam negatywne emocje, spada poczucie szczęścia i zadowolenie ze związku, a rośnie poczucie konfliktu (choć uniknęliśmy otwartego konfliktu dzięki poświęceniu). Jeżeli taki scenariusz się powtarza, to oba motywy poświęcenia wpływają analogicznie na cały stan związku i szanse jego trwania (Impett i in., 2005).

Tak więc poświęcenie ma swoje dobre i złe strony. To, która przeważy, zależy od motywów, z jakich się poświęcamy. Wygląda na to, że **warto się poświęcać, kiedy dzięki temu zyskujemy coś, czego pragniemy, ale nie warto, gdy poświęcenie pozwala tylko uniknąć czegoś, co nas boli.**

Ostatni typ zachowań podtrzymujących zaangażowanie – a tym samym cały związek – to wybaczanie. Wybaczyć to tyle, co wyzbyć się negatywnych emocji w stosunku do partnera po jakimś niepożądanym postępku oraz zastąpić je emocjami pozytywnymi. Wybaczenie bliskiej osobie karygodnego postępku jest trudne i wymaga dużego zaangażowania (Rusbult i in., 2001), choć raczej dobrze służy wybaczającemu. Ludzie skłonni do wybaczania są zdrowsi fizycznie i psychicznie oraz bardziej zadowoleni z życia (Worthington, 2005). Czy są też bardziej zadowoleni ze swoich związków? Przemawiają za tym co najmniej dwa rodzaje argumentów. Po pierwsze, wybaczenie powinno zmniejszać natężenie konfliktów w bliskim związku, ponieważ jest jak zatrzaśnięcie drzwi za przeszłymi postępkami, podczas gdy brak wybaczenia czyni przeszłość sprawą wciąż otwartą. Jerzy Mellibruda (1995) powiada, że dopóki nie odpuścimy winy partnerowi, tkwimy w pułapce niewybaczonej krzywdy. To prowadzi do dwojakiego rodzaju deformacji emocji doświadczanych w bliskim związku i poza nim: albo do znieczulenia, czyli stępienia emocji (radości mniej cieszą, żeby mniej bolały smutki), albo do nadwrażliwości emocjonalnej (człowiek się staje jak niezagojona rana – każde zdarzenie wywołuje nadmiernie silną reakcję). Po drugie, wybaczanie prowadzi do tego, że lepiej myślimy o sprawcy występku, a w rezultacie lepiej się w stosunku do niego zachowujemy, co nasila jego i naszą satysfakcję ze związku. Jednak wybaczanie jest różą niepozbawioną kolców. Może być traktowane przez partnera jako przyzwolenie i prowadzić do wzrostu liczby jego niepożądanych zachowań. Wybaczanie jest podstawowym nakazem religii chrześcijańskiej, ale nadstawianie drugiego policzka naraża nas na ponowny cios.

Rosnąca liczba danych przekonuje, że osoby skłonne do wybaczania są szczęśliwsze w swoich związkach (Fincham i in., 2006). Jednakże są to dane korelacyjne i poprzeczne (porównujące w jednym pomiarze małżeństwa o różnym czasie trwania), a przez to mało wartościowe – może być po prostu tak, że szczęśliwi małżonkowie są bardziej skłonni do wybaczania. Większą wartość mają badania podłużne, w których te same pary są badane w różnych momentach. W jednym z takich badań mierzono satysfakcję z małżeństwa i skłonność do wybaczania partnerowi u kilkudziesięciu par nowożeńców. Powrócono do nich po dwóch latach i ponownie zmierzono satysfakcję (McNulty, 2008). Okazało się, że skłonność do wybaczania sama w sobie nie decydowała o satysfakcji, ale czyniła to w połączeniu z liczbą niepożądanych zachowań partnera, jak ilustruje rycina 6.6. Jest ona dość perwersyjna, ponieważ wszystkie słupki idą w dół, a nie – jak zazwyczaj – w górę. Dzieje się tak dlatego, że – przeciętnie rzecz biorąc – satysfakcja z małżeństwa wyraźnie spada w ciągu pierwszych dwóch lat jego trwania. Rysunek przekonuje, że duża skłonność żony do wybaczania mężowi hamuje spadek satysfakcji tylko wtedy, gdy mąż dopuszcza się małej liczby zachowań wymagających wybaczenia (idzie tu głównie o słowne ataki na żonę). Natomiast wtedy, gdy mąż ujawniał wiele takich zachowań, duża skłonność żony do wybaczania faktycznie nasilała spadek jej satysfakcji (podobnie sprawy się miały

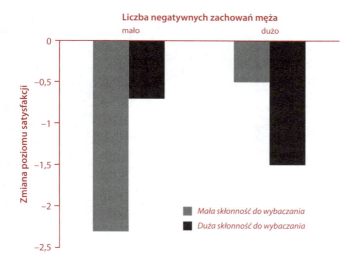

Rycina 6.6.
Spadek satysfakcji z małżeństwa w trakcie dwóch pierwszych lat jego trwania zależnie od skłonności żony do wybaczania i liczby zachowań męża, które należy wybaczyć

Źródło: na podstawie danych w: McNulty, 2008.

w wypadku mężowskiego wybaczania i żoninych ataków). Tak więc skłonność do wybaczania jest dobroczynna tylko wtedy, gdy okazuje się, że jest niewiele do wybaczenia.

Ogólnie rzecz biorąc, kobiety są bardziej skłonne do wybaczania niż mężczyźni, zarówno w obrębie bliskiego związku, jak i poza nim, co zgodnie wykazało siedemdziesiąt badań (Miller i in., 2008). Różnice te są jednak z reguły małe, a jedyna duża różnica dotyczy mściwości – mężczyźni są znacznie bardziej mściwi od kobiet. Prawdopodobnie większa skłonność kobiet do wybaczania, a mniejsza do mściwości wiąże się z ich silniejszym nastawieniem wspólnotowym i znacznie mniejszą skłonnością do rywalizacji, o czym była już mowa.

Trudno rozdział ten zakończyć inaczej niż Iwaszkiewiczowską trawestacją cytatu z Lechonia (który ten rozdział otworzył): „Jest tylko miłość i jej właśnie nie ma!".

Rozdział 7

Rozpad

Zdrada
Bariery
    Poczucie winy
    Dzieci
    Naciski społeczne
Koniec
Różnorodność
    Rodzaje miłości
    Psychozabawa – jaka jest Twoja miłość?

Rozpad związku niemałżeńskiego to doświadczenie większości dorosłych ludzi, małżeństwa zaś – wciąż jeszcze mniejszości, choć rośnie ona w szybkim tempie. Rozpad związku następuje po wycofaniu zobowiązania. Ponieważ nie ma już żadnego składnika miłości, faza ta jest krótkotrwała, a przy tym dość burzliwa emocjonalnie.

Zdrada

Gdyby wszystkie kobiety były wierne,
z kim mężczyźni zdradzaliby swoje żony?
                      Roberto Rocca

Jedną z głównych bezpośrednich przyczyn wycofania zobowiązania, a więc wkroczenia związku w fazę rozpadu, jest zdrada. Antropologiczne opisy 160 znanych kultur sugerują, że zdrada jest najczęstszą przyczyną rozpadu związków (Betzig, 1989). Bycie zdradzonym to często ciężkie przeżycie traumatyczne. Wprowadza w niebywałą huśtawkę negatywnych emocji (gniew, wstyd, poczucie beznadziejności, bezsilności i opuszczenia) i dezorganizuje funkcjonowanie intelektualne z powodu niekontrolowanych, natrętnych nawrotów myśli o zdradzie (Gordon i in., 2005). W jednym z badań stwierdzono, że upokarzające doświadczenie małżeńskie (zdrada męża, groźba rozwodu ze strony męża bądź separacja z powodu przemocy męża) u większości żon owocowało w ciągu dwóch miesięcy pojawieniem się depresji i sześciokrotnie nasilało ryzyko, że zapadną one w depresję (chodzi tu o depresję diagnozowaną psychiatrycznie, a nie tylko o obniżenie nastroju) w porównaniu z grupą kontrolną podobnych kobiet, które czegoś takiego nie doświadczyły (Cano i O'Leary, 2000). Zależność ta występowała nawet przy kontroli zapadalności na depresję w rodzinie i w dotychczasowej historii życia badanych kobiet.

Zdrada nie pojawia się dopiero w fazie rozpadu. Moje wspomniane już badania nad 556 mężatkami wykazały, że znaczący wzrost odsetka kobiet przyznających, że zdradziły męża następuje już w fazie związku przyjacielskiego, jak ilustruje tabela 7.1. Zdrada kobiety pojawia się więc po zaniku namiętności. Natomiast przekonanie kobiety, że to mąż ją zdradził pojawia się z dość dużą częstością w fazie związku pustego, co

Tabela 7.1.
Własna zdrada jako funkcja fazy związku
Procent kobiet, które w różnych fazach związku wybierają określoną odpowiedź na pytanie o własną zdradę.

	Romantyczne początki	Związek kompletny	Związek przyjacielski	Związek pusty	Rozpad	Ogółem
nigdy nie zdradziłabym męża	64	74	47	49	35	**61**
zdradziłabym, gdyby się nie wydało	14	14	21	14	18	**16**
zdradziłabym, nawet gdyby się wydało	4	1	4	4	15	**3**
już zdradziłam męża	18	11	28	33	32	**20**

Źródło: na podstawie danych w: Wojciszke, 2002a.

Tabela 7.2.
Przekonania o zdradzie męża w różnych fazach związku
Procent kobiet, które w różnych fazach związku wybierają określoną odpowiedź na pytanie o zdradę męża.

	Romantyczne początki	Związek kompletny	Związek przyjacielski	Związek pusty	Rozpad	Ogółem
mąż nigdy by mnie nie zdradził	56	70	39	21	18	**51**
zdradziłby, gdyby się nie wydało	29	22	39	48	18	**30**
zdradziłby, nawet gdyby się wydało	4	2	3	0	14	**3**
już mnie zdradził	11	6	19	31	50	**16**

Źródło: na podstawie danych w: Wojciszke, 2002a.

sugeruje, że przekonanie to jest skutkiem zaniku intymności (tabela 7.2). Zdrada nie jest zjawiskiem nagminnym. Aż 61% kobiet deklaruje, że nigdy nie zdradziłyby męża, chociaż w fazie rozpadu deklaracje takie składa już tylko co trzecia kobieta (a zaledwie co szósta wierzy, że mąż jej nigdy nie zdradzi. Choć ogólnie rzecz biorąc, wierność przeważa w małżeństwie nad zdradą, w fazie rozpadu pojawia się tendencja odwrotna – jeśli wierzyć deklaracjom. Ponieważ jednak deklaracje są zwykle ładniejsze od rzeczywistości, faktyczna częstość zdrady w dwóch końcowych fazach związku jest prawdopodobnie większa, niż wskazują tabele 7.1 i 7.2.

Również deklarowane reakcje na zdradę bardzo się zmieniają zależnie od fazy miłości. Jak przekonuje tabela 7.3, najsilniej zanika aktywna i konstruktywna obrona związku: „Zrobiłabym coś, żeby bardziej się mężowi spodobać" – w fazie romantycznych początków taką deklarację składa aż 43% kobiet, podczas gdy w fazie rozpadu zaledwie 3%. Spada częstość aktywnej i destruktywnej obrony związku w postaci agresji skierowanej na rywalkę („Wydrapałabym jej oczy"), a także częstość niedowierzania informacji o zdradzie męża oraz żądania wyjaśnień, aczkolwiek ta ostatnia reakcja jest najczęściej wskazywana we wszystkich fazach miłości. Są też takie rodzaje reakcji na zdradę, których częstość istotnie wzrasta w kolejnych fazach. To przede wszystkim skłonność do zerwania z mężem, a także bierne zaniedbanie („Zachowywałabym się, jakby nic się nie stało"). Krótko mówiąc, w początkowych fazach miłości więcej jest reakcji konstruktywnych i aktywnych, natomiast w końcowych fazach więcej jest reakcji biernych i destruktywnych. Mimo że zdrada zawsze jest problemem, w końcowych fazach problem ten walnie przyczynia się do rozpadu związku.

Jak wspominałem w poprzednim rozdziale, od dawna znane są fakty sugerujące, że mężczyźni są bardziej zazdrośni o seks, podczas gdy kobiety są bardziej zazdrosne o uczucia. Taki wzorzec zależności przewiduje psychologia ewolucyjna, opierając się na kilku dobrze udowodnionych przesłankach. Pierwszą jest wewnątrzustrojowy charakter zapłodnienia. Rodząc dziecko i potem je wychowując, kobieta ma całkowitą pewność, że inwestuje wysiłek w propagowanie własnych genów. Dziecko jest na pewno jej dzieckiem. Mężczyzna tej pewności nie ma, a w każdym razie sam fakt narodzin dziecka mu jej nie daje. Dlatego też nie ma

Tabela 7.3.
Deklarowana reakcja na zdradę męża jako funkcja fazy związku.
Tabela przedstawia odsetki kobiet z danej fazy, które wskazują daną reakcję.

Reakcja	Romantyczne początki	Związek kompletny	Związek przyjacielski	Związek pusty	Rozpad
zrobiłabym coś, żeby bardziej się mężowi spodobać	43	33	28	15	3
zerwałabym z mężem	4	17	10	21	32
zagroziłabym zerwaniem	46	30	42	42	21
Zachowywałabym się tak, jakby nic nie się stało	7	9	11	20	24
nie uwierzyłabym	25	29	24	11	15
zażądałabym wyjaśnień	54	58	58	42	38
wydrapałabym oczy konkurentce	18	7	3	4	6

Źródło: na podstawie danych w: Wojciszke, 2002a.

on automatycznej pewności, że inwestuje wysiłek w wychowanie własnego potomstwa. Jak przekonuje biolog ewolucyjny Donald Symons (1979, s. 242), „ostateczną funkcją męskiej zazdrości seksualnej jest podwyższenie prawdopodobieństwa, że jego żona pocznie jego własne, a nie cudze dziecko", przy czym – dodaje autor – wyjaśnienie takie „nie oznacza, że stanowi to świadomy motyw działań mężczyzny, tak jak nie stanowi takiego motywu w wypadku zazdrosnego osobnika męskiego jakiegokolwiek innego gatunku".

Myślenie w kategoriach ewolucyjnych wyjaśnia także specyficzne powody zazdrości kobiety. Dopóki mężczyzna inwestuje wysiłek w wychowanie jej dziecka, wszystko jest w porządku, nawet jeśli – by tak rzec – propaguje on swoje geny również gdzie indziej. Poważne problemy pojawiają się dopiero wtedy, kiedy mężczyzna zaczyna lokować swoje uczucia w rywalce, wówczas bowiem rośnie szansa, że ulokuje w niej także swoje zasoby (energię, wysiłek, dobra materialne). Jak widzieliśmy w poprzednich rozdziałach, wiele danych przekonuje, że kobietom bardziej zależy na zasobach mężczyzny niż odwrotnie – zapewne dlatego, że w ewolucyjnej przeszłości kobietom obciążonym dużymi kosztami macierzyństwa zasoby mężczyzn były niezbędne do przetrwania i sukcesu reprodukcyjnego.

Pierwszego empirycznego sprawdzenia tej hipotezy dokonał ze swoimi współpracownikami David Buss (Buss i in., 1992). Prosili oni mężczyzn i kobiety o wyobrażanie sobie, że partnerka czy partner zdradza ich emocjonalnie (zwierza się innej osobie, spędza z nią wiele czasu i tak dalej) lub seksualnie, a następnie pytali, który rodzaj zdrady bardziej by ich zabolał. Większość mężczyzn (60%) twierdziła, że bardziej zabolałaby ich zdrada seksualna, natomiast większość kobiet (83%) zadeklarowała, że bardziej zabolałaby je zdrada emocjonalna. Podobny wynik uzyskano potem w ponad dwudziestu badaniach z udziałem osób z tak różnych kulturowo krajów, jak Chiny, Holandia, Japonia, Korea, Niemcy, Szwecja i Polska (Wojciszke i Baryła, 2001). Krótko mówiąc, te różnice między mężczyznami, a kobietami mają charakter ponadkulturowy, z czego wniosek, że dość trudno je wyjaśniać czynnikami kulturowymi.

Badania te spotkały się z ostrą i wielostronną krytyką. Na przykład krytykowano binarny, wymuszony wybór – czy bardziej boli zdrada emocjonalna, czy seksualna. Wymuszony wybór miał zapobiec efektowi sufitu, czyli sytuacji, w której badani wskazywaliby (na odrębnych skalach), że oba rodzaje zdrady bolą ich w maksymalnym stopniu. Co prawda nie bardzo wiadomo, dlaczego wymuszony charakter wyboru miałby sztucznie wytwarzać wzorzec wyników wymyślony wiele lat wcześniej przez Symonsa, ale faktycznie brzmi to niezbyt mądrze, niczym wybór, czy myć ręce, czy nogi. Kiedy prosiliśmy naszych badanych o dokonanie takiego wyboru, około 10% odmawiało opatrując odmowę niezbyt pochlebnymi komentarzami pod naszym adresem (Wojciszke i Baryła, 2001). Prosiliśmy więc o odpowiedź na inne pytanie – która z tych sytuacji (dokładniej opisanych dwóch zdrad) byłaby wystarczającym powodem do zerwania, dając do wyboru cztery możliwe odpowiedzi: obie, seksualna, emocjonalna lub żadna. Jak ilustruje rycina 7.1, około połowy badanych twierdziło, że obie, prawie nikt nie twierdził, że żadna. Kiedy w grę wchodziła tylko jedna zdrada, przewidywane różnice między kobietami a mężczyznami pojawiły się bardzo wyraźnie: dla mężczyzn zdrada seksualna była częściej wskazywanym powodem zerwania niż emocjonalna, dla kobiet – odwrotnie. Przy czym było tak w przypadku badanych zarówno starszych (nauczycieli), jak i młodszych (studentów), a na ten wzorzec wyników żadnego wpływu nie wywierało pozostawanie w stałym związku w momencie badania.

Faktem jest, że w wielu badaniach, w których uczestnicy szacowali swoje uczucia na skalach ciągłych, niezależnie dla zdrady emocjonalnej i seksualnej, przewidywanych różnic płci nie udało się zaobserwować. Na przykład nie stwierdzono ich w badaniu reprezentatywnej próby amerykańskiej, w którym okazało się, że niezależnie od płci zdrada seksualna wywołuje więcej gniewu i obwiniania niż emocjonalna, podczas gdy emocjonalna wywołuje silniejsze poczucie zranienia niż seksualna (Green i Sabini, 2006). Kiedy jednak wspólnie z Wiesławem Baryłą zbudowaliśmy porządny kwestionariusz mierzący spostrzegane koszty zdrady (takie jak ośmieszenie, upokorzenie czy opuszczenie partnera, wycofanie seksu i przyjaznych uczuć – w sumie było dziesięć takich kosztów), to koszty

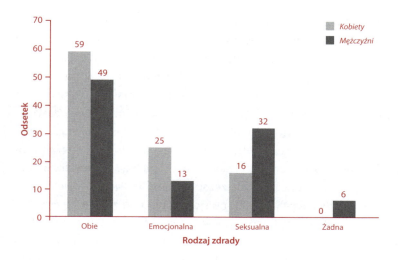

Rycina 7.1.
Odsetek kobiet i mężczyzn udzielających różnych odpowiedzi na pytanie, który rodzaj zdrady byłby wystarczającym powodem do zerwania związku

Źródło: Wojciszke i Baryła, 2001. Copyright © by Instytut Psychologii PAN.

zdrady kobiecej były szacowane przez obie płci jako wyższe w wypadku zdrady seksualnej niż emocjonalnej, koszty zdrady męskiej zaś – odwrotnie (Wojciszke i Baryła, 2001).

Pewną alternatywą dla ewolucjonistycznego tłumaczenia wzorca wyników z ryciny 7.1 może być wyjaśnienie w kategoriach podwójnego znaczenia zdrady seksualnej u kobiet i podwójnego znaczenia zdrady emocjonalnej u mężczyzn. Potoczne przekonania na temat zdrady kobiet są takie, że kobiety zdradzają z powodu zaangażowania emocjonalnego w związek z osobą trzecią, dlatego też zdrada seksualna stanowi zarazem dowód ich zdrady emocjonalnej. Inaczej mężczyźni – ci, jak wiadomo, są w sprawach seksu mniej wybiórczy (robią to z każdą) i mniej emocjonalni (robią to bez zaangażowania), ale zawsze chcą seksu. Skoro już się zaangażują emocjonalnie, to skończą na seksie. Dlatego emocjonalna zdrada mężczyzny miałaby być sygnałem także zdrady seksualnej. Faktycznie – statystyczna kontrola tego wzorca przekonań doprowadziła do zaniku różnic płci w reakcjach na oba rodzaje zdrady w badaniach z udziałem Amerykanów (DeSteno i Salovey, 1996). Jednak w cytowanych już badaniach, jakie przeprowadziliśmy z Baryłą na trzech polskich próbach, kontrola tego wzorca przekonań nie likwidowała różnic płci.

Ważnym argumentem na rzecz zróżnicowania płci w reakcjach na oba rodzaje zdrady jest fakt, że stwierdza się je nie tylko w zakresie deklaracji słownych, ale też reakcji fizjologicznych. Na przykład David Buss w cytowanej już serii badań prosił kobiety i mężczyzn o wyobrażanie sobie zdrady seksualnej lub emocjonalnej i mierzył w tym czasie elektryczną aktywność mięśnia marszczącego brwi (*Corrugator supercilii*), który jest odpowiedzialny za ekspresję gniewu i cierpienia. Rycina 7.2 przedstawia, jak ta aktywność rosła w porównaniu z sytuacją neutralną. Różnice płci były tu uderzające. U mężczyzn przyrost aktywności tego mięśnia (mierzony w mikrowoltach) był sześciokrotnie silniejszy przy wyobrażeniu zdrady seksualnej niż emocjonalnej. U kobiet przyrost był dwa

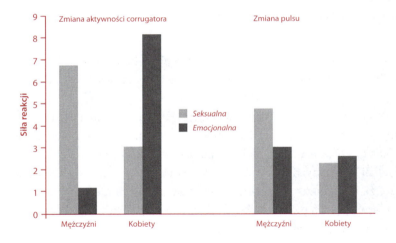

Rycina 7.2.
Zmiany reakcji fizjologicznych (w stosunku do sytuacji neutralnej) kobiet i mężczyzn podczas wyobrażania sobie, że ich partnerzy dopuszczają się zdrady seksualnej lub emocjonalnej

Źródło: na podstawie danych w: Buss i in., 1992.

i pół raza silniejszy przy wyobrażeniu zdrady emocjonalnej niż seksualnej. Podobne, choć słabsze różnice stwierdzono w odniesieniu zmian pulsu (w uderzeniach na minutę). Wyniki te potwierdzili inni badacze (Pietrzak i in., 2002), łącznie z tymi, którzy nie akceptują ich ewolucjonistycznego wyjaśnienia (Harris, 2000). Takiego alternatywnego, a przekonującego (moim zdaniem) wyjaśnienia nie udało się, jak dotąd, znaleźć. Natomiast istnieje sporo danych, których nie sposób zrozumieć bez myślenia w kategoriach ewolucjonistycznych. Na przykład prosty fakt, że kiedy kobieta jest uwikłana w trójkąt z mężem i kochankiem, ryzyko, iż zostanie zamordowana przez męża, jest tym większe, im większa jest jej wartość reprodukcyjna mierzona wiekiem (Shackelford i in., 2003).

Bariery

Oczywistym powodem, z jakiego partnerzy pozostają w związku niedającym zadowolenia lub przynoszącym cierpienie, jest przymus, a więc bariery niepozwalające tego związku opuścić. Jeżeli ktoś robi coś, co jest dla niego nieprzyjemne, to wyjaśnienie, że musi to robić, samo się ciśnie na usta.

Omówione poprzednio czynniki podtrzymujące zaangażowanie sugerują, że sprawy nie są takie proste, że ludzie bardzo często zarówno chcą, jak i nie chcą pozostawać w związkach niedających im satysfakcji. Zresztą w ogóle pragnienie wykluczających się i niemożliwych do pogodzenia rzeczy (zwłaszcza w odniesieniu do naszych partnerów) uznać wypada raczej za regułę niż za wyjątek. Mimo że rola barier jako przyczyn pozostawania w pustym związku wydaje się przeceniana w świadomości potocznej, nie znaczy to oczywiście, iż barier w ogóle nie ma. Przyjrzyjmy się trzem zasadniczym barierom: poczuciu winy (tradycyjnie wiązanemu z normami, nakazami i zakazami moralnymi), istnieniu dzieci oraz naciskom społecznym wywieranym na związek dwojga ludzi.

Poczucie winy

Pisanie o poczuciu winy jako barierze zdawać się może pomysłem cokolwiek dziwacznym. Czyż poczucie winy nie jest naszą wewnętrzną reakcją na złamanie nakazu moralnego, czyż nie jest to typowy proces wewnątrzpsychiczny, który polega na samopotępieniu, czy też ukaraniu samego siebie za moralne wykroczenie, za spowodowane przez nas zło? Jeżeli poczucie winy miałoby taki właśnie wewnątrzpsychiczny charakter, to bez sensu byłoby traktowanie go jako bariery, ta bowiem oznacza zawsze coś zewnętrznego w stosunku do naszych przekonań czy pragnień. Jednak piszę tu o poczuciu winy jako barierze, ponieważ rosnąca liczba danych przekonuje, iż niezbyt prawdziwa jest wizja poczucia winy jako procesu jedynie wewnątrzpsychicznego, rodzącego się z samotnego stwierdzenia, że popełniliśmy zło, za które jesteśmy odpowiedzialni, i że samych siebie karzemy za moralny występek.

Po pierwsze, empiryczne dowody na to, że ludzie (z wyjątkiem cierpiących na zaburzenia psychiczne) skłonni są zadawać samym sobie ból i samych siebie karać, są niezwykle skąpe (Baumeister i Scher, 1988). Poczucie winy zaś jest zjawiskiem częstym, a trudno przypuścić, by tak często przeżywane uczucie mogło mieć swoje podstawy w tak rzadkim zjawisku jak zadawanie sobie samemu bólu.

Po drugie, bardzo często ludzie przeżywają poczucie winy, kiedy nie są odpowiedzialni za wydarzające się zło albo kiedy w ogóle nie zrobili niczego złego. Czują się winni, gdy zostali wyżej nagrodzeni od innych, którzy działali równie dobrze (Austin i in., 1980). Albo gdy uniknęli nieszczęścia współtowarzyszy, na co wskazują zarówno dane eksperymentalne, jak i na przykład relacje Żydów, którzy przetrwali Holocaust, czy rozbitków, którzy przeżyli katastrofę, podczas gdy inni ludzie zginęli. Z drugiej strony ludzie często nie doświadczają poczucia winy, gdy zrobią coś złego – przykładem może być fakt, że poczucie winy jest wśród przestępców znacznie rzadsze niż postawa „śmierć frajerom" (Kosewski, 1988). Wygląda więc na to, że odpowiedzialność za złamanie normy moralnej nie jest ani konieczna do przeżycia poczucia winy, ani też sama w sobie do tego przeżycia nie wystarcza.

Po trzecie wreszcie, zarówno przyczyny, jak i skutki poczucia winy mają charakter wybitnie społeczny i wiążą się z innymi ludźmi. Właściwie wszystkie typy sytuacji wskazywane przez ludzi jako wywołujące poczucie winy dotyczą kontaktów z innymi (szczególnie ich krzywdzenia;

Tangney i Dearing, 2002). Skłonność do przeżywania poczucia winy jest też związana z empatią, a więc z wrażliwością na uczucia innych ludzi. Najczęstsze konsekwencje poczucia winy mają silny związek z innymi ludźmi – wyznanie winy, przeprosiny, zadośćuczynienie ofierze. Wszystkie one usuwają poczucie winy, co zapewne jest głównym powodem ich występowania. Natomiast żadne badania (a było ich sporo) nie wykazały, aby poczucie winy systematycznie prowadziło do pragnienia poddania się karze. Prowadzi ono jedynie do oczekiwania kary, ale od oczekiwania do pragnienia droga daleka.

Wszystko to sugeruje, że poczucie winy jest w istocie reakcją na krzywdę innego człowieka. Pierwowzorem sytuacji wzbudzającej to uczucie jest wykrycie, że ktoś, z kim jest się związanym, czuje się skrzywdzony, natomiast osoba przeżywająca poczucie winy jest w sprawę zamieszana niekoniecznie jako sprawca krzywdy, ale jako ktoś, do czyich działań lub intencji skrzywdzona ofiara może zgłosić zastrzeżenia czy pretensje. Inne sytuacje wzbudzające poczucie winy prawdopodobnie są pochodne i mają swoje źródło w tym pierwowzorze. Podstawową funkcją poczucia winy jest podtrzymanie istniejących bliskich związków z innymi ludźmi. Ludzie zdają sobie sprawę z owej funkcji i dlatego nierzadko (i całkiem skutecznie) podejmują próby wywołania u swoich partnerów tego właśnie uczucia. Jednak niemal zawsze takie próby są skierowane do partnerów bliskich związków, nie zaś do osób, z którymi nie jesteśmy związani, czy ludzi zupełnie obcych – jak stwierdzili Baumeister i współpracownicy (1995). Autorzy ci zauważają, że podtrzymywanie więzi przez poczucie winy dochodzi do skutku za pośrednictwem co najmniej trzech mechanizmów.

Po pierwsze, dzięki swemu powiązaniu z poczuciem winy negatywnego znaku emocjonalnego nabierają nie tylko zachowania krzywdzące partnera, ale także zachowania wyrażające jedynie brak zaangażowania. Autorzy poprosili około stu osób o dokładne opisanie sytuacji, w której ktoś wprowadził ich w poczucie winy, i tyleż osób o opisanie sytuacji, w której oni kogoś w poczucie to wpędzili. Opisy te były następnie oceniane ze względu na stopień, w jakim pojawiały się w nich różne treści, między innymi powody przeżywania poczucia winy. Jak widać w tabeli 7.4, bardzo częstym powodem zarówno przeżywania winy, jak i wprowadzania w to

Tabela 7.4.
Treści pojawiające się w epizodach z poczuciem winy, opowiadanych przez osoby, które wprowadzano w poczucie winy, i przez osoby, które w poczucie winy wprowadziły partnera

Liczby oznaczają odsetki osób, w których opowiadaniu dana treść się pojawiła.

Treść	osoby (A) wprowadzone	osoby (B) wprowadzające
powód: A zrobiła coś złego	22,7	52,9
powód: A zaniechała czegoś	70,2	53,1
powód: A zaniedbała partnera	58,7	32,7
powód: odmienność oczekiwań	49,0	29,1
osoba B otwarcie manipuluje	14,6	32,7
osoba B posługuje się przeszłością	18,4	37,0
osoba B kłamie, naciąga fakty	0	16,4
osobie B poprawia się samopoczucie	4,7	44,0
„metawina" osoby B	0	21,2
usprawiedliwianie własnych działań	62,5	60,4
wspominanie o normach partnera	55,1	13,0
osoba A przeprasza, żałuje	20,8	46,3
osobie A pogarsza się samopoczucie	49,0	67,3
osoba A czuje niechęć i ma pretensje	37,2	1,9

Źródło: na podstawie danych w: Baumeister i in., 1995.

poczucie było zaniedbywanie partnera, zaniechanie robienia czegoś, co robić się powinno, wreszcie odmienność oczekiwań obojga partnerów co do pożądanego sposobu postępowania. Oczywiście badani wymieniali również aktywne zrobienie czegoś złego, ale wcale nie tak często, jak kazałaby tego oczekiwać wewnątrzpsychiczna wizja poczucia winy. Co zrozumiałe, osoby wprowadzone w poczucie winy są mniej skłonne (niż osoby wprowadzające) do tego, by upatrywać przyczyny całej sytuacji w łamaniu norm moralnych, częściej zaś upatrują owych przyczyn w moralnie obojętnej odmienności oczekiwań obojga partnerów.

Widać więc wyraźnie, że złamanie normy moralnej wcale nie jest konieczne ani do przeżycia poczucia winy, ani do podjęcia próby wpędzania partnera w to poczucie. Brak pozytywnych wysiłków zmierzających do podtrzymania związku oraz nieuwzględnianie odmiennych oczekiwań partnera często wystarcza i do przeżycia, i do wprowadzenia w poczucie winy.

Ponieważ ludzie na ogół unikają działań (i zaniechań) prowadzących do negatywnych emocji, poczucie winy powstrzymuje partnerów od wycofywania własnego zaangażowania ze związku. Warto przy tym zauważyć, że praktyczne czy „obiektywne" szkody, do jakich prowadzi zaniedbanie partnera, są często znikome: mąż spóźniający się dwie godziny na obiad niszczy – w sferze namacalnych faktów – co najwyżej pół kilo kartofli. A jednak może czuć się winny, a żona może nie omieszkać go w tym poczuciu umocnić. Oczywiście liczy się tu szkoda symboliczna, sprowadzająca się do zaniedbywania partnerki i związku. Być może większość okazji, przy jakich poczucie winy przeżywamy, dotyczy właśnie tego typu sytuacji – a poczuwanie się do winy jest w istocie jedynym możliwym sposobem naprawienia takich symbolicznych szkód. Odkupienie kartofli przez spóźniającego się męża niczego nie naprawi. Pokazanie żonie, że czuje się winny, jest sposobem na wymazanie własnego zaniedbania i dowodem, iż nadal o nią dba. Zapewne w ten właśnie sposób można wyjaśniać fakt, że dość często ludzie dopuszczający się zdrady informują o tym (z poczuciem winy) swoich partnerów, choć wyznanie takie na ogół pogarsza stan związku, przyczyniając się nieraz do jego zerwania (Lawson, 1988). Partner, który zdradził, może być nękany poczuciem winy, a wyznanie zdrady może zarówno stanowić dla niego ulgę, jak i być wyrazem nadziei, że wyznanie i rozgrzeszenie przyczynią się do naprawy związku, podobnie jak to się dzieje w wypadku większości innych przewinień. Wyznanie zdrady niesie jednak oczywiście pewien dodatkowy przekaz, że związek jest zagrożony, i przekaz ten przysłania skądinąd dobroczynne dla związku konsekwencje ciągu „wyznanie – poczucie winy – wybaczenie". Wygląda więc na to, że najskuteczniejszym sposobem na zdradę jest po prostu nie dopuszczać się jej, a jeżeli już nastąpiła – nie mówić o niej.

Drugim powodem związku poczucia winy z utrzymywaniem zaangażowania jest fakt, że ludzie świadomie wykorzystują poczucie winy jako sposób na manipulowanie partnerem i utrzymanie go przy sobie. Jeżeli nie podobają nam się czy bolą jakieś działania (zaniechania) partnera, to pokazywanie mu swojego cierpienia może go przed takimi postępkami powstrzymać. Wszystko to działa, pod warunkiem że nasze cierpienie jest czymś, czego partner pragnie uniknąć.

Stanowi to zarówno o sile, jak i o słabości tego sposobu oddziaływania na poziom zaangażowania partnera. O słabości, ponieważ sposób ten jest skuteczny jedynie tak długo, jak długo trwają uczucia partnera i jego troska o nasze dobro. Wzbudzanie poczucia winy nie tylko promuje działania pokazujące zaangażowanie, ale również opiera się na intymności i zaangażowaniu już istniejącym. O sile, ponieważ odwołanie się do pragnień partnera sprawia, że ten sposób kształtowania jego działań pozbawiony jest oznak zewnętrznego przymusu – przeciwnie, opiera się przecież na emocjach partnera. To dzięki tym negatywnym emocjom będzie on unikał wywołujących je działań. Wzbudzanie poczucia winy jest możliwe nawet wtedy, kiedy nie mamy nad partnerem żadnej realnej władzy, jaką dają na przykład własna atrakcyjność, możliwość opuszczenia związku, dysponowanie dobrami materialnymi i tak dalej.

Wyniki z tabeli 7.4 sugerują jednak, że wzbudzanie poczucia winy jest bronią obosieczną i niezbyt bezpieczną w użyciu. Przede wszystkim jest to manipulacja partnerem, odwołująca się niekiedy do kłamstwa czy naciągania faktów, z czego najwyraźniej lepiej zdają sobie sprawę osoby wprowadzające w poczucie winy niż wprowadzane. Dlatego też u tych pierwszych pojawia się czasami „metawina", czyli poczucie winy z powodu wprowadzenia partnera w poczucie winy. Choć osoby wprowadzające w poczucie winy znacznie częściej wspominają o żalu i przeprosinach partnera niż osoby wprowadzane, nie doceniają jednak niechęci i pretensji partnera o to, że został w poczucie winy wprowadzony. Pretensje partnera nie odgrywają większej roli, kiedy ulega on wpływowi z powodu na przykład przymusu, ale niewątpliwie mogą one hamować uleganie poczuciu winy. Gromadzenie się pretensji musi przecież z czasem pomniejszać pozytywne uczucia partnera, czyli naruszyć samą podstawę skuteczności prób wprowadzenia go w poczucie winy. Spóźniający się na obiad mąż tylko do czasu będzie czuł się winny. Po kilku miesiącach zacznie mieć do żony pretensje (na przykład, że nie docenia wartości jego pracy), a wreszcie już pod drzwiami będzie wzdychał głęboko, jakąż to swarliwą i niewyrozumiałą ma małżonkę. Nie tylko poczucie winy zaniknie, ale w ich uczucia wtargnie chłód znacznie dotkliwszy od chłodu wystygłych kartofli.

Pojawienie się pretensji jest tym bardziej prawdopodobne, im bardziej partnerzy różnią się oczekiwaniami co do pożądanego sposobu postępowania. Odmienność tych oczekiwań sprawia, że możemy znaleźć się w sytuacji, gdy zrobiliśmy coś, co wydaje nam się słuszne, a jednak przeżywamy z tego powodu poczucie winy po odkryciu, że partner czuje się skrzywdzony. Na przykład zwykliśmy spotykać się od czasu do czasu z paczką przyjaciół z liceum, a tu nagle okazuje się, że nasz ukochany ma żal o to, że nie zabieramy go z sobą na te spotkania. Choć uważamy swoje działanie za usprawiedliwione (podtrzymywanie starych przyjaźni jest przecież cnotą, a nie występkiem), czujemy się winni z powodu reakcji partnera (który czuje się zlekceważony). Taka paradoksalna sytuacja nie może trwać zbyt długo ani się powtarzać. Albo zmienimy ocenę własnego zachowania (i samo zachowanie), albo zakwestionujemy zasadność krzywdy partnera, stwierdzając, że czepia się (i cierpi) bez żadnego powodu. Nietrudno przewidzieć, która reakcja jest tu bardziej prawdopodobna.

Jeszcze innym niebezpieczeństwem związanym z poczuciem winy jest fakt, że przeżywający je ludzie mają skłonność do unikania swoich ofiar. Nawet jeżeli pragną swoją winę odkupić, wolą to zrobić, nie wchodząc w bezpośredni kontakt z ofiarą. Tak więc żonie usiłującej wprowadzić swojego męża w poczucie winy z tego powodu, że zbyt mało czasu spędza on w domu, może się to bardzo dobrze udać. Tyle że mąż, unikając widoku jej krzywdy, może się zdecydować na odkupienie swoich win poprzez zarabianie większych pieniędzy i spędzanie jeszcze większej ilości czasu w pracy. Widok ofiary nasila bowiem negatywne uczucia sprawcy, a do poczucia winy dokłada również wstyd. Chociaż te dwie emocje wydają się podobne, liczne badania przekonują, że ich konsekwencje są różne. Krótko mówiąc, wstyd jest emocją bardziej destruktywną od poczucia winy

(Tangney i Dearing, 2002). Poczucie winy odczuwamy zwykle w związku z jakimś konkretnym swoim uczynkiem i motywuje nas ono do uznania swojej odpowiedzialności za ten uczynek i naprawienia krzywdy czy zadośćuczynienia ofierze. Zmniejsza też ryzyko wyrządzania dalszych krzywd. Natomiast wstyd jest bardziej masywną reakcją na ogólną bezwartościowość własnej osoby. Kiedy odczuwamy wstyd, mamy ochotę zapaść się pod ziemię i bardziej się przejmujemy sobą niż innym człowiekiem, któremu zrobiliśmy coś zawstydzającego. Wstyd motywuje albo do wycofania się z kontaktu (czyli zapadnięcia się pod ziemię), albo – paradoksalnie – do ataku na ofiarę i jej moralnego zniszczenia poprzez obwinianie jej za to, co sami zrobiliśmy.

Ostatnim wreszcie mechanizmem, na którego mocy poczucie winy przyczynia się do poprawy więzi między partnerami, jest sprawiedliwe rozłożenie negatywnych uczuć jednego z partnerów na oboje. Nasz przykładowy mąż wraca zadowolony do domu, ponieważ zakończył jakąś trudną pracę, opowiada o tym z radością żonie (która nie pracuje zawodowo, gdyż prowadzi dom i wychowuje dzieci) i właśnie wtedy spotyka się ze szczególnym wybuchem jej pretensji. Ona czuje się pokrzywdzona – radość męża tym dotkliwiej jej przypomina, że sama od lat siedzi w domu, gdzie żadna praca nie tylko nie kończy się sukcesem, ale w ogóle się nie kończy. On czuje się winny, ale też zniechęcony – to prawda, że żona musi siedzieć w domu, ale on musi siedzieć w pracy i nie dość, że wcale nie sprawia mu to przyjemności, to jeszcze wtedy, kiedy taka przyjemność nieśmiało wychynie spoza rutyny codzienności, zostaje mu odebrana przez żonę wpędzającą go w poczucie winy pod hasłem: „Ty robisz to, co chcesz, a ja to, co muszę". Ona zapytuje: „Dlaczego to muszę być ja?", on zaś pyta: „Dlaczego właśnie teraz?".

Przynajmniej na pytanie męża można w tym miejscu odpowiedzieć: właśnie teraz dlatego, że poczucie winy, w które został przez żonę wprowadzony, pomaga jej znieść własną frustrację. Zdawać by się mogło, że nic nam z tego, kiedy wprowadzamy kochanego człowieka w gorsze samopoczucie, a nawet powinno nam się robić jeszcze gorzej z powodu jego dolegliwości. Jednakże wtedy, kiedy czujemy się przez partnera skrzywdzeni, wprowadzenie go w poczucie winy wyrównuje nieco tę nierównowagę

– jemu robi się gorzej, ale nam robi się lepiej. To właśnie sugerują wyniki z tabeli 7.4 – 49% osób wprowadzonych w poczucie winy relacjonuje, że poczuło się źle (a takie ich uczucia podejrzewa jeszcze większy procent osób, które je w poczucie winy wprowadziły). W dodatku aż 44% osób wprowadzających partnera w poczucie winy czuje się w wyniku tego zabiegu lepiej (choć tylko 5% osób wprowadzonych w poczucie winy zdaje sobie z tego sprawę). Sugeruje to, że poprawa własnego samopoczucia jest jednym z powodów tego zabiegu.

Prawdopodobnie stawką jest tu nie tylko sprawiedliwe rozłożenie ciężaru negatywnych uczuć, ale też doprowadzenie do zadowalającej komunikacji między partnerami. Ludziom znajdującym się w podobnym stanie emocjonalnym łatwiej się z sobą porozumieć i osiągać wspólne cele niż partnerom przeżywającym odmienne stany, nawet jeżeli stany podobne oznaczają tu stany nieprzyjemne (Locke i Horowitz, 1990). Mówiąc krótko, łatwiej dogadać się dwojgu skrzywdzonym malkontentom niż malkontentowi z karygodnie beztroskim lekkoduchem. Płynące stąd zalecenia trudno jednak przedstawiać jako dobry sposób na trwałe utrzymanie zaangażowania w związek.

Ogólnie mówiąc, problem z poczuciem winy jako sposobem na zaangażowanie polega na tym, że choć jest to sposób bardzo skuteczny, może on prowadzić do wzbudzenia destruktywnego wstydu, a jego skuteczność ogranicza się do związków silnych, przede wszystkim takich, w których partnerów łączy wysoki poziom uczuć, nazywanych tutaj zbiorczo intymnością. Gdy już zabraknie tych uczuć i rzeczywistej troski o dobro partnera, znikają też podstawy do dobroczynnego oddziaływania poczucia winy na zaangażowanie. Słowem, dobroczynnych funkcji poczucia winy zaczyna związkowi dwojga ludzi brakować właśnie wtedy, kiedy najbardziej by się przydały, gdy przestają działać pozytywne siły utrzymujące ich przy sobie.

Dzieci

Oczywistym kontekstem, w którym poczucie winy (i normy moralne) musi się pojawić w trakcie rozważań nad zanikiem zaangażowania w związek, są dzieci. Większość stałych związków nimi, by to niezbyt oryginalnie określić, owocuje, a fakt istnienia dzieci powinien stanowić czynnik utrzymujący zaangażowanie partnerów w związek. Dobro dzieci wymaga utrzymania związku, z którego powstały. Zarówno normy moralne, jak i poczucie winy z powodu skrzywdzenia dzieci powinny więc hamować rozpad związku. Czy istnienie dzieci faktycznie oddziałuje w ten sposób? Badania nad przyczynami rozwodów wykazują, że **choć bezdzietność osłabia szanse małżeństwa na trwanie, samo istnienie dzieci nie tyle zmniejsza częstość rozwodów, ile opóźnia ich wystąpienie.** Prawdopodobieństwo rozwodu w pierwszym roku życia pierwszego dziecka jest bliskie zeru, jednakże narodziny następnych dzieci nie mają już tak dobroczynnych skutków (White, 1990). W rezultacie poważny procent rozwodzących się par to pary mające dzieci.

Ogólnie rzecz biorąc, rozwód jest zjawiskiem szkodliwym dla dzieci, ponieważ wpływa negatywnie na ich zachowanie, przystosowanie psychiczne i społeczne, samoocenę, poziom osiągnięć szkolnych oraz siłę więzi z obojgiem rodziców. Przy tym konsekwencje rozwodu rodziców obserwuje się nawet u ich dorosłych dzieci. Na przykład 25% osób, których rodzice się rozwiedli, doświadczało w okresie wczesnej dorosłości dotkliwych problemów emocjonalnych i społecznych w porównaniu z 10% młodych dorosłych, których rodzice się nie rozwiedli (Hetherington i Kelly, 2002). Te same badania wskazują jednak, że u trzech czwartych młodych dorosłych nie stwierdza się żadnego nasilenia problemów emocjonalnych wskutek rozwodu rodziców. Rozwód rodziców podwaja też ryzyko rozwodu ich dzieci, ponieważ te ostatnie siłą rzeczy nie traktują małżeństwa jako przedsięwzięcia na całe życie, a ponadto dzieciom tym, podobnie jak ich rodzicom, brakuje umiejętności komunikacyjnych zapewniających dobre funkcjonowanie bliskiego związku (Amato i De Boer, 2001). Przegląd ponad 150 badań nad szkodliwością rozwodu, które objęły łącznie ponad 20 tysięcy dzieci (Amato, 2001) przekonuje jednak, że szkodliwość ta jest przeceniana – szkodliwe konsekwencje stwierdza się z reguły u mniejszości dzieci dotkniętych rozwodem i one są zwykle niewielkie. Amerykański socjolog Paul Amato szacuje na podstawie dużej liczby badań, że około 10% dzieci rozwiedzionych rodziców cechuje obniżony dobrostan psychiczny (w porównaniu z tym, co można by dla nich przewidywać, gdyby rodzice się nie rozwiedli), 18% ujawnia gorsze funkcjonowanie we własnym bliskim związku, 35% dzieci zaś ma gorsze relacje z ojcem niż osoby, których rodzice się nie rozwiedli (Amato, 2003). Wyniki te wydają sprzeczne z szeroko rozpowszechnionym poglądem o bardzo negatywnych skutkach rozwodu dla dzieci. Pogląd ten być może wywodzi się z faktu, że rozwód dość często współwystępuje z różnymi formami patologii społecznej, takimi jak bezrobocie, alkoholizm czy przestępczość, które są bardziej dla dzieci szkodliwe niż sam rozwód. Silnie negatywny wpływ na losy dzieci wywierają raczej te przejawy patologii w rodzinie, nie zaś rozwód – nowsze badania podłużne, w których uwzględnia się jakość życia rodzinnego jeszcze przed rozwodem, sugerują, że spora część szkodliwych skutków rozwodu wynika właśnie z tego, co działo się przedtem (Lansford, 2009). Szkodliwość skutków rozwodu dla dzieci z rodzin nim dotkniętych silnie zależy od tego, w jakim wieku są dzieci w momencie rozwodu. Negatywne skutki są dość silne, jeżeli dotknięte rozwodem rodziców dzieci znajdują się w szkole podstawowej i średniej. Natomiast skutki te są bardzo słabe i nierzetelne (to znaczy w jednych badaniach się ujawniają, w innych nie) w odniesieniu do dzieci przedszkolnych i niemal wcale nie występują, jeżeli dzieci są już na studiach (Amato, 2001). O stosunkowo małej szkodliwości rozwodu dla dzieci najmłodszych i najstarszych decydują zapewne inne powody. W wypadku najmłodszych rozwód rodziców następuje, zanim zdążą sobie one wykształcić stabilny obraz świata społecznego i własnej rodziny. Niemal od początku wzrastają więc w „nienormalnej", rozbitej rodzinie, która jednak dla nich jest normalna, jako że innej sytuacji nie znają. W przypadku dzieci najstarszych rozwód rodziców jest stosunkowo nieszkodliwy zapewne dlatego, że mając dwadzieścia czy więcej lat, młodzi ludzie myślą raczej o perspektywie założenia własnej rodziny niż o odchodzącej w przeszłość rodzinie, z której wyszli. Ponadto dzieci najstarsze, jako ludzie prawie dorośli, mają większą szansę ułożenia sobie stosunków z każdym z rodziców oddzielnie.

Co w ogóle decyduje o szkodliwości rozwodu dla dzieci (szczególnie w wieku od siedmiu do siedemnastu lat)? Odpowiedzi są w zasadzie trzy.

Pierwsza nasuwająca się odpowiedź jest taka, że nieobecność jednego z rodziców jest szkodliwa dla dziecka, ponieważ oznacza ona spadek ilości opieki rodzicielskiej oraz nieobecność jednego z ważnych wzorców socjalizacyjnych (w szczególności chłopcy chowani bez ojca nie mają kulturowego wzorca męskości). Ponadto kontakt dziecka z nieobecnym rodzicem z reguły słabnie, a jedno z rodziców nie jest w stanie poświęcić dziecku tyle uwagi i pomocy, ile uzyskałoby ono od dwojga rodziców łącznie. Brak mieszkających razem obojga rodziców pozbawia także dziecko możliwości obserwowania, jak rozwiązują oni swoje konflikty, negocjują czy osiągają kompromis, co może w przyszłości spowodować brak tychże umiejętności u dziecka.

Z wyjaśnień tego typu wynikają pewne przewidywania, których potwierdzenie stanowiłoby dowód na trafność myślenia o negatywnych skutkach rozwodu w kategoriach szkodliwości samej nieobecności jednego z rodziców. Przede wszystkim dzieci tracące jedno z rodziców z powodu śmierci powinny mieć się równie źle jak dzieci z małżeństw rozwiedzionych, natomiast dzieci zyskujące rodzica przybranego w miejsce tego, który dom opuścił, powinny mieć się równie dobrze jak dzieci z rodzin nietkniętych. Przegląd badań, w których porównywano dzieci z rodzin pełnych, dotkniętych rozwodem i dotkniętych śmiercią jednego z rodziców, wykazał, że śmierć rodzica powoduje pogorszenie różnych wskaźników funkcjonowania dziecka, jednak pogorszenie to jest mniejsze niż w wypadku rozwodu. Z kolei przegląd badań, w których porównywano dzieci z rodzin nietkniętych, dotkniętych rozwodem i żyjących z jednym tylko rodzicem oraz dotkniętych rozwodem, ale mieszkających z rodzicem przybranym, wykazał, że pogorszenie funkcjonowania dzieci mieszkających z przybranym rodzicem jest równie duże jak w wypadku dzieci mieszkających z tylko jednym biologicznym rodzicem. Powtórne małżeństwo nie jest więc rozwiązaniem problemu dzieci (choć niewielka liczba badań sugeruje, że obecność przybranego ojca poprawia funkcjonowanie chłopców). Ten układ wyników (Amato, 2001) sugeruje, że choć sama nieobecność jednego z rodziców jest powodem części negatywnych skutków rozwodu, nie jest to powód jedyny.

Odpowiedź druga to **pogorszenie sytuacji finansowej dzieci**. Typową konsekwencją rozwodu jest spadek dochodów rodziny, której głową jest matka. W przeważającej większości wypadków bowiem sądy (i to w tak różnych krajach, jak Polska i Stany Zjednoczone) przyznają opiekę nad dzieckiem matce, nie zaś ojcu, a prawie wszędzie na świecie kobiety zarabiają gorzej niż mężczyźni. Spadek dochodów oczywiście może wpłynąć na pogorszenie materialnego poziomu życia dziecka, opieki zdrowotnej, możliwości wypoczynku czy zdobycia wykształcenia. Jednakże nawet wytrącenie (za pomocą metod statystycznych) wpływu wywieranego na dobrostan dziecka przez finansową sytuację rodziny pozostawia ten dobrostan na niższym poziomie u dzieci z małżeństw rozwiedzionych niż u dzieci z rodzin pełnych (Lansford, 2009). Pogorszenie sytuacji finansowej ma więc pewien udział w obniżeniu dobrostanu dzieci dotkniętych rozwodem, aczkolwiek daleko do tego, by czynnik ten można było uznać za decydujący.

Trzecim wreszcie powodem szkodliwości rozwodu dla dzieci jest **negatywne oddziaływanie konfliktów między rodzicami przed rozwodem i po nim**. Niewątpliwie wrogość i konflikty między rodzicami są źródłem stresu i cierpienia dzieci. Tym bardziej że spora część rodziców w swoim dążeniu, by jak najdotkliwiej dołożyć partnerowi, nie cofa się przed pożałowania godnym procederem przeciągania dzieci na swoją stronę (nie bacząc na to, że wyrządzają w ten sposób znacznie większą krzywdę dziecku niż partnerowi). Szczególnie odrażający przypadek to wcale nierzadkie oskarżenia kobiet pod adresem byłych partnerów o seksualne molestowanie ich wspólnego dziecka. Takie oskarżenie często bywa wyssane z palca, ale jest bardzo skuteczną bronią. Molestowanie seksualne dzieci jest tak silnie napiętnowane społecznie, że samo oskarżenie jest niemal jednoznaczne z wyrokiem, możliwość kontaktu ojca z dzieckiem zostaje wówczas całkowicie zablokowana, nierzadko z nakazu sądu. Konflikty między rodzicami oznaczają też ich niezdolność do skoordynowania wysiłków wychowawczych, co sprawia, że ich oddziaływania na dziecko mogą być wzajemnie sprzeczne, a przynajmniej mniej skuteczne od działań uzgodnionych.

Myślenie w kategoriach negatywnych następstw konfliktu prowadzi do przewidywania, że w pełnych rodzinach nękanych silnymi konfliktami występuje pogorszenie funkcjonowania dzieci. Dobrostan dzieci z takich rodzin może być nawet mniejszy niż w wypadku dzieci z rodzin rozbitych, ale harmonijnych i wolnych od konfliktu. Spora liczba badań przekonuje, że choć najlepiej mają się dzieci ze szczęśliwych rodzin, w których oboje rodzice są obecni, najgorzej zaś funkcjonują dzieci z rodzin, w których oboje rodzice są obecni, ale stale skłóceni. Dzieci z rodzin rozbitych, wychowywane przez jedno z rodziców, pod względem takich wskaźników, jak przystosowanie społeczne i psychiczne, osiągnięcia szkolne czy zdrowie psychiczne i fizyczne, lokują się pomiędzy tymi dwiema grupami. A przy tym zazwyczaj bliżej dzieci z rodzin szczęśliwych niż z rodzin nękanych ostrymi konfliktami (Lansford, 2009).

Jeżeli pogorszenie funkcjonowania dzieci byłoby głównie reakcją na konflikt między rodzicami, to należałoby także oczekiwać, że słabnie ono wraz ze słabnięciem konfliktu. Prowadzi to do dwóch kolejnych przewidywań: po pierwsze, z upływem czasu mijającego od rozwodu rodziców pogorszenie funkcjonowania dzieci słabnie, a po drugie, pogorszenie jest tym mniejsze, im słabszy jest konflikt między rozwiedzionymi już rodzicami i im większe jest ich współdziałanie w wychowywaniu dzieci. Co do pierwszego z tych przewidywań, nie ma jeszcze zgody – zapewne dzieje się tak, że niektóre problemy faktycznie słabną (czas leczy rany), inne zaś (takie jak jakość własnych związków budowanych przez dzieci rozwiedzionych rodziców) pojawiają się dopiero z czasem. Natomiast przewidywanie drugie znajduje dość jednoznaczne poparcie w wynikach dotychczasowych badań (Amato, 2001).

Tak więc, ogólnie rzecz biorąc, konflikt między rodzicami wydaje się najważniejszą przyczyną pogorszenia funkcjonowania dzieci. Przy tym istotne znaczenie może mieć nie tyle sam rozwód, ile to, jak dalece rodzice są w stanie wyzbyć się wzajemnej wrogości, wciągania dziecka we własne konflikty i ewentualnie współpracować ze sobą w wychowywaniu dzieci pomimo swego rozstania (Lansford, 2009). Wszystko to nie znaczy oczywiście, że rozwód jest wydarzeniem dla dzieci obojętnym. Może on być jednak mniejszym złem, a niewiele faktów popiera zasadność porównywania go z pijaństwem, prostytucją czy chorobą umysłową (co z lubością czynili moraliści z pierwszej połowy XX wieku).

Na zakończenie podkreślić należy jedno ograniczenie wniosków płynących z przytoczonych tu wyników badań. Otóż przeważająca ich większość dotyczy populacji amerykańskich (po prostu w tym kraju przeprowadzono najwięcej rzetelnych metodologicznie studiów). Stany Zjednoczone zaś są krajem, w którym jest najwięcej na świecie nie tylko samochodów (i mnóstwa innych przedmiotów, takich jak aparaty do gotowania jajek lub czyszczenia uszu), o czym wiedzą wszyscy, ale też rozwodów, o czym zdają się wiedzieć tylko sami Amerykanie. Ma to między innymi i ten skutek, że rozwód obłożony jest tam mniejszym (i ciągle malejącym) odium społecznym. Malejące potępienie społeczne zapewne przyczynia się do osłabienia negatywnych skutków rozwodu dla dzieci. Skutki te mogą być poważniejsze w innych krajach. Istniejące dane porównawcze nie uprawniają jednak do przewidywania tutaj jakichś kolosalnych różnic.

Naciski społeczne

Ostatnim rodzajem barier są naciski społeczne – od nieformalnych, takich jak oczekiwania i namowy rodziny czy przyjaciół, do formalnych, takich jak system prawny, utrudniający bądź uniemożliwiający wyjście z formalnie zawartego związku.

Naciski nieformalne dotyczą związków zarówno przedmałżeńskich, jak i małżeństw. Im poważniej zaangażowani są partnerzy, tym silniejsze są naciski otoczenia na utrzymanie związku (Johnson, 1982). Im silniejszy nacisk, tym większa trwałość związku. Na przykład, im więcej wspólnych przyjaciół mają pary przedmałżeńskie, tym większy jest poziom ich zaangażowania i bardziej stabilny związek (Agnew i in., 2001). Im większy poziom integracji danej społeczności (mierzony stopniem jej ustabilizowania – na przykład niemożnością przenosin do innych miejsc zamieszkania), tym rzadsze są w niej rozwody (Breault i Kposowa, 1987). W ten sam sposób można wyjaśniać utrzymujący się w Polsce od lat kilkudziesięciu znacznie mniejszy procent rozwodzących się małżeństw na wsi niż w mieście.

Bariery prawne dotyczą jedynie formalnie zawartych małżeństw. Dość powszechne przekonanie społeczne jest takie, że wprowadzanie zmian prawnych zwiększających dostępność rozwodu wywiera destrukcyjny wpływ na instytucję małżeństwa i przyczynia się do zwiększenia liczby rozwodów. Jednakże fakty każą dość sceptycznie odnosić się do tego rodzaju twierdzeń. Na przykład tradycyjną Japonię cechowała duża stabilność małżeństw, pomimo że rozwód był bardzo prosty – wystarczył list na trzy i pół linijki (mężczyźnie, w wypadku kobiet sprawa była utrudniona – musiały one odsłużyć dwa lata w świątyni, zanim uzyskały formalnie uznawany rozwód; Coontz, 2006). W Stanach Zjednoczonych gwałtowny wzrost liczby rozwodów nastąpił już na początku lat sześćdziesiątych XX wieku, złagodzenie potępienia rozwodów w opinii publicznej zaś na przełomie lat sześćdziesiątych i siedemdziesiątych. Dopiero potem w większości stanów złagodzono prawo dotyczące rozwodów. Późniejsze badania dość zgodnie wykazały brak różnic pod względem liczby rozwodów między stanami, które prawo złagodziły, a tymi, w których takich zmian nie wprowadzono (Raschke, 1987). Sugeruje to, że prawa dotyczące życia rodzinnego raczej wloką się za tym, co ludzie robią i uważają za słuszne, niż kształtują opinie i zachowania.

Podobnie w Polsce podejmuje się różne próby utrudnienia rozwodu (na przykład wprowadzając obowiązkowy okres separacji), jednak okazują się one nieskuteczne. Jak wiadomo, w roku 1989 Polska weszła na drogę intensywnych przemian politycznych i społecznych – gospodarka zmieniła się na wolnorynkową, system polityczny zaś – na demokratyczny. Słowem, pojawiła się wolność w stopniu przedtem nieznanym naszemu społeczeństwu. Odroczonym w czasie, choć zapewne nieuchronnym następstwem tych zmian jest wzrost liczby rozwodów, co przedstawia rycina 7.3. Pierwszy wyraźny wzrost tej liczby nastąpił w połowie lat dziewięćdziesiątych, następny – po pięciu latach, a następny – po kolejnych pięciu latach. Od 2005 roku mamy rozwodów dwa razy więcej niż na początku przemian. Wzrost liczby rozwodów w czasie jest więc bardzo znaczny – od 2005 roku na trzy zawierane małżeństwa przypada niemal jedno rozwiązane wyrokiem sądu i ponad dwa rozwiązane przez śmierć jednego z partnerów, co oznacza, że liczba małżeństw zaczyna się zmniejszać. W wielu krajach europejskich rozpada się ponad połowa zawieranych małżeństw. Dotyczy to krajów tak różnych, jak Rosja i Ukraina z jednej strony oraz Szwajcaria czy Szwecja z drugiej, co oznacza, że musi tu działać wiele czynników równocześnie. Na tle porównań międzynarodowych, których dokonuje się, przeliczając liczbę rozwodów na tysiąc mieszkańców, Polska wciąż pozostaje ostoją stabilności małżeństwa. Mniej rozwodów niż u nas jest tylko w Grecji i Irlandii (spośród większych krajów europejskich), we wszystkich pozostałych krajach zaś, biednych czy bogatych, jest pod tym względem gorzej niż u nas.

Oficjalne dane z polskiego „Rocznika Demograficznego" wskazują, że rozwodzimy się przeciętnie po 13 latach trwania małżeństwa, częściej po krótkim niż po długim stażu małżeńskim, choć różnica ta jest niewielka. Co piąte rozwodzące się małżeństwo ma staż krótszy niż 5 lat, ale aż 14% ma za sobą 25 lat pożycia lub więcej. Jednak przeważająca większość rozwodzących się to ludzie młodzi, poniżej trzydziestego roku życia. Sugeruje to, że ludzie rozwodzą się wtedy, kiedy faza związku pustego dopadnie ich w takim okresie życia, w którym mają zarówno nadzieję, jak i realne możliwości urządzenia sobie życia z innym partnerem.

Co jest przyczyną rozwodów? Jeśli patrzeć na treść orzeczeń sądowych (rok 2006), to najczęstszym powodem była niezgodność charakterów (32%), zdrada (24%) i alkoholizm mężczyzn (23%). Jednak uzasadnienia

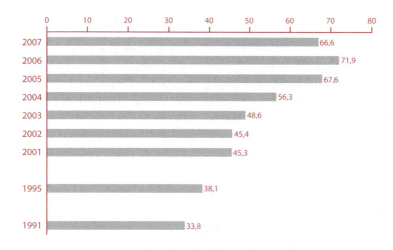

Rycina 7.3.
Liczba rozwodów w Polsce (w tysiącach)
Źródło: na podstawie danych Głównego Urzędu Statystycznego.

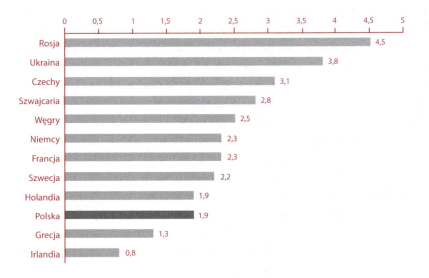

Rycina 7.4.
Liczba rozwodów w Polsce i wybranych krajach europejskich (na tysiąc mieszkańców w roku 2006)

Źródło: na podstawie danych ONZ.

wyroków sądowych to nie to samo, co rzeczywiste przyczyny rozwodów. Trudno przecież przypuścić, że w ciągu ostatnich kilkunastu lat podwoiła się liczba małżonków o niezgodnych charakterach! Rzeczywistą przyczyną są raczej zmiany wartości i obyczajów oraz emancypacja kobiet. W naszym społeczeństwie, podobnie jak w całej Europie, rośnie kult indywidualizmu, stawianie osobistego szczęścia i realizacji własnych celów nad wszystko inne. Prawdopodobnie przyczyny rozwodu są takie same, jak przyczyny zawierania małżeństwa – wiążą się z dążeniem do wolności i osobistego szczęścia. Historycy twierdzą, że to specyficzne dla naszej kultury dziedzictwo Oświecenia i indywidualizujących rewolucji (francuskiej i amerykańskiej), a większość innych kultur odrzucała małżeństwo z miłości jako oparte na zbyt chwiejnych i samolubnych podstawach (Coontz, 2005). Spada społeczna dezaprobata wobec rozwodu, niegdyś powszechna. Co piąty Polak jest stanowczym zwolennikiem rozwodów i zgadza się z opinią: „Jeśli oboje małżonkowie zdecydują się na rozwód, to nie powinni mieć tu żadnych przeszkód", a 62% zgadza się z opinią: „Nie popieram rozwodów, ale dopuszczam je w pewnych sytuacjach" (tylko 15% jest bezwzględnie przeciw rozwodowi niezależnie od okoliczności; CBOS, 2008). Opinie te są zresztą w fazie przepoczwarzania się, czego wskaźnikiem jest ich wewnętrzna niespójność. Przeważająca większość osób określających się jako całkowici przeciwnicy rozwodu faktycznie dopuszcza go w pewnych drastycznych sytuacjach, takich jak brutalne traktowanie, opuszczenie rodziny czy alkoholizm jednego z partnerów. Są to – oprócz zdrady – najbardziej akceptowane w naszym społeczeństwie powody rozwodu.

Dwie trzecie osób wnoszących we współczesnej Polsce o rozwód to kobiety. W sporej części jest to uwarunkowane częstszym alkoholizmem mężów niż żon. Ale nie tylko. Inną przyczyną jest ekonomiczna emancypacja kobiet, możliwa dzięki ich rosnącemu wykształceniu. W starym reżymie (do 1989 roku) studiowało zaledwie 10% młodzieży w stosownym wieku, ponieważ inwestycja w studia po prostu się nie opłacała – inżynier i robotnik, lekarz i pielęgniarka zarabiali tyle samo. Ta sytuacja uległa gwałtownej zmianie już w pierwszych latach gospodarki rynkowej – poziom wykształcenia stał się najsilniejszym wyznacznikiem wielkości dochodów. Wykształcenie zaczęło się opłacać i obecnie studiuje już ponad 50% młodzieży, wielka część na studiach płatnych – na uczelniach zarówno państwowych, jak i niepaństwowych. Zmiana ta dokonała się kosztem indywidualnego wysiłku poszczególnych rodzin, a nie poprzez działania państwa, którego nakłady na szkolnictwo wyższe wzrosły minimalnie. Państwo przez ten czas produkowało raczej rencistów i emerytów (mamy najmłodszych w Europie!) niż magistrów. Co ciekawe, ów wzrost liczby studiujących był znacznie szybszy u kobiet niż u mężczyzn. Spis powszechny przeprowadzony w Polsce w roku 2002 wykazał, że mamy 300 tysięcy więcej kobiet niż mężczyzn z wyższym wykształceniem (*Rocznik Demograficzny*, 2008), w siedem lat później zaś liczba ta uległa podwojeniu. Ten rozziew między wykształceniem kobiet i mężczyzn będzie prawdopodobnie coraz bardziej rzutował na rynek matrymonialny

– coraz więcej kobiet nie będzie w stanie znaleźć partnera dorównującego im wykształceniem (i dochodami), co może je skłaniać do wyboru innego niż małżeństwo sposobu życia. Na razie jednak to odległa i niepewna pieśń przyszłości, ponieważ jeszcze w roku 2007 wyższy poziom wykształcenia był czynnikiem bardzo silnie chroniącym kobietę przed samotnym rodzicielstwem. W tym roku prawie co piąte dziecko urodziło się poza małżeństwem (w wielu krajach Zachodu jest to ponad połowa dzieci), ale wśród matek z wykształceniem wyższym takich dzieci było zaledwie 8%, podczas gdy wśród kobiet z wykształceniem podstawowym – aż 31%. Faktem jest, że już teraz bardziej wykształcone matki rodzą dzieci później i rodzą ich mniej.

W sumie wydaje się, że bariery formalne (prawne) są mało skutecznym środkiem na utrzymanie zaangażowania samych zainteresowanych w związek, jeżeli zawiodą bariery nieformalne i inne, poprzednio omówione, czynniki podtrzymujące to zaangażowanie.

Koniec

Nie wiadomo, do czego potrzebna jest większa dojrzałość: do miłości czy do rozstania.

Lidia Jasińska

W Polsce rozwodzi się mniejszość par, ale doświadczenie rozpadu związku (przedmałżeńskiego) ma za sobą większość ludzi. Paul Simon śpiewał co prawda, że „musi być z pięćdziesiąt sposobów, na które porzucasz tego, kogo kochasz", ale naukowa psychologia ma o nich niewiele do powiedzenia. Przyczyna jest prosta i ma charakter etyczny. Psychologowie wiedzą, że prowadzenie badań nad związkami, które się aktualnie rozpadają, mogłoby spowodować przyspieszenie ich rozpadu (na przykład dlatego, że badanie takie koncentrowałoby partnerów na ich negatywnych emocjach, a skupienie się na dowolnych emocjach prowadzi zwykle do ich nasilenia). Wobec tego stosowane są dość zawodne metody, takie jak proszenie badanych o opis rozpadu, który nastąpił w przeszłości, bądź o relacje z sytuacji jedynie wyobrażonych. Tego rodzaju relacje dają jednak obraz mocno wygładzony, przemyślany i uzasadniony przed samym sobą. Zdają sprawę raczej z tego, w jaki sposób ludzie myślowo poradzili(by) sobie z katastrofą swego związku, niż z rzeczywistych procesów, na których rozpad ten polegał. Pewne dość uporządkowane przemyślenia w tej sprawie przedstawił Steve Duck (1982), twierdząc, że na ogół rozpad związku składa się z czterech faz.

Faza pierwsza ma charakter wewnątrzpsychiczny i rozpoczyna się od stwierdzenia własnego braku satysfakcji ze związku. Wewnątrzpsychiczność oznacza, że fazę tę rozgrywamy sami ze sobą, nie konsultując się ani z partnerem, ani z kimkolwiek innym. Po prostu skupiamy krytyczną uwagę na partnerze i jego mankamentach, aby wykryć powody swego własnego niezadowolenia. Dokonujemy też bilansu własnych strat i zysków z danego związku, porównujemy go z bilansem partnera, zastanawiamy się nad tym, czy jest to związek sprawiedliwy, czy nie. Rozważamy, jakie mamy inne możliwości ułożenia sobie życia i jakie koszty niosłoby rozstanie. Podejmujemy prywatną (czasami wielokrotnie „ostatnią") próbę niedopuszczenia do rozstania, na przykład świadomie starając się reagować konstruktywnie na destruktywne zachowania partnera czy w inny sposób poprawić jego postępowanie. Stajemy przed dylematem, czy starać się stłumić własne negatywne odczucia, czy przeciwnie – zgłosić je partnerowi, narażając się na ich jeszcze większe nasilenie.

Faza druga następuje wtedy, gdy decydujemy się na konfrontację z partnerem – wyjawienie mu swojego niezadowolenia. Jest to nierzadko trudna decyzja, gdyż możemy ją odczuwać jako wkroczenie na równię pochyłą, po której łatwo może się stoczyć cały związek. Nawet jeśli nasz partner nie jest tak beznadziejnie niewrażliwy i skoncentrowany na sobie, jak go o to podejrzewamy, to faza konfrontacji i tak się zacznie, ponieważ nasze niezadowolenie staje się coraz bardziej widoczne – niezależnie od tego, czy komunikujemy się w zamierzony sposób, czy nie. Świadomie bądź nie, w końcu okazujemy partnerowi swoje niezadowolenie i nieuchronnie zaczynamy tłumaczyć, dlaczego tak jest. Uzasadniamy własne niezadowolenie, obalamy argumenty partnera, jakoby było ono bezpodstawne, mniej lub bardziej nieskutecznie staramy się wynegocjować z partnerem taką postać naszego związku, która zażegnałaby niezadowolenie i była dla obojga satysfakcjonująca. Jest to więc faza wspólnej z partnerem koncentracji na naszym związku i na tym, co zrobić, aby stał się on lepszy. Nie trzeba dodawać, że za tym beznamiętnym opisem ukrywa się nieraz cały ocean burzliwych i burzących, zduszanych i zduszonych, a w większości negatywnych uczuć obojga partnerów zmagających się z podstawowym dylematem: naprawić ten związek, czy go zburzyć.

Jeżeli jednak zburzyć, to zaczyna się faza trzecia, społeczna, w niej bowiem nastąpi ogłoszenie innym rozpadu naszego związku. Teraz zastanawiamy się nie nad tym, czy, lecz nad tym, jak dokonać rozbioru związku. Ostatni wspólny z partnerem problem to ustalenie, by tak rzec, zejściowej postaci związku, na przykład tego czy kontynuować go dla świata, jak się niegdyś mawiało, czy dla dzieci, jeżeli są, czy zaniechać nawet tych pozorów, definitywnie i dosłownie się rozstać. Kolejne z niekończących się problemów indywidualnych dotyczą tego, jak zachować twarz i uniknąć osobistej winy za rozpad związku (ci, którzy ponoszą winę, spotykają się z potępieniem i mają mniejszą szansę na następny związek), a także jak poradzić sobie ze społecznymi konsekwencjami rozpadu – od wytłumaczenia go własnej matce do rozwiązania problemu, z kim teraz grać w brydża czy w tenisa. By uzyskać zgodę i sankcję pozostałych bliskich sobie osób na rozpad związku, tworzymy też publiczną wersję powodów jego rozpadu, która niewiele musi mieć wspólnego z rzeczywistością, ale musi pokazywać, że rozstanie jest najlepszym z możliwych rozwiązań. Taka publiczna wersja niekoniecznie przekonuje innych, ale prawie zawsze przekonuje nas samych (liczne badania nad skutecznością perswazji dowodzą, że często osobą najbardziej przekonaną w wyniku perswazji jest jej autor).

Faza czwarta wreszcie to życie pozagrobowe związku. Obejmuje ona przede wszystkim psychiczne pozostawienie związku za sobą, w czym pomaga raczej aktywne zajęcie się czymś innym niż rozpamiętywanie przeszłości. Obejmuje też uporządkowanie tej przeszłości i udzielenie sobie odpowiedzi na liczne „dlaczego", które w wyniku zerwania się pojawiają. Prowadzi to do dość daleko idących zmian w treści naszych wspomnień dotyczących przeszłości byłego związku. Zmiany te często służą wyidealizowaniu naszej osoby, a najlepiej i samego związku, co jednak może być trudne do pogodzenia.

Rozpad związku jest zdarzeniem nieprzyjemnym i szkodliwym nie tylko dla dzieci, ale też dla dorosłych partnerów. Duża liczba badań wskazuje na negatywne skutki rozwodu dla partnerów z punktu widzenia ich zdrowia psychicznego, przystosowania, satysfakcji z życia, choć prawdopodobnie skutki te słabną jako funkcja daty badania, ponieważ rozwód jest zjawiskiem coraz bardziej powszechnym (a wszystko, co powszechne, budzi słabsze emocje). Wciąż jednak brakuje porządnej metaanalizy badań nad skutkami rozwodu, dlatego trudno tu o jednoznaczne wnioski. Również rozpad związku przedmałżeńskiego ma negatywne skutki emocjonalne (choć są one zapewne bardziej krótkotrwałe niż w wypadku rozwodu). Na przykład w jednym z badań poproszono kilkuset studentów płci obojga o opisanie swoich uczuć po rozstaniu. Jak wskazuje tabela 7.5, rodzaj uczuć zależał od tego, czy było się inicjatorem rozstania, czy też osobą porzuconą. Jedyne dwie emocje, które były częściej wskazywane przez osoby porzucające niż porzucane, to radość i poczucie winy. Jednakże nawet w wypadku osób inicjujących zerwanie większość emocji miała charakter negatywny, a tych było o wiele więcej u osób porzucanych.

Tabela 7.5.
Odsetki osób porzucających i porzucanych, które wskazują doświadczanie różnych emocji po zerwaniu bliskiego związku (niemałżeńskiego)

Stan	Osoba porzucająca	Osoba porzucana
Szczęście	26	3
Poczucie winy	38	13
Smutek	56	76
Złość	22	57
Dezorientacja	33	63
Szok	16	53
Pragnienie zemsty	7	17
Zazdrość	11	27

Źródło: na podstawie danych w: Perilloux i Buss, 2008.

Porzucające kobiety częściej donosiły o negatywnych emocjach niż porzucający mężczyźni (i tylko u nich dosyć często pojawiała się emocja strachu). Natomiast reakcje porzucanych były podobne u obu płci. Inne badania wskazują, że zerwanie niemałżeńskiego związku ma także pozytywne konsekwencje w postaci poczucia ekspansji Ja, odkrycia siebie na nowo i przyrostu pozytywnych emocji. Dzieje się tak głównie u młodych ludzi, którym odchodzący w przeszłość związek nie zapewnił poczucia ekspansji Ja (co jest typowym przejawem zakochania; Lewandowski i Bizzoco, 2007). Dość oczywiste jest zatem, że zerwanie niezbyt udanego związku przedmałżeńskiego przynosi pozytywne konsekwencje i ich jest więcej niż negatywnych.

Różnorodność

Dotychczasowe rozważania prowadzone były w taki sposób, jakby miłość była zjawiskiem jednorodnym, jakby wszyscy ludzie kochali się w podobny sposób, a jedyne różnice między nimi wynikały z etapu związku, na jakim się znajdują. Przyjęcie takiej konwencji pozwoliło przedstawić w sposób – mam nadzieję – dość uporządkowany wiele z tego, co dzieje się między partnerami stałego związku. Nie zmienia to jednak faktu, że jest to tylko pewna wygodna konwencja, pozwalająca zrozumieć w miłości wiele, choć nie wszystko. Tym, czego ona zrozumieć nie pozwala, jest różnorodność miłości, a więc fakt, że mimo podobieństw różni ludzie przeżywają swą miłość na różne sposoby. Ponieważ cała ta książka koncentrowała się dotąd raczej na podobieństwach na zakończenie, przyjrzyjmy się zróżnicowaniu miłości.

Rodzaje miłości

Miłość niejedno ma imię.
Pierre La Mure

W potocznej czy literackiej refleksji nad miłością zauważyć można bez trudu wielość kryteriów orzekania o prawdziwości tego uczucia. Czasami sądy takie opieramy na intensywności bądź gwałtownej dynamice uczucia – miłość prawdziwa to taka, która partnerów głęboko porusza, albo ta, która uderza gwałtownie jak piorun. Innym razem sądy o prawdziwości uczucia opieramy na jego stałości – miłość, która trwała pół roku, jakoś mniej się wydaje miłością od tej, która trwała lat dziesięć. Przy jeszcze innych okazjach decydujemy, że miłość jest prawdziwa, ponieważ zachłannie wyłącza inne pragnienia partnerów, skłaniając ich do porzucenia realizacji własnych, indywidualnych celów. Niemal każdą miłość można więc uznać za prawdziwą lub nie, jeżeli tylko posłużyć się odpowiednim kryterium. W dodatku kryteria te przynajmniej częściowo się wykluczają – na przykład uczucia silne i gwałtowne trwają z reguły krócej niż słabe i pojawiające się wolniej. Równoczesne spełnienie różnych kryteriów prawdziwości w tym samym związku jest mało prawdopodobne, jeśli w ogóle możliwe.

Problem orzekania o prawdziwości miłości jest więc nierozwiązywalny, dopóki zakładamy zasadniczą jednorodność tego uczucia. Nie pozostaje nic innego, jak wyodrębnić różne rodzaje miłości, choć jest to zajęcie dość ryzykowne, bo łatwo tu popaść w śmieszność i subiektywizm. Jak dotąd różni autorzy wyróżnili od 2 do 18 rodzajów miłości. Roztrząsanie wszystkich tych klasyfikacji mogłoby zniechęcić nawet najwytrwalszego czytelnika, więc nie będę się tym zajmował. Warto jednak zauważyć, że wszystkie one zawierają w tej czy innej postaci rozróżnienie pomiędzy *Eros* (miłość namiętna i romantyczna) a *Storge* (łagodna miłość przyjacielska), wywodzące się jeszcze z antycznej Grecji.

W interesującej koncepcji, która znalazła również poparcie w prowadzonych później badaniach, amerykański socjolog John Lee (1973) założył, że obok tych dwóch podstawowych archetypów miłości istnieje trzeci, *Ludus* – miłość jako gra czy zabawa. Lee przyjął ponadto istnienie jeszcze trzech wtórnych typów miłości, z których każdy stanowi jakąś mieszankę poprzednich. Są to: *Mania*, mieszanka *Eros* i *Ludus*, czyli miłość będąca obsesyjnym uzależnieniem od partnera i własnego uczucia; *Agape*, mieszanka *Eros* i *Storge*, czyli pełna poświęcenia miłość altruistyczna, oraz *Pragma*, mieszanka *Storge* i *Ludus*, czyli miłość praktyczna, kierująca się świadomym rozpoznaniem zalet i wad partnera.

Trzy podstawowe typy miłości są analogiczne do pierwiastków chemicznych, podczas gdy trzy pochodne typy miłości są analogiczne do związków chemicznych w tym sensie, że mieszanka charakteryzuje się jakościami innymi niż własności składających się na nią typów podstawowych (tak jak sól kuchenna, stanowiąca związek chloru i sodu, ma zupełnie inne własności niż każdy z tych pierwiastków). Każdy z owych sześciu typów miłości ma specyficzne, sobie tylko właściwe cechy, a miary tych typów miłości (pozwalające określić, jak dalece ujawniają się one w różnych parach) są wzajemnie niezależne. Niezależność tę faktycznie wykazali psychologowie, którzy zbudowali kwestionariusz pozwalający mierzyć sześć wymienionych typów miłości (Hendrick i Hendrick, 1986). To, co proponuję Czytelnikom na zakończenie tej książki, to wypełnienie na własny użytek tego właśnie kwestionariusza i przyjrzenie się własnej miłości pod kątem stopnia, w jakim nasycona jest ona tymi sześcioma jakościowo różnymi sposobami jej przeżywania.

Psychozabawa – jaka jest Twoja miłość?

Punktem wyjścia było sformułowanie twierdzeń, z których każde dotyczyło jednego typu miłości. Punktem dojścia było wyselekcjonowanie (za pomocą pewnych procedur obliczeniowych, zwykle stosowanych w takich wypadkach) pytań, które mierzyły swój typ miłości, ale nie odnosiły się do żadnego z pięciu pozostałych typów. W rezultacie powstał kwestionariusz pod nazwą Skala Postaw Wobec Miłości, zawierający 42 twierdzenia, podzielonych na sześć grup, z których każda mierzyła jeden typ miłości.

Osoby badane za pomocą tego kwestionariusza proszone są o udzielenie odpowiedzi na kolejne twierdzenia z myślą o własnych poglądach na miłość w ogóle, bądź też z myślą o własnym konkretnym partnerze (obecnym lub ostatnim, jeżeli nie są z nikim aktualnie związane). Odpowiedzi na każde pytanie udzielane są w skali od 1 („zupełnie się nie zgadzam"), poprzez 2, 3, 4, do 5 („całkowicie się zgadzam"). Suma odpowiedzi na siedem pozycji dotyczących tego samego typu informuje, jak silna jest skłonność do przeżywania (lub aktualne przeżywanie) miłości danego typu. Pozwala to porównywać zarówno różnych ludzi między sobą, jak i różne typy miłości dla tego samego człowieka (tego samego związku). Im większa suma dla danej skali (to jest siódemki pytań), tym bardziej dany typ przeżywania miłości dominuje nad pozostałymi.

Wszystkie twierdzenia zamieszczone są w tabeli 7.6 i Czytelnik może dla zabawy spróbować odpowiedzieć na każde z nich, żeby się zorientować w charakterze miłości przeżywanej w odniesieniu do aktualnego (bądź jakiegokolwiek innego) partnera. Z różnych względów będzie to jednak tylko psychozabawa, a nie przedsięwzięcie naukowe. Chociażby dlatego, że kwestionariusz ten skonstruowany został na próbie około 1400 studentów amerykańskich, a nie na próbie polskiej. Jednakże próba Hendricków była mocno zróżnicowana, a idea podstawowych typów miłości wywodzi się jeszcze ze starożytnej Grecji, toteż jest prawdopodobne, że Polacy nie różnią się tu tak bardzo od Amerykanów. (Ponadto w niepublikowanych badaniach z udziałem polskich studentów stwierdziłem, że ich wyniki okazały się bardzo zbliżone do amerykańskich, a przede wszystkim również w Polsce wyodrębniają się owe skale). Zabawa ta może być dość pouczająca, ponieważ może pomóc w zorientowaniu się, co miłość w danym związku oznacza, a przede wszystkim – czy oznacza to samo dla obojga zainteresowanych.

Początkiem wszelkich sensownych działań jest zawsze diagnoza stanu wyjściowego. Jeżeli więc, Czytelniku, pragniesz podjąć działania mające na celu obronę swej miłości przed jej naturalnym losem (to jest fazą związku pustego i ewentualnym rozpadem), rozpocznij również od diagnozy i wypełnij Skalę Postaw Wobec Miłości (a także skale Intymności, Namiętności i Zobowiązania, zamieszczone w rozdziale 1). Namów też do tego samego swoją partnerkę lub partnera i porównajcie wyniki. Sumę punktów uzyskanych przez każde z Was możecie nanieść na wykres z ryciny 7.5, uzyskując dwa profile ("Ona" i "On"), co pozwoli Wam łatwo się zorientować, w czym się różnicie, a w czym jesteście do siebie podobni w poglądach na miłość i w sposobie jej przeżywania.

Profile już wyrysowane to przeciętne wyniki uzyskane przez kilkaset studentek i studentów badanych przez autorów skali, Clyde'a i Susan Hendrick. Ich analizy statystyczne wykazały, że kobiety i mężczyźni nie różnią się pod względem *Eros* i *Agape*, kobiety ujawniają silniejszą *Storge*, *Pragma* i *Mania*, mężczyźni zaś kochają na sposób znacznie bardziej ludyczny niż kobiety. Ponieważ wyniki przedstawione na rycinie 7.5 to średnie pochodzące od około 400 osób, zupełnie naturalne jest,

Tabela 7.6.
Twierdzenia składające się na Skalę Postaw Wobec Miłości

Przy każdym twierdzeniu jest pięć możliwych odpowiedzi:
5 – całkowicie się zgadzam;
4 – zgadzam się;
3 – trochę tak, trochę nie (albo brak zdania);
2 – nie zgadzam się;
1 – zupełnie się nie zgadzam.

1.e.		Już od pierwszego spotkania coś nas przyciągnęło do siebie.
2.l.		Próbuję trzymać go trochę w niepewności co do mojego zaangażowania w nasz związek.
3.s.		Dopiero gdy go już jakiś czas kochałam, zdałam sobie sprawę z tej miłości.
4.p.		Zanim się z kimkolwiek zwiążę, próbuję sobie wyobrazić, kim on się stanie w przyszłości.
5.m.		Kiedy źle się dzieje między nami, dostaję rozstroju żołądka.
6.a.		Próbuję własnymi siłami mu pomóc, gdy znajdzie się w kłopotach.
7.e.		Pomiędzy nami zachodzi coś w rodzaju właściwej „reakcji chemicznej".
8.l.		Nic mu się nie stanie, jeżeli pewnych rzeczy o mnie nie będzie wiedział.
9.s.		Nie potrafię kogoś pokochać, jeśli najpierw nie zacznę się o niego troszczyć.
10.p.		Próbuję starannie zaplanować swoje życie, zanim wybiorę sobie partnera.
11.m.		Kiedy nie udaje mi się związek, w który byłam mocno zaangażowana, wpadam w taką depresję, że nawet zdarzało mi się myśleć o samobójstwie.
12.a.		Raczej sama wolałabym cierpieć niż pozwolić na to, by on cierpiał.
13.e.		Nasza miłość fizyczna jest bardzo intensywna i satysfakcjonująca.
14.l.		Czasami bywam w sytuacji takiej, że muszę uważać, aby żaden z moich partnerów nie dowiedział się o istnieniu drugiego.
15.s.		Do dziś pozostaję w przyjaznych stosunkach z prawie każdym, kogo kiedyś kochałam.
16.p.		Najlepiej kochać jest kogoś o podobnych poglądach i doświadczeniach życiowych.
17.m.		Czasami myśl o tym, że jestem zakochana, tak mnie pobudza, iż nie mogę zasnąć.
18.a.		Nie potrafię być szczęśliwa, dopóki nie przedłożę jego szczęścia nad własne.
19.e.		Myślę, że byliśmy sobie nawzajem przeznaczeni.

20.l.	Bez trudu i dość szybko otrząsam się z nieudanego związku.
21.s.	Najlepsza miłość wyrasta z długotrwałej przyjaźni.
22.p.	Głównym kryterium w wyborze partnera jest dla mnie to, jak zapatruje się on na moją rodzinę.
23.m.	Kiedy on nie zwraca na mnie uwagi, pogarsza się moje samopoczucie fizyczne.
24.a.	Zwykle skłonna jestem poświęcić swoje pragnienia, jeżeli pozwoliłoby mu to zrealizować własne.
25.e.	Oboje bardzo szybko się zaangażowaliśmy emocjonalnie w nasz związek.
26.l.	Myślę, że mój partner zdenerwowałby się, gdyby dowiedział się o niektórych rzeczach, jakie robię z innymi osobami.
27.s.	Trudno dokładnie określić moment, w jakim zakochaliśmy się w sobie.
28.p.	Ważną sprawą przy wyborze partnera jest to, czy okaże się on dobrym ojcem.
29.m.	Kiedy jestem zakochana, mam kłopoty ze skoncentrowaniem się na czymkolwiek innym.
30.a.	Mój partner może używać według własnej chęci wszystkiego, co do mnie należy.
31.e.	Naprawdę dobrze się rozumiemy nawzajem.
32.l.	Kiedy mój partner zbytnio się ode mnie uzależni, mam ochotę trochę się wycofać.
33.s.	Miłość jest w rzeczywistości głęboką przyjaźnią, a nie jakimś mistycznym, tajemniczym uczuciem.
34.p.	Jednym z kryteriów wyboru partnera jest to, jak zapatruje się on na moją pracę zawodową.
35.m.	Nie potrafię się zrelaksować, kiedy podejrzewam, że on jest w danej chwili z kimś innym.
36.a.	Nawet kiedy rozgniewa się na mnie, nadal w pełni i bezwarunkowo go kocham.
37.e.	Uważam, że on doskonale pasuje do mojego ideału urody fizycznej.
38.l.	Lubię trochę bawić się w miłość z kilkoma różnymi partnerami.
39.s.	Moje najbardziej udane związki miłosne wyrastały z dobrej przyjaźni.
40.p.	Zanim się z kimś związę na poważnie, próbuję się zorientować, jakie cechy są dziedziczone w jego rodzinie, na wypadek gdybyśmy mieli kiedyś dzieci.
41.m.	Kiedy on nie zwraca na mnie uwagi choćby przez chwilę, zdarza mi się robić różne głupie rzeczy, by odzyskać jego zainteresowanie.
42.a.	Dla niego wytrzymałabym wszystko.

że różnice między pojedynczymi osobami, na przykład Wami, będą znacznie większe. Uzyskane przez Was wyniki będą też o wiele bardziej krańcowe niż te średnie – przynajmniej niektóre Wasze wyniki będą się więc lokowały znacznie powyżej lub znacznie poniżej średnich z ryciny 7.5.

Nawet jeżeli nic innego z tego nie wyniknie, to analiza uzyskanych przez Was wyników może stanowić świetną okazję do porozmawiania o stanie Waszego związku. Taka sztucznie wywołana okazja do rozmów na ten temat może być lepsza od okazji pojawiających się samoistnie na co dzień. Okazje samoistne bowiem to najczęściej okazje negatywne, rozpoczynające się od skarg jednego z partnerów, co często prowadzi do spirali wzajemnych oskarżeń. Gdy przeminą już początkowe fazy związku i partnerzy upewnią się o wzajemnej miłości i zaangażowaniu, rozmawiają o swoim związku tylko wtedy, kiedy coś jest nie w porządku. Dopóki wszystko jest w porządku, nie ma przecież o czym rozmawiać – podpowiada zdrowy rozsądek. I podpowiada nierozsądnie. Rozmowa

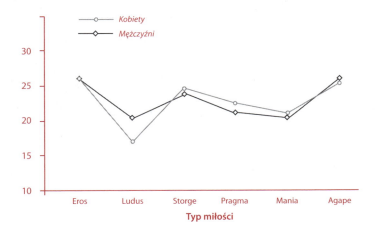

Rycina 7.5.
Profile miłości – natężenie sześciu typów miłości mierzonych przez Skalę Postaw Wobec Miłości, uzyskane dla młodych kobiet i mężczyzn w badaniach amerykańskich

Źródło: na podstawie danych w: Hendrick i Hendrick, 1986.

o problemach wtedy, kiedy już bolą na tyle, że musimy o nich rozmawiać, ma mniejszą szansę na ich zadowalające rozwiązanie niż rozmowa w momencie, kiedy dolegliwość problemów jest jeszcze niewielka, mniejsza niż nasza zdolność do wysłuchania partnera i dopuszczenia myśli, że może jemu chodzi jednak nie tylko o to, by jeszcze raz zgłosić te swoje pretensje (nieuzasadnione oczywiście).

Eros, miłości namiętnej i romantycznej, dotyczą pytania 1, 7, 13, 19, 25, 31 i 37 (wszystkie z literą *e*). Osoby uzyskujące wysoką punktację w tej skali (suma punktów za odpowiedzi na te pytania przekracza 21) przeżywają miłość jako zafascynowanie kochaną osobą i jej urodą. Czują do partnera nieodparty (choć niekoniecznie wytłumaczalny) i odwzajemniany pociąg fizyczny. Jego realizacja w dużym stopniu stanowi istotę tej miłości i prowadzi do głębokiego porozumienia między partnerami. *Eros* jest więc przede wszystkim namiętnością, choć im wyższe wyniki w tej skali, tym większa również intymność i zaangażowanie w związek, a także ogólna satysfakcja czerpana ze związku zarówno przez kobiety, jak i przez mężczyzn. Co ciekawe, skłonność do przeżywania miłości w ten sposób jest dodatnio związana z bezpiecznym stylem przywiązania, a ujemnie ze stylem unikającym (o stylach tych była mowa w rozdziale 4).

Ludus, miłości jako gry czy zabawy, dotyczą pytania 2, 8, 14, 20, 26, 32 i 38 (wszystkie z literą *l*). Osoby uzyskujące wysoką punktację w tej skali (suma punktów za odpowiedzi na te pytania wynosi więcej niż 21) przeżywają miłość jako zabawę, której silne i głębokie zaangażowanie w związek z partnerem raczej przeszkadza, niż pomaga. Miłość jest dla nich grą niepozbawioną świadomego manipulowania partnerem, a nawet – w pewnych granicach – oszukiwania go. Jeżeli ta forma miłości (opiewana przez rzymskiego poetę Owidiusza) jako jedyna dominuje w danym związku, to nie ma czego zazdrościć obdarzanemu nią partnerowi. Wiele osób nie nazwałoby takiego związku miłością. Tym bardziej że cytowane poprzednio badania wykazały, że skłonność do ludycznego traktowania miłości jest ujemnie związana z namiętnością, intymnością i zaangażowaniem oraz z ogólną satysfakcją ze związku. Jest też charakterystyczna dla osób o unikającym stylu przywiązania i współwystępuje z wysokim poziomem konfliktów między partnerami. Jeżeli jednak w danym związku występują równocześnie inne, poważniejsze formy miłości, to nie ma powodów do niepokoju – trudno, aby miłość niosła radość, jeśli będzie całkowicie pozbawiona elementu wyzwania, gry i zabawy!

Storge, miłości przyjacielskiej, dotyczą pytania 3, 9, 15, 21, 27, 33 i 39 (wszystkie z literą *s*). Osoby uzyskujące wysoką punktację w tej skali (suma punktów za odpowiedzi na te pytania powyżej 21) przeżywają miłość jako uczucie spokojne, łagodne i kojące. Zamiast tumultu mieszanych uczuć miłość przeżywana jest tu raczej jako łagodna ewolucja i pogłębianie się przywiązania, trwałego i solidnego, choć pozbawionego tajemniczości. Jedynymi składnikami miłości, z którymi ten styl jej przeżywania jest powiązany, są intymność i troska o partnera.

Pragma, miłości praktycznej, dotyczą pytania 4, 10, 16, 22, 28, 34 i 40 (wszystkie z literą *p*). Osoby uzyskujące wysoką punktację w tej skali (suma punktów powyżej 21) przeżywają miłość jako racjonalną i uzasadnioną lokatę swoich uczuć. Nie ma tu boskich uniesień, ale nie ma też potępieńczych cierpień. Jest praktyczna kalkulacja strat i zysków, dość przyziemna, rozsądna i dlatego znajduje się w niej miejsce również na uwzględnianie strat i zysków partnera. Ta forma miłości wydaje się cokolwiek mniej pociągająca od jej długofalowych skutków, a jej przeżywanie nie jest powiązane z innymi przejawami miłości (namiętnością, intymnością, zaangażowaniem).

Mania, miłości obsesyjnej, dotyczą pytania 5, 11, 17, 23, 29, 35 i 41 (wszystkie z literą *m*). Osoby uzyskujące wysoką punktację w tej skali (powyżej 21) przeżywają swoją miłość jako opętanie, może nie tyle partnerem, ile własnym uczuciem. Jak pisał Lee (1973, s. 48): „Grecy nazywali ją *theia mania*, boskim szaleństwem. Zarówno Safona, jak i Platon, wraz z całym legionem innych porażonych, opisywali jej objawy: podniecenie, bezsenność, gorączka, spadek apetytu, bóle serca. Maniakalny kochanek jest całkowicie pochłonięty myślami o ukochanej. Najmniejszy brak entuzjazmu z jej strony niesie lęk i ból, każda ulotna oznaka serdeczności niesie natychmiastową ulgę, choć nie trwałą satysfakcję. Zapotrzebowanie na uwagę i uczucia ukochanej jest niemożliwe do nasycenia". Ten rodzaj pasji o wyraźnie zaznaczonym fizjologicznym podłożu wydaje się łatwiejszy do przeżywania przez nastolatków w okresie dorastania (jakimi byli na przykład Romeo i Julia u Szekspira), choć może dotknąć każdego. Skłonność do *Mania* jest oczywiście silnie powiązana z namiętnością, choć nie z zaangażowaniem w związek czy satysfakcją zeń czerpaną. Jest charakterystyczna dla osób cechujących się nerwowo-ambiwalentnym stylem przywiązania do swoich partnerów.

Agape, miłości altruistycznej, dotyczą pytania 6, 12, 18, 24, 30, 36 i 42 (wszystkie z literą *a*). Osoby uzyskujące wysoką punktację w tej skali (powyżej 21) przeżywają miłość jako oddanie partnerowi, bezinteresowne, trwałe, pełne niewyczerpanej cierpliwości i troski. Ta miłość, bardziej niż jakakolwiek inna jej forma, jest zapomnieniem o dobru własnym, a troską jedynie o istotne dobro partnera, bez jakiegokolwiek liczenia na wzajemność. Wiąże się ona z zaangażowaniem w utrzymanie związku i z intymnością, troską o partnera i niskim poziomem konfliktu, a także z namiętnością i wysokim poziomem satysfakcji ze związku oraz bezpiecznym stylem przywiązania do partnera.

Właśnie tę formę miłości miał na myśli święty Paweł w listach do Koryntian, gdy pisał, że obowiązkiem chrześcijanina jest troska o dobro bliźnich niezależnie od tego czy oni na to zasługują, czy nie. Istotą tej miłości jest postawa „pragnę tylko tego, czego ty pragniesz", jak to pięknie opisuje Krystyna Starczewska (1975). *Agape* jest moralnym ideałem miłości, zarówno w etyce chrześcijańskiej, jak i w systemach etycznych większości wielkich religii świata.

Podobnie jak to bywa z innymi ideałami, ludzie do tej formy miłości nie dorastają. Wspominany już Lee, który badał pod tym względem Amerykanów, Kanadyjczyków i Brytyjczyków, twierdzi, że jedyne, co mu się udało znaleźć, to epizody agapiczne, ale nie pary trwale kochające się w ten sposób. Rzadkość występowania tej formy miłości w czystej postaci wynika z trudności jej pogodzenia z indywidualizmem naszych czasów, w których każdy sam dla siebie wydaje się najważniejszy, a jeżeli coś jeszcze jest ważne, jak na przykład rodzina, to dzieje się to głównie na zasadzie symbolicznego włączenia tego czegoś do Ja. Nie bez znaczenia jest także fakt, że konieczny warunek *Agape* to całkowite odwzajemnianie tej formy miłości przez partnerów (w przeciwnym razie prawie na pewno wpadną w pułapkę sprawiedliwości, jak opisuje rozdział 5). Podobnie jak w wypadku innych ideałów, do miłości tego typu można jedynie zmierzać, choć zapewne nie sposób ją osiągnąć. Pocieszające może być jednak to, że miarą sukcesu jest tu nie tylko stopień realizacji ideału, ale też stopień, w jakim obojgu zainteresowanym udaje się tak samo do ideału zbliżyć.

W ogóle podobieństwo między partnerami pod względem sposobu przeżywania wzajemnej miłości może w pewnym stopniu decydować o ich satysfakcji ze związku (co jak dotąd faktycznie udało się wykazać dla *Eros*), a w konsekwencji – o jego trwałości. Podobieństwo partnerów w zapatrywaniach na to, czym jest miłość w ogóle, a w szczególności ta konkretna miłość, która ich łączy, jest ważniejsze od, powiedzmy, pokrewieństwa ich znaków zodiaku (ulubionego przedmiotu dociekań wielu par). **Szanse na szczęście zapisane są nie w gwiazdach, lecz w nas samych, w treści i jakości relacji, jaka nas łączy z partnerem, a przede wszystkim w tym, co z tą relacją sami robimy.**

Bibliografia

Abele, A., Wojciszke, B. (2007). Agency and communion from the perspective of self versus others. *Journal of Personality and Social Psychology, 93*, 751–763.
Acevedo, B. P., Aron, A. (2009). Does long-term relationship kill romantic love? *Review of General Psychology, 13*, 59–65.
Adams, C. G., Turner, B. F. (1985). Reported change in sexuality from young adulthood to old age. *Journal of Sex Research, 21*, 126–141.
Agnew, C. R., Loving, T. J., Drigotas, S. M. (2001). Substituting the forest for the trees: Social networks and the prediction of romantic relationship state and fate. *Journal of Personality and Social Psychology, 81*, 1042–1057.
Agnew, C. R., Van Lange, P. A. M., Rusbult, C. E., Langston, C. A. (1998). Cognitive interdependence: Commitment and the mental representation of close relationships. *Journal of Personality and Social Psychology, 74*, 939–954.
Ainsworth, M. D. S., Blehar, M. C., Waters, E., Wall, S. (1978). *Patterns of attachment: A psychological study of the strange situation*. Hillsdale, NJ: Erlbaum.
Alicke, M. D. (2000). Culpable control and the psychology of blame. *Psychological Bulletin, 126*, 556–574.
Amato, P. R. (2001). Children of divorce in the 1990s: An update of the Amato and Keith (1991) meta-analysis. *Journal of Family Psychology, 15*, 355–370.
Amato, P. R. (2003). Reconciling divergent perspectives: Judith Wallerstein, quantitative familty research, and children of divorce. *Family Relations, 52*, 332–339.
Amato, P. R., De Boer, D. D. (2001). The transmission of marital instability across generations: Relationship skills or commitment to marriage? *Journal of Marriage and the Family, 63*, 1038–1051.
Anderson, K. G. (2006). How well does paternity confidence match actual paternity? Evidence from worldwide nonpaternity rates. *Current Anthropology, 48*, 511–518.
Archer, J. (2000). Sex differences in aggression between heterosexual partners: A meta-analytic review. *Psychological Bulletin, 126*, 651–680.
Argyle, M., Martin, M. (1991). The psychological causes of happiness. W: F. Strack, M. Argyle, N. Schwarz (red.), Subjective well-being (s. 77–100). Oxford: Pergamon Press.
Aron, A., Aron, E. N., Tudor, M., Nelson, G. (1991). Close relationships as including other in the self. *Journal of Personality and Social Psychology, 60*, 241–253.
Aron, A., McLaughlin-Volpe, T., Mashek, D., Lewandowski, G., Wright, S. C., Aron, E. N. (2004). Including close others in the self. *European Review of Social Psychology, 15*, 101–132.
Aron, A., Norman, C. C., Aron, E. N., McKenna, C., Heyman, R. E. (2000). Couples' shared participation in novel and arousing activities and experienced relationship quality. *Journal of Personality and Social Psychology, 78*, 273–284.
Aron, A., Westby, L. (1996). Dimensions of the prototype of love. *Journal of Personality and Social Psychology, 70*, 535–551.
Aronson, E. (1970). Some antecedents of interpersonal attraction. W: J. Arnold, D. Levine (red.), *Nebraska Symposium on Motivation* (s. 143–173). Lincoln: University of Nebraska Press.

Aronson, E., Carlsmith, J. M. (1963). The effect of the severity of threat on the devaluation of the forbidden behavior. *Journal of Abnormal and Social Psychology, 66*, 584–588.

Aronson, E., Mills, J. (1959). The effect of severity of initiation on liking for a group. *Journal of Abnormal and Social Psychology, 59*, 177–181.

Austin, W., McGinn, N. C., Susmilch, C. (1980). Internal standards revisited: Effects of social comparisons and expectancies on judgments of fairness and satisfaction. *Journal of Experimental Social Psychology, 16*, 426–441.

Barber, N. (1999). Women's dress fashion as a function of reproductive strategy. *Sex Roles, 40*, 459–471.

Barber, N. (2000). On the relationship between country sex-ratios and teen pregnancy rates: A replication. *Cross-Cultural Research, 34*, 26–37.

Barry, H., Schlegel, A. (1984). Measurement of adolescent sexual behavior in the standard sample of societies. *Ethnology, 23*, 315–329.

Bartell, G. D. (1970). Group sex among the mid-Americans. *Journal of Sex Research, 6*, 113–130.

Bartels, A., Zeki, S. (2004). The neural correlates of maternal and romantic love. *Neuroimage, 21*, 1155–1166.

Baryła, W. (2004). Niepublikowane badania na próbie ogólnopolskiej. Uniwersytet Gdański, Gdańsk.

Batson, C. D. (1987). Prosocial motivation: Is it ever truly altruistic? *Advances in Experimental Social Psychology, 20*, 65–122.

Baumeister, R. F. (2000). Gender differences in erotic plasticity: The female sex drive as socially flexible and responsive. *Psychological Bulletin, 126*, 347–374.

Baumeister, R. F., Bratslavsky, E., Finkenauer, C., Vohs, K. D. (2001). Bad is stronger than good. *Review of General Psychology, 5*, 323–370.

Baumeister, R. F., Catanese, K. R., Vohs, K. D. (2001). Is there gender difference in strength of sex drive? Theoretical views, conceptual distinctions, and a review of relevant evidence. *Personality and Social Psychology Review, 5*, 242–273.

Baumeister, R. F., Scher, S. J. (1988). Self-defeating behavior patterns among normal individuals: Review and analysis of common self-destructive tendencies. *Psychological Bulletin, 104*, 3–22.

Baumeister, R. F., Stillwell, A. M., Heatherton, T. F. (1995). Personal narratives about guilt: Role in action control and interpersonal relationships. *Basic and Applied Social Psychology, 17*, 173–198.

Baumeister, R. F., Twenge, J. M. (2002). Cultural suppression of female sexuality. *Review of General Psychology, 6*, 166–203.

Baumeister, R. F., Vohs, K. D. (2004). Sexual economics: Sex as female resource for social exchange in heterosexual interactions. *Personality and Social Psychology Review, 8*, 339–363.

Baumeister, R. F., Wotman, S. R., Stillwell, A. M. (1993). Unrequited love: On heartbreak, anger, guilt, scriptlessness and humiliation. *Journal of Personality and Social Psychology, 64*, 377–394.

Beck, J. G., Bozman, A. W., Qualthrough, T. (1991). The experience of sexual desire: Psychological correlates in a college sample. *Journal of Sex Research, 28*, 443–456.

Bem, S. L. (2000). *Męskość, kobiecość. O różnicach wynikających z płci*. Tłum. S. Pikiel. Gdańsk: Gdańskie Wydawnictwo Psychologiczne.

Berkman, L., Syme, S. L. (1979). Social networks, host resistance, and mortality: A nine--year follow-up study of Alameda County residents. *American Journal of Epidemiology, 109*, 188–204.

Bermant, G. (1967, lipiec). Copulation in rats. *Psychology Today*, 53–61.
Bernard, J. (1982). *The future of marriage*. New Haven: Yale University Press.
Betzig, L. (1986). *Despotism and differential reproduction: A Darwinian view of history*. Hawthorne: Aldine de Gruyter.
Betzig, L. (1989). Causes of marital dissolution: A cross-cultural study. *Current Anthropology, 30*, 654–676.
Blumstein, P., Schwartz, P. (1983). *American couples*. New York: Simon & Schuster.
Bowlby, J. (1969). *Attachment and loss*. T. 1: *Attachment*. New York: Basic Books.
Bowlby, J. (1979). *The making and breaking of affectional bonds*. London: Tavistock.
Breault, K. D., Kposowa, A. J. (1987). Explaining divorce in the United States: A study of 3,111 counties, 1980. *Journal of Marriage and the Family, 49*, 549–558.
Brewin, C. R., Andrews, B., Valentine, J. D. (2000). Meta-analysis of risk factors for posttraumatic stress disorder in trauma-exposed adults. *Journal of Consulting and Clinical Psychology, 68*, 748–766.
Brickman, P., Coates, D., Janoff-Bulman, R. (1978). Lottery winners and accident victims: Is happiness relative? *Journal of Personality and Social Psychology, 36*, 917–927.
Brockner, J. (1983). Low self-esteem and behavioral plasticity. Some implications. W: L. Wheeler, P. Shaver (red.), *Review of personality and social psychology* (t. 4, s. 237–271). Beverly Hills: Sage.
Brown, G. W., Harris, T. (1978). *Social origins of depression*. London: Tavistock.
Brown, N. R., Sinclair, R. C. (1999). Estimating number of lifetime sexual partners: Men and women do it differently. *Journal of Sex Research, 36*, 292–297.
Brown, S. L., Nesse, R. M., Vinokur, A. D., Smith, D. M. (2003). Providing social support may be more beneficial than receiving it: Results from a prospective study of mortality. *Psychological Science, 14*, 320–327.
Burgess, R. L., Huston, T. L. (red.). (1979). *Social exchange in developing relationships*. New York: Academic Press.
Bushman, B. J., Huesmann, R. (2006). Short-term and long-term effects of violent media on aggression in children and adults. *Archives of Pediatrics and Adolescent Medicine, 160*, 348–352.
Buss, D. M. (1998). Sexual strategies theory: Historical origins and current status. *Journal of Sex Research, 35*, 19–31.
Buss, D. M. (1989). Sex differences in human mate preferences: Evolutionary hypotheses tested in 37 cultures. *Brain and Behavioral Sciences, 12*, 1–49.
Buss, D. M. (2001). *Psychologia ewolucyjna*. Tłum. M. Orski. Gdańsk: Gdańskie Wydawnictwo Psychologiczne.
Buss, D. M. (2003). *Ewolucja pożądania* (wyd. 3, popr.). Tłum. B. Wojciszke, A. Nowak. Gdańsk: Gdańskie Wydawnictwo Psychologiczne.
Buss, D. M., Barnes, M. (1986). Preferences in human mate selection. *Journal of Personality and Social Psychology, 50*, 559–570.
Buss, D. M. i in. (1989). International preferences in selecting mates: A study of 37 cultures. *Journal of Cross-Cultural Psychology, 21*, 5–47.
Buss, D. M., Larsen, R. J., Westen, D., Semmelroth, J. (1992). Sex differences in jealousy: Evolution, physiology and psychology. *Psychological Science, 3*, 251–255.
Buss, D. M., Schmitt, D. P. (1993). Sexual strategies theory: A contextual evolutionary analysis of human mating. *Psychological Review, 100*, 204–232.
Buss, D. M., Shackelford, T. K. (2008). Attractive women want it all: Good genes, economic investment, parenting proclivities, and emotional commitment. *Evolutionary Psychology, 6*, 134–146.

Buunk, B. (1987). Conditions that promote breakups as a consequence of extra-dyadic involvements. *Journal of Social and Clinical Psychology, 5*, 271–284.
Cano, A., O'Leary, K. D. (2000). Infidelity and separations precipitate major depressive episodes and symptoms of nonspecific depression and anxiety. *Journal of Consulting and Clinical Psychology, 68*, 774–781.
Carlsmith, K. M., Wilson, T. D., Gilbert, D. T. (2008). The paradoxical consequences of revenge. *Journal of Personality and Social Psychology, 95*, 1316–1324.
Carpenter, L. M. (2001). The ambiguity of "having sex": The subjective experience of virginity loss in the United States. *Journal of Sex Research, 38*, 127–140.
Caughlin, J. P., Huston, T. L., Houts, R. M. (2000). How does personality matter in marriage? An examination of trait anxiety, interpersonal negativity, and marital satisfaction. *Journal of Personality and Social Psychology, 78*, 326–336.
CBOS (Centrum Badania Opinii Społecznej). (2005). *Pytanie o miłość prawdziwą*. Komunikat z badań nad próbą ogólnopolską.
CBOS (Centrum Badania Opinii Społecznej). (2008). *Stosunek Polaków do rozwodów*. Komunikat z badań nad próbą ogólnopolską.
Chagnon, N. (1983). *Yanomamo: The fierce people*. New York: Holt, Reinehart and Winston.
Chivers, M. L., Rieger, G., Latty, E., Bailey, J. M. (2004). A sex difference in the specificity of sexual arousal. *Psychological Science, 15*, 736–744.
Cialdini, R. B. (2009). *Wywieranie wpływu na ludzi. Teoria i praktyka*. Tłum. B. Wojciszke. Gdańsk: Gdańskie Wydawnictwo Psychologiczne.
Cisłak, A., Wojciszke, B. (2006). The role of self-interest and competence in attitudes toward politicians. *Polish Psychological Bulletin, 37*, 203–212.
Clanton, G., Smith, L. G. (red.). (1977). *Jealousy*. Englewood Cliffs, NJ: Prentice-Hall.
Clark, M. S. (1985). Implications of relationship type for understanding compatibility. W: W. Ickes (red.), *Compatible and incompatible relationships* (s. 119–140). New York: Springer Verlag.
Clark, M. S., Mills, J. (1979). Interpersonal attraction in exchange and communal relationships. *Journal of Personality and Social Psychology, 37*, 12–24.
Clark, R. D., Hatfield, E. (1989). Gender differences in receptivity to sexual offers. *Journal of Psychology and Human Sexuality, 2*, 39–55.
Cochrane, R. (1988). Marriage, separation and divorce. W: S. Fisher, J. Reason (red.), *Handbook of life stress, cognition and health* (s. 137–160). Chichester: Wiley.
Cohen, L. L., Shotland, R. L. (1996). Timing of first sexual intercourse in a relationship: Expectations, experiences, and perceptions of others. *Journal of Sex Research, 33*, 291–299.
Cohen, S. (2004). Social relationships and health. *American Psychologist, 59*, 676–684.
Cohen, S., Doyle, W. J., Skoner, D. P., Rabin, B. S., Gwaltney, J. M., Jr. (1997). Social ties and susceptibility to the common cold. *Journal of the American Medical Association, 277*, 1940–1944.
Cohen, S., Wills, T. A. (1985). Stress, social support, and the buffering hypothesis. *Psychological Bulletin, 98*, 310–357.
Coontz, S. (2005). *Marriage, a history: From obedience to intimacy, or how love conquered marriage*. New York: Viking.
Coontz, S. (2006). The origins of modern divorce. *Family Process, 46*, 7–16.
Cooper, M. L., Sheldon, M. S. (2002). Seventy years of research on personality and close relationships: Substantive and methodological trends over time. *Journal of Personality, 70*, 783–812.
Coulton, G. G. (1976). *Panorama średniowiecznej Anglii*. Tłum. T. Szafar. Warszawa: PIW.

Cramer, D. (2002). Satisfaction with romantic relationships and a four component model of conflict resolution. W: S. P. Shohov (red.), *Advances in Psychological Research* (t. 16, s. 129–137). Hauppauge, NY: Nova Publisher.
Csikszentmihalyi, M. (1996). *Przepływ. Jak poprawić jakość życia*. Tłum. M. Wajda. Warszawa: Wydawnictwo Studio Emka.
Cuber, F. F., Harroff, P. B. (1965). *The significant Americans*. New York: Appleton-Century.
Czapiński, J., Panek, T. (2007). *Diagnoza społeczna. Warunki i jakość życia Polaków 2007*. Warszawa: Wizja Press&it.
Daly, M., Wilson, M. (2001). Risk-taking, intrasexual competition, and homicide. *Nebraska Symposium on Motivation, 47*, 1–36.
Darwin, K. (1971). *O pochodzeniu gatunków*. Tłum. J. Nusbaum. Warszawa: Państwowy Instytut Wydawniczy.
Davis, H. E., Jones, E. E. (1960). Changes in interpersonal perception as a means of reducing cognitive dissonance. *Journal of Abnormal and Social Psychology, 61*, 402–410.
Davis, M. H. (1999). *Empatia. O umiejętności współodczuwania*. Tłum. J. Kubiak. Gdańsk: Gdańskie Wydawnictwo Psychologiczne.
Davis, M. H., Oathout, H. A. (1987). Maintenance of satisfaction in romantic relationships: Empathy and relational competence. *Journal of Personality and Social Psychology, 53*, 397–410.
De Visser, R., McDonald, D. (2007). Swings and rounabouts: Managment of jealousy in heterosexual „swinging" couples. *British Journal of Social Psychology, 46*, 459–476.
Deci, E. L. (1975). *Intrinsic motivation*. New York: Plenum Press.
DeNeve, K. M., Cooper, H. (1998). The happy personality: A meta-analysis of 137 personality traits and subjective well-being. *Psychological Bulletin, 124*, 197–229.
DeSteno, D. A., Salovey, P. (1996). Evolutionary origins of sex differences in jealousy? Questioning the „fitness" model. *Psychological Science, 7*, 367–372.
DeSteno, D., Valdesolo, P., Bartlett, M. Y. (2006). Jealousy and the threatened self: Getting at the heart of the green-eyed monster. *Journal of Personality and Social Psychology, 91*, 626–641.
Deutsch, M., Coleman, P. T. (2005). (red.). *Rozwiązywanie konfliktów. Teoria i profilaktyka*. Tłum. M. Cierpisz i in. Kraków: Wydawnictwo Uniwersytetu Jagiellońskiego.
Diamond, J. (1996). *Trzeci szympans. Ewolucja i przyszłość zwierzęcia zwanego człowiekiem*. Tłum. J. Weiner. Warszawa: Państwowy Instytut Wydawniczy.
Diamond, L. M. (2003). What does sexual orientation orient? A biobehavioral model distinguishing romantic love and sexual desire. *Psychological Review, 110*, 173–192.
Diener, E., Lucas, R. E., Solon, C. N. (2006). Beyond the hedonic treadmill. Revising the adaptation theory of well-being. *American Psychologist, 61*, 305–314.
Dixson, A. F. (1998). *Primate sexuality: Comparative studies of the prosimians, monkeys, apes, and humans*. New York: Oxford University Press.
Dovidio, J. F., Glick, P., Rudman, L. A. (red.). (2005). *On the nature of prejudice: Fifty years after Allport*. Maiden, MA: Blackwell.
Driscoll, R., Davis, K. E., Lipetz, M. E. (1972). Parental interference and romantic love: The Romeo and Juliet effect. *Journal of Personality and Social Psychology, 24*, 1–10.
Duck, S. (1982). A topography of relationship disengagement and dissolution. W: S. Duck (red.), *Personal relationships. 4: Dissolving personal relationships* (s. 1–30). London: Academic Press.
Dutton, D. G., Aron, A. P. (1974). Some evidence for heightened sexual attraction under conditions of high anxiety. *Journal of Personality and Social Psychology, 30*, 510–517.

Eagly, A. H., Wood, W. (1999). The origins of sex differences in human behavior. Evolved dispositions versus social roles. *American Psychologist, 54*, 408–423.

Eastwick, P. W. i in. (2006). Is traditional gender ideology associated with sex-typed mate preferences? A test in nine nations. *Sex Roles, 54*, 603–614.

Eisenberg, N., Cumberland, A., Guthrie, I. K., Murphy, B. C., Shepard, S. A. (2005). Age changes in prosocial responding and moral reasoning in adolescence and early adulthood. *Journal of Research on Adolescence, 15*, 235–260.

Elliot, A. J., Niesta, D. (2008). Romantic red: Red enhances men's attraction to women. *Journal of Personality and Social Psychology, 95*, 1150–1164.

Ellis, B. J., Symons, D. (1990). Sex differences in sexual fantasy: An evolutionary psychological approach. *Journal of Sex Research, 27*, 527–555.

Epstein, S. M. (1967). Toward a unified theory of anxiety. W: B. A. Maher (red.), *Progress in experimental personality research* (t. 4, s. 67–102). New York: Academic Press.

Feingold, A. (1988). Matching for attractiveness in romantic partners and same-sex friends: A meta-analysis and theoretical critique. *Psychological Bulletin, 104*, 226–235.

Feldman, R., Weller, A., Zagoory-Sharon, O., Levine, A. (2007). Evidence for a neuroendocrinological foundation of human affiliation. *Psychological Science, 18*, 965–970.

Felmlee, D., Sprecher, S., Bassin, E. (1990). The dissolution of intimate relationships: A hazard model. *Social Psychology Quarterly, 53*, 13–30.

Fincham, F. D., Hall, J. H., Beach, S. R. H. (2006). Forgiveness in marriage: Current status and future directions. *Family Relations, 55*, 415–427.

Fisher, H. (1994). The nature of romantic love. *Journal of Sex Research, 6*, 59–64.

Fisher, H. (2004). *Why we love: The nature and chemistry of romantic love*. New York: Henry Holt.

Fisher, H. (2007). Popęd miłości – neuronalny mechanizm doboru partnera. W: R. J. Sternberg, K. Weis (red.), *Nowa psychologia miłości* (s. 133–175) Tłum. A. Sosenko. Taszów: Moderator.

Fiske, S. T., Cuddy, A., Glick, P. (2007). Universal dimensions of social cognition: Warmth and competence. *Trends in Cognitive Science, 11*, 77–83.

Ford, C. S., Beach, F. A. (1951). *Patterns of sexual behavior*. New York: Harper and Row.

Foster, C. A., Witcher, B. S., Campbell, W. K., Green, J. D. (1998). Arousal and attraction. Evidence for automatic and controlled processes. *Journal of Personality and Social Psychology, 74*, 86–101.

Fraley, R. C. (2002). Attachment stability from infancy to adulthood: Meta-analysis and dynamic modeling of developmental mechanisms. *Personality and Social Psychology Review, 6*, 123–151.

Frank, R. H. (2000). *Luxury fever: Money and happiness in an era of excess*. Princeton, NJ: Princeton University Press.

Fujita, F., Diener, E., Sandvik, E. (1991). Gender differences in negative affect and well-being: The case for emotional intensity. *Journal of Personality and Social Psychology, 61*, 427–434.

Gagne, F. M., Lydon, J. E. (2004). Bias and accuracy in close relationships: An integrative review. *Personality and Social Psychology Review, 8*, 322–338.

Gangestad, S. W., Scheyd, G. J. (2005). The evolution of human physical attractiveness. *Annual Review of Anthropology, 34*, 523–548.

Gangestad, S. W., Thornhill, R., Garver-Apgar, C. E. (2005). Adaptations to ovulation: Implications for sexual and social behavior. *Current Directions in Psychological Science, 14*, 312–316.

Gentile, B., Grabe, S., Dolan-Pascoe, B., Twenge, J. M., Wells, B. E., Maitino, A. (2009). Gender differences in domain-specific self-esteem: A metaanalysis. *Review of General Psychology, 13*, 34–45.

Gleason, M. E., Iida, M., Shrout, P. E., Bolger, N. (2008). Receiving support as a mixed blessing: Evidence for dual effects of support on psychological outcomes. *Journal of Personality and Social Psychology, 94*, 824–838.

Glenn, N. D. (1989). Duration of marriage, family composition, and marital happiness. *National Journal of Sociology, 3*, 3–24.

Goldenberg, J. (2005). The body stripped down: An existential account of the threat posed by the physical body. *Current Directions in Psychological Science, 14*, 224–228.

Gordon, K. C., Baucom, D. H., Snyder, D. K. (2005). Treating couples recowering from infidelity: An integrative approach. *Journal of Clinical Psychology, 61*, 1393–1405.

Grabe, S., Ward, L. M., Hyde, J. S. (2008). The role of the media in body image concerns among women: A meta-analysis of experimental and correlational studies. *Psychological Bulletin, 134*, 460–476.

Graham, S. M., Clark, M. S. (2006). Self-esteem and organization of valenced information about others: The „Jekyll and Hyde"-ing of relationship partners. *Journal of Personality and Social Psychology, 90*, 652–665.

Grammer, K. (1992). Variations on a theme: Age dependent mate selection in humans. *Behavioral and Brain Sciences, 15*, 100–102.

Green, M. C., Sabini, J. (2006). Gender, socioeconomic status, age, and jealousy: Emotional responses to infidelity in a national sample. *Emotion, 6*, 330–334.

Greenberg, J., Solomon, S., Pyszczynski, T. (1997). Terror management theory of self--esteem and social behavior: Empirical assessments and conceptual refinements. *Advances in Experimental Social Psychology, 29*, 61–139.

Griscevicius, V., Tybur, J. M., Sundie, J. M., Cialdini, R. B., Miller, G. F., Kenrick, D. T. (2007). Blatant benevolence and conspicuous consumption: When romantic motives elicit strategic costly signals. *Journal of Personality and Social Psychology, 93*, 85–102.

Gruszecka, E., Trzebiński, J. (2006). Nadzieja podstawowa i typ więzi międzyludzkiej a doświadczanie wdzięczności. *Studia Psychologiczne, 44*, 17–29.

Gueguen, N. (2009). Menstrual cycle phases and female receptivity to courtship solicitation: An evaluation in a nightclub. *Evolution and Human Behavior*, w druku.

Guttentag, M., Secord, P. F. (1983). *Too many women? The sex ratio question*. Beverly Hills, CA: Sage.

Halberstadt, J. (2006). The generality and ultimate origins of the attractiveness of prototypes. *Personality and Social Psychology Review, 10*, 166–183.

Haidt, J. (2007). *Szczęście*. Tłum. A. Nowak. Gdańsk: Gdańskie Wydawnictwo Psychologiczne.

Harris, C. R. (2000). Psychophysiological responses to imagined infidelity: The specific innate modular view of jealousy reconsidered. *Journal of Personality and Social Psychology, 78*, 1082–1091.

Haselton, M. G., Buss, D. M. (2000). Error management theory: A new perspective on biases in cross-sex mind reading. *Journal of Personality and Social Psychology, 78*, 81–91.

Haselton, M. G., Gangestad, S. W. (2006). Conditional expression of women's desires and men's mate guarding across the ovulatory cycle. *Hormones and Behavior, 49*, 509–518.

Haselton, M. G., Miller, G. F. (2006). Women's fertility across the cycle increases the short-term attractiveness of creative intelligence. *Human Nature, 17*, 50–73.

Haselton, M. G., Mortezaie, M., Pillsworth, E. G., Bleske-Rechek, A., Frederick, D. A. (2007). Ovulatory shifts in human female ornamentation: Near ovulation women dress to impress. *Hormones and Behavior, 51*, 40–45.

Hatfield, E. (1984). The dangers of intimacy. W: V. J. Derlega (red.), *Communication, intimacy, and close relationships* (s. 207–220). New York: Academic Press.

Hatfield, E., Sprecher, S. (1986). Measuring passionate love in intimate relationships. *Journal of Adolescence, 9*, 383–410.

Hatfield, E., Walster, G. W. (1981). *A new look at love*. Lanham: University Press of America.

Hatfield, E., Rapson, R. L. (1993). *Love, sex, and intimacy: Their psychology, biology, and history*. New York: HarperCollins.

Hatfield, E., Rapson, R. L. (2006). Passionate love, sexual desire, and mate selection: Cross-cultural and historical perspectives. W: P. Noller, J. Feeney (red.), *Frontiers of social psychology: Close relationships* (s. 227–243). New York: Psychology Press.

Hatfield, E., Schmitz, E., Cornelius, J., Rapson, R. L. (1988). Passionate love: How early does it begin? *Journal of Psychology and Human Sexuality, 1*, 35–52.

Hatfield, E., Traupman, J., Sprecher, S., Utne, M., Hay, J. (1985). Equity and intimate relations: Recent research. W: W. Ickes (red.), *Compatible and incompatible relationships* (s. 91–118). New York: Springer Verlag.

Hazan, C., Shaver, P. R. (1987). Romantic love conceptualized as an attachment process. *Journal of Personality and Social Psychology, 52*, 511–524.

Hazan, C., Shaver, P. R. (1994). Attachment process as an organizational framework for research on close relationships. *Personality and Social Psychology Review, 5*, 1–22.

Hendrick, C., Hendrick, S. S. (1986). A theory and method of love. *Journal of Personality and Social Psychology, 50*, 392–402.

Hetherington, E. M., Kelly, J. (2002). *For better or worse*. New York: Norton.

Hill, C. T., Rubin, Z., Peplau, L. A. (1976). Breakups before marriage: The end of 103 affairs. *Journal of Social Issues, 32*, 147–167.

Hill, E. M., Nocks, E. S., Gardner, L. (1987). Physical attractiveness: Manipulation by physique and status displays. *Ethology and Sociobiology, 8*, 143–154.

Holmes, J. G., Rempel, J. K. (1989). Trust in close relationships. W: C. Hendrick (red.), *Review of personality and social psychology* (t. 10, s. 187–220). Beverly Hills, CA: Sage.

Hoss, R. A., Langlois, J. H. (2003). Infants prefer attractive faces. W: O. Pascalis, A. Slater (red.), *The development of face processing in infancy and early childhood* (s. 27–38). New York: Nova Science Publishers.

Howell, R. T., Howell, C. J. (2008). The relation of economic status to subjective well-being in developing countries: A meta-analysis. *Psychological Bulletin, 134*, 536–560.

Huesmann, L. R., Levinger, G. (1976). Incremental exchange theory: A formal model for progression in dyadic social interaction. *Advances in Experimental Social Psychology, 9*.

Im, W., Wilner, R. S., Breit, M. (1983). Jealousy: Interventions in couples therapy. *Family Process, 22*, 211–219.

Impett, E. A., Gable, S. L., Peplau, L. A. (2005). Giving up and giving in: The costs and benefits of daily sacrifice in intimate relationships. *Journal of Personality and Social Psychology, 89*, 327–344.

Impett, E. A., Peplau, L. A. (2003). Sexual compliance: Gender, motivational and relationship perspectives. *The Journal of Sex Research, 40*, 87–100.

Inglehart, R., Foa, R., Peterson, C., Welzel, C. (2008). Development, freedom and rising happiness. A global perspective (1981–2007). *Perspectives on Psychological Science, 3*, 264–285.

Izdebski, Z. (2006). *Ryzykowna dekada. Seks Polaków w dobie HIV/AIDS.* Zielona Góra: Oficyna Wydawnicza Uniwersytetu Zielonogórskiego.
Izdebski, Z., Ostrowska, A. (2003). *Seks po polsku. Zachowania seksualne jako element stylu życia Polaków.* Warszawa: Muza SA.
Jankowiak, W. R., Fischer, E. F. (1992). A cross-cultural perspective on romantic love. *Ethnology, 31,* 149–155.
Johnson, D. J., Rusbult, C. E. (1989). Resisting temptation: Devaluation of alternative partners as a means of maintaining commitment in close relationships. *Journal of Personality and Social Psychology, 57,* 967–980.
Johnson, M. P. (1982). Social and cognitive features of the dissolution of commitment to relationships. W: S. Duck (red.), *Personal relationships. 4: Dissolving personal relationships* (s. 51–73). London: Academic Press.
Jones, J. C., Barlow, D. H. (1990). Self-reported frequency of sexual urges, fantasies, and masturbatory fantasies in heterosexual males and females. *Archives of Sexual Behavior, 19,* 269–279.
Kalick, S. M., Hamilton, T. E., III. (1986). The matching hypothesis reexamined. *Journal of Personality and Social Psychology, 51,* 673–682.
Kanin, E. J., Davidson, K. D., Scheck, S. R. (1970). A research note on male-female differences in experience of heterosexual love. *The Journal of Sex Research, 6,* 64–72.
Karney, B. R., Bradbury, T. N. (1995). The longitudinal course of marital quality and stability: A review of theory, method, and research. *Psychological Bulletin, 118,* 3–34.
Karney, B. R., Coombs, R. H. (2000). Memory bias in long-term close relationships: Consistency or improvement? *Personality and Social Psychology Bulletin, 26,* 959–970.
Kenrick, D. T., Gutierres, S. E. (1980). Contrast effects and judgments of physical attractiveness: When beauty becomes a social problem. *Journal of Personality and Social Psychology, 38,* 131–140.
Kenrick, D. T., Keefe, R. C. (1992). Age preferences inmates reflect sex differences in reproductive strategies. *Behavioral and Brain Sciences, 15,* 75–133.
Kenrick, D. T., Sadalla, E. K., Groth, G., Trost, M. R. (1990). Evolution, traits, and the stages of human courtship: Qualifying the parental investment model. *Journal of Personality, 58,* 98–116.
Keysar, B., Converse, B. A., Wang, J., Epley, N. (2008). Reciprocity is not give and take. Asymmetric reciprocity to positive and negative acts. *Psychological Science, 19,* 1280–1286.
Kinsey, A. C., Pomeroy, W. C., Martin, C. E., Gebhard, P. H. (1953). *Sexual behavior in the human female.* Philadelphia: Saunders.
Kosewski, M. (1988). *Ludzie w sytuacji pokusy i upokorzenia.* Warszawa: Wiedza Powszechna.
Kuchowicz, Z. (1975). *Obyczaje staropolskie XVII i XVIII wieku.* Łódź: Wydawnictwo Łódzkie.
Kuczyńska, A. (1998). *Sposób na bliski związek. Zachowania wiążące w procesie kształtowania się i utrzymania więzi w bliskich związkach.* Warszawa: Wydawnictwo Instytutu Psychologii PAN.
Kurzban, R., Weeden, J. (2005). HurryDate: Mate preferences in action. *Evolution and Human Behavior, 26,* 227–244.
Langlois, J. H., Kalakanis, L., Rubenstein, A. J., Hallam, M., Smoot, M. (2000). Maxims or myths of beauty? A meta-analytic and theoretical review. *Psychological Bulletin, 126,* 390–423.

Langlois, J. H., Roggman, L. A. (1990). Attractive faces are only average. *Psychological Science, 1*, 115–121.

Lankin, J. L., Chartrand, T. L. (2003). Using nonconscious behavioral mimicry to create affiliation rapport. *Psychological Science, 14*, 334–339.

Lansford, J. E. (2009). Parental divorce and children's adjustment. *Perspectives on Psychological Science, 4*, 140–152.

Larzelere, R. E., Huston, T. L. (1980). The Dyadic Trust Scale: Toward understanding interpersonal trust in close relationships. *Journal of Marriage and the Family, 42*, 595–604.

Law Smith, M. J. i in. (2006). Facial appearance is a cue to estrogen levels in women. *Proceedings: Biological Sciences, 273*, 135–140.

Lawson, A. (1988). *Adultery: An analysis of love and betrayal.* New York: Basic Books.

Lee, J. A. (1973). *The colors of love: An exploration of the ways of loving.* Don Mills: New Press.

Leitenberg, H., Henning, K. (1995). Sexual fantasy. *Psychological Bulletin, 117*, 469–496.

Lepper, M. R., Greene, D., Nisbett, R. E. (1973). Undermining children's intrinsic interest with the extrinsic reward: A test of the overjustification hypothesis. *Journal of Personality and Social Psychology, 28*, 129–137.

Levinger, G. (1980). Toward the analysis of close relationships. *Journal of Experimental Social Psychology, 16*, 510–544.

Lieberman, D., Hatfield, E. (2007). Miłość namiętna: ujęcie międzykulturowe i ewolucyjne. W: R. J. Sternberg, K. Weis (red.), *Nowa psychologia miłości* (s. 399–432). Tłum. A. Sosenko. Taszów: Moderator.

Locke, K. D., Horowitz, L. M. (1990). Satisfaction in interpersonal interactions as a function of similarity in level of dysphoria. *Journal of Personality and Social Psychology, 58*, 823–831.

Lucas, R. E., Clark, A. E., Georgellis, Y., Diener, E. (2003). Reexamining adaptation and the set point model of happiness: Reactions to changes in marital status. *Journal of Personality and Social Psychology, 84*, 527–539.

Lykken, A., Tellegen, A. (1996). Happiness is a stochastic phenomenon. *Psychological Science, 7*, 186–189.

Lyubomirski, S. (2008). *Wybierz szczęście. Naukowe metody budowania życia jakiego pragniesz.* Tłum. T. Rzychoń. Warszawa: Laurum.

Lyubomirski, S., Sheldon, K. M., Schkade, D. (2005). Pursuing happiness: The architecture of sustainable change. *Review of General Psychology, 9*, 111–131.

Maner, J. K., Gailliot, M. T., DeWall, N. (2007). Adaptive attentional attunement: Evidence for mating-related perceptual bias. *Evolution and Human Behavior, 28*, 28–36.

Maner, J. K., Rouby, D. A., Gonzaga, G. C. (2008). Automatic inattention to attractive alternatives: The evolved psychology of relationship maintenance. *Evolution and Human Behavior, 29*, 343–349.

Manzoli, L., Villari, P., Pironec, G. M., Boccia, A. (2007). Marital status and mortality in the elderly: A systematic review and meta-analysis. *Social Science and Medicine, 64*, 77–94.

McHale, S. M., Huston, T. L. (1985). The effect of the transition to parenthood on the marriage relationship: A longitudinal study. *Journal of Family Issues, 6*, 409–434.

McNulty, J. K. (2008). Forgiveness in marriage: Putting the benefits into context. *Journal of Family Psychology, 22*, 171–175.

McNulty, J. K., Neff, L. A., Karney, B. R. (2008). Beyond attraction: Physical attractiveness in newlywed marriage. *Journal of Family Psychology, 22*, 135–143.

Mellibruda, J. (1995). *Pułapka nie wybaczonej krzywdy.* Warszawa: Instytut Psychologii Zdrowia i Trzeźwości.
Mesquida, C. G., Wiener, N. I. (1999). Male age composition and severity of conflicts. *Politics and the Life Sciences, 18,* 181–189.
Meyers, D. G. (2000). The funds, friends, and faith of happy people. *American Psychologist, 55,* 56–67.
Mikulincer, M., Shaver, P. R. (2003). The attachment behavioral system in adulthood: Activation, psychodynamics and interpersonal processes. *Advances in Experimental Social Psychology, 35,* 53–152.
Mikulincer, M., Shaver, P. R. (2007). Boosting attachment security to promote mental health, prosocial values, and intergroup tolerance. *Personality and Social Psychology Review, 18,* 139–156.
Milardo, R. M., Johnson, M. P., Huston, T. L. (1983). Developing close relationships: Changing patterns of interaction between pair members and social networks. *Journal of Personality and Social Psychology, 44,* 964–976.
Miller, A. J., Worthington, E. L., Jr., McDaniel, M. A. (2008). Gender and forgiveness: A meta-analytic review and research agenda. *Journal of Social and Clinical Psychology, 27,* 843–876.
Miller, G., Tybur, J. M., Jordan, B. D. (2007). Ovulatory cycle effects on tip earnings on tip earnings by lap dancers: Economic evidence for human estrus? *Evolution and Human Behavior, 28,* 375–381.
Miller, N. E. (1948). Theory and experiment relating psychoanalytic displacement to stimulus response generalization. *Journal of Abnormal and Social Psychology, 43,* 155–178.
Miller, P. J. E., Niehuis, S., Huston, T. L. (2006). Positive illusions in marital relationships: A 13-year longitudinal study. *Personality and Social Psychology Bulletin, 32,* 1579–1594.
Mirande, A. M. (1968). Reference group theory and adolescent sexual behavior. *Journal of Marriage and Family, 30,* 572–577.
Mirsky, J. (1937). The Eskimo of Greenland. W: M. Mead (red.), *Cooperation and competition among primitive peoples.* New York: McGraw-Hill.
Montgomery, B. M. (1988). Quality communication in personal relationships. W: S. W. Duck (red.), *Handbook of personal relationships* (s. 343–359). Chichester: Wiley.
Murphy, S. (1992). *A delicate dance: Sexuality, celibacy, and relationships among Catholic clergy and religious.* New York: Crossroads.
Murray, S. L., Aloni, M., Holmes, J. G., Derrick, J. L., Stinson, D. A., Leder, S. (2009). Fostering partner dependence as trust insurance: The implicit contingencies of the exchange script in close relationships. *Journal of Personality and Social Psychology, 96,* 324–348.
Murray, S. L., Holmes, J. G. (1993). Seeing virtues in faults: Negativity and transformation of interpersonal narratives in close relationships. *Journal of Personality and Social Psychology, 65,* 707–722.
Murstein, B. I. (1974). *Love, sex, and marriage through ages.* New York: Springer.
Neubeck, G. (1969). Other societies: An anthropological review of extramarital relations. W: G. Neubeck (red.), *Extramarital relations* (s. 27–69). Englewood Cliffs, NJ: Prentice Hall.
Nolen-Hoeksema, S. (2006). The etiology of gender differences in depression. W: G. P. Keita (red.), *Understanding depression in women: Applying empirical research to practice and policy* (s. 9–43). Washington, DC: APA.

O'Sullivan, L. F., Allgeier, E. R. (1998). Feigning sexual desire: Consenting to unwanted sexual activity in heterosexual dating relationships. *Journal of Sex Research, 35*, 234–243.

Oliver, M. B., Hyde, J. S. (1993). Gender differences in sexuality: A meta-analysis. *Psychological Bulletin, 114*, 29–51.

Pallak, M. S., Cook, D. A., Sullivan, J. J. (1980). Commitment and energy conservation. *Applied Social Psychology Annual, 1*, 235–253.

Pawłowski, B., Dunbar, R. I. M. (2005). Waist-to-hip ratio versus body mass index as predictors of fitness in women. *Human Nature, 16*, 164–177.

Pawłowski, B., Jasieńska, G. (2005). Women's preferences for sexual dimorphism in height depend on menstrual cycle phase and expected duration of relationship. *Biological Psychology, 70*, 38–43.

Pawłowski, B., Jasieńska, G. (2008). Women's body morphology and preferences for sexual partners' characteristics. *Evolution and Human Behavior, 29*, 19–25.

Pennebaker, J. W. (2001). *Otwórz się. Uzdrawiająca siła wyrażania emocji*. Tłum. A. Jankowski. Poznań: Media Rodzina.

Perilloux, C., Buss, D. M. (2008). Breaking up romantic relationships: Costs experienced and coping strategies deployed. *Evolutionary Psychology, 6*, 164–181.

Peplau, L. A., Campbell, S. M. (1989). Power in dating and marriage. W: J. Freeman (red.), *Women: A feminist perspective* (wyd. 4, s. 121–137). Mountain View, CA: Mayfield.

Pietrzak, R., Laird, J. D., Stevens, D. A., Thompson, N. S. (2002). Sex differences in human jealousy: A coordinated study of forced-choice, continuous rating-scale, and physiological responses on the same subjects. *Evolution and Human Behavior, 23*, 83–94.

Piotrowski, J. (2009). *Konsekwencje myślenia o innym człowieku w kategoriach moralnych i sprawnościowych*. Niepublikowana rozprawa doktorska, Szkoła Wyższa Psychologii Społecznej, Warszawa.

Raschke, H. J. (1987). Divorce. W: M. B. Sussman, S. K. Steinmetz (red.), *Handbook of marriage and the family* (s. 597–624). New York: Plenum Press.

Rempel, J. K., Holmes, J. G., Zanna, M. P. (1985). Trust in close relationships. *Journal of Personality and Social Psychology, 49*, 95–112.

Rempel, J. K., Ross, M., Holmes, J. G. (2001). Trust and communicated attributions in close relationships. *Journal of Personality and Social Psychology, 81*, 57–64.

Rhodes, G. (2006). The evolutionary psychology of facial beauty. *Annual Review of Psychology, 57*, 199–226.

Riis, J., Loewenstein, G., Baron, J., Jepson, C., Fagerlin, A., Ubel, P. A. (2005). Ignorance of hedonic adaptation to hemodialysis: A study using ecological momentary assessment. *Journal of Experimental Psychology: General, 134*, 3–9.

Rimmele, U. i in. (2009). Oxytocin makes a face in memory familiar. *Journal of Neuroscience, 29*, 38–42.

Rind, B., Tromovitch, P., Bauserman, R. (1998). A meta-analytical examination of assumed properties of child sexual abuse using college samples. *Psychological Bulletin, 124*, 22–53.

Rind, B., Tromovitch, P., Bauserman, R. (2001). The validity and appropriateness of methods, analyses, and conclusions in Rind et al. (1998): A rebuttal of victimological critiques from Ondersma et al. (2001) and Dallman et al. (2001). *Psychological Bulletin, 127*, 734–758.

Rhoades, G. K., Stanley, S. M., Markman, H. J. (2009). The pre-engagement cohabitation effect: A replication and extension of previous findings. *Journal of Family Psychology, 23*, 107–111.

Risdal, D., Singer, G. H. S. (2004). Marital adjustments in parents of children with disabilities: A historical review and meta-analysis. *Research and Practice for Persons with Severe Disabilities, 29,* 95–103.

Roberts, S. C. i in. (2004). Female facial attractiveness during the fertile phase of the menstrual cycle. *Proceedings of the Royal Society London B, 271,* 270–272.

Rocznik Demograficzny. (2008). Warszawa: Główny Urząd Statystyczny.

Rosengren, A., Orth-Gomer, K., Wedel, H., Wilhelmsen, L. (1993). Stressful life events, social support and mortality in men born in 1933. *British Medical Journal, 307,* 1102–1105.

Ross, M. (1989). Relation of implicit theories to the construction of personal histories. *Psychological Review, 96,* 341–357.

Rubin, L. (1976). *Worlds of pain: Life in the working class family.* New York: Basic Books.

Rusbult, C. E. (1983). A longitudinal test of the investment model: The development (and deterioration) of satisfaction and commitment in heterosexual involvements. *Journal of Personality and Social Psychology, 45,* 101–117.

Rusbult, C. E. (1993). Understanding responses to dissatisfaction in close relationships: The exit, voice, loyalty, and neglect model. W: S. Worchel, J. A. Simpson (red.), *Conflict between people and groups: Causes, processes, and resolutions* (s. 30–59). Chicago: Nelson-Hall.

Rusbult, C. E., Arriaga, X. B., Agnew, C. R. (2001). Interdependence in close relationship. W: G. J. O. Fletcher, M. S. Clark (red.), *Blackwell handbook of social psychology: Interpersonal processes* (s. 359–387). Oxford: Blackwell.

Rusbult, C. E., Johnson, D. J., Morrow, G. D. (1986). Impact of couple patterns of problem solving on distress and nondistress in dating relationships. *Journal of Personality and Social Psychology, 50,* 744–753.

Rusbult, C. E., van Lange, P. A. M., Wildschut, T., Yovetich, N. A., Verette, J. (2000). Perceived superiority in close relationships: Why it exists and persists. *Journal of Personality and Social Psychology, 79,* 521–545.

Rusbult, C. E., Verette, J., Whitney, G. A., Slovik, L. F., Lipkus, I. (1991). Accommodation processes in close relationships: Theory and preliminary empirical evidence. *Journal of Personality and Social Psychology, 60,* 53–78.

Rushton, J. P., Bons, T. A. (2005). Mate choice and friendship in twins. *Psychological Science, 16,* 555–559.

Rydell, R. J., Mcconnell, A. R., Bringle, R. G. (2004). Jealousy and commitment: Perceived threat and the effect of relationship alternatives. *Personal Relationships, 11,* 451–468.

Saal, F. E., Johnson, C. B., Weber, N. (1989). Friendly or sexy? It may depend on whom you ask. *Psychology of Women Quarterly, 13,* 263–276.

Schaap, C. (1984). A comparison of distressed and non-distressed married couples in a laboratory situation: Literature survey, methodological issues, and an empirical investigation. W: K. Hahlweg, N. S. Jacobson (red.), *Marital interaction: Analysis and modification* (s. 133–158). New York: Guilford Press.

Schachter, S. (1964). The interaction of cognitive and physiological determinants of emotional state. *Advances in Experimental Social Psychology, 1,* 48–81.

Schmitt, D. P. (2003). Universal sex differences in the desire for sexual variety: Tests from 52 nations, 6 continents, and 13 islands. *Journal of Personality and Social Psychology, 85,* 85–104.

Schneidewind-Skibbe, A., Hayes, R. D., Koochaki, P. E., Meyer, J., Dennerstein, L. (2008). The frequency of sexual intercourse reported by women: A review of community--based studies and factors limiting their conclusions. *Journal of Sexual Medicine, 5,* 301–335.

Sedikides, C., Oliver, M. B., Campbell, W. K. (1994). Perceived benefits and costs of romantic relationship for women and men: Implications for exchange theory. *Personal Relationships, 1*, 5–21.

Seligman, M. E. P. (1993). *Optymizmu można się nauczyć*. Tłum. A. Jankowski. Poznań: Media Rodzina.

Shackelford, T. K., Buss, D. M., Weeks-Shackelford, V. A. (2003). Wife killings committed in the context of a lovers triangle. *Basic and Applied Social Psychology, 25*, 137–143.

Shaver, P. R., Hazan, C., Bradshaw, D. (1988). Love as attachment. The integration of three behavioral systems. W: R. J. Sternberg, M. L. Barnes (red.), *The psychology of love* (s. 68–99). New Haven: Yale University Press.

Shaver, P. R., Collins, N., Clark, C. L. (1996). Attachment styles and internal working models of self and relationship partners. W: G. J. Fletcher, J. Fitness (red.), *Knowledge structures in close relationships: A social psychological approach* (s. 25–62). Mahwah: Lawrence Erlbaum Associates.

Shaver, P. R., Mikulincer, M. (2002). Attachment-related psychodynamics. *Attachment and Human Development, 4*, 133–161.

Shaver, P. R., Schwartz, J., Kirson, D., O'Connor, C. (1987). Emotion knowledge: Further exploration of a prototype approach. *Journal of Personality and Social Psychology, 52*, 1061–1086.

Shiota, M. N., Levenson, R. W. (2007). Birds of feather don't always fly farthest: Similarity in Big Five personality predicts more negative marital satisfaction trajectories in long term marriages. *Psychology and Aging, 22*, 666–675.

Sillars, A. L., Scott, M. D. (1983). Interpersonal perception between intimates: An integrative review. *Human Communication Research, 10*, 153–176.

Simpson, J. A., Gangestad, S. W., Lerma, M. (1990). Perception of physical attractiveness: Mechanisms involved in the maintenance of romantic relationships. *Journal of Personality and Social Psychology, 59*, 1192–1201.

Simpson, J. A., Orina, M. M., Ickes, W. (2003). When accuracy hurts, and when it helps: A test of the empahtic accuracy model in marital interactions. *Journal of Personality and Social Psychology, 85*, 881–893.

Singh, D. (1993a). Adaptive significance of female physical attractiveness: The role of waist-to-whip ratio. *Journal of Personality and Social Psychology, 65*, 293–307.

Singh, D. (1993b). Body shape and women's attractiveness: The critical role of waist-to--hip ratio. *Human Nature, 4*, 297–321.

Singh, D. (2004). Mating strategies of young women: Role of physical attractiveness. *Journal of Sex Research, 41*, 43–54.

Slater, A., Bremner, G., Johnson, S. P., Sherwood, P., Hayes, R., Brown, E. (2000). Newborn infants' preference for attractive faces: The role of internal and external facial features. *Infancy, 1*, 265–274.

Snyder, M., Tanke, E. D., Berscheid, E. (1977). Social perception and interpersonal behavior: On the self-fulfilling nature of social stereotypes. *Journal of Personality and Social Psychology, 35*, 656–666.

Solomon, R. L. (1980). The opponent-process theory of acquired motivation. *American Psychologist, 35*, 691–712.

Sprecher, S., Aron, A., Hatfield, E., Cortese, A., Potapova, E., Leviotskaya, A. (1994). Love: American style, Russian style, and Japanese style. *Personal Relationships, 1*, 349–369.

Srivastava, S., McGonial, K. M., Richards, J. M., Butler, E. A., Gross, J. J. (2006). Optimism in close relationships: How seeing things in a positive light makes them so. *Journal of Personality and Social Psychology, 91*, 143–153.

Starczewska, K. (1975). *Wzory miłości w kulturze Zachodu*. Warszawa: PWN.
Sternberg, R. J. (1986). A triangular theory of love. *Psychological Review, 93*, 119–135.
Stice, E. (2001). A prospective test of the dual-pathway model of bulimic pathology: Mediating effects of dieting and negative affect. *Journal of Abnormal Psychology, 110*, 124–135.
Stith, S. M., Green, N. M., Smith, D. B., Ward, D. B. (2008). Marital satisfaction and marital discord as risk markers for intimate partner violence: A meta-analytic review. *Journal of Family Violence, 23*, 149–160.
Swami, V., Neto, F., Tovee, M. J., Furnham, A. (2007). Preferences for female body weight and shape in three European countries. *European Psychologist, 12*, 220–228.
Symons, D. (1979). *The evolution of human sexuality*. Oxford: Oxford University Press.
Sypeck, M. F., Gray, J. J., Ahrens, A. H. (2004). No longer just a pretty face: Fashion magazines' depictions of ideal female beauty from 1959 to 1999. *International Journal of Eating Disorders, 36*, 342–347.
Szmajke, A. (2004). Proporcja talia/biodra czy ramiona/biodra? Anatomiczne wyznaczniki atrakcyjności męskiej sylwetki w procesie doboru płciowego. *Studia Psychologiczne, 42*, 107–117.
Tangney, J. P., Dearing, R. L. (2002). *Shame and guilt*. New York: Guilford.
Tennov, D. (1979). *Love and limerence: The experience of being in love*. New York: Stein & Day.
Thompson, S. C., Medvene, L. J., Freedman, D. (1995). Caregiving in the close relationships of cardiac patients: Exchange, power, and attributional perspectives on caregiver resentment. *Personal Relationships, 2*, 125–142.
TNS OBOP (2001). *Kocha się raz?... Komunikat z badań na próbie ogólnopolskiej*.
TNS OBOP (2004). *Jesteśmy atrakcyjne, ale... Informacja prasowa o badaniu Z. Izdebskiego zrealizowanego przez TNS OBOP na zlecenie KC ds. AIDS*.
Townsend, J. M., Levy, G. D. (1990). Effects of potential partners' costume an physical attractiveness on sexuality and partner selection. *Journal of Psychology, 124*, 371–389.
Trivers, R. (1972). Parental investment in sexual selection. W: B. Campbell (red.), *Sexual selection and the descent of man* (s. 136–179). Chicago: Aldine-Alberton.
Twenge, J. M., Keith, C. W., Foster, C. F. (2003). Parenthood and marital satisfaction: A meta-analytic review. *Journal of Marriage and Family, 65*, 574–583.
Venditti, M. C. (1980). *How to be your own marriage counselor*. New York: Continuum.
Walster, E., Aronson, V., Abrahams, D., Rottmann, L. (1966). Importance of physical attractiveness in dating behavior. *Journal of Personality and Social Psychology, 4*, 508–516.
Walster, E., Walster, G. W., Berscheid, E. (1978). *Equity: Theory and research*. Boston: Allyn and Bacon.
White, G. L., Mullen, P. E. (1989). *Jealousy: Theory, research, and clinical strategies*. New York: Guilford Press.
White, L. K. (1990). Determinants of divorce: A review of research in the eighties. *Journal of Marriage and the Family, 52*, 904–912.
Wieselquist, J., Rusbult, C. E., Agnew, C. R., Foster, C. A. (1999). Commitment, pro-relationship behavior and trust in close relationships. *Journal of Personality and Social Psychology, 77*, 942–966.
Wiggins, J. S., Wiggins, N., Conger, J. C. (1968). Correlates of heterosexual somatic preference. *Journal of Personality and Social Psychology, 10*, 82–90.
Wills, C. (1993). *The runaway brain: The evolution of human uniqueness*. New York: Basic Books.

Wilson, J. M. B., Tripp, D. A., Boland, F. J. (2005). The relative contributions of waist--to-hip ratio and body mass index to judgments of attractiveness. *Sexualities, Evolution, and Gender, 7*, 245–267.
Wojciszke, B. (1995). Mierzenie miłości – skale namiętności, intymności i zobowiązania. *Przegląd Psychologiczny, 38*, 215–234.
Wojciszke, B. (2002a). From the first sight to the last breath: A six-stage model of love. *Polish Psychological Bulletin, 33*, 15–25.
Wojciszke, B. (red.). (2002b). *Kobiety i mężczyźni. Odmienne spojrzenia na różnice.* Gdańsk: Gdańskie Wydawnictwo Psychologiczne.
Wojciszke, B., Abele, A. E. (2008). The primacy of communion over agency and its reversals in evaluations. *European Journal of Social Psychology, 38*, 1139–1147.
Wojciszke, B., Banaśkiewicz, R. (1989). Zróżnicowanie emocji przeżywanych w kontaktach interpersonalnych. *Przegląd Psychologiczny, 32*, 879–897.
Wojciszke, B., Baryła, W. (2001). Zróżnicowanie reakcji kobiet i mężczyzn na zdradę emocjonalną i seksualną. *Kolokwia Psychologiczne, 9*, 89–114.
Wojciszke, B., Baryła, W., Downar, A. (2002). Preferencje mężczyzn i kobiet związane z wyborem partnera w świetle analiz ogłoszeń matrymonialnych. *Czasopismo Psychologiczne, 8*, 113–120.
Wojciszke, B., Baryła, W., Szymków-Sudziarska, A., Kowalczyk, K., Parzuchowski, M. (2009). Saying is experiencing: Affective consequences of complaining and affirmation. *Polish Psychological Bulletin*, w druku.
Wojciszke, B., Doliński, D. (2008). Psychologia społeczna. W: J. Strelau, D. Doliński (red.), *Psychologia. Podręcznik akademicki* (t. 2, s. 293–447). Gdańsk: Gdańskie Wydawnictwo Psychologiczne.
Worthington, E. L., Jr. (red.). (2005). *Handbook of forgiveness*. New York: Brunner--Routledge.
Wortman, C. B., Brehm, J. W. (1975). Responses to uncontrollable outcomes: An integration of reactance theory and the learned helplessness model. *Advances in Experimental Social Psychology, 8*, 277–336.
Zajonc, R. B., Adelmann, P. K., Murphy, S. T., Niedenthal, P. M. (1987). Convergence in the physical appearance of spouses. *Motivation and Emotion, 4*, 335–346.
Zak, P. J., Kurzban, R., Mitzner, W. T. (2005). Oxytocin mediates interpersonal trust in humans. *Hormones and Behavior, 48*, 522–527.
Zillmann, D. (2003). Theory of affective dynamics. W: J. Bryant, D. Roskos-Ewoldsen, J. Cantor (red.), *Communication and emotion: Essays in honor of Dolf Zillmann* (s. 533–567). Mahwah: Erlbaum.